中国社会科学院学部委员专题文集
ZHONGGUOSHEHUIKEXUEYUAN XUEBUWEIYUAN ZHUANTI WENJI

古都问道

刘庆柱◎著

中国社会科学出版社

图书在版编目（CIP）数据

古都问道/刘庆柱著 . —北京：中国社会科学出版社，2015. 12
（中国社会科学院学部委员专题文集）
ISBN 978 - 7 - 5161 - 7467 - 8

Ⅰ.①古…　Ⅱ.①刘…　Ⅲ.①都城（遗址）—中国—文集
Ⅳ.①K928.5 - 53

中国版本图书馆 CIP 数据核字（2015）第 312044 号

出 版 人	赵剑英
责任编辑	郭沂纹
特约编辑	沂 涟
责任校对	刘 俊
责任印制	李寡寡

出　　版	中国社会科学出版社
社　　址	北京鼓楼西大街甲 158 号
邮　　编	100720
网　　址	http://www.csspw.cn
发 行 部	010 - 84083685
门 市 部	010 - 84029450
经　　销	新华书店及其他书店

印刷装订	环球印刷（北京）有限公司
版　　次	2015 年 12 月第 1 版
印　　次	2015 年 12 月第 1 次印刷

开　　本	710×1000　1/16
印　　张	26
插　　页	2
字　　数	414 千字
定　　价	95.00 元

前　　言

　　哲学社会科学是人们认识世界、改造世界的重要工具，是推动历史发展和社会进步的重要力量。哲学社会科学的研究能力和成果是综合国力的重要组成部分。在全面建设小康社会、开创中国特色社会主义事业新局面、实现中华民族伟大复兴的历史进程中，哲学社会科学具有不可替代的作用。繁荣发展哲学社会科学事关党和国家事业发展的全局，对建设和形成有中国特色、中国风格、中国气派的哲学社会科学事业，具有重大的现实意义和深远的历史意义。

　　中国社会科学院在贯彻落实党中央《关于进一步繁荣发展哲学社会科学的意见》的进程中，根据党中央关于把中国社会科学院建设成为马克思主义的坚强阵地、中国哲学社会科学最高殿堂、党中央和国务院重要的思想库和智囊团的职能定位，努力推进学术研究制度、科研管理体制的改革和创新，2006 年建立的中国社会科学院学部即是践行"三个定位"、改革创新的产物。

　　中国社会科学院学部是一项学术制度，是在中国社会科学院党组领导下依据《中国社会科学院学部章程》运行的高端学术组织，常设领导机构为学部主席团，设立文哲、历史、经济、国际研究、社会政法、马克思主义研究学部。学部委员是中国社会科学院的最高学术称号，为终生荣誉。2010 年中国社会科学院学部主席团主持进行了学部委员增选、荣誉学部委员增补，现有学部委员 57 名（含已故）、荣誉学部委员 133 名（含已故），均为中国社会科学院学养深厚、贡献突出、成就卓著的学者。编辑出版《中国社会科学院学部委员专题文集》，即是从一个侧面展示这些学者治学之道的重要举措。

　　《中国社会科学院学部委员专题文集》（下称《专题文集》），是中国社会科学院学部主席团主持编辑的学术论著汇集，作者均为中国社会科学院学部委员、荣誉学部委员，内容集中反映学部委员、荣誉学部委员在相关学科、专业方向中的专题性研究成果。《专题文集》体现了著作者在科学研究实践中长期关注的某一专业方向或研究主题，历时动态地展现了著作者在这一专题中不断深化的研究路径和学术心得，从中不难体味治学道路之铢积寸累、循序渐进、与时俱进、未有穷期的孜孜以求，感知学问有道之修养理论、注重实证、坚持真理、服务社会的学者责任。

2011 年，中国社会科学院启动了哲学社会科学创新工程，中国社会科学院学部作为实施创新工程的重要学术平台，需要在聚集高端人才、发挥精英才智、推出优质成果、引领学术风尚等方面起到强化创新意识、激发创新动力、推进创新实践的作用。因此，中国社会科学院学部主席团编辑出版这套《专题文集》，不仅在于展示"过去"，更重要的是面对现实和展望未来。

这套《专题文集》列为中国社会科学院创新工程学术出版资助项目，体现了中国社会科学院对学部工作的高度重视和对这套《专题文集》给予的学术评价。在这套《专题文集》付梓之际，我们感谢各位学部委员、荣誉学部委员对《专题文集》征集给予的支持，感谢学部工作局及相关同志为此所做的组织协调工作，特别要感谢中国社会科学出版社为这套《专题文集》的面世做出的努力。

《中国社会科学院学部委员专题文集》编辑委员会

2012 年 8 月

目　　录

序 ……………………………………………………………………（1）

中国古代都城考古学史述论 …………………………………………（1）

中国古代都城遗址布局形制的考古发现所反映的社会形态

　　变化研究 ……………………………………………………………（71）

中国古代都城建筑的思想理念探索 ………………………………（134）

关于深化中国古代都城考古研究的探索 …………………………（157）

早期都城（或都邑）考古的新进展与新思考 ……………………（168）

中国古代都城考古学研究的几个问题 ……………………………（185）

中国古代宫城考古学研究的几个问题 ……………………………（200）

关于中国古代宫殿遗址考古的思考 ………………………………（216）

中国古代文明起源、形成与中国古代都城考古研究 ……………（227）

中国古代都城宫庙遗址的考古发现与研究 ………………………（238）

古代门阙遗址的考古发现与研究 …………………………………（256）

秦咸阳城遗址考古发现的回顾及其研究的再思考 ………………（278）

观念中的历史与历史的真实

　　——阿房宫遗址考古发现的再思考 …………………………（302）

秦汉上林苑遗址考古发现与研究 …………………………………（307）

汉长安城的考古发现及相关问题研究

　　——纪念汉长安城考古工作四十年 …………………………（327）

汉代长安市场探讨 …………………………………………（354）

汉长安城未央宫、长乐宫与西汉的二元政治

　　——从未央宫、长乐宫的考古发现来看 ………………（379）

北魏洛阳城的考古发现与研究

　　——兼谈北魏洛阳城在中国古代都城发展史的地位 …………（383）

插图目录

图1—1　殷墟小屯宗庙宫殿区甲、乙、丙三组基址位置图 …………（10）

图1—2　殷墟西北冈王陵区大墓及祭祀坑分布图 ………………（12）

图1—3　郑州商城遗址平面图 ………………………………（16）

图1—4　汉长安城遗址平面图 ………………………………（18）

图1—5　隋大兴城、唐长安城遗址平面图 ………………………（19）

图1—6　二里头遗址一号宫殿基址平面图 ………………………（21）

图1—7　元大都遗址平面复原图 ……………………………（22）

图1—8　二里头遗址二号宫殿基址平面图 ………………………（26）

图1—9　曲阜鲁国都城遗迹分布示意图 …………………………（28）

图1—10　邺南城遗址平面图 …………………………………（29）

图1—11　未央宫遗址平面图 …………………………………（31）

图1—12　隋唐洛阳城遗址平面复原图 …………………………（32）

图1—13　北宋东京城遗址平面图 ……………………………（33）

图1—14　偃师商城宫城遗址平面图 …………………………（36）

图1—15　偃师商城遗址平面图 ………………………………（37）

图1—16　安阳殷墟遗址与洹北商城遗址位置图 ………………（38）

图1—17　二里头遗址主要遗迹分布图 …………………………（39）

图1—18　二里头遗址宫城遗址平面图 …………………………（40）

图1—19　北魏洛阳城遗址平面图 ……………………………（41）

图1—20　阊阖门遗址平、剖面图 ……………………………（42）

图1—21　含元殿遗址平、剖面图 ……………………………（43）

图2—1　洛阳东周王城遗址平面图 …………………………（77）

图2—2　凤翔秦国雍城遗址及秦公陵园平面图 …………………（78）

图 2—3　江陵楚国纪南城遗址平面图 ·················· （79）

图 2—4　临淄齐国都城遗址平面图 ···················· （81）

图 2—5　曲阜鲁国都城遗址平面图 ···················· （82）

图 2—6　易县燕下都遗址平面图 ······················ （83）

图 2—7　新郑郑韩故城遗址平面图 ···················· （84）

图 2—8　邯郸赵国都城遗址平面图 ···················· （85）

图 2—9　夏县魏国安邑故城遗址平面示意图 ············ （86）

图 2—10　东汉雒阳城遗址平面示意图 ················· （90）

图 2—11　邺北城遗址平面图 ·························· （91）

图 2—12　北魏洛阳城遗址平面图 ····················· （92）

图 2—13　邺南城遗址平面图 ·························· （94）

图 2—14　唐长安城遗址平面复原图 ··················· （95）

图 2—15　唐大明宫遗址平面图 ······················· （96）

图 2—16　隋唐洛阳城遗址平面图 ····················· （98）

图 2—17　北宋开封城遗址平面图 ····················· （99）

图 2—18　辽上京遗址平面图 ························· （101）

图 2—19　金中都遗址平面复原图 ···················· （102）

图 2—20　元上都遗址平面图 ························· （103）

图 2—21　元中都遗址平面图 ························· （104）

图 2—22　元大都遗址平面图 ························· （106）

图 2—23　西安半坡遗址 F1 平面图 ··················· （123）

图 2—24　大地湾遗址 F901 平面图 ··················· （124）

图 2—25　秦雍城遗址马家庄第三号建筑遗址平面复原图 ·········· （126）

图 3—1　洹北商城遗址平面图 ······················· （137）

图 3—2　云塘建筑遗址平面图 ······················· （140）

图 3—3　齐镇建筑遗址平面图 ······················· （141）

图 3—4　凤雏建筑遗址平面图 ······················· （141）

图 3—5　唐长安城圜丘遗址平、剖面图 ················ （155）

图 5—1　陶寺城址平面图 ··························· （170）

图 5—2　陶寺城址"观天授时"建筑遗址平、剖面图 ········· （172）

图5—3　新砦城址平面示意图 ………………………………………（175）

图5—4　二里头遗址宫城遗址平面图 ………………………………（177）

图5—5　二里头遗址平面图 …………………………………………（178）

图10—1　二里头遗址平面图 ………………………………………（240）

图10—2　二里头遗址宫城遗址平面图 ……………………………（241）

图10—3　二里头遗址第一号宫殿基址平面图 ……………………（242）

图10—4　二里头遗址第二号宫殿基址平面图 ……………………（243）

图10—5　偃师商城遗址平面图 ……………………………………（245）

图10—6　偃师商城宫城遗址平面图 ………………………………（246）

图10—7　殷墟小屯甲、乙、丙三组基址分布图 …………………（248）

图10—8　云塘西周建筑基址群平面图 ……………………………（250）

图10—9　凤翔马家庄一号建筑群遗址平面图 ……………………（251）

图10—10　汉长安城遗址平面图 …………………………………（253）

图11—1　鲁城南东门遗址平面图 …………………………………（258）

图11—2　秦始皇陵园西内外城之间建筑遗址平面图 ……………（259）

图11—3　第十四号遗址内围墙南门门址平面图 …………………（261）

图11—4　鲁城南西门遗址平面图 …………………………………（262）

图11—5　杜陵帝陵陵园东门遗址平面图 …………………………（263）

图11—6　王皇后陵陵园东门遗址平面图 …………………………（263）

图11—7　汉景帝阳陵帝陵陵园南司马门遗址平面图 ……………（263）

图11—8　河南登封太室阙西阙图 …………………………………（264）

图11—9　阊阖门遗址平、剖面图 …………………………………（266）

图11—10　邺南城朱明门遗址平面图 ……………………………（266）

图11—11　隋唐洛阳城则天门遗址平面图 ………………………（267）

图11—12　隋仁寿宫仁寿殿复原平、剖面图 ……………………（267）

图11—13　隋仁寿宫遗址临水台榭3号遗址复原平面图 ………（268）

图11—14　含元殿遗址平、剖面图 ………………………………（269）

图11—15　辽宁博物馆藏宋代铜钟上的门阙图 …………………（271）

图11—16　明中都午门平面示意图 ………………………………（271）

图11—17　和林格尔东汉壁画墓幕府图 …………………………（274）

图 11—18　山东沂南东汉画像石墓画像石的邸宅与门阙图像 ……（275）

图 11—19　山东沂南东汉画像石墓画像石的门阙图像 ……（275）

图 12—1　秦都咸阳遗址平面示意图 ……（280）

图 12—2　秦都咸阳宫城范围及其建筑遗址分布图 ……（281）

图 12—3　秦咸阳宫第一号宫殿遗址平面图 ……（282）

图 12—4　秦咸阳宫第三号宫殿长廊壁画摹本 ……（283）

图 12—5　秦咸阳宫第三号宫殿遗址出土龙凤纹空心砖拓本 ……（284）

图 12—6　秦都咸阳秦王陵（秦惠文王公陵）陵园平面图 ……（287）

图 12—7　秦都咸阳秦王陵（秦悼武王永陵）陵园平面图 ……（287）

图 12—8　阿房宫前殿遗址夯土台基平、剖面图 ……（291）

图 14—1　秦汉都城宫观及上林苑分布示意图 ……（309）

图 14—2　秦阿房宫遗址及上林苑遗址分布示意图 ……（313）

图 14—3　汉昆明池遗址平面图 ……（316）

图 15—1　汉长安城遗址平面图 ……（328）

图 15—2　未央宫遗址平面图 ……（332）

图 15—3　长乐宫遗址平面图 ……（333）

图 15—4　武库遗址平面图 ……（336）

图 15—5　汉长安城南郊礼制建筑分布示意图 ……（338）

图 16—1　汉长安城遗址平面图 ……（365）

图 16—2　西安市西南郊"杜城遗址"出土"杜市"陶文拓片 ……（368）

图 16—3　秦咸阳城遗址出土"杜亭"陶文拓片 ……（369）

图 16—4　陕北清涧县李家崖遗址发现的"杜市"陶文拓片 ……（369）

图 16—5　唐长安城东市与西市位置图 ……（370）

图 16—6　杨宽复原的汉长安城东市与西市位置图 ……（371）

图 16—7　马先醒复原的汉长安城东市与西市位置图 ……（372）

图 16—8　日本奈良平城京的东市与西市位置图 ……（373）

图 16—9　四川新繁出土汉代画像砖之市井图 ……（376）

图 18—1　北魏洛阳城遗址平面图 ……（384）

图 18—2　周秦汉魏洛阳城遗址变化示意图 ……（386）

图 18—3　金墉城遗址平面图 ……（387）

图 18—4　东汉雒阳城遗址平面示意图　……………………………（390）

图 18—5　魏晋与北魏洛阳城遗址示意图　……………………………（391）

图 18—6　北魏洛阳城遗址复原示意图　………………………………（393）

序

　　《古都问道》，顾名思义是研究古都之"道"。我之所以选择这个"书名"，是因为我从事考古研究四十多年来，虽然涉及中国古代都城、古代帝王陵墓、汉唐考古等诸多考古学领域，但是中国古代都城考古研究是我考古学研究中用时最长、用力最大、用心最多、兴趣最浓的。

　　20世纪60年代，我在北京大学读书期间，参加了学校安排在河南安阳"殷墟"的考古实习，这是我第一次参加田野考古工作。安阳殷墟是著名的古代都城遗址，因此可以说我的考古生涯就是从古代都城考古开始的。大学毕业参加工作后，我参加、主持的第一项田野考古工作，是20世纪70年代初对秦都咸阳遗址的考古勘察与发掘。70年代末，我参加了唐长安城遗址（青龙寺遗址）的考古发掘。80年代初，我主持、参加了秦汉栎阳城遗址考古发掘。80年代中期开始主持并参加的汉长安城遗址考古发掘与研究，一直持续多年。新世纪之初我又参加了著名的秦阿房宫遗址的考古勘探、发掘与研究。

　　1994年初至2006年，我作为主管中国社会科学院考古研究所田野考古工作的副所长、所长，特别关注着考古研究所古代都城遗址考古发掘与研究工作，尤其是先秦时代与汉唐都城考古，其间我们先后召开、参加了一些关于中国古代都城考古研究的国内外学术会议，尤其是1994年11月召开的中国社会科学院考古研究所古代都城学术研讨会至关重要，这次学术会议对其后十多年中国社会科学院考古研究所的古代都城考古产生了重要学术影响。该学术会议的主要思想，集中体现在我1996年发表的《汉长安城的考古发现及相关问题研究——纪念汉长安城考古发掘四十年》一文中。这篇论文以汉长安城个案研究为例，提出了一些新的中国古代都城考古学研究理论与方法问题。诸如：理论方面的都城及其宫城、大朝正殿等的"崇方"、"居高"、"居中"、"居前"等理念与原则；都城考古方法论方面提出的"都城考古工作要自始至终贯彻宏观与微观相结合的原则"，"全面调查、勘探与重点发掘相结合"的方法，"都城考古工作要渐次由政治性载体（宫殿、宗庙等）向文化性、经济性载体展开，由都城中心向周边展开"的程序，都城遗址的田野考古工作中现代科学技术的广泛运用与都城考古学研究中要重视历史学、年代学、古文字学、铭刻学、古钱学、古建筑学等相关分支学科的结合问题。我在担任中国社会科学院考古研究所副所长、所长期间，依据上述我所提出的古代都城考古学理论、方法，在20世纪90年代中后期和新世纪初制定了偃师商城以宫城遗址发掘为重点，殷墟要解决"城址"问题，重启陶寺遗址考古工作与寻找陶寺城址，二里头遗址以寻找城址为学术突破点等。在1996—2003年的不长几年间，通过田野考古工作全面发掘了偃师商城宫城遗址、发现了殷墟的洹北商城、找到了陶寺城址、究明了二里头遗址宫城及其路网遗存。

20世纪90年代末，我在古代都城研究中，从秦咸阳城、汉长安城的个案考古研究，扩展至对中国古代都城、宫城、宫殿的"纵向"考古研究，提出了与此相关的一些考古学理论与方法。《古都问道》收录的《中国古代都城考古学研究的几个问题》《中国古代宫城考古学研究的几个问题》和《关于中国古代宫殿遗址考古的思考》三篇论文，集中反映了我在中国古代都城、宫城、宫殿考古研究中的一些新观点、新认识。

新世纪以来开展的"中华文明探源工程"，其实质是研究中国古代的国家形成与出现。就"国家"本质而言，它属于政治学概念。从考古学、历史学来看，古代都城是古代"国家"的"缩影"，是古代国家最重要的"物化形式"与"物化载体"。收录在《古都问道》中的《中国古代文明起源、形成与中国古代都城考古研究》《早期都城（或都邑）考古的新进展与新思考》等论文，对古代文明形成与早期都城发展进行了研究。我在上述论文中指出："在中国古代城址、都城遗址考古中，首先究明城址、都城遗址范围是必要的，调查、勘探城墙、城壕是城址考古的切入点，勘探城址、都城遗址之内古代主干道路是探索城址布局的前提。城址、都城遗址宫庙区的调查、勘探和重点发掘是城址考古的重点，是界定城址、都城遗址性质的关键，是探讨城址、都城遗址政治变化的核心。"

中国古代历史进入"文明时代"以后，古代都城作为古代国家历史活动的主要"平台"，国家历史发展中社会形态变化与古代都城布局形制关系是我十分感兴趣的研究课题，我在 2006 年第 3 期《考古学报》发表的《中国古代都城遗址布局形制的考古发现所反映的社会形态变化研究》一文，提出了古代都城的"方国"、"王国"、"帝国"与相应的"单城制"、"双城制"、"三城制"的一般对应关系，同时我也指出在这一历史现象变化中，"物质文化"相对"政治文化"变化中的"滞后性"必须给以充分重视。

中国古代都城考古中的宫殿与宗庙遗址考古研究，一直是考古学界十分关注的课题。但是长期以来人们主要是探讨哪些是宫殿或宗庙遗址，当然这是必要的。但是，我认为古代都城宫庙考古研究不能"停留"于此，更为重要的是对宫殿与宗庙在古代都城中布局形制及其相对空间位置变化的深层原因研究。关于这方面的研究，新世纪以来，我已经发表了几篇相关论文，收录在《古都问道》中的《中国古代都城宫庙遗址的考古发现与研究》一文是其中一篇，该文是学术界首次通过不同时代都城之宗庙与宫殿分布位置变化，探讨了血缘政治与地缘政治的此消彼长，而这一变化对历史影响是深刻的，它们是王国向帝国发展的物化表现。

《古都问道》中的《汉长安城未央宫、长乐宫与西汉的二元政治——从未央宫、长乐宫的考古发现来看》《观念中的历史与历史的真实——阿房宫遗址考古发现的再思考》《关于深化中国古代都城考古研究的探索》三篇文章，是新世纪以来我就中国古代都城考古发现与研究中所涉及的一些重要考古学、历史学问题，从不同视角切入，提出自己一些新的考古学、历史学研究的观点。文章发表之后，引起了学术界的重视，它们均被《新华文摘》转载。

在中国古代都城发展史上，秦咸阳城、汉长安城、北魏洛阳城具有重要学术意义，本文集收录的《秦咸阳城遗址考古发现的回顾及其研究的再思考》《秦汉上林苑遗址考古发现与研究》《汉代长安市场探讨》《北魏洛阳城的考古发现与研究》等论文，从古代都城不同方面的"个案"研究作为切入点，深化了古代都城布局形制及其宫苑、市场等学术研究。

理论之于科学研究的重要，是不言而喻的。基于这样的认识，我把

《中国古代都城考古学史述论》《中国古代都城建筑的思想理念探索》两篇文章收录在《古都问道》中，前者是中国古代都城考古学的学术史方面的研究内容，后者是关于中国古代都城建设理念的探讨。《古都问道》是我在中国古代都城研究中的阶段性学术成果汇集，其中大多数论文是我新世纪以来发表的，这些论文中提出的不少新的学术观点，以及对古代都城考古研究的一些重要理论、方法的新探索，是我多年来从事中国古代都城考古研究中所"悟出"的"道"。这些"道"还需要时间的进一步检验、需要科学研究实践的进一步证实。"道"之自身，随着中国古代都城考古学研究的不断发展，也需要不断深化、渐趋完善。

刘庆柱

2013 年 7 月 18 日

中国古代都城考古学史述论

（一）中国古代都城考古研究的学术意义

中国古代历史几千年绵延不断，有大一统的夏、商、西周、秦、汉、隋、唐、北宋、元、明、清王朝等统一时期的王国或帝国，这时的国家一般同一时期只有一个都城，如安阳殷墟、西周丰京与镐京、秦咸阳城、西汉长安城、东汉雒阳城、隋大兴城与唐长安城、北宋开封城、元大都、明清北京城等。也有国家处于分裂或战乱时期多个王朝同时并存的情况，那时也会同时有多个都城并存，如战国时代的秦国、楚国、齐国、燕国、韩国、赵国、魏国，三国时期的魏、蜀、吴，西晋和东晋，南朝的宋、齐、梁、陈，北朝的北魏、西魏、东魏和北齐、北周等，五代的梁、唐、晋、汉、周，辽、金和南宋等。

中国古代早期王国的夏商王朝都城，虽然同一时期只有一座都城，但是在同一王朝时代，先后存在有多座都城，如据历史文献记载，夏王朝从夏启到夏桀16位国王，建立的都城有：阳翟、斟寻、原、老丘、西河等。有商一代建立的都城有：亳、隞、相、邢、殷等。上述夏商时代的都城遗址，有的已被考古发现所基本证实，如夏代晚期的都城遗址——河南偃师二里头遗址[①]，商代早期的都城遗址——郑州商城遗址[②]和偃师商城遗址[③]、商代晚期的都城遗址——安阳殷墟遗址等。国家统一时期的王朝，

---

① 学术界一般认为河南偃师二里头遗址是夏代晚期都城遗址，有的学者推断可能为夏王朝的都城斟寻。

② 学术界一般认为郑州商城遗址属于商代早期都城遗址，有的学者认为是商王朝都城亳，有的学者认为是商王朝都城隞。

③ 有的学者认为偃师商城遗址是商代早期都城遗址，即商王朝都城亳；个别学者认为是商代国王盘庚的都城遗址；有的学者认为偃师商城遗址是商王朝的离宫遗址，即文献记载的"桐宫"；也有学者认为偃师商城遗址属于商王朝的"陪都"。

除了王国或帝国的都城之外，还有"陪都"，有的学者也称首都为"主都"，陪都为"辅都"①。陪都是在首都之外另设的都城，古代文献也称之为"陪京"，如张平子《文选·南都赋》载："陪京之南，居汉之阳。"东汉王朝首都雒阳，南阳郡治宛，于雒阳之南，以宛为南都，作为陪京系首都雒阳的附配之义。传统认为陪都之制，始于西周以洛邑为东都②。现在看来，陪都的出现要早于西周时代，至少商代已有"陪都之制"，甚或可以早至夏代③。除了中央的都城之外，被分封诸侯或方国也设置有都城，这些都城是当地的政治中心。还有一些边远地区的地方政权，有着相对独立性，也有作为其管辖地区政治中心的都城。

一般来说，古代都城的数量与古代王朝或王国的多少是一致的。根据史念海先生统计，三代以下我国共有古都217处，涉及277个王朝或政权，其中包括建立在内地的164处古都，建立在周边各地的53处古都。④根据目前考古资料，统一王朝或王国、帝国的都城主要有：西安（西周、秦、西汉、隋、唐）、洛阳（夏代都城偃师二里头遗址、偃师商城遗址、东汉雒阳城遗址、隋唐洛阳城遗址）、郑州（商城遗址）、安阳（殷墟遗址）、北京（元明清）、开封（北宋）、南京（明）等，这些都城遗址，在中国古代都城遗址中考古工作开展较多、研究较为深入。

作为古代都城遗址的考古学对象，主要集中体现在建筑遗址及其相关遗迹、遗物等古代都城遗址的物化载体之上。但是，中国古代都城在其发展的历史长河之中，多年来一直面临着自然损坏、"政治性报复"的毁坏和社会的生产建设性破坏。

中国古代建筑属于土木建筑，自然界的水、火对其有着严重的威胁。如秦咸阳城遗址位于渭河北岸，根据文献记载与考古勘查，汉魏时代至今秦咸阳城与汉长安城之间的渭河河道北移了3630米⑤，造成秦咸阳城遗址

---

① 张国硕：《夏商时代都城制度研究》，河南人民出版社2001年版，第73—74页。
② 《辞源》（四）"陪都"条载："周以洛邑为东都，即陪都所自始。"商务印书馆1983年版，第3273页。
③ 张国硕：《夏商时代都城制度研究》，河南人民出版社2001年版，第45—88页。
④ 史念海：《中国古都和文化》，中华书局1998年版，第178页。
⑤ 刘庆柱：《论秦咸阳城布局形制及其相关问题》，《古代都城与帝陵考古学研究》，科学出版社2000年版，第70—71页。

南部被冲毁。邺北城遗址、北魏与隋唐洛阳城遗址、北宋开封城遗址等，均因都城附近的河道变化，使都城遗址受到严重破坏或被河沙深埋于地下。火灾对土木建筑往往造成毁灭性破坏，这类文献记载在史书中屡见不鲜。如西汉时代的柏梁台毁于火灾①，未央宫东阙、凌室、织室等重要建筑被大火烧毁②。

由于都城是王朝的政治中心，战争是政治的继续，都城往往成为不同政治势力最后的、最为惨烈的决战战场，改朝换代之时的战争往往给都城造成严重破坏。都城又是被敌对方政治报复的主要对象，在中国古代历史上，王朝的更迭、政权的变化，烧城毁陵成为旧王朝灭亡的象征和标志。如《史记》卷七《项羽本纪》记载：秦末"项羽引兵西屠咸阳，杀秦降王子婴，烧秦宫室，火三月不灭"。不但都城被焚毁，就是一般城市也不得幸免，项羽在战争中烧毁齐城郭宫室③。新莽末年，更始军队进逼长安，"众兵发掘莽妻子父祖冢，烧其棺椁及九庙、明堂、辟雍，火照城中"。第二年赤眉军入长安，进一步烧毁"长安宫室市里"，"宗庙园陵皆发掘"④，使繁华的都城迅速变为一片废墟。

中国古代都城遗址大多分布在人口稠密地区，并与后代及现代城市重合或分布在其附近。现代社会经济以历史上从未有过的速度发展，城市的现代化、农村的城镇化，建筑规模的庞大，地基处理的深广，这些导致了古代都城遗址面临着整体性彻底破坏。古代都城遗址的保护已成燃眉之急，在"保护为主，抢救第一"的原则下，古代都城遗址考古成为紧迫的学术任务，同时这也极大地促进了古代都城考古学的发展。

古代都城考古学的开展，又使社会和国家进一步认识了中国古代都城遗址作为中国古代历史的缩影、国家和民族历史的物化载体，作为不可再生的文化遗产和科学研究资源，它有着重要的历史与科学意义。从1961—2001年，一大批古代都城遗址被国务院公布为全国重点文物保护单位。如第一批全国重点文物保护单位中的郑州商城遗址、殷墟、丰镐遗址、临淄

---

① 《汉书》卷二十五（下）《郊祀志》（下）。
② 《汉书》卷二十七（上）《五行志》（上）。
③ 《史记》卷七《项羽本纪》。
④ 《汉书》卷九十九（下）《王莽传》（下）。

齐国故城、曲阜鲁国故城、侯马晋国遗址、楚纪南故城、郑韩故城、赵邯郸故城、燕下都遗址、阿房宫遗址、汉长安城遗址、汉魏洛阳城遗址、高昌故城、交河故城、大明宫遗址、太和城遗址、渤海国上京龙泉府遗址、辽上京遗址、辽中京遗址、古格王国遗址，第二批全国重点文物保护单位中的周原遗址、丸都山故城、金上京会宁府遗址、明中都皇故城，第三批全国重点文物保护单位中的陶寺遗址、平粮台古城遗址、二里头遗址、尸乡沟商城遗址、盘龙城遗址、琉璃河西周燕国都城遗址、秦雍城遗址、禹王城遗址、战国时代中山古城遗址、秦咸阳城遗址、楼兰故城遗址、邺城遗址、平城遗址、隋唐洛阳城遗址、北宋东京城遗址、元上都遗址，第四批全国重点文物保护单位中的王城岗及阳城遗址、曲村—天马遗址、蔡国故城、五女山山城遗址、城村汉城遗址、统万城遗址、隋大兴唐长安城遗址、渤海中京城遗址，第五批全国重点文物保护单位中的寿春城遗址、栎阳城遗址、元中都遗址、临安城遗址等①。1982 年国务院批转了《关于保护我国历史文化名城的请示》，正式公布了中国第一批历史文化名城 24个；1986 年又公布了第二批 38 个国家历史文化名城②。中国古代都城中的绝大多数包括在这些历史文化名城之中，如洛阳、西安、安阳、北京、南京、杭州、开封、郑州等。

考古学史说明，在考古学学科发展的初期，考古学的时空框架和考古学文化谱系建立，是学科建设头等重要的学术任务。随着学科建设的发展，考古学要求进一步体现学科社会价值，考古学作为一门"人学"要通过对"遗物"、"遗迹"的研究，揭示"物质"背后的社会历史。考古学从单体遗物、遗迹研究，发展为"群体"性遗物群、遗迹群研究。如相对单体器物特征研究而言，器物组合研究的重要性和学术意义就更为突出；单个墓葬或单体建筑的考古研究，对于历史的深入、全面认识就远不如墓地、聚落或聚落群、城址的考古研究。古代都城作为国家古代历史的缩影，是考古学研究社会历史的最为典型、最具特色、最有可操作性的科学

---

① 国家文物局、中国文物报社：《中华文明遗迹通览》，上海古籍出版社 2002 年版。

② 郑孝燮：《历史文化名城保护规划》，《中国大百科全书·文物博物馆》，中国大百科全书出版社 1993 年版，第304—305 页。

研究对象。因此，古代都城考古学成为中国考古学最为重要的学术课题。正因为如此，近年来古代都城考古研究越来越被学术界所重视，从"夏商周断代工程"到"中华文明探源工程"，古代都城考古成为了国家重大科研项目的主要内容，成为这些项目能否取得预期成果的关键之所在。如"夏商周断代工程"所选取的主要遗址为偃师二里头遗址、偃师商城遗址、郑州商城遗址、安阳殷墟遗址和西安丰镐遗址，而这些均为先秦时代夏商周王朝的主要都城遗址。"中华文明探源工程预研究"的主要遗址为豫西与晋南的早期都邑、都城遗址，如山西陶寺遗址①、河南登封王城岗遗址②、新密新砦遗址③、偃师二里头遗址等。

（二）中国历史上的古代都城研究

都城作为国家的政治中心所在地，其重要性是不言而喻的。都城的重要性，决定了历代最高统治者均将都城选址视为国之大事，所谓"卜都定鼎，计及万世"④。如西周王朝要建陪都洛邑，周成王派召公奭"至于洛，卜宅。厥既得卜，则经营"。其后"周公朝至于洛，则达观于新邑营"⑤。西汉初年，高祖为定都长安，召集朝廷重要官员商议此事⑥。

都城选址要考虑多方面因素。从方位上要强调其"居中"思想，如周公营洛邑为都城，就是考虑洛邑为西周王朝的"天下之中"，对于四方入贡而言，距离相近⑦。又如《吕氏春秋·审分览·知度篇》载："古之王者择天下之中而立国，择国之中而立宫，择宫之中而立庙。"这里不但都城（"国"）要位于"天下之中"，都城（"国"）之中的宫城（"宫"）也要位于"国之中"，进而宗庙还要置于宫城之中。显然这是《吕氏春秋》作者将都城建设"择中"思想的"扩大化"、"理想化"。但是，都城建设

---

① 史学家一般认为，陶寺遗址所在地的山西襄汾，就是文献记载的"尧都"平阳。
② 一些考古学家、历史学家认为，夏代早期都城曾置于王城岗遗址所在地的河南登封，文献记载"禹都阳城"，河南登封古代名"阳城"。其中以安金槐先生为此说代表，见安金槐《试论登封王城岗龙山文化城址与夏代阳城》，《中国考古学会第四次年会论文集》，文物出版社1983年版。
③ 有的考古工作者认为，新砦城址可能为夏代国王启的都城所在地，见赵春青《新密新砦城址与夏启之居》，《中原文物》2005年第1期。
④ 徐元文：《序》，顾炎武：《历代宅京记》，中华书局1984年版，第3页。
⑤ 李民、王健：《尚书译著·召诰》，上海古籍出版社2000年版，第285页。
⑥ 《汉书》卷四十三《娄敬传》，第2119—2121页。
⑦ 《史记》卷四《周本纪》，第133页。

的"择中"理念是确实存在并为后代所延续的。先秦时代都城建设中的"择中"思想是因地、因时、因不同对象而各异。至于"择宫之中而立庙",现有考古发掘资料还无法得到证实,这可能是当时学者的理想。在政治、军事、经济等方面所涉及的都城所在地之区域位置、山川形势、物产资源等诸多方面,应该是都城选址的重要条件。《管子·乘马篇》就从都城所要求的自然地理条件提出:"凡立国都,非于高山之下,必于广川之上,高毋近旱,雨水用足;下毋近水,而沟防省。因天材,就地利。"西汉初年,刘邦在洛阳讨论定都问题时,娄敬和张良关于力主定都关中长安的阐述①,清楚地体现出《管子》的上述都城选址思想。

《周礼·考工记·营国》可以被认为是对先秦时代都城建设的"理想式"总结,同时它又影响到秦汉以来两千多年中国古代都城的建设与发展。本书提出的"匠人营国,方九里,旁三门,国中九经九纬,经途九轨;左祖右社,面朝后市",被认为是中国古代都城规划的基本"模式"。但是在中国古代都城遗址考古中,真正完全与《周礼·考工记》所载都城"模式"相同者,至今还没有发现一座。然而,都城建设中突出"旁三门"、遵从"左祖右社"的规定还是被汉代及其以后绝大多数王朝营建都城时所遵守。当然,历代都城"模式"有其共性特点,也有其各自不同的方面。这在不少文献记载中,都有所反映。

由于都城的重要性,古人文献之中多有涉及都城方面的内容,比如《史记》卷一百二十九《货殖列传》、《汉书》卷二十八《地理志》等均有这方面的较多记载。都城之于社会的重要性,也使其成为不少文学家作品中的重要内容,如班孟坚《两都赋》(《西都赋》与《东都赋》)、张平子《两京赋》(《西京赋》与《东京赋》)和《南都赋》、左太冲《三都赋序》及《蜀都赋》《吴都赋》《魏都赋》和潘安仁《西征赋》等②,此外还有与古代都城密切相关的郊祀、畋猎、纪行等方面内容的大赋之作③。在相

---

① 《史记》卷五十五《留侯世家》,第2043—2044页;《史记》卷九十九《刘敬列传》,第2715—2717页。

② 《文选》第一卷—第六卷、第十卷,中华书局1977年版,第21—110、146—161页。

③ 《文选》第七卷—第九卷,中华书局1977年版,第111—146页。如杨子云《甘泉赋》《羽猎赋》《长杨赋》、司马长卿《上林赋》等。

关的古代历史地理文献中，有与古代都城密切相关的《三辅黄图》《洛阳伽蓝记》《东京梦华录》《雍录》《长安志》等著作。顾炎武的《历代宅京记》应为古人研究古代都城的集大成之作。

（三）中国古代都城考古的发展

中国古代都城考古是 20 世纪初，伴随着近代考古学从西方传入中国而出现的。开始是一些外国探险队或旅行家等，在中国西部对古代地方政权首府城址的考古勘查，这种活动大多以"寻宝"为目的。1928 年中央研究院历史语言研究所对河南安阳商代晚期都城遗址——殷墟遗址的考古发掘，是中国国家学术机构独立进行考古发掘的开始，也是首次对中国古代都城遗址的考古发掘。中国国家科研机构第一次考古科研活动就确定了都城遗址考古工作，这绝不是偶然的，它充分说明了都城考古对于中国这样一个有着悠久历史文化传统的国家和民族，是十分重要的。这一点在其他几个拥有著名古代文明的国家中概莫能外，如近东地区的伊拉克、叙利亚和巴勒斯坦、土耳其、埃及[1]，南亚次大陆的印度和巴基斯坦[2]，欧洲的希腊和罗马[3]，中美洲的墨西哥和南美洲的秘鲁等[4]。之所以出现这种情况，因为都城考古在历史时代考古学中占有极其重要的地位。

1. 中国古代都城考古学的始创期（1928—1937 年）

19 世纪末 20 世纪初，一些外国人以探险、旅行或考古调查等名义来到中国，他们的活动涉及不少中国古代都城遗址或古代周边地方政权所在地城址，如 1900—1901 年 A. 斯坦因在新疆发掘丹丹乌里克遗址和尼雅遗址，斯文赫定发掘古楼兰遗址；1908 年白鸟库吉、鸟山喜一调查了渤海上京遗址，1909 年鸟居龙藏调查了集安高句丽遗迹，1913 年关野贞、谷井济分别调查了西龙渤海遗迹和集安高句丽遗迹；1912 年法国传教士闵宣化调查了内蒙古巴林左旗的辽上京遗址；1913—1915 年斯坦因发掘内蒙古西夏至元的黑城遗址、新疆的唐北庭都护府城址和高昌城址。上述活动的主要目的是"寻宝"，而古代都城遗址或古代地方政权所在地城址，往往是

---

① 刘文鹏主编：《古代西亚北非文明》，中国社会科学出版社 1999 年版。
② 乔纳森·马克·基诺耶：《走进古印度城》，张春旭译，浙江人民出版社 2000 年版。
③ 保罗·麦克金德里克：《会说话的希腊石头》，晏绍祥译，浙江人民出版社 2000 年版。
④ 郝名玮、徐世澄：《拉丁美洲文明》，中国社会科学出版社 1999 年版。

"寻宝"者的首选对象，他们把在这些地方发掘出来的大量珍贵文物运回其国内。正如格林·丹尼尔所指出的那样："十九世纪上半叶，以及在此之后的一个相当长的时期内，发掘的目的主要是企图迅速发现掩埋在土冢、土墩或金字塔中的器物，攫取艺术品来装点欧洲的博物馆与满足私人的收藏。"① 这种情况在西方考古学史上是相当多的，如埃及考古发掘创始人马里埃特，他在埃及的考古活动是关注古代奇珍异宝的寻求，据说他在狮身人面像附近进行发掘时，为此用炸药炸掉一座神庙坍塌的废墟。马里埃特"满足于收集大量的资料，但既不记录它们的出处，又不估价它们在历史上的意义"。他与上述在中国"寻宝"者的重要不同是，"他全身心地致力于阻止埃及古物流散到欧洲，希望古埃及的遗物就保存在现代的埃及"。"为了这个目标，他呕心沥血，千方百计禁止移走埃及的古物，并且创立了一所埃及国家古物博物馆"②；18 世纪中叶开始的意大利庞培城遗址的发掘，实际上也是一种"寻宝"活动，其采取的是"挖宝"的方法；19 世纪中叶之前，1843 年法国驻摩苏尔领事保罗·埃米勒·鲍塔（Botta）大规模发掘了亚述城市萨尔贡堡，1845 年英国的亨瑞·莱亚德发掘了亚述首都尼木缙德（Nimrud）和尼尼微等，英、法两国外交人员在当地古代都城遗址进行了发掘。这些发掘的主要目的是获得石像、浮雕板、泥板文书和艺术品，他们并将出土的珍贵遗物运回大英博物馆、卢浮宫收藏③。西方考古学家真正科学地考古发掘古代都城遗址，是 19 世纪中叶以后的事情了，如 1858—1859 年英国人牛顿（Charle Thomas Newton）对希腊克尼多斯城遗址的考古活动，1860 年菲奥雷里（Fiorelli）主持的意大利庞培城遗址的考古发掘工作等。这时古代都城考古才走上科学的轨道，即考古发掘主要是通过城址的遗迹、遗物研究其历史，而不是仅仅为了"寻宝"。但是对于中国古代都城考古学而言，真正科学的考古发掘，始于 1928 年中国国家学术机构——中央研究院历史语言研究所在河南安阳殷墟独立进行的考古发掘工作。

① 格林·丹尼尔：《考古学一百五十年》，黄其煦译，文物出版社 1987 年版，第 145 页。
② 同上书，第 155—156 页。
③ 刘文鹏：《古代西亚北非文明》，中国社会科学出版社 1999 年版，第 197—198 页。

　　1928 年开始进行的安阳殷墟考古工作，是基于 1899 年清王朝国子监祭酒王懿荣发现的殷墟甲骨及甲骨文。甲骨及甲骨文发现的划时代学术意义，由于王国维等学术大师对甲骨、甲骨文的研究成果，而在很短时间凸显出来。这些又使甲骨成为收藏家和金石学家追逐的对象。古董市场甲骨价格的迅速上攀，促使殷墟的甲骨盗掘活动十分猖獗。仅据不完全统计，从 1899 年至 1928 年，甲骨被盗掘约 10 万片左右①，殷墟遗址遭到严重破坏。与此同时，数以几万计的甲骨流散到国外。自 19 世纪末 20 世纪初，近代考古学传入中国，它们为殷墟的考古发掘提供了良好的科学背景。1928 年中央研究院成立，殷墟考古工作理所当然被首选为其重要学术课题。

　　1928 年，以中央研究院名义开始的殷墟考古工作，发掘主持者这时还是为了通过田野考古活动，寻找遗址区内遗留的甲骨②，并不是将其作为都城遗址考古来进行的。在中央研究院历史语言研究所所长傅斯年所作的第一次工作报告（《中央研究院十七年度总报告》）中指出："安阳之殷故墟，于三十年前出现所谓龟甲文字者；此种材料，至海宁王国维手中，成极重大之发明。但古学知识，不仅在于文字；无文字之器物，亦是研究要件；地下情形之知识，乃是近代考古学所要求者。若仅为取得文字而从事发掘，所得者一，所损者千矣。"③ 1929 年考古学家李济主持安阳殷墟的考古发掘、研究，贯彻了傅斯年先生的科学思想，并开始把安阳殷墟遗址作为都城遗址进行考古工作，从地层的划分到遗址时代的判定，从遗址范围的勘查到遗址功能分区的了解，从遗物、遗迹的发现、研究到整合，殷墟遗址历时 10 年的 15 次发掘，在小屯村一带共发现夯土建筑基址 53 座，后来经石璋如先生的资料整理、研究，将以上 53 座建筑基址分为甲、乙、丙三组，其中甲组基址有 15 座、乙组基址有 21 座、丙组基址有 17 座（图 1—1）。安阳殷墟遗址的田野考古，为中国古代都城考古提供了宝贵

---

　　①　胡厚宣：《殷墟发掘》，学习生活出版社 1955 年版，第 36 页。

　　②　董作宾：《民国十七年十月试掘安阳小屯报告书》，"中央研究院"历史语言研究所：《安阳发掘报告》第一册，1929 年版。

　　③　李济：《傅孟真先生领导的历史语言研究所——几个基本观念及几件重要工作的回顾》，《感旧录》，台北传记文学出版社 1985 年版。

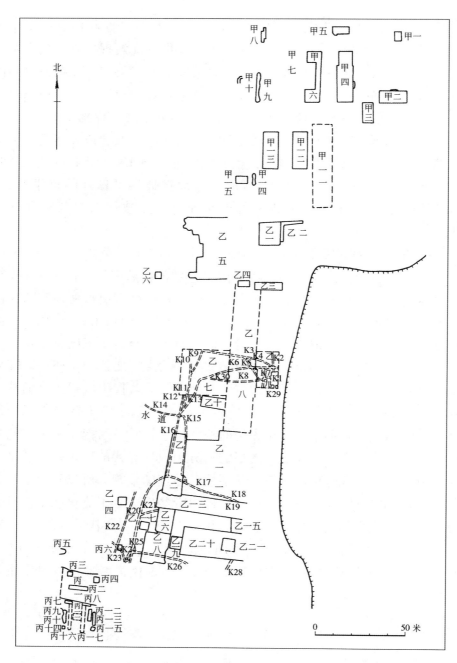

图1—1 殷墟小屯宗庙宫殿区甲、乙、丙三组基址位置图

经验。1929 年李济主持的殷墟第二次发掘已注意到地层的划分、灰坑和墓葬等遗迹现象的考察[①]。1931 年的殷墟第四次和第五次发掘，郭宝钧先生负责 B 区的考古发掘工作，"在这两次发掘中，他取得了重要的收获。他吸取了在山东历城县龙山镇城子崖发掘城墙的经验，并结合文献记载，肯定了殷墟'文化层内的聚凹纹'乃是版筑遗迹，否定了其为'水波纹遗痕'的殷墟水淹说，从而使殷墟的发掘与认识水平大大地提高了一步"。郭宝钧先生"纠正殷墟水淹说，辨认出夯土遗迹"。在殷墟第十三次发掘中，郭宝钧先生"采用了大面积平翻的方法，使所有遗迹能全面揭露出来。这种方法不仅可以研究遗迹的层位关系，而且可以研究各种遗迹平面分布的情况[②]。这种"平翻法"就是以 10 × 10 米的探方，代替殷墟第十次发掘以前的探沟或探坑发掘方法。当时的所谓探沟、探坑的宽度一般为 1 米，探坑标准为 10 米长、1 米宽。这种"平翻法"或"平翻政策"，石璋如先生认为殷墟第四次发掘时李济先生早已提出[③]，但是其用于实践是郭宝钧先生在殷墟第十三次发掘和石璋如先生在殷墟后几次发掘中的事情。邹衡先生认为，在 20 世纪 30 年代殷墟发掘中，"石璋如先生的贡献，就在于他结合小屯的实际情况，成功地把小屯的平面和剖面结合起来，彻底地实行了'整个翻'的设想，即全面采用了大规模、大面积揭露的先进方法，发现了大批遗迹现象。至此，具有中国特色的中国考古学遗址的发掘方法已渐臻完善，从而使中国的田野考古学进入世界考古学的先进行列"[④]。

　　我认为，殷墟发掘在中国古代都城考古史上的重要贡献集中表现在以下三点：第一，夯土的辨析、"平翻法"的使用，在中国古代都城考古中有着极为重要的学术意义。诚如李济先生所指出的，"殷墟的发掘，就现

　　① 李济：《小屯地面下情形分析初步》，"中央研究院"历史语言研究所：《安阳发掘报告》第一册，1929 年版。
　　② 邹衡：《郭宝钧先生的考古事迹及其在学术上的贡献》，《新学术之路》（《中央研究院历史语言研究所七十周年纪念文集》［上］），"中央研究院"历史语言所 1988 年版，第 369、373 页。
　　③ 陈存恭、陈仲玉、任育德：《石璋如先生访问纪录》，"中央研究院"近代史研究所 2000 年版，第 87、127 页。
　　④ 邹衡：《中国考古学的奠基人之一——祝贺石璋如先生百岁寿辰》，宋文薰、李亦园、张光直主编：《石璋如院士百岁祝寿论文集》，南天书局出版社 2002 年版，第 2 页。

代科学的立场说，最基本的贡献实为殷商时代建筑之发现；亦即夯土遗迹之辨别、追寻与复原之工作"①。第二，殷墟考古发掘中，主持者还区分出民众的半地穴居室与地面之上的宫庙建筑基址。这种利用田野考古方法，区分不同功能建筑遗址是古代都城考古发掘、研究的基础。第三，殷墟作为都城遗址考古发掘的另一重要意义，是把王陵纳入都城考古的有机组成部分。由梁思永先生主持的1934—1935年侯家庄殷墟王陵的发掘，集中反映了殷墟考古这方面的学术成就（图1—2）。他们把宫庙建筑遗址和王陵的考古发掘，均作为都城考古的重要组成部分统一考虑。上述三点对此后的中国古代都城考古产生了深远影响。

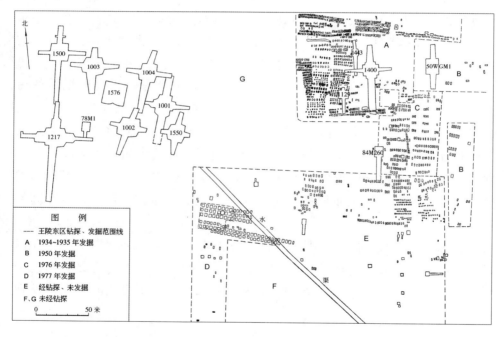

图1—2　殷墟西北冈王陵区大墓及祭祀坑分布图

①　石璋如：《小屯第一本·遗址的发现与发掘乙编·殷墟建筑遗存》李济"序"，"中央研究院"历史语言研究所1959年版，第2页。

但是，这一时期的殷墟考古工作，毕竟是中国古代都城考古的初始阶段，由于经验不足，学科刚刚起步，现在看来当时的考古发掘还有不少需要重新审视的地方，如小屯殷墟宫庙区遗址的甲区、乙区和丙区的分区、时代、性质问题，甲、乙、丙三区诸单体建筑基址的形制问题等，都还有进一步研究甚或补充发掘的必要，从而更为准确地究明建筑遗迹的早晚关系、建筑遗址完整结构、各个建筑之间的相互关系、都城的布局形制等。

在安阳殷墟遗址考古开始之后，中国学者又对一些古代地方政权首府城址或王国都城遗址进行了考古工作，如 1928—1929 年西北科学考察团黄文弼在新疆开展高昌古城、唐北庭都护府城址等考古调查工作①；1930年北京大学考古学会、北平研究院史学研究会等单位合组燕下都考古团，由马衡率领进行燕下都遗址的考古调查、试掘②；1933 年董作宾在山东调查临淄齐故城和滕县滕国故城遗址，1934 年北平研究院史学研究会在西安发掘唐中书省遗址，中央研究院历史语言研究所调查安徽寿县寿春故城遗址等。这一时期的古代都城或古代地方政权首府城址的考古工作，大多仅限于考古调查，有的虽然进行了一些考古试掘，但因其面积很小，很难解决城址的布局形制问题，也不可能在都城或城址考古方法上有较大推进。

20 世纪 30—40 年代，日本军国主义侵略中国，日本学术界伴随着日本对中国的军事占领、政治统治，也进行了文化侵略，其中涉及中国古代都城或古代地方政权首府城址的考古活动，主要有日本东亚考古学会 1933年 6 月—1934 年 7 月在黑龙江宁安发掘渤海上京龙泉府遗址③，此后他们还对吉林珲春的八连城遗址（东京）④、吉林和龙的西古城遗址（中京）进行了大规模发掘⑤；1937 年日本东亚考古学会发掘元上都遗址；日本考古学家原田淑人 1938 年调查了北魏平城遗址，1940—1941 年日本人又发

---

① 刘观民：《黄文弼》，《中国大百科全书·考古学》，中国大百科全书出版社 1986 年版，第215—216 页。

② 河北省文物研究所：《燕下都》，文物出版社 1996 年版。

③ 日本东亚考古学会：《东京城——渤海上京龙泉府的调查发掘》，日本东京出版 1939 年。

④ 斋藤甚兵卫：《关于满洲国间岛省珲春县半拉城》，《考古学杂志》第 32 卷第 5 期，1942 年。

⑤ 鸟山喜一：《渤海中京考》，《考古学杂志》第 34 卷第 1 期，1944 年。

掘了邯郸赵王城遗址①、曲阜鲁城遗址②；与此同时，关野雄调查了齐国故城遗址③和薛国、滕国故城遗址④。上述20世纪三四十年代日本人在中国进行的古代都城遗址考古调查与发掘，具有明显的文化侵略性质，为了"寻宝"，他们违背国际通用的考古发掘方法，造成了对遗址的严重破坏，损害了考古学研究的基本科学规范。

2. 中国古代都城考古学的发展期（1950—1966年）

1949年新中国诞生，百废待兴，各地基本建设大规模开展，在中国这片古老的土地上，新的考古发现层出不穷。为此，国家成立了文物行政管理机构——文化部文物事业管理局，1950年中国科学院又组建了考古研究所，这些为新中国考古事业的发展提供了组织保证。

20世纪50年代，西安、洛阳等地是国家经济建设发展的重点地区，这里安排了不少新的大型基本建设项目，这些地方恰恰又是中国古代历史上建都数量最多、时间最长的地方。为了确保历史文化遗产在大规模基本建设中不被破坏或将其可能带来的损失降低到最小程度，当时主持、领导中国考古工作的郑振铎、梁思永、夏鼐先生，决定把历史文化遗产的抢救工作放在第一位。他们同时考虑到安阳殷墟、西安的周秦汉唐都城和古都洛阳在考古学学术研究上的特殊重要性，把上述地方的考古工作确定为当时中国科学院考古研究所的工作重点。这些都为中国古代都城考古创造了极为有利的条件，使古代都城考古在中国考古学中占有重要地位，也使中国古代都城考古从此前的始创期进入发展期。

中国古代都城考古发展期的主要标志是中国古代重要王朝都城考古工作的启动，具体田野考古工作本着"先易后难"、先重点后一般、优先配合基本建设和"抢救为主"的原则，逐渐推开。

从考古学角度而言，考古工作开展较早、考古资料积累较多、学术研究较为深入的都城遗址，如安阳殷墟考古工作在停顿了多年之后，新中国

---

① 驹井和爱、关野雄：《邯郸——战国时代赵都城址的发掘》，东亚考古学会1954年版。

② 驹井和爱：《曲阜鲁城的遗迹》，东京大学文学部考古学研究室出版1950年。

③ 关野雄：《齐都临淄调查》，《中国考古学研究》，东京大学东洋文化研究所1956年版。

④ 宿白：《八年来日人在华北诸省所作考古工作记略》，《大公报图书周刊》2卷，1947年1月11日。

建立伊始就恢复了考古发掘工作。从 1950—1961 年，为配合当地的基本建设，在殷墟范围之内进行了大量考古发掘工作，这时主要以发掘商代墓葬为主，仅清理了少量遗址，小屯宫庙建筑遗址区的遗址发掘更少一些①。

对于地面遗迹保存较好、较多的都城遗址，它们又处于国家大规模基本建设的重点地区，如汉长安城遗址、汉魏洛阳城遗址、唐长安城遗址等，被较早地提到考古工作日程上来。20 世纪 50 年代开展考古工作之前，汉长安城遗址的地面之上，都城的四面城墙仍然保存较好，汉代高台建筑基址矗立在都城遗址中②。汉魏洛阳城遗址和唐长安城遗址，虽然地面之上保留的相关遗迹不如汉长安城遗址那样好、那样多，但是它们的城墙、建筑基址有的在地面之上仍可看到，如汉魏洛阳城遗址的城墙、金墉城遗址、太学和灵台建筑遗址等③，唐长安城皇城、宫城和大明宫的宫城部分城墙、含元殿、麟德殿、三清殿和太液池遗址等④。

还有一些文献记载明确的古代都城遗址，如西周都城丰镐遗址、隋唐洛阳城遗址等，由于它们分别位于著名古代都城西安和洛阳，20 世纪 50 年代在对西安、洛阳的古代都城遗址进行勘查时，它们自然亦为考古工作重点。1954 年中国科学院考古研究所石兴邦、吴汝祚等对西周丰镐遗址进行了考古调查⑤；1955 年中国科学院考古研究所王伯洪主持发掘了长安客省庄遗址，此后又发掘了西周张家坡遗址和墓地⑥；1954 年开始，中国科学院考古研究所郭宝钧等在洛阳进行了东周王城和隋唐洛阳城的考古勘查⑦。

1951—1955 年，河南省考古工作者在配合郑州基本建设中，发现了郑州商城，1956 年开始对这座商代城址进行了有计划的考古勘查、发掘工

---

① 中国社会科学院考古研究所：《殷墟的发现与研究》，科学出版社 1994 年版，第 15—18 页。

② 足立喜六：《长安史迹考》，杨炼译，商务印书馆 1935 年版，第 59—62 页。

③ 阎文儒：《洛阳汉魏隋唐城址勘查记》，《考古学报》第九册，1955 年。

④ 足立喜六：《长安史迹考》，杨炼译，商务印书馆 1935 年版，第 129—134 页。

⑤ 考古研究所石兴邦：《丰镐一带考古调查简报》，《考古通讯》1955 年第 1 期。

⑥ 中国科学院考古研究所：《沣西发掘报告》（1955—1957 年陕西长安县沣西乡考古发掘资料），文物出版社 1963 年版。

⑦ A. 考古研究所洛阳发掘队：《洛阳涧滨东周城址发掘报告》，《考古学报》1959 年第 2 期。B. 陈久恒：《隋唐东都城址的勘查和发掘》，《考古》1961 年第 3 期。

作，学者们对郑州商城的都城性质也逐渐取得了共识①（图1—3）。

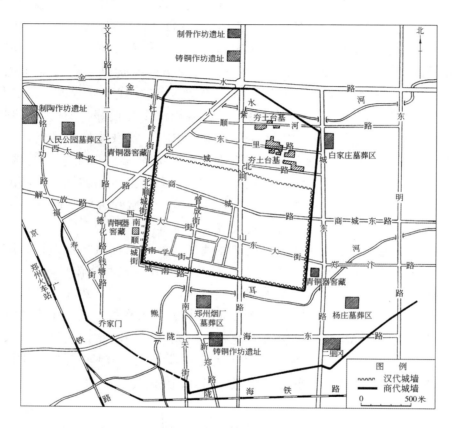

图1—3 郑州商城遗址平面图

20世纪50年代是中国古代都城考古工作的恢复期、初步发展期，这一时期的田野考古工作拉开了新中国都城考古的序幕。在近十年的时间内，通过考古实践，在古代都城考古方法上进行了有益的探索。如1956年至50年代末的汉长安城遗址、唐长安城遗址等考古工作，考虑到有的城址的城墙地面之上仍然基本保存或断断续续部分保存，考古调查与勘探结合，注意"点"与"点"的关系，由"点"探索"线"，由"线"推

① 河南省文物考古研究所：《郑州商城：1953—1985年考古发掘报告》，文物出版社2001年版。

导出"面",进而勾勒出城址范围。城门是都城的坐标,对确定城门位置是十分必要的。由于城门遗址在城墙上留有缺口,寻找城墙缺口,然后通过对城墙缺口及其附近的勘探,确定路土的存在,这成为究明城门遗址的基本方法。在勘查城门遗址基础上,选择了汉长安城宣平门、霸城门、西安门和直城门遗址,进行了考古发掘,究明了城门的不同形制,了解了城门的不同功能,为推断都城的"方向"提供了重要依据。① 在确定城门遗址方位之后,考虑城门是城内外主要道路的必经之地,以城门为基点,寻找都城主要道路。道路是都城的"骨架"和都城分区布局的界线。1961—1962 年通过对汉长安城主要道路(与城门相连通的道路)的勘查,究明由城内主要街道分隔的 11 个"区",这成为探讨都城布局的基础。在此基础上,首先勘探了未央宫、长乐宫、桂宫和都城西部建章宫遗址的范围②。在主动开展汉长安城遗址考古工作的同时,为了配合基本建设,1958—1960 年还抢救发掘了汉长安城南郊礼制建筑遗址③(图 1—4)。汉长安城考古工作开展伊始,考古工作者就明确提出:"对于这样的一个规模巨大的历史名城,考古发掘工作的计划必须是长远的:先要究明城墙和城门,然后再有步骤地发掘政治中心所在的各个宫殿,以及城内的街道、手工业区、商业区、官府、贵族宅第和一般的居住区,最后还要把工作范围扩大到城外的离宫别馆和宗庙、陵墓等等。"④

另一座著名古代都城——唐长安城遗址的考古工作,在取得丰硕科研成果的同时,也在都城考古方法上创造出不少有益的经验。1957 年陕西省文管会对唐长安城遗址进行了初步考古勘测⑤,此后中国科学院考古研究所西安唐城队勘查了唐长安城大明宫遗址的宫墙范围、宫门位置及主要宫殿分布情况,发掘了麟德殿遗址和玄武门遗址,在此基础上编写、出版了田野考古发掘报告⑥。1959—1960 年又对唐长安城的城墙、城门、街道、

---

① 王仲殊:《汉长安城考古工作的初步收获》、《汉长安城考古工作收获续记——宣平门的发掘》,《考古通讯》1957 年第 5 期、1958 年第 4 期。

② 夏鼐:《我国近五年来的考古新收获》,《考古》1964 年第 10 期。

③ 中国社会科学院考古研究所:《西汉礼制建筑遗址》,文物出版社 2003 年版。

④ 王仲殊:《汉长安城考古工作的初步收获》,《考古通讯》1957 年第 5 期。

⑤ 陕西省文物管理委员会:《唐长安城基址初步探测资料》,《考古学报》1958 年第 3 期。

⑥ 中国科学院考古研究所:《唐长安大明宫》,科学出版社 1959 年版。

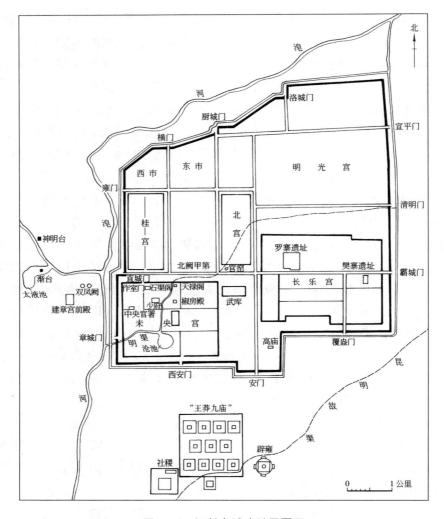

图 1—4　汉长安城遗址平面图

里坊及宫城、皇城等布局、形制进行了全面勘查①。并对大明宫含元殿遗址②、东市和西市遗址进行了考古试掘或发掘③。后来又勘查了唐长安城兴

①　中国科学院考古研究所西安唐城工作队：《唐长安城考古记略》，《考古》1963 年第 11 期。

②　马得志：《1959—1960 年唐大明宫发掘简报》，《考古》1961 年第 7 期。

③　中国科学院考古研究所西安唐城工作队：《唐长安西市遗址发掘》，《考古》1961 年第 5 期。

庆宫遗址，发掘了其中的勤政务本楼遗址等①（图1—5）。这一时期的唐长安城遗址考古工作，突出了宫城遗址考古，把勘查大明宫遗址范围、宫门位置作为考古工作切入点，在此基础上开展对宫城之中的主要宫殿建筑遗址的考古勘查、发掘。这些做法在今后的都城考古中产生了重要影响。但是我们也注意到，当时"发掘大明宫含元殿，限于各种条件，未对此殿的龙尾道遗迹加以揭露，只是依靠钻探和开掘探沟作考察，以致判断失

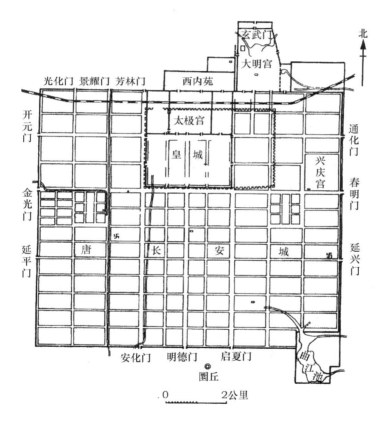

图1—5　隋大兴城、唐长安城遗址平面图

①　马得志：《唐长安兴庆宫发掘记》，《考古通讯》1959 年第 10 期。

误"①。现在看来，对个别大型建筑遗址仅仅采取探沟等试掘方法，不进行全面的揭露或有足够的发掘面积进行揭露，对遗址的整体面貌难以得到全面、准确的认识，甚至导致学术研究判断上的重大失误，也使相关学科的研究失去科学的基础。

20 世纪 50 年代末至 60 年代中叶，在以往对商周汉唐王朝都城遗址考古基础上，古代都城遗址考古在时空两方面都取得了很大扩展。时间上，古代都城考古范围向早晚两头发展，如夏代都城遗址和元大都遗址的考古调查、勘探；空间上，在进一步开展中原、关中一带传统的商周汉唐都城考古之外，又扩及周边其他地区的都城或地方政权首府城址的考古工作。这一时期，既抓传统的统一王朝的都城遗址考古工作，又开辟了一些历史上分裂时期割据王朝的都城遗址考古内容。

这一时期新的王朝都城遗址考古工作，以夏代都城遗址考古调查最为重要。1959 年中国科学院考古研究所徐旭生先生主持在豫西登封、禹县一带考察"夏墟"，在偃师二里头村发现了大量古代文化遗存，他说"我们看到此遗址颇广大，但未追求四至，如果乡人所说不虚，那在当时实为一大都会"②。其后的考古复查，证实了这是一处早于郑州二里冈、晚于河南龙山文化的大型遗址。1960 年秋季，开始了对二里头第一号宫殿建筑遗址的考古发掘，这一考古工作延续到 1975 年春季，先后进行了 11 次考古发掘，共揭露面积 13400 平方米③（图 1—6）。元大都遗址是元代都城遗址，是当时世界上著名的大城市。明清两代都城——北京城基本继承了元大都规制，因此元大都在中国封建社会晚期的古代都城考古学中占有重要地位。1964—1974 年，中国科学院考古研究所与北京市文物工作队共同开展了元大都遗址考古工作，勘查了元大都城垣、街道、河湖水系等遗迹，发掘了十余处建筑遗址④（图 1—7）。此外，20 世纪 60 年代初启动的秦都咸

---

① 马得志：《唐大明宫含元殿的建筑形制及其源流》，中国社会科学院考古研究所编著：《新世纪的中国考古学——王仲殊先生八十华诞纪念论文集》，科学出版社 2005 年版，第 690 页。

② 徐旭生：《1959 年夏豫西调查"夏墟"的初步报告》，《考古》1959 年第 11 期。

③ 中国社会科学院考古研究所：《偃师二里头：1959—1978 年考古发掘报告》，中国大百科全书出版社 1999 年版，第 138 页。

④ 元大都考古队：《元大都的勘查和发掘》，《考古》1972 年第 1 期。

阳遗址的考古工作，也是这一时期中国古代都城考古的重要内容①。

这一时期进行的都城遗址考古工作，还有 1962 年开始对北京琉璃河董家林古城遗址的调查②；1958 年和 1962 年考古工作者两度对燕下都遗址进行的比较全面的考古勘查③；1962 年开始，中国科学院考古研究所勘查、发掘汉魏洛阳城遗址的城墙、街道、宫城及城南的明堂、辟雍、太学等遗址④；1966 年中国科学院考古研究所又勘测了金中都的外郭城、街

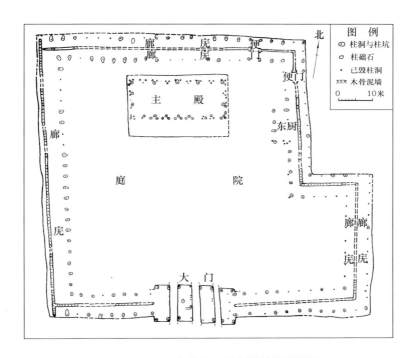

图 1—6　二里头遗址一号宫殿基址平面图

①　陕西省社会科学院考古研究所渭水队：《秦都咸阳故城遗址的调查和试掘》，《考古》1962 年第 6 期。

②　北京市文物局考古队：《建国以来北京市考古和文物保护工作》，《文物考古工作三十年》，文物出版社 1979 年版，第 3 页。

③　A. 中国历史博物馆考古组：《燕下都城址调查报告》，《考古》1962 年第 1 期。B. 河北省文化局文物工作队：《河北易县燕下都故城勘查和试掘》，《考古学报》1965 年第 1 期。

④　中国科学院考古研究所洛阳工作队：《汉魏洛阳城初步勘查》，《考古》1973 年第 4 期。

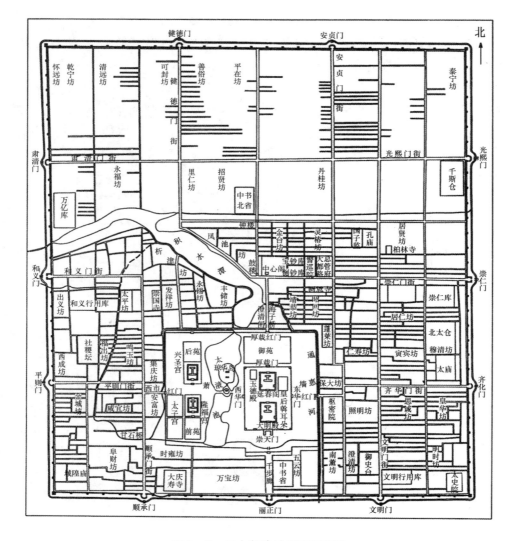

图1—7　元大都遗址平面复原图

道、宫城及其中的一些宫殿建筑遗址①；1959—1960年内蒙古的辽中京发掘委员会对辽中京遗址进行了全面勘查和重点发掘，基本究明了城址平面

① 徐苹芳：《金中都》，《中国大百科全书·考古学》，中国大百科全书出版社1986年版，第238页。

布局和文化内涵①；1962 年内蒙古文物工作队对辽上京遗址进行了初步勘测②；1962 年、1964 年陕西省文管会开展了对秦雍城遗址③、秦汉栎阳城遗址的勘查与试掘④；1964 年山东、河南等省的考古工作者对临淄齐国故城、新郑郑韩故城进行了勘查、勘测或发掘⑤；1958—1960 年福建省博物馆对崇安汉城遗址进行了勘查与试掘⑥；1964 年云南省勘查了唐代南诏国都太和城遗址⑦；1963 年中国科学院考古研究所对唐代地方政权的渤海上京龙泉府遗址，进行了大规模的勘查、发掘⑧。

　　3. 中国古代都城考古学的继续发展期（20 世纪 70 年代至今）

　　1966 年开始的"文化大革命"，使中国考古学陷于停顿状态，直到70 年代考古工作才逐渐得到恢复。中国考古学继续发展期可分为两段，20 世纪 70 年代前半叶属于恢复期，后半叶进入继续发展期。中国古代都城考古学属于中国考古学的组成部分，其学科发展情况亦可分为上述两段。

　　中国古代都城考古恢复期适值"文化大革命"的后期，当时大多数文物考古机构尚未恢复正常工作，少数考古研究单位和高等学校考古专业由于科研工作或教学实习的需要，开展了一些主动考古发掘工作。这时为了配合基本建设，也进行了一些主动田野考古发掘工作。当时重要的主动考古发掘项目有：河南偃师二里头遗址第一号宫殿建筑遗址⑨、安阳殷墟小

---

①　辽中京发掘委员会：《辽中京城址发掘的重要收获》，《文物》1961 年第 9 期。

②　文物编辑委员会：《文物考古工作三十年》，文物出版社 1979 年版，第 78 页。

③　陕西省社会科学院考古研究所凤翔队：《秦都雍城遗址勘查》，《考古》1963 年第 8 期。

④　陕西省文管会：《秦都栎阳初步勘探记》，《文物》1966 年第 1 期。

⑤　A. 群力：《临淄齐国故城勘探纪要》，《文物》1972 年第 5 期。B. 河南省博物馆新郑工作站、新郑县文化馆：《河南新郑郑韩故城的钻探和试掘》，《文物资料丛刊》（1980 年）总第 3 期，文物出版社。

⑥　福建省文物管理委员会：《福建崇安城村汉城遗址试掘》，《考古》1960 年第 10 期。

⑦　胡振东：《太和城遗址》，《中国大百科全书·文物博物馆》，中国大百科全书出版社 1993 年版，第 521—522 页。

⑧　中国社会科学院考古研究所：《六顶山与渤海镇——唐代渤海国的贵族墓地与都城遗址》，中国大百科全书出版社 1997 年版。

⑨　中国科学院考古研究所二里头工作队：《河南偃师二里头早商宫殿遗址发掘简报》，《考古》1974 年第 4 期。

屯南地甲骨坑①、唐长安城外郭城正门——明德门遗址②、唐长安城青龙寺殿堂和塔基遗址③、汉魏洛阳城礼制建筑遗址④、秦都咸阳第一号宫殿建筑遗址⑤、湖北省黄陂盘龙城遗址⑥、河北省平山县中山国都城遗址⑦等；配合基本建设的古代都城考古勘查、发掘项目有：河北省赵都邯郸古城遗址⑧、河南隋唐洛阳城含嘉仓遗址⑨等。

　　20 世纪 70 年代后半叶至 80 年代前期，适逢"文化大革命"刚刚结束，改革开放拉开序幕，我们国家、民族的科学春天已经到来。在这样的时代背景之下，古代都城考古得以全面展开，其中重要的都城遗址考古勘查、发掘项目有：河南偃师二里头遗址第二号宫殿建筑遗址⑩、偃师商城遗址⑪、安阳殷墟妇好墓和王陵区公共祭祀坑⑫、陕西周原遗址的大型建筑遗址⑬、湖

①　中国科学院考古研究所：《小屯南地甲骨》，中华书局 1988 年版。

②　中国科学院考古研究所西安工作队：《唐代长安城明德门遗址发掘简报》，《考古》1974 年第 1 期。

③　中国科学院考古研究所西安唐城工作队：《唐青龙寺发掘简报》，《考古》1974 年第 5 期。

④　A. 中国社会科学院考古研究所：《新中国考古发现和研究》，文物出版社 1984 年版，第 620 页。B. 中国科学院考古研究所洛阳工作队：《汉魏洛阳城南郊的灵台遗址》，《考古》1978 年第 1 期。

⑤　秦都咸阳考古工作站：《秦都咸阳第一号宫殿建筑遗址简报》，《文物》1976 年第 11 期。

⑥　湖北省博物馆、北京大学考古专业盘龙发掘队：《盘龙城 1974 年度田野考古纪要》，《文物》1976 年第 2 期。

⑦　河北省文物研究所：《河北平山三汲古城调查与墓葬发掘》，《考古学集刊》第 5 集，中国社会科学出版社 1987 年版。

⑧　河北省文物管理处、邯郸市文物保管所：《赵都邯郸故城调查报告》，《考古学集刊》第 4 集，中国社会科学出版社 1984 年版。

⑨　河南省博物馆：《洛阳隋唐含嘉仓的发掘》，《文物》1972 年第 3 期。

⑩　中国社会科学院考古研究所二里头队：《河南偃师二里头二号宫殿遗址》，《考古》1983 年第 3 期。

⑪　A. 中国社会科学院考古研究所汉魏故城工作队：《偃师商城的初步勘探和发掘》，《考古》1984 年第 6 期。B. 中国社会科学院考古研究所河南第二工作队：《1983 年秋季河南偃师商城发掘简报》，《考古》1984 年第 10 期。C. 中国社会科学院考古研究所河南第二工作队：《1984 年春偃师尸乡沟商城宫殿遗址发掘简报》，《考古》1985 年第 4 期。

⑫　A. 中国社会科学院考古研究所：《殷墟妇好墓》，文物出版社 1980 年版。B. 中国科学院考古研究所安阳发掘队：《安阳殷墟奴隶祭祀坑的发掘》，《考古》1977 年第 1 期。C. 中国社会科学院考古研究所：《殷墟的发现与研究》，科学出版社 1994 年版，第 22 页。

⑬　A. 陕西周原考古队：《扶风召陈西周建筑群基址发掘简报》，《文物》1981 年第 3 期。B. 陕西周原考古队：《陕西岐山凤雏村西周建筑基址发掘简报》，《文物》1979 年第 10 期。

北江陵楚都纪南城遗址①、山东曲阜鲁国故城遗址②、陕西凤翔秦雍城宗庙和宫殿建筑遗址③、秦咸阳城遗址④、秦汉栎阳城遗址⑤、汉长安城武库遗址和椒房殿遗址⑥、福建崇安城村汉城遗址的全面勘探和高胡坪甲组建筑基址的全面发掘⑦、河北临漳邺城遗址⑧、汉魏洛阳城永宁寺遗址⑨、隋唐长安城青龙寺遗址和大明宫遗址（三清殿遗址、翰林院遗址）⑩、麟游隋唐离宫——仁寿宫·九成宫遗址⑪、河南开封北宋东京城遗址⑫、浙江杭州南宋临安城遗址⑬等。

　　偃师二里头遗址第一、二号大型建筑遗址，应属目前所知时代最早的古代宫庙建筑遗址（图1—8）。作为中国古代早期都城遗址，宫庙建筑遗址是其核心的物化载体，因而二里头遗址的第一、二号宫庙建筑遗址对确认二里头遗址的都城性质有着非常重要的意义。偃师二里头遗址的两座宫

①　湖北省博物馆：《楚都纪南城的勘查和发掘》，《考古学报》1982 年第 3、4 期。

②　山东省文物考古研究所等：《曲阜鲁国故城》，齐鲁书社 1982 年版。

③　A. 陕西雍城考古队：《凤翔马家庄一号建筑群遗址发掘简报》，《文物》1985 年第 2 期。B. 陕西雍城考古队：《秦都雍城勘查试掘简报》，《考古与文物》1985 年第 2 期。

④　A. 秦都咸阳考古工作站：《秦都咸阳第二号建筑遗址发掘简报》，《考古与文物》1986 年第 4 期；B. 秦都咸阳考古工作站：《秦都咸阳第三号宫殿建筑遗址发掘简报》，《考古与文物》1980 年第 2 期；C. 秦都咸阳考古工作站：《秦都咸阳古窑址调查与试掘简报》，《考古与文物》1986 年第 3 期；D. 陈国英：《咸阳长陵车站一带考古调查》，《考古与文物》1985 年第 3 期；E. 陕西省考古研究所：《秦都咸阳考古报告》，科学出版社 2004 年版。

⑤　中国社会科学院考古研究所栎阳发掘队：《秦汉栎阳城遗址的勘探和试掘》，《考古学报》1985 年第 3 期。

⑥　A. 中国社会科学院考古研究所汉城工作队：《汉长安城武库遗址发掘的初步收获》，《考古》1978 年第 4 期。B. 中国社会科学院考古研究所：《汉长安城未央宫：1980—1989 年考古发掘报告》，中国大百科全书出版社 1996 年版。

⑦　福建省博物馆：《福建崇安汉城探掘简报》，《文物》1985 年第 11 期。

⑧　中国社会科学院考古研究所、河北省文物研究所邺城考古工作队：《河北临漳邺北城遗址勘探发掘简报》，《考古》1990 年第 7 期。

⑨　中国社会科学院考古研究所：《北魏洛阳永宁寺：1979—1994 年考古发掘报告》，中国大百科全书出版社 1996 年版。

⑩　马得志：《唐长安发掘新收获》，《考古》1987 年第 4 期。

⑪　中国社会科学院考古研究所汉唐考古研究室：《考古研究所汉唐宋元考古二十年》，《考古》1997 年第 8 期。

⑫　A. 丘刚、孙新民：《北宋东京外城的初步勘探与试掘》，《文物》1992 年第 12 期。B. 丘刚：《北宋东京外城的城墙和城门》，《中原文物》1986 年第 4 期。

⑬　浙江省文物考古研究所：《杭州市南宋临安城考察》，《中国考古学年鉴·1985 年》，文物出版社 1985 年版。

庙建筑遗址的发掘，从时代序列上与其相连的偃师商城及其宫城之中的宫庙建筑遗址发现，在夏商都城考古学中有着极为重要的学术意义。偃师商城是目前我们所知保存着宫城与郭城的时代最早的都城遗址①。

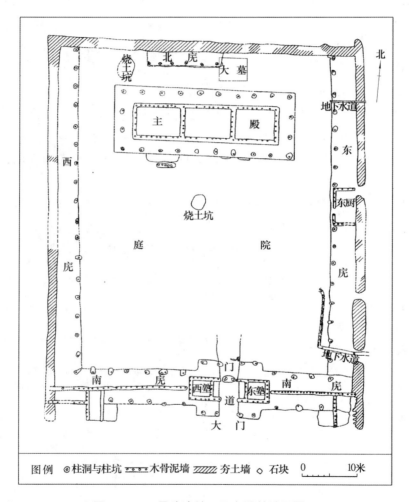

图1—8 二里头遗址二号宫殿基址平面图

---

① A. 刘庆柱：《中国古代都城遗址布局形制的考古发现所反映的社会形态变化研究》，《考古学报》2006 年第 3 期。B. 王学荣：《偃师商城布局的探索和思考》，《考古》1999 年第 2 期。

　　春秋战国时代是中国古代历史上的大变革时代，代表王国的中央王权势力削弱，地方的诸侯势力增长。多元政治的出现，促使多元政治权力中心的形成，这又必然导致多元政治中心活动平台——"城"的相应大量出现。如果说人类社会从"野蛮"到"文明"的过程中，"城"的出现是与文明形成、国家诞生相一致的话，那么春秋战国时代的"造城"运动，则是与天下"礼崩乐坏"、王权削弱、诸侯"挟天子以令诸侯"的政治局面出现是一致的。《周礼·考工记》就是这样一个时代的产物，它既是王国时代都城理想模式的再现，又是一幅从国王到诸侯的不同政治中心活动平台——都城（王城或"国"）与诸侯之城，以及更小一些的政治中心活动平台——一般城的国家分层政治构架图。学术界一般认为《周礼》及《周礼·考工记》成书于东周时代的山东地区，为战国时代齐人所撰①。山东曲阜鲁国故城遗址的全面考古勘探、发掘，对研究、认识《周礼·考工记》无疑是非常重要的（图1—9）。曲阜鲁国故城、齐临淄城、秦雍城、栎阳城、秦咸阳城、晋侯马故城、楚纪南城、赵邯郸故城、燕下都、郑韩故城等东周都城遗址考古工作的开展，对了解这一时期的"造城"运动将会有更为深刻的学术意义。

　　魏晋南北朝是中国古代都城发展史上的重要时期，曹魏邺城和东魏、北齐邺城遗址考古工作的启动，填补了这段中国古代都城遗址考古工作的空白（图1—10）。

　　这一时期的古代都城考古工作反映出考古工作者已意识到，都城考古不能仅仅局限于究明其范围大小、城门位置、街道分布、城内分区等，还要进一步了解都城中的宫殿、官署、宗庙、寺院遗址等结构，探讨都城附近离宫遗址情况。这期间进行的偃师二里头遗址的第二号宫殿建筑遗址②、偃师商城第四号宫殿建筑遗址③、郑州商城宫殿遗址④、陕西周原西周大型建筑基

　　①　杨天宇：《周礼译注》，上海古籍出版社 2004 年版，第 9—20 页。
　　②　中国社会科学院考古研究所二里头队：《河南偃师二里头二号宫殿遗址》，《考古》1983 年第 4 期。
　　③　中国社会科学院考古研究所河南第二工作队：《1984 年春偃师尸乡沟商城宫殿遗址发掘简报》，《考古》1984 年第 4 期。
　　④　河南省文物研究所：《郑州商代城内宫殿遗址区第一次发掘报告》，《文物》1983 年第 4 期。

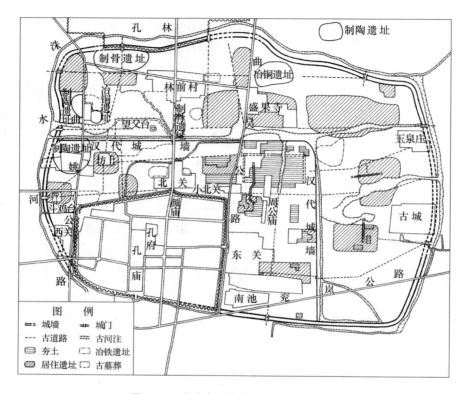

图1—9　曲阜鲁国都城遗迹分布示意图

址①、凤翔秦雍城宫庙建筑遗址②、秦咸阳城宫殿建筑遗址③、汉长安城武库遗址和未央宫椒房殿遗址④、北魏洛阳城永宁寺遗址⑤、唐长安城青龙寺遗

---

　　① A. 陕西周原考古队：《陕西岐山凤雏村西周建筑基址发掘简报》，《文物》1979年第10期。B. 陕西周原考古队：《扶风召陈西周建筑群基址发掘简报》，《文物》1981年第3期。

　　② 陕西雍城考古队：《凤翔马家庄一号建筑群遗址发掘简报》，《文物》1985年第2期。

　　③ 咸阳市文管会、咸阳市博物馆：《秦都咸阳第三号宫殿建筑遗址发掘简报》，《考古与文物》1980年第2期。

　　④ A. 中国社会科学院考古研究所汉城工作队：《汉长安城武库遗址发掘的初步收获》，《考古》1978年第4期。B. 中国社会科学院考古研究所：《汉长安城未央宫：1980—1989年考古发掘报告》，中国大百科全书出版社1996年版。

　　⑤ 中国社会科学院考古研究所：《北魏洛阳永宁寺：1979—1994年考古发掘报告》，中国大百科全书出版社1996年版。

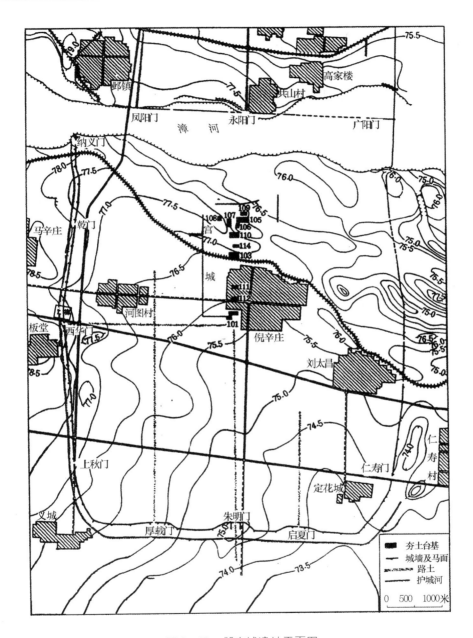

图1—10 邺南城遗址平面图

址①、隋唐仁寿宫·唐九成宫遗址②等考古发掘，反映了考古工作者的学术构想，这些田野考古发掘为建立具有学科系统性、完整性、内在严密逻辑性的都城考古学方法、理论，积累了宝贵的科学资料和实践经验。

20 世纪 80 年代后半叶至 90 年代中叶，中国古代都城考古向更深入、更全面发展，其中汉唐时代都城遗址开展考古工作较多、学术成果较为突出。如这一时期进行了汉长安城未央宫遗址③、市场遗址④、手工业作坊遗址⑤的考古勘探和发掘，其中未央宫遗址的全面勘探和重点发掘，为都城之宫城考古积累了有益的经验，探索出相应的考古方法（图 1—11）。隋唐两京长安和洛阳的考古工作开展的很多，如唐长安城西明寺遗址⑥、皇城城门含光门遗址⑦、安定坊街道遗址⑧、含耀门遗址⑨、离宫中的九成宫和华清宫遗址⑩等；隋唐洛阳城遗址的考古工作主要有永通门遗址⑪、宣仁

---

① 中国社会科学院考古研究所西安唐城队：《唐长安青龙寺遗址》，《考古学报》1989 年第 2 期。

② 中国社会科学院考古研究所汉唐考古研究室：《考古研究所汉唐宋元考古二十年》，《考古》1997 年第 8 期。

③ 中国社会科学院考古研究所：《汉长安城未央宫：1980—1989 年考古发掘报告》，中国大百科全书出版社 1996 年版。

④ 刘庆柱：《西安市汉长安城东市和西市遗址》，《中国考古学年鉴》（1987 年），文物出版社 1989 年版。

⑤ A. 中国社会科学院考古研究所汉城工作队：《汉长安城窑址发掘报告》，《考古学报》1994 年第 1 期。B. 中国社会科学院考古研究所汉城工作队：《汉长安城 23—27 号陶窑发掘简报》，《考古》1994 年第 11 期。C. 中国社会科学院考古研究所汉城工作队：《1992 年汉长安城冶铸发掘简报》，《考古》1995 年第 9 期。D. 李毓芳：《汉长安城烘范窑和铸币遗址》，《中国考古学年鉴》（1993 年），文物出版社 1995 年版。

⑥ 中国社会科学院考古研究所西安唐城工作队：《唐长安西明寺遗址发掘简报》，《考古》1990 年第 1 期。

⑦ 中国社会科学院考古研究所西安唐城工作队：《唐长安皇城含光门遗址发掘简报》，《考古》1987 年第 5 期。

⑧ 中国社会科学院考古研究所西安唐城工作队：《唐长安城安定坊发掘记》，《考古》1989 年第 4 期。

⑨ 中国社会科学院考古研究所西安唐城工作队：《陕西唐大明宫含耀门遗址发掘记》，《考古》1988 年第 1 期。

⑩ A. 中国社会科学院考古研究所西安唐城工作队：《隋仁寿宫唐九成宫 37 号殿址的发掘》，《考古》1995 年第 12 期。B. 陕西省文物局骆希哲：《唐华清宫》，文物出版社 1998 年版。

⑪ 中国社会科学院考古研究所洛阳唐城队、洛阳市文物工作队：《隋唐洛阳城永通门遗址发掘简报》，《考古》1997 年第 12 期。

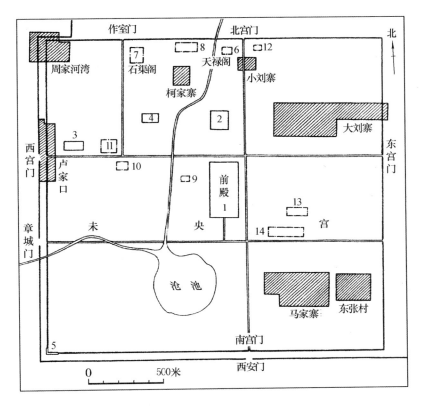

图 1—11　未央宫遗址平面图

门遗址①、圆璧城南门遗址②、武则天明堂遗址③、上阳宫遗址发掘④等（图 1—12）。其中九成宫和华清宫遗址的发掘，填补了都城离宫遗址考古

　　① 中国社会科学院考古研究所洛阳唐城队：《河南洛阳隋唐城宣仁门遗址的发掘》，《考古》2001 年第 11 期。

　　② 中国社会科学院考古研究所洛阳唐城队：《洛阳唐东都圆璧城南门遗址发掘简报》，《考古》2000 年第 5 期。

　　③ 中国社会科学院考古研究所洛阳唐城队：《唐东都武则天明堂遗址发掘简报》，《考古》1988 年第 3 期。

　　④ 中国社会科学院考古研究所洛阳唐城队：《洛阳东都上阳宫园林遗址发掘简报》，《考古》1998 年第 2 期。

的空白。武则天明堂遗址的考古发掘，丰富了唐代都城礼制建筑遗址的考古资料。隋唐洛阳城遗址发掘大多是配合城市基本建设进行的，自然其各个发掘项目的内部有机学术联系很难全面考虑，但是其单体的发掘项目学术意义还是相当重要的。河南开封北宋东京城的考古工作进一步深入，内

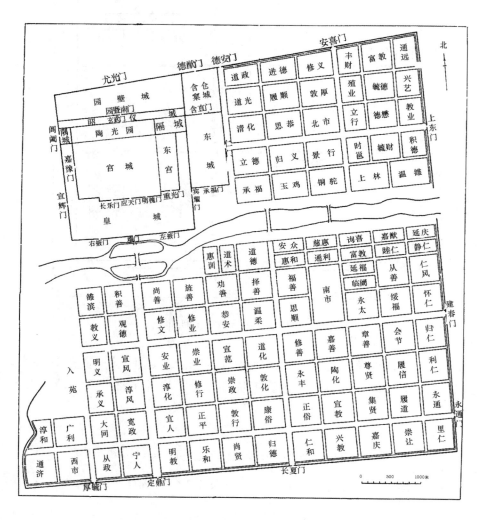

图1—12　隋唐洛阳城遗址平面复原图

城、皇城进行了勘探和试掘①（图1—13）。

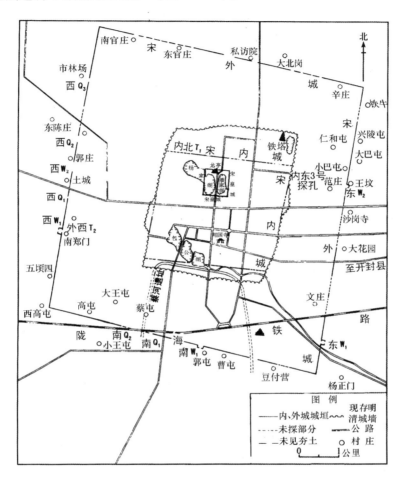

图1—13　北宋东京城遗址平面图

　　1994年11月25日至30日，中国社会科学院考古研究所在河南洛阳召开了中国古代都城考古研讨会，参加这次会议的以中国社会科学院考古

　　①　A. 丘刚：《北宋东京内城的初步勘探与试掘》，《文物》1996年第5期。B. 丘刚、董祥：《北宋东京皇城的初步勘探与试掘》，《开封考古发现与研究》，中州古籍出版社1998年版，第163—172页。

研究所汉唐时代都城遗址考古学者为主，还有二里头考古工作队、偃师商城考古工作队负责人等。"会上对以往的都城考古发掘工作进行了回顾，总结了近40年来的经验和教训，对今后的工作提出了可行的计划。莅会学者讨论了都城考古在中国考古学研究中的地位和作用，晚期都城考古的构成因素，确定早期都城的主要标志及早晚都城的关系等问题。进而深入探讨了中国古代都城发展演变规律，城址和都城考古的研究方法和相关理论。"会议针对以前都城考古的经验和存在的问题，提出了今后的工作思路。强调了都城考古的目的要明确，方法要准确，理论要正确①。在中国古代都城考古学学术发展史上，这是一次有着重要意义的学术会议。这次研讨会之后，作为国内主要从事古代都城遗址考古发掘与研究的中国社会科学院考古研究所，按照这次会议的精神，对以往都城遗址考古工作进行了认真总结和反思，尤其在先秦时代的都城遗址考古课题中，进一步突出了都城遗址的考古目的，提出都城构成的"要素"，以"要素"为田野考古"单元"，分析诸"要素"内在关联，确定不同时期、不同类型的都城遗址田野考古切入点及程序。强调在都城考古中要重视究明都城布局形制及其变化，要研究布局形制形成与变化的原因，这种原因包括技术与社会两个层面，尤其是对后者所涉及的深层社会历史意义的揭示。在都城遗址考古中，要更加突出"由物及人"，研究人员把学术平台搭建得更高一些，以便使学术视野更广一些，认识更深入一些。这次都城遗址考古会议产生了积极效果，会后的十年来，在中国社会科学院考古研究所的统一规划、指导、要求下，各都城遗址考古工作，尤其是先秦时代的早期都城（或都邑）遗址田野考古工作相继调整了方向、改变了方法、突出了学术重点，取得了较大的进展、获得了较为丰硕的学术成果。这集中表现在20世纪90年代中期开始重点进行的偃师商城的宫城遗址全面揭露、20世纪90年代后期启动的陶寺遗址的城址（调查、勘探）寻找与试掘和安阳殷墟城址的勘查、新世纪之初二里头遗址宫殿区范围（宫城）与道路网（探讨分

---

① 　A. 王立早：《社科院考古研究所在洛阳召开古代都城考古研讨会》，《中国文物报》1995年1月8日第2版。B. 《中国社会科学院考古研究所在洛阳召开古代都城考古研讨会》，《中国考古学年鉴》（1995年），文物出版社1997年版，第268页。

区与布局）的探索等工作。如 1996 年中国社会科学院考古研究所从科研战略上调整了偃师商城遗址的考古发掘与研究工作，从组织上加强了科研力量，从经费上增加了考古发掘的支持力度。都城作为国家的政治中心，在都城田野考古中，突出抓反映其"政治"的物化载体——"宫庙"建筑遗址及其所在的宫城遗址考古工作，根据早期都城遗址的特点，采取全面揭露的田野考古方法，从宏观上设计、实施了对偃师商城宫城遗址的全面发掘①，使其在不长的时间里，被基本揭示出来。我们看到宫城之中大多为宫庙建筑遗址所占用，宫城之内，不同形制的大型建筑遗址分列东西，它们可能反映了其不同的使用功能。宫城北部的祭祀区和池苑遗址的清理，使早期都城之中的宫城内涵，更清楚地呈现在人们面前。这一考古发现，在中国古代都城考古研究发展史上有着划时代的学术意义（图 1—14）。突出偃师商城遗址的布局形制研究，在加强器物类型学研究的同时，更加注重考古地层学，通过考古发掘，揭示出偃师商城由"小城"发展为"大城"的变化②（图 1—15）。又如安阳殷墟开展考古工作 70 多年，20世纪 30 年代曾经对都城遗址中的宫殿宗庙区和王陵区进行了大规模考古发掘，取得了令世人瞩目的学术成果，有着学科开创性意义。但是由于当时中国古代都城考古学刚刚起步，田野考古所涉及的许多技术、方法、理论都处于探索阶段，对大量的重要遗迹现象缺少考古学研究必要的、科学的比较资料，许多问题长期得不到解决，这就为目前殷墟考古发掘与研究留下大量学术探讨空间。20 世纪 50 年代以来，殷墟遗址主要是面临配合基本建设的考古勘探、发掘，同时也进行了一些主动考古发掘工作，如1989—1990 年在殷墟宫庙区东南部发掘的大型建筑遗址③。几十年来考古工作者积累了丰富的殷墟考古资料，20 世纪 90 年代后半叶以来，殷墟遗址考古工作突出强调了解决都城布局形制问题，对殷墟"小屯"宫庙区

---

① A. 《偃师商城考古再获新收获》，《中国文物报》1998 年 1 月 11 日。B. 中国社会科学院考古研究所：《河南偃师商城商代早期王室祭祀遗址》，《考古》2002 年第 7 期。

② A. 中国社会科学院考古研究所河南第二工作队：《河南偃师商城小城发掘简报》，《考古》1999 年第 2 期。B. 杜金鹏、王学荣、张良仁：《试论偃师商城小城的几个问题》，《考古》1999 年第 2 期。

③ 郑振香：《安阳殷墟大型宫殿基址的发掘》，《文物天地》1990 年第 3 期。

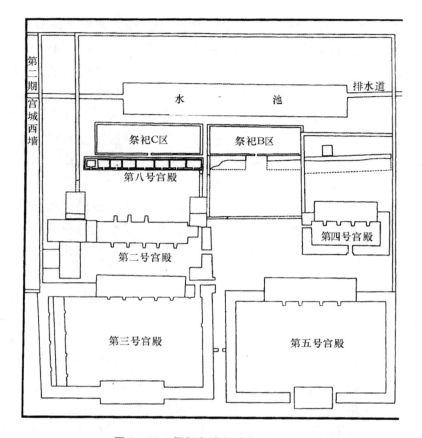

图1—14 偃师商城宫城遗址平面图

遗址开展了进一步勘探、发掘与研究。如安阳小屯村东"发掘出的凹字形建筑，由北殿、南庑和西厢建筑二座基址组成，东厢建筑已不复存在。由其南庑有门道推测，这也应是一个坐北朝南的四合院式建筑"[1]。这些为我们更加深入认识、理解过去考古发掘的殷墟宫庙建筑遗址，有着重要的参考价值。世纪之交，安阳洹北商城的发现和洹北商城第一号宫殿建筑遗址的发掘[2]，又为考古学界重新认识殷墟的布局结构提供了新的考古资料

---

① 杜金鹏：《殷墟宫殿区建筑布局和性质简论》，《中国文物报》2005年3月4日第7版。

② 中国社会科学院考古研究所安阳工作队：《河南安阳市洹北商城宫殿区1号基址发掘简报》，《考古》2003年第5期。

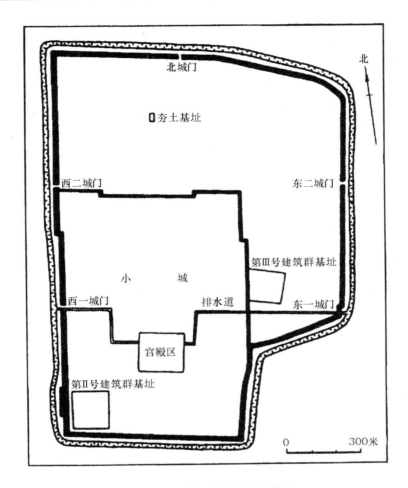

图 1—15　偃师商城遗址平面图

（图1—16）。偃师二里头遗址是中国古代都城遗址中学术意义最为重要的
都城遗址之一，一段时间以来，因为对该遗址出土的器物分期问题争执不
下，影响了二里头遗址考古研究的深化，对遗址整体布局形制的研究进展
不大。21世纪初，我们对偃师二里头遗址考古工作，提出了重点解决都城
遗址分布范围、突出解决以宫殿区为中心的都城布局形制（图1—17），
以及以已知宫庙遗址为基点，以勘探都城遗址宫殿区周围道路与路网遗
迹为突破口，以寻找宫城为学术目的的田野考古思路和科研工作要求，在

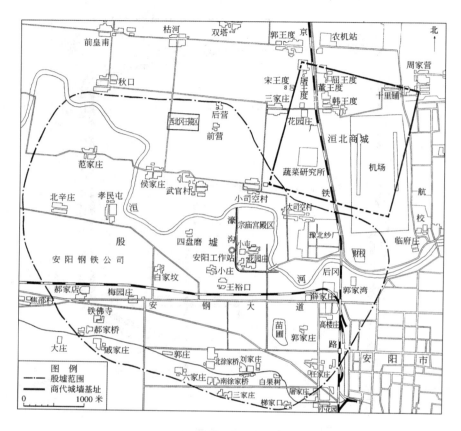

图 1—16　安阳殷墟遗址与洹北商城遗址位置图

不长的两三年时间里，使二里头遗址的考古工作取得了引人注目的进展。偃师二里头遗址宫庙区的勘探、发掘，已表明作为夏代都城遗址的偃师二里头遗址宫庙区，周围存在城垣，已经发掘的第一、二号宫庙建筑遗址均在其中，这个城垣范围之内的宫庙区可能就是夏代都城中的宫城①（图 1—18）。

---

　　① 　A. 中国社会科学院考古研究所二里头工作队：《河南偃师二里头遗址宫城及宫殿区外围道路的考察与发掘》，《考古》2004 年第 11 期。B. 许宏：《二里头遗址发掘和研究的回顾与思考》，《考古》2004 年第 11 期。

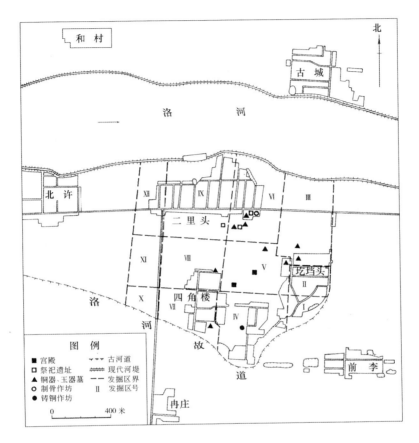

图1—17　二里头遗址主要遗迹分布图

　　这十年间，秦汉时代及其以后历代都城遗址考古工作也取得了重大进展。汉长安城北宫[①]、桂宫[②]、长乐宫[③]遗址的勘探与发掘，北宫位置的究

---

　　① 中国社会科学院考古研究所汉城工作队：《汉长安城北宫的勘探及其南面砖瓦窑的发掘》，《考古》1996年第10期。

　　② 中国社会科学院考古研究所、日本国立奈良文化财研究所中日联合考古队：《汉长安城桂宫：1996—2001年考古发掘报告》，文物出版社2007年版。

　　③ A. 中国社会科学院考古研究所汉长安城工作队：《汉长安城长乐宫二号建筑遗址发掘报告》，《考古学报》2004年第1期。B.《西安汉长安城长乐宫四号建筑遗址》，《2004·中国重要考古发现》，文物出版社2005年版。C. 中国社会科学院考古研究所汉长安城工作队：《汉长安城长乐宫发现陵室遗址》，《考古》2005年第9期。

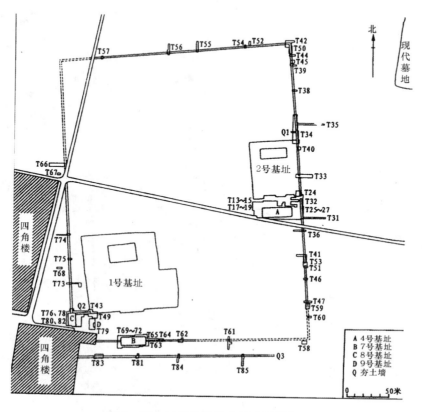

图 1—18　二里头遗址宫城遗址平面图

明，解决了长期以来北宫地望不清的问题；桂宫作为汉长安城中的"亚宫城"，通过全面考古发掘，与宫城未央宫的对比研究，使我们对汉长安城中这两种宫城有了更为深刻的认识；长乐宫是在秦兴乐宫基础之上修筑的，长乐宫遗址的发掘，对于秦汉时代宫室变化探讨将有重要意义。汉魏洛阳故城曾先后作为东周、东汉、曹魏、西晋和北魏王朝的都城，通过近年的考古工作，现在已究明汉魏洛阳故城之下，至少有三个规模不同、时代早晚有别的早期城址叠压在一起，它们分别为西周城址、东周城址和战国末年至秦代的城址，汉魏洛阳故城就建于其上①。汉魏洛阳城西北隅金

① 中国社会科学院考古研究所汉魏故城队：《汉魏洛阳故城城垣试掘》，《考古学报》1998 年第 3 期。

埸城遗址的勘探与试掘，解决了金埸城遗址的始建年代、分布范围、历史沿革等问题①（图1—19）。世纪之交发掘的北魏洛阳城宫城正门——闾阖门遗址，是中国古代都城考古中，发现时代最早的具有双阙的宫门遗址②（图1—20）。唐长安城大明宫含元殿遗址③、圜丘遗址④、大明宫太液池遗

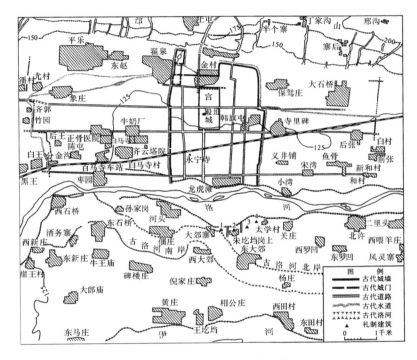

图1—19　北魏洛阳城遗址平面图

①　中国社会科学院考古研究所汉魏故城队：《汉魏洛阳故城金埸城址发掘报告》，《考古》1999年第3期。

②　中国社会科学院考古研究所汉魏故城队：《河南洛阳汉魏故城北魏宫城闾阖门遗址》，《考古》2003年第7期。

③　中国社会科学院考古研究所西安唐城工作队：《唐大明宫含元殿遗址1995—1996年发掘报告》，《考古学报》1997年第3期。

④　中国社会科学院考古研究所西安唐城工作队：《陕西西安唐长安城圜丘遗址的发掘》，《考古》2000年第7期。

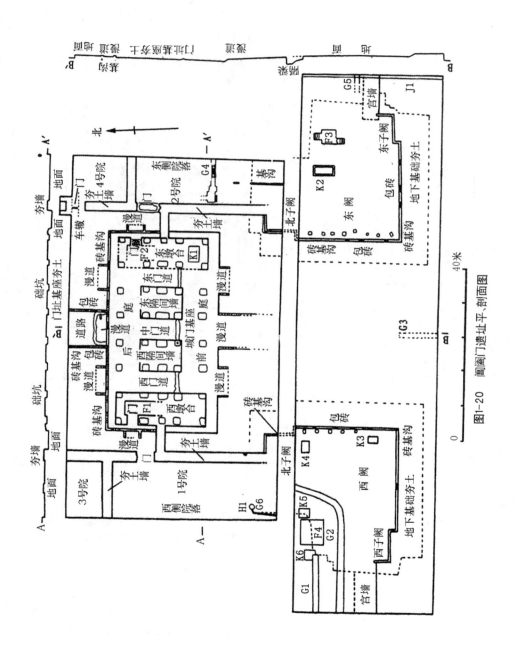

图1-20　阊阖门遗址平、剖面图

址①的考古发掘在隋唐都城遗址考古中具有重要学术意义，其中唐大明宫含元殿遗址的全面发掘，究明了"龙尾道"的形制（图1—21）。隋唐洛阳城白居易故居②、定鼎门遗址发掘③，为古代都城增添了重要新资料。多年来古代都城里坊遗址考古方面是一个学术空白，白居易故居的考古发掘开启了隋唐两京里坊遗址考古工作。其他都城遗址的主要考古发现还有：陕西周原大型建筑遗址④、河南东周虢国上阳城遗址⑤、广州南越国都城之

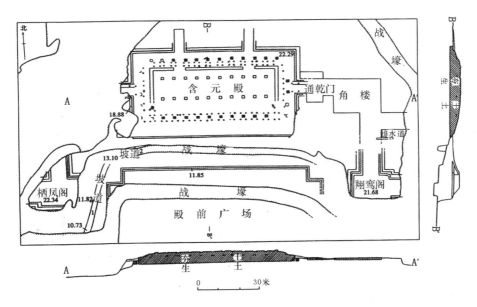

图1—21　含元殿遗址平、剖面图

　　① 中国社会科学院考古研究所、日本奈良文化财研究所中日联合考古队：《唐长安城大明宫太液池遗址发掘简报》，《考古》2003年第11期。
　　② 中国社会科学院考古研究所洛阳唐城队：《洛阳唐东都履道坊白居易故居发掘简报》，《考古》1994年第8期。
　　③ 资料存中国社会科学院考古研究所洛阳唐城队。
　　④ 周原考古队：《陕西扶风县云塘、齐镇西周建筑基址1999—2000年度发掘简报》，《考古》2002年第9期。
　　⑤ 《虢国真容终面世——三门峡虢国墓地及上阳城址》，河南省文物考古研究所：《启封中原文明——20世纪河南考古大发现》，河南人民出版社2002年版。

宫城建筑遗址①、辽宁桓仁五女山城遗址②、吉林集安国内城与民主遗址③、吉林丸都山城遗址④、集安高句丽王陵⑤、山西大同北魏平城礼制建筑遗址⑥、南朝都城地坛遗址⑦、黑龙江宁安唐渤海国上京城遗址⑧、吉林延边西古城唐渤海国中京城遗址⑨、南宋都城临安城太庙遗址⑩、黑龙江阿城市的金上京附近大型宫殿建筑遗址⑪、河北省张北县元中都遗址⑫等，此外还对辽上京、辽中京和元上都遗址进行了航空考古等⑬。这些都城遗址的田野考古工作，为中国古代都城考古学研究的深入发展，奠定了坚实的科学基础，同时也推动了中国考古学相关研究领域的学术发展。

---

① A. 中国社会科学院考古研究所、广州市文物考古研究所、南越王宫博物馆筹建处：《广州南越国宫署遗址 2000 年发掘报告》，《考古学报》2002 年第 2 期。B. 广州市文物考古研究所、南越王宫博物馆筹建办公室：《广州南越国宫署遗址 1995—1997 年发掘简报》，《文物》2000 年第 9 期。

② 辽宁省文物考古研究所：《五女山城——1996—1999、2003 年桓仁五女山城调查发掘报告》，文物出版社 2004 年版。

③ 吉林省文物考古研究所、集安市博物馆：《国内城——2000—2003 年集安国内城与民主遗址试掘报告》，文物出版社 2004 年版。

④ 吉林省文物考古研究所、集安市博物馆：《丸都山城——2001—2003 年集安丸都山城调查试掘报告》，文物出版社 2004 年版。

⑤ 吉林省文物考古研究所、集安市博物馆：《集安高句丽王陵——1990—2003 年集安高句丽王陵调查报告》，文物出版社 2004 年版。

⑥ 王银田、曹臣明、韩生存：《山西大同市北魏平城明堂遗址 1995 年的发掘》，《考古》2001 年第 3 期。

⑦ A. 《南京首次发现六朝大型坛类建筑遗存》，《中国文物报》1999 年 9 月 18 日。B. 《南京钟山六朝祭坛建筑遗址》，国家文物局主编：《2001 中国重要考古发现》，文物出版社 2002 年版，第 108—112 页。

⑧ A. 黑龙江省文物考古研究所、吉林大学考古学系、牡丹江市文物管理站：《渤海国上京龙泉府宫城第二宫殿遗址发掘简报》，《文物》2001 年第 11 期。B. 黑龙江省文物考古研究所、牡丹江市文物管理站：《渤海国上京龙泉府外城正北门址发掘简报》，《文物》2001 年第 11 期。

⑨ 《吉林和龙西古城城址》，国家文物局主编：《2001 中国重要考古发现》，文物出版社 2002 年版，第 113—117 页；《吉林延边西古城渤海国城址》，《文物天地》2003 年第 5 期。

⑩ A. 杜正贤：《杭州发现南宋临安城太庙遗址》，《中国文物报》1995 年 12 月 31 日。B. 《杭州南宋太庙遗址》，《中国考古学年鉴》（1996 年），文物出版社 1998 年版，第 146—147 页。

⑪ 《阿城刘秀屯金代皇家宫殿遗址》，《文史知识》2007 年第 2 期。

⑫ 《河北元中都遗址》，国家文物局主编：《1999 中国重要考古发现》，文物出版社 2001 年版，第 122—125 页。

⑬ 中国历史博物馆遥感与航空摄影考古中心、内蒙古自治区文物考古研究所：《内蒙古东南部航空摄影考古报告》，科学出版社 2002 年版。

（四）中国古代都城研究述略

关于中国古代都城研究的重要性，学术界早有共识。包括考古学、历史学、历史地理学、建筑史学等学科，历来重视古代都城研究。自 20 世纪 20 年代以来，中国古代都城考古的开展与接连不断的新发现，不但使中国古代都城考古学从无到有，而且还极大地推进了诸如历史学、历史地理学、建筑史学等相关学科的古代都城研究。

1. 中国古代都城考古学研究

中国古代都城考古学研究，以都城遗址田野考古工作的开展与发现为基础，随着中国古代都城考古工作的持续不断的大规模开展，都城考古研究逐渐深入。古代都城考古学研究始于对古代都城遗址地望的考古调查与勘探，这一工作往往与历史地理学、历史文献学密切结合。

安阳殷墟遗址考古发掘资料的整理，使中国古代都城考古学研究提到学科发展的日程上来，其中以石璋如先生撰写发表《小屯殷代的基址遗迹》（《历史语言研究所集刊》27，1955 年）、《小屯第一本·遗址的发现与发掘乙编·殷墟建筑遗存》（"中央研究院" 历史语言研究所，1959 年）、《河南安阳小屯殷代三组基址》（《大陆杂志》21，1960 年）、《小屯殷代丙组基址及有关的现象》（《史语所集刊外编第四种》下册，1961 年）、《殷墟建筑遗存的新认识（论殷代早期的宗庙）》（《"中央研究院" 国际汉学会议论文集——历史考古组》，台北，"中央研究院" 1981 年出版）等论著，最为集中地反映了其都城考古学研究成果。

20 世纪 70 年代后半叶至 80 年代初，基于多年古代都城考古工作的大量资料积累，使以考古学资料为基础的中国古代都城综合研究全面展开。这一时期，一些考古学家开始了综合或个案的都城考古学研究，主要考古学论著有王仲殊《中国古代都城概况》（《考古》1982 年第 5 期）、宿白《北魏洛阳城和北邙陵墓——鲜卑遗迹辑录之三》（《文物》1978 年第 7 期）和《隋唐长安城和洛阳城》（《考古》1978 年第 6 期）、刘庆柱《秦都咸阳几个问题的初探》（《文物》1976 年第 11 期）、马得志《唐代长安与洛阳》（《考古》1982 年第 6 期）、徐苹芳《唐代两京的政治、经济和文化生活》（《考古》1982 年第 6 期）、孟凡人《北魏外郭城形制初探》（《中国历史博物馆馆刊》总第 4 期，1982 年）、魏存成《关于渤海都城的几个问题》（《史学集刊》1983 年第 3 期）等，他们探讨了相关都城的平面布局形制。

20 世纪 80 年代前后，中国古代都城考古新发现层出不穷，如河南登封王城岗古代城址、偃师二里头遗址第二号宫庙建筑遗址、偃师商城遗址、湖北盘龙城遗址、陕西周原遗址、山东曲阜鲁城遗址、秦雍城遗址、秦咸阳城遗址、楚纪南城遗址、河南郑韩故城遗址、河北邯郸赵王城遗址、汉唐两京遗址、汉魏洛阳城遗址、邺城遗址等，上述考古工作极大地促进了中国古代都城考古学研究。1985 年 3 月，在北京召开的中国考古学会第五次年会，其学术讨论的中心就是中国古代城市考古学研究①。这是中国古代都城考古学进入新时期的重要标志，说明中国古代都城考古学的发展，已提到中国考古学学科发展的重要日程。

出现这一学术现状的背景是学科发展的要求：

第一，20 世纪 80 年代初，当一些考古学家在中国考古学界介绍国外的史前聚落考古之时，其理论、方法和实践在中国古代都城考古中已较为广泛应用，并取得诸多方面的重要进展。为解决考古学文化时空任务的所有考古工作，我认为只是考古学"方法"问题；所有考古发掘的出土遗物、遗迹，我认为只是探讨考古学研究的"人""社会"及与之相关的自然环境（客体世界）变化过程、变化动力、变化原因、变化趋势、变化规律的重要科学资料。在考古学史上，都城考古理念，为近年提出的聚落考古提供了成功的范式。

第二，古代文明起源与形成的研究成为目前学术界最为关注、最具学科生长点的领域，而都城考古又是古代文明起源与形成考古学研究的核心内容，作为古代文明起源与形成重要物化载体的古代都城，因此其考古学研究成为学术界最为重视的考古学研究课题。从认识论角度来说，人类对未知的认识，要以其已知为起点。于是历史时期都城考古研究，自然而然成为学术界进行"城"的出现与早期发展研究的起点与热点。

从 20 世纪 80 年代中叶至 90 年代初，古代都城考古研究方面的论著

① 中国考古学会：《中国考古学会第五次年会论文集》（1985），文物出版社 1988 年版。

数量之多是前所未有的。这一时期的都城考古研究，包括两个方面：一方面是继续开展都城遗址布局形制的探讨和不同时代都城布局形制的比较研究，尤其是对于后者的对比研究更为突出。另一方面，也有个别学者从不同时期社会政治、经济形态变化，导致出现都城布局形制的不同，提出了中国古代都城规划发展的阶段性①。前者如《中国考古学会第五次年会论文集》（文物出版社 1988 年版）、宿白先生《隋唐城址类型初探（提纲）》（《纪念北京大学考古专业三十周年论文集：1952—1982》，文物出版社 1990 年版）和杨宽先生与刘庆柱关于秦汉都城布局形制的学术讨论文章等②；后者如俞伟超先生《中国古代都城规划的发展阶段性——为中国考古学会第五次年会而作》（《文物》1985 年第 2期）等。

　　20 世纪 90 年代中期至今，中国古代都城考古学研究向更加纵深发展，这时的中国古代都城考古学研究，已不再仅仅局限于都城布局形制的探讨和对比，已有一些学者力图探索都城产生的历史背景与过程，揭示造成都城布局形制变化的社会历史发展之内在原因，以及与中国古代的从方国到王国，再到帝国的发展历史，"单重城"（"单城制"）、"双重城"（"双城制"）和"三重城"（"三城制"）古代都城发展模式；都城轴线以大朝正殿为基点、以宫城为中心的理念，是帝国时代皇权至上的反映；古代都城从先秦时代的"左庙"、"右宫"，到秦汉时代的以正殿为中心而形成的"左祖右社"，这是地缘政治的加强与血缘政治的弱化在都城布局形制方面的表现，是从王国政治发展为帝国政治的重要反映③。

---

　　①　俞伟超：《中国古代都城规划的发展阶段性——为中国考古学会第五次年会而作》，《文物》1985 年第 2 期。

　　②　A. 杨宽：《西汉长安布局结构的探讨》，《文博》1984 年创刊号。B. 刘庆柱：《汉长安城布局结构辨析——与杨宽先生商榷》，《考古》1987 年第 10 期。C. 杨宽：《西汉长安布局结构的再探讨》，《考古》1989 年第 4 期。D. 刘庆柱：《再论汉长安城布局结构及其相关问题——答杨宽先生》，《考古》1992 年第 7 期。

　　③　A. 刘庆柱：《中国古代都城考古学研究的几个问题》，《考古》2000 年第 7 期。B. 刘庆柱、李毓芳：《中国古代都城建筑的思想理念探索》，《西安文物考古研究》（西安市文物保护考古所成立十周年纪念），陕西人民出版社 2004 年版。C. 刘庆柱：《中国古代建筑思想史概说》，《中国美术史》，上海人民出版社 2003 年版。D. 刘庆柱：《中国古代都城遗址布局形制的考古发现所反映的社会形态变化研究》，《考古学报》2006 年第 3 期。

　　1996 年开始的夏商周断代工程、2001 年启动的"中华文明探源工程预研究"和正在实施的"中华文明探源工程",均以考古学为基础,而在考古学中又以中国古代早期都城考古学为核心内容,即主要以晋南和豫西地区的陶寺遗址、王城岗遗址、新砦遗址、二里头遗址、郑州商城遗址、偃师商城遗址及安阳殷墟遗址和西安丰镐遗址等为主要研究对象。一方面是这一时期中国古代早期都城考古发现与研究,为夏商周断代工程开展,为"中华文明探源工程预研究"和"中华文明探源工程"国家重大课题的启动和顺利进行提供了科学研究基础的支撑;另一方面夏商周断代工程、"中华文明探源工程预研究"和"中华文明探源工程"又极大地促进了中国古代早期都城的考古学研究发展。

　　这一时期,秦汉时代以后的都城遗址,结合都城宫殿、礼制建筑、苑囿、里坊和手工业作坊遗址的田野考古工作开展,深化了都城不同内容的建筑遗址研究。如汉长安城手工业作坊遗址、后妃宫城——桂宫遗址、北宫遗址和长乐宫遗址的发掘与研究,都城近郊大型墓地的清理与研究①。都城礼制建筑遗址的考古发现,促进了这方面的研究②。古代都城的苑囿遗址考古研究,从偃师商城到中世纪的都城均已涉及,有的还与国外的相关考古研究进行了对比③。

　　这一时期出版、发表了大量与中国古代都城考古学研究相关内容的田野考古发掘报告、专著和论文,其所涉及古代都城考古学研究的广度和深度都是前所未有的。如 20 世纪 90 年代后半叶以来出版的《偃师二里头:1959—1978 年考古发掘报告》④《郑州商城:1953—1985 年考古发掘报告》⑤《安阳小屯》⑥《盘龙城:1963—1994 年考古发掘报告》⑦《西周张家

　　① 　A. 西安市文物保护考古所:《西安龙首原汉墓》,西北大学出版社 1999 年版。B. 西安市文物保护考古所、郑州大学考古专业:《长安汉墓》,陕西人民出版社 2004 年版。

　　② 　姜波:《汉唐都城礼制建筑研究》,文物出版社 2003 年版。

　　③ 　汪勃:《中日宫城池苑比较研究——6 世纪后期到 10 世纪初期》,中国社会科学院考古研究所博士后研究工作报告,2004 年。

　　④ 　中国社会科学院考古研究所:《偃师二里头:1959—1978 年考古发掘报告》,中国大百科全书出版社 1999 年版。

　　⑤ 　河南省文物考古研究所:《郑州商城:1953—1985 年考古发掘报告》,文物出版社 2001 年版。

　　⑥ 　中国社会科学院考古研究所:《安阳小屯》,世界图书出版公司 2004 年版。

　　⑦ 　湖北省文物考古研究所:《盘龙城:1963—1994 年考古发掘报告》,文物出版社 2001 年版。

坡墓地》①《燕下都》②《秦都咸阳考古报告》③《汉长安城未央宫：1980—1989 年考古发掘报告》④《西汉礼制建筑遗址》⑤《武夷山城村汉城遗址发掘报告》⑥《五女山城：1996—1999、2003 年桓仁五女山城调查发掘报告》⑦《国内城：2000—2003 年集安国内城与民主遗址试掘报告》⑧《丸都山城：2001—2003 年集安丸都山城调查试掘报告》⑨《集安高句丽王陵：1990—2003 年集安高句丽王陵调查报告》⑩《北魏洛阳永宁寺：1979—1994 年考古发掘报告》⑪《六顶山与渤海镇：唐代渤海国的贵族墓地与都城遗址》⑫ 等考古发掘报告，如《中国考古学·夏商卷》⑬《中国考古学·两周卷》⑭《殷墟的发现与研究》⑮《古代都城与帝陵的考古学研究》⑯《中日两国考古学·古代史论文集》⑰《先秦城市考古学研究》⑱《夏商时代都

① 中国社会科学院考古研究所：《西周张家坡墓地》，中国大百科全书出版社 1999 年版。

② 河北省文物研究所：《燕下都》，文物出版社 1996 年版。

③ 陕西省考古研究所：《秦都咸阳考古报告》，科学出版社 2004 年版。

④ 中国社会科学院考古研究所：《汉长安城未央宫：1980—1989 年考古发掘报告》，中国大百科全书出版社 1996 年版。

⑤ 中国社会科学院考古研究所：《西汉礼制建筑遗址》，文物出版社 2003 年版。

⑥ 福建省博物院、福建闽越王城博物馆：《武夷山城村汉城遗址发掘报告》，福建人民出版社 2004 年版。

⑦ 辽宁省文物考古研究所：《五女山城：1996—1999、2003 年桓仁五女山城调查发掘报告》，文物出版社 2004 年版。

⑧ 吉林省文物考古研究所、集安市博物馆：《国内城：2000—2003 年集安国内城与民主遗址试掘报告》，文物出版社 2004 年版。

⑨ 吉林省文物考古研究所、集安市博物馆：《丸都山城：2001—2003 年集安丸都山城调查试掘报告》，文物出版社 2004 年版。

⑩ 吉林省文物考古研究所、集安市博物馆：《集安高句丽王陵：1990—2003 年集安高句丽王陵调查报告》，文物出版社 2004 年版。

⑪ 中国社会科学院考古研究所：《北魏洛阳永宁寺：1979—1994 年考古发掘报告》，中国大百科全书出版社 1996 年版。

⑫ 中国社会科学院考古研究所：《六顶山与渤海镇：唐代渤海国的贵族墓地与都城遗址》，中国大百科全书出版社 1997 年版。

⑬ 中国社会科学院考古研究所：《中国考古学·夏商卷》，中国社会科学出版社 2003 年版。

⑭ 中国社会科学院考古研究所：《中国考古学·两周卷》，中国社会科学出版社 2004 年版。

⑮ 中国社会科学院考古研究所：《殷墟的发现与研究》，科学出版社 1994 年版。

⑯ 刘庆柱：《古代都城与帝陵的考古学研究》，科学出版社 2000 年版。

⑰ 王仲殊：《中日两国考古学·古代史论文集》，科学出版社 2005 年版。

⑱ 许宏：《先秦城市考古学研究》，北京燕山出版社 2000 年版。

城制度研究》①《北宋东京城研究》②《汉唐礼制建筑研究》③ 等专著和论文集，以及数以千篇计的相关论文。

我们应该看到，虽然这一时期古代都城考古学研究取得重大进展，尤其是夏商周时期的都城考古，在一些田野考古方法与理论上取得突破之后，考古新发现极大地促进了古代都城的考古学研究。但是，夏商时代的都城考古研究还有许多问题没有解决。二里头遗址作为夏代中晚期的都城遗址，如果目前可以取得学术界共识的话，那么夏代前期的都城遗址是不是可以认定为河南登封王城岗城址（指其新发现的大城）？如果可以的话，王城岗城址（大城）的城内宫庙建筑遗址分布在什么地方？具体建筑遗址布局结构也要通过大面积考古发掘究明，城址路网要勘探，王陵区与墓地要寻找。二里头遗址已勘探出宫城，紧接二里头遗址之后的偃师商城、郑州商城均已在宫城之外构筑了郭城，偃师商城和郑州商城的宫城与郭城的"双城"制度是首创还是继承？究明二里头遗址的宫城之外有无郭城是回答这个学术问题的关键。目前我们知道的中国古代都城遗址中，三个时代最早的都城遗址：二里头遗址、偃师商城和郑州商城，都还未找到王陵区。根据中国古代帝王陵墓制度，建都时间上百年或更长时间的都城，均应有王陵区或帝陵区，而且时代越早的都城，王陵区距离都城越近；反之则帝王陵墓区距离都城越远。举其要者，如殷墟王陵区在西北岗，秦始皇陵在秦咸阳城东南部的骊山附近，西汉帝陵在汉长安城北部的咸阳原和都城东南部，唐代帝陵分布在唐长安城以北的渭北北山一带，北宋帝陵在都城开封西部的巩义一带，明十三陵在都城北部的昌平，清代帝陵分为清东陵与清西陵，它们分别位于北京东北部的遵化县和西南部的易县。郑州商城的宫殿区范围已经基本清楚，但是宫城还没有找到；作为都城坐标点的城门遗址一个也没有发现。殷墟发现了大量甲骨，甲骨文文字已经相当成熟，我们有理由相信，时代与其基本衔接的郑州商城等应该使用了甲骨，并有较为成熟的甲骨文文字。西周时期是中国古代历史上非常重要的时

① 张国硕：《夏商时代都城制度研究》，河南人民出版社2001年版。
② 刘春迎：《北宋东京城研究》，科学出版社2004年版。
③ 姜波：《汉唐礼制建筑研究》，文物出版社2003年版。

代，作为中国古代都城发展史上的西周都城丰镐遗址，是探索古代都城从王国到帝国时代的关键性都城遗址。但是要搞清楚丰镐遗址的都城具体地望还不清楚，至于其布局形制更不清楚，作为西周都城遗址这里还有大量田野考古与基础研究工作要做。帝国时代的都城遗址，主要都城遗址的布局虽然已基本清楚，但是作为都城重要组成部分的里坊遗址一直是个薄弱方面。从隋唐及其以前时代的"封闭式"都城向北宋的"开放式"都城转化，主要反映在都城坊市布局形制的变化上，近期在唐洛阳城里坊遗址田野考古中已发现了一些相关重要现象，但是要解决这一问题，还有很多工作要做。

2. 中国古代都城的历史学研究

20 世纪 70 年代后半叶以来，中国历史学出现了空前繁荣的局面，文化史、社会史等成为这一时期中国历史学中最为活跃的分支学科。在这样的大背景下，以马先醒、杨宽先生为代表的一些历史学家，较早开始了中国古代都城历史研究。马先醒先生的《中国古代城市论集》，主要收集了作者关于汉代都城长安与洛阳的多篇论文①。杨宽先生的代表作是 1993 年上海古籍出版社出版的《中国古代都城制度史研究》②，该书的主要论点有二：其一是把中国都城制度发展历史分为前后两大阶段，前一阶段从先秦到唐代，是封闭式都城制度时期；后一阶段从北宋到明清，是开放式都城制度时期。其二是从先秦到唐代，按城郭联结的不同布局划分为三个时期，"即商代是有城无郭的时期；从西周到西汉是西城连结东郭的时期；从东汉到唐代是东西南三面郭区环抱中央北部城区的时期"。杨宽先生的第一个论点基本上科学地划分出中国古代都城制度发展史的两大阶段；第二个论点，由于新的都城考古资料的大量发现，动摇、甚至否定了作者提出的先秦至秦汉时期都城城郭布局形制变化的基本立论。20 世纪 80 年代中后期至 90 年代初期，笔者与杨宽先生就"东郭西城"模式问题进行的

---

① 马先醒：《中国古代城市论集》（简牍学会丛书之四），简牍学会印行 1980 年版。

② 杨宽先生《中国古代都城制度史研究》的上编，除第十二章"东吴都城建业和东晋南朝都城建康"以外，均为作者 1987 年在日本东京学生社出版的日文译本《中国都城的起源和发展》。

学术论辩，充分反映了这一情况①。此外还有曲英杰的《先秦都城复原研究》②、叶骁军的《中国都城发展史》③、朱祖希的《北京城——营国之最》④、于杰等的《金中都》⑤、陈高华的《元大都》⑥、武伯纶的《西安史话》⑦、徐卫民的《秦都城研究》⑧、周长山的《汉代城市研究》⑨、吴涛的《北宋都城东京》⑩、林正秋的《南宋都城临安》⑪ 等，这些专著主要以历史文献资料为主，作者也尽其所能收集了都城考古资料，进行古代都城研究。还有一些研究中国古代都城的史学工作者，目前更多的是根据历史文献记载和考古发现资料，对都城布局形制进行"客观"的描述，对于不同时期都城布局形制变化的内在原因有待深入分析。此外，个别很有学术影响的史学家，十分关注不同时代的都城所显示出的不同外在形制，并且力图探索其变化的"内因"。但是由于作者所使用资料的薄弱性、片面性、不确定性，致使其总结出来的都城形制"模式"或"变化规律"，缺乏科学性、普遍性。如有的学者设计的西周至秦汉时代都城的"西部小城连接东部大郭"模式⑫，曾经在学术界造成很大影响，但实际上考古资料所反映出来的这种所谓普遍"模式"，个别现象是有的，但是一种普适性的"模式"，客观上是不存在的。又如，关于秦咸阳城遗址问题，本来田野考古调查、勘探、发掘已经究明，秦王朝和秦帝国都城咸阳城的宫殿区遗址仍然保存在咸阳原上，但是一些学者对新

①　A. 杨宽：《西汉长安布局结构的探讨》，《文博》1984 年创刊号。B. 刘庆柱：《汉长安城布局结构辨析——与杨宽先生商榷》，《考古》1987 年第 10 期。C. 杨宽：《西汉长安布局结构的再探讨》，《考古》1989 年第 4 期。D. 刘庆柱：《再论汉长安城布局结构及其相关问题》，《考古》1992 年第 7 期。

②　曲英杰：《先秦都城复原研究》，黑龙江人民出版社 1991 年版。

③　叶骁军：《中国都城发展史》，陕西人民出版社 1988 年版。

④　朱祖希：《北京城——营国之最》，中国城市经济社会出版社 1990 年版。

⑤　于杰等：《金中都》，北京出版社 1989 年版。

⑥　陈高华：《元大都》，北京出版社 1982 年版。

⑦　武伯纶：《西安史话》，陕西人民出版社 1981 年版。

⑧　徐卫民：《秦都城研究》，陕西人民教育出版社 2000 年版。

⑨　周长山：《汉代城市研究》，人民出版社 2001 年版。

⑩　吴涛：《北宋都城东京》，河南人民出版社 1984 年版。

⑪　林正秋：《南宋都城临安》，西泠印社 1986 年版。

⑫　杨宽：《中国古代都城制度史研究》，上海古籍出版社 1993 年版。

发现的田野考古资料缺乏充分的了解，对使用自然科技方法测定的出土考古标本年代重视不够，对资料的使用存在着某些片面性、不完整性①。开展中国古代都城研究，现在既不能仅仅限于传统文献史学，也不能采取在多学科结合的研究领域，使用简单的"加法"；在应用都城田野考古资料时，更要避免"两张皮"。

3. 中国古代都城的历史地理学研究

20 世纪 70 年代末 80 年代初，中国古代都城考古学的蓬勃发展，中国的改革开放、社会的加速发展、城市现代化和农村城镇化的迅速推进，这些都使历史地理学界极大地关注中国古代都城研究。1983 年一些历史地理学者发起成立了中国古都学会，学会每次召开的年会学术讨论会均已结集出版了论文集——《中国古都研究》，现已出版了 18 辑。② 史念海先生这时提出了建立"中国古都学"学科，指出建立"中国古都学"的必要性、可能性，提出了"中国古都学"的概念、范畴及研究方法③，在他晚年又出版了《中国古都和文化》④。中国历史地理学家在推动中国古代都城研究方面所作出的学术贡献是有目共睹的。

4. 中国古代都城的建筑史学研究

20 世纪初叶中国建筑史学科创立，直至 20 世纪 50 年代，中国建筑史学科的研究工作"主要以地上遗存的古建筑为对象，这就是说，研究的重点是放在唐、宋以至明、清时期。当时的研究，涉及南北朝以前的建筑问题，则是以文献考察为主，还没有科学地利用当时有限的一点考古学材料；建筑史学家更绝少参与田野考古工作"⑤。但是以梁思成、刘敦桢先生等为代表的老一辈建筑史学家，历来对中国古代都城研究十分重视，他们在 20 世纪前半叶，在中国古代都城建筑史领域进行了大量开拓性研究工作，取

① 王丕忠：《秦咸阳宫位置推测及其他问题》，《中国史研究》1982 年第 4 期。
② 中国古都学会：《中国古都研究》（第一辑，1985 年；第二辑，1986 年；第三辑，1987 年；第四辑，1989 年），浙江人民出版社；《中国古都研究》（第十二辑、第十三辑，1998 年），山西人民出版社；《中国古都研究》（第十四辑，2000 年；第十七辑，2001 年），三秦出版社；《中国古都研究》（第十八辑），国际华文出版社 2001 年版。
③ 史念海：《中国古都学刍议》，《浙江学刊》1986 年第 1—2 期合刊。
④ 史念海：《中国古都和文化》，中华书局 1998 年版。
⑤ 杨鸿勋：《建筑考古三十年综述》，《建筑考古学论文集》，文物出版社 1987 年版。

得了重要学术成果，这方面的代表性论著有刘敦桢《大壮室笔记》①、王璧文《中国建筑》②、朱偰《元大都宫殿图考》和《北京宫阙图说》③ 等。

20 世纪 50 年代后半叶，中国建筑史学界开始关注当时一系列重要古代都城的宫殿、礼制建筑、城门遗址等考古发掘，并以此为基础进行"个案"的古代建筑遗址复原研究。这一时期发掘的汉长安城南郊礼制建筑遗址④，王世仁首先对其进行了复原研究⑤，1987 年杨鸿勋又发表了关于同一建筑遗址的复原研究文章⑥。20 世纪 50 年代后半叶考古发掘的唐大明宫麟德殿遗址，是一座规模大、规格高的宫殿建筑遗址之一⑦。这一发现引起建筑史学界的极大重视，郭湖生首先发表了麟德殿复原研究论文⑧，1963 年刘致平和傅熹年对麟德殿进行了较为全面的复原研究⑨，80 年代中期杨鸿勋根据 1982—1983 年对麟德殿遗址进行的考古复查与发掘资料，又提出了关于麟德殿复原的新观点⑩。郭义孚、傅熹年、杨鸿勋根据 50 年代末唐大明宫含元殿原状的勘探、试掘考古资料⑪，先后对含元殿进行了复原研究⑫，提出了各自的复原意见。70 年代傅熹年根据过去唐大明宫玄武门及重玄门的考古发掘资料和当时唐长安城明德门发掘情况⑬，分别对

---

① 刘敦桢：《刘敦桢文集》（第一卷），中国建筑工业出版社 1982 年版，第 129—167 页。

② 王璧文：《中国建筑》，华北科学社 1943 年版。

③ 朱偰：《元大都宫殿图考》，商务印书馆 1936 年版；《北京宫阙图说》，商务印书馆 1938 年版。

④ 唐金裕：《西安西郊汉代建筑遗址发掘报告》，《考古学报》1959 年第 2 期。

⑤ 王世仁：《汉长安城南郊礼制建筑（大土门村遗址）原状的推测》，《考古》1963 年第 9 期。

⑥ 杨鸿勋：《从原状看西汉长安明堂（辟雍）形制》，《建筑考古学论文集》，文物出版社 1987 年版。

⑦ 中国科学院考古研究所：《唐大明宫》，科学出版社 1959 年版。

⑧ 郭湖生：《麟德殿遗址的意义和初步分析》，《考古》1961 年第 11 期。

⑨ 刘致平、傅熹年：《麟德殿复原的初步研究》，《考古》1963 年第 7 期。

⑩ 杨鸿勋：《唐大明宫麟德殿复原研究》，《中国考古学研究——夏鼐先生考古五十年纪念论文集》，文物出版社 1986 年版。

⑪ 马得志：《1959—1960 年唐大明宫发掘简报》，《考古》1961 年第 7 期。

⑫ A. 郭义孚：《含元殿外观复原》，《考古》1963 年第 10 期。B. 傅熹年：《唐长安大明宫含元殿原状的探讨》，《文物》1973 年第 7 期。C. 杨鸿勋：《唐长安大明宫含元殿复原研究》，《庆祝苏秉琦考古五十五年论文集》，文物出版社 1989 年版。

⑬ 中国科学院考古研究所西安工作队：《唐代长安城明德门遗址发掘简报》，《考古》1974 年第 1 期。

二者进行了复原研究①。70年代中期发掘的陕西周原的两座大型建筑遗址②，有着重要学术意义，傅熹年③、杨鸿勋④分别发表了关于它们的复原论文。与此同时发掘的秦咸阳城的高台宫殿建筑遗址⑤，1976年杨鸿勋发表了复原探讨文章⑥。70年代后半叶至80年代前期，傅熹年、杨鸿勋又根据河北平山的中山国王陵⑦、湖北盘龙城遗址⑧、河南偃师二里头遗址⑨考古发掘资料，发表了各自的复原研究成果⑩。通过对考古发掘的不同时代都城遗址中的宫庙建筑基址复原研究，使人们对这类古代建筑有了更为直观的认识和了解。杨鸿勋的近作《宫殿考古通论》，对不同时期的中国古代都城宫殿、礼制建筑、帝王陵寝建筑进行了复原研究⑪。建筑史学家对考古发掘的中国古代宫殿、礼制建筑遗址的复原研究，加深了学术界对中国古代建筑的全方位认识。与此同时我们也应该看到，对同一个考古发掘的古代建筑遗址，相同的考古资料，不同的建筑史学家可以复原出不同形象的古代建筑，但是从科学的角度来说，其"正确"的只应有一个。产生这种情况（即多位建筑史专家复原设计同一考古发现建筑遗址，产生多个复原方案）的原因，除了田野考古资料的不完整之外，还说明建筑史学

---

① A. 傅熹年：《唐长安大明宫玄武门及重玄门复原研究》，《考古学报》1977年第2期。B.《唐长安明德门原状的探讨》，《考古》1977年第6期。

② A. 陕西周原考古队：《陕西岐山凤雏村西周建筑基址发掘简报》，《文物》1979年第10期。B. 陕西周原考古队：《扶风召陈西周建筑群基址发掘简报》，《文物》1981年第3期。

③ 傅熹年：《陕西岐山凤雏西周建筑遗址初探——周原西周建筑遗址研究之一》，《文物》1981年第1期；《陕西扶风召陈西周建筑遗址初探——西周建筑遗址研究之二》，《文物》1981年第3期。

④ 杨鸿勋：《西周岐邑建筑遗址初步考察》，《文物》1981年第3期。

⑤ 秦都咸阳考古工作站：《秦都咸阳第一号宫殿建筑遗址简报》，《文物》1976年第11期。

⑥ 陶复：《秦咸阳宫第一号遗址复原问题的初步探讨》，《文物》1976年第11期。

⑦ 河北省文物管理处：《河北省平山县战国时期中山国墓葬发掘简报》，《文物》1979年第1期。

⑧ 湖北省博物馆、北京大学考古专业盘龙城发掘队：《盘龙城1974年度田野考古纪要》，《文物》1976年第2期。

⑨ 中国科学院考古研究所二里头工作队：《河南偃师二里头早商宫殿遗址发掘简报》，《考古》1974年第4期。

⑩ A. 傅熹年：《战国中山王𰾙墓出土的〈兆域图〉及其所反映出的陵园规划》，《考古学报》1980年第1期。B. 杨鸿勋：《战国中山王陵及兆域图研究》，《考古学报》1980年第2期。C. 杨鸿勋：《从盘龙城商代宫殿遗址谈中国宫廷建筑发展的几个问题》，《文物》1976年第2期。D. 杨鸿勋：《初论二里头宫室的反映复原问题——兼论"夏后氏世室"形制》，《建筑考古学论文集》，文物出版社1987年版。

⑪ 杨鸿勋：《宫殿考古通论》，紫禁城出版社2001年版。

家对中国古代建筑的认识，尚有许多未知领域需要研究、探索，建筑史学作为一门科学，自身还存在着方法、理论上进一步发展及学科科学化的问题。

　　建筑史学家对中国古代都城研究的重大贡献，突出表现在对中国中古时代及以后王朝都城、宫城布局形制的探索。20 世纪 80 年代中期以来，傅熹年以明代都城的宫殿和礼制建筑作为切入点，从技术层面探讨宫城、都城建筑群总体规划手法①，继之他又对元大都大内建筑群②、隋唐长安城和洛阳城规划手法进行了开拓性探索③。20 世纪 80 年代中期，贺业钜先生出版了《考工记营国制度研究》《中国古代城市规划史论丛》（在此基础之上，其后他又于 1996 年出版了《中国古代城市规划史》）④。近年出版的五卷本《中国古代建筑史》中⑤，其中涉及中国古代都城的内容占有相当大的比例。上述论著是中国建筑史学家从建筑史角度研究中国古代都城布局结构的重要著作；是中国建筑史学家对中国古代都城的研究，从局部的、个案的"微观"研究，发展到探讨都城布局结构、形制的"宏观"研究的标志。

　　（五）中国古代都城考古学理论与方法的发展

　　1. 中国古代都城考古学理论的发展

　　（1）关于古代都城界定认识变化的理论思考

　　关于古代都城的界定，是考古学发展的需要。回顾考古学发展史，考古学家对于古代都城的认识，是根据"由近及远"、从"已知"到

　　① 傅熹年：《关于明代宫殿坛庙等大型建筑群总体规划手法的初步探讨》，《建筑历史研究》第二辑，建筑工业出版社 1992 年版。

　　② 傅熹年：《元大都大内宫殿的复原研究》，《考古学报》1993 年第 1 期。

　　③ 傅熹年：《隋唐长安、洛阳城规划手法的探讨》，《文物》1995 年第 3 期。

　　④ A. 贺业钜：《考工记营国制度研究》，中国建筑工业出版社 1985 年版。B. 贺业钜：《中国古代城市规划史论丛》，中国建筑工业出版社 1986 年版。C. 贺业钜：《中国古代城市规划史》，中国建筑工业出版社 1996 年版。

　　⑤ A. 刘叙杰主编：《中国古代建筑史》（原始社会、夏、商、周、秦、汉建筑）第一卷，中国建筑工业出版社 2003 年版。B. 傅熹年主编：《中国古代建筑史》（两晋、南北朝、隋唐、五代建筑）第二卷，中国建筑工业出版社 2001 年版。C. 郭黛姮主编：《中国古代建筑史》（宋、辽、金、西夏建筑）第三卷，中国建筑工业出版社 2003 年版。D. 潘谷西主编：《中国古代建筑史》（元、明建筑）第四卷，中国建筑工业出版社 2001 年版。E. 孙大章主编：《中国古代建筑史》（清代建筑）第五卷，中国建筑工业出版社 2002 年版。

"未知"的认识过程进行的。古代都城遗址寻找，一种是根据历史文献记载与历史学及历史地理学研究成果，在较大范围之内，确定相关时代的都城遗址所在地区，进而通过考古调查、勘探和试掘，去寻找、判定遗址具体方位，究明遗址分布范围，揭示遗址文化内涵，确定遗址时代，进而推断其具体都城名称。如战国时代列国都城遗址（秦雍城遗址、楚纪南城遗址、齐临淄城遗址、燕下都遗址、郑韩故城遗址、赵邯郸城遗址和魏安邑城遗址等）、秦咸阳城遗址、汉长安城遗址、汉魏洛阳城遗址、邺城遗址、隋唐长安城遗址、隋唐洛阳城遗址、北宋东京城遗址、元大都遗址等，就是按照上述技术路线，进行都城遗址的探索与研究的。古代都城遗址的界定，从时间上讲，时代越晚，对其判断越准确，反之则争议较多、确定难度较大。除了以上列举的古代都城遗址之外，还有一些先秦时代的都城遗址，较之秦汉时代及以后各时代都城遗址，学术争议更多一些、更大一些。如河南安阳殷墟遗址，其考古的直接原因是寻找甲骨，当1928年殷墟考古序幕拉开之后，随着殷墟遗址的大型夯土建筑基址和大型高规格墓葬的考古新发现，以及安阳小屯一带甲骨的考古发掘出土及甲骨文的辨识，使考古学家、历史学家根据历史文献记载，结合历史地理研究成果，按照遗址、遗物的地层学、类型学考古研究，推断这是晚商时代的都城遗址。多年来的殷墟田野考古发现，又进一步证实了上述论断。但是尽管如此，至今学术界关于安阳殷墟遗址性质问题仍然有不同看法，甚至是"针锋相对"的看法。例如：有的学者认为，盘庚迁都的地方是河南偃师，而不是安阳，武丁时迁都于殷，即今安阳小屯一带[①]；还有学者认为，盘庚不但没有迁都于殷墟，而且殷墟从来没有做过商王朝的都城，那里只是商王武丁至帝辛时期的陵墓区和祭祀场所[②]；也有的学者认为，现在我们所说的"殷墟"，"无论从它的规模、布局以及文化内涵来看，都不可能是一座都城，而应该是殷晚期王国都城近畿地方的一处苑囿离宫的遗址"[③]。当然，这些观点并不构成学术界

① A. 彭锦章：《试论偃师商城》，《全国商史学术讨论会论文集》，1985年。B. 郑光：《试论偃师商城即盘庚之殷亳》，《故宫学术季刊》第八卷第四期，1991年。

② 秦文生：《殷墟非殷都考》，《郑州大学学报》1985年第1期。

③ 杨鸿勋：《宫殿考古学通论》，紫禁城出版社2001年版，第65页。

关于殷墟都城性质的主流意见。

　　还有一类时代更早的夏商时期的大型遗址，如河南偃师二里头遗址、郑州商城遗址和河南偃师商城遗址等。开始是通过田野考古工作，发现了大型夯土建筑基址、高规格的大型墓葬、密集的手工业作坊遗址、具有"王气"的青铜器和玉器等，有的发现了城墙，也有的没有发现城墙。这些大型遗址属于什么性质？如果它们是都城遗址的话，那么它们是哪个王朝、哪个时期、与文献记载相对应的哪个都城遗址？这是我们在古代都城遗址考古中，仍在进行探索的科学难题，我想这样的探索可能要持续相当长的时间。考古学家通过考古发掘与研究，确定这些地方不是一般的聚落或居民区，它们应该属于高等级的社会活动中心，并推断出其存在的社会活动时间。在此基础之上，结合历史文献学、历史地理学等学科相关研究成果，作出它们为都城遗址的结论，进而又探索它们属于什么时代的、是哪座都城遗址。由于考古资料、文献资料的不完整性，研究的理论模式的不一致，导致学者之间认知结论的不同。当然，学术上的不同是正常的，但是同一问题的科学结论只有一个，不能是多种多样的，更不能是二者针锋相对的，这实际上至少说明当前古代都城考古研究理论上存在的某些"不一致"、基础资料理解上缺少必要的学术共识。

　　偃师二里头遗址是1957年发现的[1]，将其视为都城遗址则是通过1959年徐旭生先生的考古调查，但是当时徐旭生先生认为二里头遗址"为商汤都城的可能性很不小"[2]，这种看法在其后的研究中持续了一段时间[3]。20世纪80年代中期以后，二里头遗址被学术界大多视为夏代都城遗址。然而二里头遗址作为夏代都城遗址与二里头文化作为夏文化，在国际学术界

　　① 中国科学院考古研究所洛阳发掘队：《河南偃师二里头遗址发掘简报》，《考古》1965年第5期。

　　② 徐旭生：《1959年夏豫西调查"夏墟"的初步报告》，《考古》1959年第11期。

　　③ A.中国科学院考古研究所二里头考古队：《河南偃师二里头早商宫殿遗址发掘简报》，《考古》1974年第4期。B.殷玮璋：《二里头文化探讨》，《考古》1978年第3期。C.殷玮璋：《偃师二里头的早商遗址》，《新中国的考古发现和研究》，文物出版社1984年版。

还存在着不同的声音①，这一方面是我们的相关田野考古新发现对外介绍得不够，对方了解得不多；另一方面彼此之间也确实存在着理论与方法上的不同，有些我们必须考虑自己的历史文化传统，结合自己的文化特点，进行学术研究；有些属于学术研究的理论与方法中的共性问题，我认为这些还是需要特别慎重对待的。一些以前认为已经解决的学术问题，随着学科的发展、新的考古资料的发现，对于学术界又有可能提出新的挑战。二里头遗址在"夏商周断代工程"被认为二里头文化一至四期均为夏文化，夏王朝的年代为公元前 2070 年至公元前 1600 年②。夏商周断代工程提供的二里头遗址新的碳素标本测定结果显示，二里头文化一至四期拟合后的日历年代为公元前 1880 年至前 1521 年之间③。最近有的学者根据新的考古资料，又提出二里头文化一至四期大约在公元前 1750 年至前 1520 年的观点④。如果上述推断不误的话，那么二里头文化一至四期与夏文化关系、二里头文化一至四期整体与夏代都城关系、二里头遗址与早期商代的偃师商城、郑州商城关系问题，就要进行重新思考与认识。夏鼐先生 1983 年 3 月应日本广播协会邀请，在日本所作的讲演中指出："至于二里头文化与中国历史上的夏朝和商朝的关系，我们可以说，二里头文化的晚期是相当

---

① 目前美国的杜朴、艾兰、贝格立教授等从事中国上古史研究的学者始终对夏代的存在持保留的态度，认为有待进一步证明。即使是新出版的《剑桥中国上古史》，其中也并没有单独的篇章讨论夏代。见《手铲释天书——与夏文化探索者的对话》，大象出版社 2001 年版，第 118 页。又，邹衡先生说："1990 年美国洛杉矶'夏文化国际讨论会'是首次在国外讨论夏文化问题。参加会议的有欧、亚、美、澳诸国对中国夏文化有兴趣的学者。……当时的讨论大概有三种意见：第一种意见基本持否定态度，认为夏朝充其量是神话传说时代，不能具体有所指。持这种意见者几乎都是欧美学者。"同上书，第 61 页。张光直先生在同书（第 118 页）中对这种现象，提出了自己的看法："西方学者对夏代问题的保留态度，主要是基于出土文字材料的缺乏。二里头文化从考古证据上来看，还是属于史前；也就是说它没有文字。西方学者不愿意认定二里头是夏代有他们的考虑，而这样的考虑也是出于做学问的谨慎态度。这是可取的，我们不需要去批评。从学术研究的立场来讲，在材料还不完备的时候，不同的说法是可以同时存在的，我们不需要去排斥异说或判定谁是谁非。"

② 夏商周断代工程专家组：《夏商周断代工程 1996—2000 年阶段成果概要》，《文物》2000 年第 12 期。

③ 夏商周断代工程专家组：《夏商周断代工程 1996—2000 年阶段成果报告》，世界图书出版公司 2000 年版。

④ 仇士华、蔡莲珍、张雪莲：《关于二里头文化的年代问题》，中国社会科学院考古研究所、河南省偃师市人民政府：《中国·二里头遗址与二里头文化国际学术研讨会论文·提要集》，2005 年 10 月。

于历史传说中的夏末商初。但是夏朝是一个比商朝为早的朝代。这是属于历史（狭义）的范畴。在考古学的范畴内，我们还没有发现有确切证据把这里的遗迹遗物和传说中的夏朝、夏民族或夏文化连接起来"①。夏鼐先生的讲演已过去了 20 多年，二里头遗址的考古工作也已取得多方面的学术收获，今天来看夏鼐先生的上述论述仍然有重要的学术意义。我们可以说二里头遗址是夏代都城遗址，这样的假设不会出现什么大的问题，但是这不能掩盖"假设"理论方面的薄弱或逻辑上的某些缺失。这个问题的解决，我以为有赖于今后二里头遗址田野考古中与夏代都城内容相关的考古新发现，这是认定其为夏王朝都城遗址的关键所在。

郑州商城遗址确定为商代都城遗址，是因为 1955 年在郑州白家庄的商代文化层之下发现了夯土城墙遗迹，并由此钻探出相当长的城墙，在城墙之内发现了大量商代遗物。随着属于商代的宫殿建筑等大型夯土基址的考古发现，贵重青铜器的不断发掘出土，大面积手工业作坊遗址的清理，学术界逐渐取得了郑州商城是一座商代都城遗址的共识。但是有商一代，文献记载其都城有六处，按时代先后依次为：汤始居亳、仲丁迁隞、河亶甲居相、祖乙迁邢、南庚迁奄、盘庚迁殷。现在有两种主要观点，其一认为郑州商城为汤之都城亳，其二认为郑州商城为仲丁之都城隞。出现这样的情况，是因为持不同观点的学者对相同考古资料、文献记载的不同理解，以及研究方法的不同。如对郑州市出土的战国时代同一陶文的释读就不同，有人释为"亳"，有人释为"亭"②。显然，"亳"与"亭"是意义完全不同的两个字。鉴于上述情况，考古学就要与相关学科（如古文字学）结合，对"亳"或"亭"的释读有一个准确的界定。

目前关于偃师商城遗址的争论更大一些，主要问题是：偃师商城是不是商代都城？第一种意见认为，偃师商城是商汤的都城"亳"③；第二种意见认为，偃师商城是盘庚迁都的都城④；第三种意见认为，商代都城有

①　夏鼐：《中国古代文明的起源》，文物出版社 1985 年版，第 96 页。

②　俞伟超：《先秦两汉考古学论集》，文物出版社 1985 年版。

③　张文军等：《关于偃师尸乡沟商城的考古学年代及相关问题》，《青果集》，知识出版社 1993 年版，第 173—193 页。

④　郑光：《试论偃师商城即盘庚之亳殷》，《故宫学术季刊》1991 年第八卷第四期。

"主都"与"辅都"之分，偃师商城是作为"主都"的郑州商城之"辅都"①；第四种意见认为，偃师商城不是商代都城，而是文献记载中的商代"桐宫"，即"离宫"②。学术界的上述分歧，说明关于古代都城理论所涉及的都城概念的混乱、文献理解上的巨大差异。

古代都城概念界定的不一，是当前都城理论研究中的突出问题。

文献记载，上古时代有"万邦""万国"之称。《周礼·天官·太宰》："佐王治邦国。"注："大曰邦，小曰国。"《国语·周语》："国有班事，县有序民。"注："国，城邑也。"《史记》卷一《五帝纪》："舜一年而所居成聚，二年成邑，三年成都。"《太平御览·郡部一·叙京都上》载："《尚书》曰：建邦设都。"又"《帝王世纪》曰：天子所居宫曰都"。《初学记·居处部·都邑》："释名云，都者，国君所居，人所都会也。"又载："唐虞以前，都名不著。自夏之后，各有所称。《白虎通》云：夏为夏邑，商为商邑，周为京师是也。《公羊传》曰：京师者何也？天子所居也。京，大也。师，众也。言天子所居，必以众大言之也。"上述文献所说的"夏邑""商邑""京师"，实际上系夏商周三代王朝之都城，相对他们所管辖的方国、分封诸侯国的都城，则为"首都"。

将"都"与"城"合并称之为"都城"，是因为最初"城"的意义与"都"是基本相同的。《左传·庄公二十八年》云："凡邑有宗庙先君之主曰都，无曰邑。邑曰筑，都曰城。"《初学记·居处部·城郭》："《管子》曰：内为之城，外为之郭。《释名》云：城盛也，盛受国都也。郭，廓也，廓落在城外也。《风俗通》曰：郭或为之郛，郛者亦大也。按《淮南子》：鲧作城。《吴越春秋》曰：鲧筑城以卫君，造郭以守民。此城郭之始也。"

从史前时期到王国时代，是人类社会从"野蛮"到"文明"、从原始部落（或部落联盟）到国家的历史发展过程。国家是政府管理的社会，前国家社会即原始社会是无政府状态的社会。古代文明起源与形成时期，一般没有当时的文字记载留存下来，大多保留的是"传说"，中国的远古文明如此，世界其他几大古代文明也是这样。开展这方面的研究，获得科学

① 张国硕：《夏商时代都城制度研究》，河南人民出版社 2001 年版。
② 邹衡：《偃师商城即太甲"桐宫"说》，《北京大学学报》（哲学社会科学版）1984 年第 4 期。

的历史资料是进行研究工作的基础，而这种历史资料只能从遗留的那个时期的遗址、遗迹、遗物等各种物质遗存中去寻找，考古学（包括现代自然科学技术在考古学中的应用）是目前提供这种"寻找"的最为重要的学科。

既然国家社会与前国家社会的主要区别在于有无管理社会的机构——政府，那么政府的物化形式就是我们要探讨的内容。政府是高居于社会之上的组织，政府活动的空间形式是政府机构的建筑及政府活动遗物。这种建筑不同于社会上的一般建筑，如社会成员的生活性、生产性建筑，或以血缘为基础组成的聚落性居住区或建筑群，以及为了防御自然或其他方面的威胁、攻击而修建的壕沟、墙垣等。聚落一般是以血缘为基础的、多个"家庭"组成的社会基本群体单元。初期国家及其政府是对某一地区范围之内的多个社会基本群体单元的组织协调、管理，国家对外代表、维护其管辖范围内人们的利益，国家对内协调、管理其管辖地区的不同社会群体单元的社会利益。国家通过政府运作活动，政府在"城"的宫庙、官署中实施对国家的管理、统治。在东方、东亚开始出现的这些"城"，不是社会的农业与手工业、商业经济之分工的产物，可能有的也不是社会贫富分化的产物。"城"是社会历史发展的政治产物，严格意义上的"城"是与国家同时产生的，国家是古代文明形成的集中体现，"城"是国家最集中的物化形式，"城"是早期古代国家历史缩影。

古代"城"的产生与早期发展研究，对探讨古代文明形成或国家出现有着极为重要的学术意义。

作为"万邦"的各"邦"之统治管理中心所在地——"国"，它实际上就是"邦"的"都城"。"万邦"的发展，走向"王国"，王国政治中心的城，也就是国家的都城。王国时代王朝都城之中最具代表性的物质载体与空间表现形式是高大的城墙、宏伟的城门（或宫门、殿门、门阙）、壮观的宫殿和宗庙之类的大型夯土建筑基址及其国王陵墓等。

如前所述，最早的都城就是"城"。就"城"的本义而言，它是国家的象征。古代文献《周礼·考工记》中的"国"与"王城"意义是相同的，至于"城以卫君""郭以居民"的历史文献记载，更清楚地反映出"城"作为国家产物的特征了。从这一角度来说，最早的城，实际就是最早的"邦"或"国家"的政治统治中心。因此，中国古代都城考古学研究，是古代文明形成、国家出现考古学研究的主要内容，也是进行古代文明形成研究的最为重要的途径、路线和方法。

关于都城要素中的城墙问题。新世纪之前，学术界有一种说法，即都城（或宫城）的城墙可以有，也可以没有。其典型的例证是二里头遗址和安阳殷墟，一般认为它们都是都城遗址，但当时又都没有发现城墙。近年的一些都城考古发现，至少说明上述推断是不妥当的。应该说上述论断的出现，实质上是对都城城墙理论认识上的缺失。其实我们在 1994 年古代都城考古学术研讨会上就明确指出，城墙是构成都城的基本政治要素，没有城墙的"都城"实际上是不存在的。都城遗址的考古发现也充分证明了这点。近年来，经过考古工作者的努力，二里头遗址发现了宫城城墙，安阳殷墟的洹河北岸发现了规模庞大的商代城址。目前已经知道的考古材料，郑州商城、偃师商城都有宫城或大城（或称郭城），北京琉璃河有燕国西周城址；东周各国都城遗址，凡是开展了田野考古工作的，毫无例外地都发现了城墙；秦咸阳城已发现宫城，汉长安城及其以后历代都城均有城墙，现在可以说，都城（或宫城）必须有城墙，这是都城的基本条件。

（2）中国古代都城考古发现所揭示都城布局形制变化的理论认识

长期以来，古代都城考古的重要任务是确定都城时代、地望、范围，进而揭示古代都城之中及其附近各种遗存内容。20 世纪 30 年代，中央研究院历史语言研究所在河南安阳殷墟遗址，对小屯的大型夯土基址进行了"整个翻"的考古发掘，力图了解殷墟遗址中宫庙建筑群的分布范围，究明建筑遗址的宏观布局。小屯的大型夯土建筑基址位于殷墟遗址中心区，发掘者把它们划分为甲、乙、丙三区，并认为三区的功能分别为：甲区为宫殿区、乙区为宗庙区、丙区为社稷区。王陵区在殷墟中心区西北部。不同分区及各区的内容，使人们可以认为，这就是一座王国都城。再结合殷墟遗址出土的甲骨文，进一步了解到这里是历史文献记载的商代晚期都城遗址。通过田野考古确定历史文献记载的古代都城遗址地望，进而了解都城遗址范围，提出了关于都城形制的看法。在其后的相当长时间里，从事先秦时代以后都城遗址考古的学者们，继承并发展了这一都城考古理论。从都城考古理论发展史看，正如有的学者指出的那样："汉唐考古十分强调了解城址布局，但以往很长一段时间内，先秦考古尤其是夏、商、西周时期考古，能发现一座城址已非寻常，尚未顾及城址布局的研究。对二里头、偃师商城、郑州商城和小双桥遗址等，更多是着眼于各处的年代、分期、文化属性以及它们之间的相互关系，并围绕夏商文化界定课题从不同学说角度做出解释。因为是一种普遍现象，很难简单归咎于某几位考古领队缺乏布局意识，而应当承认当年学科实际发展水平便是如此。"①

但是，我注意到由于 20 世纪 30 年代殷墟田野考古工作时间不长，总体上揭露面积不足，没有其他都城遗址田野考古经验的积累和都城考古资料的参照，相关历史文献资料的薄弱，这些给研究者造成严重的困难。因此在殷墟小屯建筑遗址群的分区及功能研究方面，存在着宫殿、宗庙、社稷等政治与礼制性建筑遗址"泛化"现象，即见到夯土建筑遗址就视为宫庙等高等级建筑，并进而力图把考古发现的这些建筑遗存，与历史文献相对应，从而提出都城之中宫殿与宗庙、社稷的布局假设。其实现在可以从二里头遗址、偃师商城、盘龙城等夏商时代城址及其宫庙建筑中清楚地看到，在小屯夯土建筑遗址群中，作为使用了二百多年的王室大型建筑区，考古发掘的小屯商代宫殿及礼制建筑的形制需要重新审视，对以此为基础进行的甲、乙、丙分区更是需要重新考虑。诚如当年殷墟小屯宫庙建筑遗址考古发掘者所说："甲乙丙三组基址，经过整理之后，感觉有许多欠缺，希望日后再行发掘殷墟时候把它弥补起来，倘使自己没有再发掘的机会，寄望日后发掘殷墟的考古家予以注意。"②

通过近半个世纪的都城遗址考古，20 世纪 80 年代初，考古学家开始对秦汉及其以后的古代都城遗址的布局形制进行对比研究，这种研究大多限于都城建筑平面的形状、分布不同的对比，也就是都城物化载体的表象对比。20 世纪 90 年代中后期，古代都城考古研究从过去的布局形制比较研究，发展到对不同时代都城遗址的不同都城布局形制或同一都城遗址不

---

① 高炜：《跨世纪十年的夏商都邑考古》，杜金鹏、许宏主编：《二里头遗址与二里头文化研究：中国·二里头遗址与二里头文化国际学术研讨会论文集》，科学出版社 2006 年版，第 461 页。
② 石璋如：《殷墟建筑遗存》，"中央研究院"历史语言所 1959 年版，第 23 页。

同时代的都城布局形制的深层历史原因的探索①。从都城、宫城平面布局变化，到不同功能大型建筑遗址分布、建筑形制发展所反映的深刻历史意义。如从宫城（即早期的"城"）到宫城与郭城组成的都城，是国家从"方国"到"王国"的发展变化，或早期王国都城发展的反映。从王国都城的宫城到初期帝国都城的宫城和"亚宫城"，反映了国家从血缘政治向地缘政治的发展变化。从早期帝国都城的宫城和郭城，发展为秦汉时代以后都城的宫城、内城（或称皇城）和郭城，说明地缘政治的中央集权国家政治更为成熟。又如宫殿与宗庙在都城中的位置，早期都城的宫殿与宗庙均在都城的宫城之中，并形成宫城的"双轴线"形制，二里头遗址的宫城遗址、偃师商城宫城遗址均属于这一类型。宫城"双轴线"形制，是地缘政治与血缘政治"二元"并行在宫城布局形制方面的折射。当宫城、都城之内形成单一轴线时，即"一元"的帝国政治（地缘政治）取代了王国时代地缘政治与血缘政治结合的"二元"政治。从目前考古资料来看，至迟在秦代都城咸阳城遗址，宗庙已建在都城之外的"渭南"地区。西汉都城长安城的宗庙遗址在长安城南郊，此后历代都城之宗庙均不在宫城之中。从战国时代的都城遗址可以发现，"双轴线"的宫城已经看不到，能够看出宫城"轴线"的，均为单一轴线。如燕下都、赵王城、齐临淄城的宫城等。汉长安城及其以后历代都城、宫城的单一"轴线"已十分明显、突出。再如，汉代以后都城的大型夯土建筑基址中发现的礼制建筑、宗教建筑的宫殿化问题，它们恰恰反映出中国古代历史上皇权主导地位越来越突出的特点。

　　中国古代都城宫城与皇城（或称内城）的出现，既说明不同时代都城布局形制的不同特点，更为重要的还在于，它反映了国家政治机制的重大变化，即国家统治集团从王国时代的王室统治向帝国时代的皇室和中央集权政府统治的变化。但是都城变化的这种情况，与人类社会历史发展往往不是同步的，社会已经从王国时代发展到帝国时代，作为帝国时代的都城

---

　　①　A. 刘庆柱：《汉长安城的考古发现及相关问题研究——纪念汉长安城考古工作四十年》，《考古》1996 年第 10 期。B. 刘庆柱：《中国古代都城考古学研究的几个问题》，《考古》2000 年第 7 期。C. 刘庆柱：《中国古代宫城考古学研究的几个问题》，《文物》1998 年第 3 期。D. 刘庆柱：《关于中国古代宫殿遗址考古的思考》，《考古与文物》1999 年第 6 期。

一般还要保留、延续一段王国时代都城布局形制的基本特点，这就是考古学文化相对"政治"变化的"滞后性"。中国古代历史上的中央集权统一帝国建立于秦代，而与帝国都城形制相一致的帝国都城成熟则延至北魏都城洛阳城①。

（3）关于城、都城的出现与社会经济分工的关系及工商业在城、都城之中的地位等理论问题认识的发展

一种看法认为，中国古代早期城、都城是农业与手工业或商业（或称工商业）的分工产物，正是这种分工造成"城"与"乡"（即农村）的对立。现在看来这些说法有进一步研究的必要。早期城、都城是地区、国家的政治中心，这种"政治中心"的出现是社会经济发展的要求，它应该是对社会经济资源的分配、对社会经济（即农业经济）所必需的水利资源的统一管理、对管辖区域的"保护"、以武装力量为基础的维持对非管辖区域的政治平衡或以掠夺为目的的征服战争、对管辖区域内不同地区与不同血缘集团利益冲突的调解或制止等。早期都城遗址之中发现的手工业作坊遗址，一般为官府手工业作坊遗址。"工在官"是中国古代历史的重要特点之一，在二里头遗址发现的绿松石手工业作坊区、青铜器冶铸遗址均位于宫城附近或遗址中心区之内，它们被认为是官府手工业作坊遗址。这种情况，在古代都城中延续了相当长的时间，在汉长安城遗址之中发现的为数不少的手工业作坊遗址，它们基本属于官府手工业作坊遗址，如在西市遗址中发掘的制造"裸体"陶俑的陶俑窑遗址、铸币遗址、冶铸遗址，在北宫南部发掘的砖瓦窑遗址等。我们不能将这些手工业作坊遗址视为与农业分工的物证遗存，这些手工业作坊遗址所生产的产品，没有材料能够说明它们是作为商品进入社会流通领域的。作为大规模商品生产的都城手工业，应该是进入中古时代以后的事情。我认为，农业与手工业的社会分工，应该是手工业成为一种社会产业，其产品作为商品进入社会流通领域，当时都城的官府手工业不具备或基本不具备这

---

① 刘庆柱、李毓芳：《中国古代都城建筑的思想理念探索》，《西安文物考古研究——西安市文物保护考古所成立十周年纪念》，陕西人民出版社 2004 年版。

些功能。商业、商人在中国古代历史上，基本处于被打压的地位，在唐代及其以前的时代，商业、商人的活动在时空两个方面都是被严格控制的，"重农抑商"是中国历史传统文化的主要特点之一。到了中国古代封建社会晚期，甚至直至近代，安徽的"徽商"在商业上取得巨大成就之时，还要"买"个虚名的官爵，还要以"书香门第"装点自己。这种心态下的商业、商人的独立性是很值得怀疑的。东西方古代都城遗址关于市场遗址及与商业文化遗产相关的考古发现越来越说明，中国古代都城与西方古代国家都城的重大区别就在于商业与商人在都城中的地位，前者极其微弱，后者相当发达，意大利古代罗马城遗址与中国古代汉长安城遗址的考古发现，也充分说明了上述问题。

2. 关于古代都城考古方法论的发展

（1）古代都城遗址的田野考古方法，从 20 世纪 30 年代至今 80 多年来，已发生了重大变化。殷墟遗址开始使用的"探沟法"，很快就被"平翻法"所代替。这是根据都城遗址一般面积较大，10 米×10 米的"平翻法"，克服了 2 米宽的"探沟法"对遗址全貌整体认识的制约。这种 10 米×10 米的"平翻法"，现在还多用于先秦时代都城大型夯土建筑遗址的考古发掘中。20 世纪 80 年代以来，在一些汉唐都城的大型夯土建筑遗址中，采用了 20 米×20 米的探方进行发掘；有的甚至采取了"无探方法"的发掘，这种"无探方法"实际上是将一个独立建筑单元的大型建筑遗址，作为一个探方去发掘。这些考古方法在提高田野考古发掘质量和科研效率方面，进行了极为有益的成功探索。

（2）关于古代都城遗址田野考古"程序"的探索。一个使用长达百余年或二三百年的都城遗址，一般而言，时代越早地面之上保留遗迹越少。以历史文献资料为线索，确定其地望，通过田野考古调查，缩小地望的区域范围，寻找与历史文献记载时代相近的遗址，进行试掘，确定遗址时代。开展考古勘探究明准确的城址范围，寻找城墙、城门遗迹。城门遗址的寻找，往往与都城主要道路的勘探相关联。都城道路勘探是都城遗址考古中十分重要的工作，在秦汉以来的都城遗址考古中，这方面已经取得不少成功经验。以往先秦时代都城遗址考古的道路勘探工作相对较为薄弱，像安阳殷墟这样的大型都城遗址，至今路网结构仍不清楚。其他先秦时代都城遗址考古工作中，也是大多没有解决都城路网布局问题。新世纪伊始，先秦都城遗址在这方面有所改变，偃师二里头遗址是个突出的例子。都城遗址的布局离开其路网结构，将无从谈起。所谓都城遗址的功能分区，其分界线一般就是利用都城的纵横干道。同时，都城主要道路还与城门密切相关，而城门又是都城的坐标点。在一些水位较高的都城遗址进行考古勘探，从技术层面而言，都城道路的路土寻找比城墙、宫墙的夯土寻找更容易，这因为路土比夯土更为坚硬，保存状况更好，颜色与土质结构更易于辨识。20 世纪 80 年代初，我们在水位很高的秦汉栎阳城遗址开展田野考古工作，正是通过从城址路土的寻找，究明了都城城门位置，解决了城内的不同功能分区①，这一都城考古方法，在 1982 年中国社会科学院考古研究所年终田野考古汇报中，曾经进行了总结汇报。汉长安城遗址之中的 11 个单元区域，也是依据已经考古勘探究明的城内干道而产生的，从而究明了都城之中的宫城、"亚宫城"、武库、贵族宅邸、百姓里居、市场、官手工业作坊区等分区及其范围。

（3）关于都城建筑遗址地层堆积问题。在都城考古学的地层学方面，长期以来存在着一些明显的误区，这里涉及两个方面问题：其一，地层时代与王朝时代问题；其二，简单地以地层包含物时代，确定建筑物时代问题。

第一个问题，在古代都城遗址考古中，我们可以发现并经常听说其探方剖面的上下相邻两个地层为西汉时代文化层与秦代文化层、唐代文化层与隋代文化层等，在先秦时代都城建筑遗址考古中这些地层划分情况也多有存在。首先，我认为地层的形成与王朝的变更没有必然联系，前者属于"自然原因"，后者当为"社会原因"。王朝的改变，不可能导致新的"地层"形成；反之，新的"地层"出现与王朝的更换也不存在因果关系。在古代都城考古中，出现这样问题的主要原因是，相当长时间以来，一些考古学家把考古学文化与以"王朝"命名的文化等同起来。在历史时代，考古学文化当然会受到王朝时代的"政治"影响，但是考古学家对其相应时

---

① 中国社会科学院考古研究所栎阳发掘队：《秦汉栎阳故城遗址的勘查和试掘》，《考古学报》1985 年第 3 期。

代考古学文化内涵的确定主体是"物质的",这些主要"物质"(如陶器)的变化并不受政治变化的制约,把这种考古学文化与王朝(尤其是王朝更迭时期)文化等同起来是缺乏科学依据的。至于宫庙之类大型"政治性"建筑,因王朝更迭而废毁形成的地层堆积,不在上述之列,它们恰恰是"政治"变化的物化记录。

第二个问题,在古代都城大型宫庙建筑遗址考古中,以其同期地层包含物的时代确定建筑遗址时代,也是不严谨的。大型宫庙建筑遗址的地层堆积,一般属于"一次性"堆积。我在 2000 年的一篇文章中谈到古代瓦当断代时指出:"瓦当是历史考古学的研究对象。当前在历史考古学研究中,往往把属于政治性概念的'王朝'文化与考古学文化相混淆,如一般把秦文化、汉文化、唐文化等,理解为相对应的'王朝'文化,而具体研究中又视为'考古学文化',这样造成了不少的混乱。其实一种考古学文化不会因政治上的改朝换代而立即'更新'。在历史考古学中,考古学文化与王朝、帝国的兴亡,往往前者表现出滞后性。这也就是为什么许多物质文化在王朝的政治更替时期,显得'麻木不仁'。"① 宫庙建筑在使用中产生的垃圾,一般不会在原地形成地层堆积,当时都要清理出去。过去有些考古工作者认为,在都城宫庙建筑遗址发掘时很少见到"灰坑""灰层",甚至把这种现象视为不正常。这应该是一个误区。须知,都城或宫城宫庙建筑区使用期间所产生的"垃圾",不会就地堆积,一般而言,宫庙建筑区的使用功能决定了这里不会有大量生活垃圾存在。在田野考古中我们发现,大型宫庙建筑遗址的堆积大多为建筑物的倒塌堆积,其中以各种各样的建筑材料最多,也有一些兵器及其相关遗物。在东周时代及其以后的都城建筑遗址考古中,砖、瓦、瓦当等建筑材料往往是考古工作者判断建筑遗址时代的重要依据。由于大型建筑的使用年代比较长,而中国古代的宫庙建筑均为土木建筑,需要经常修缮,宫庙建筑废弃之时,其建筑本体所保存的建筑材料时代可能比较复杂,有建筑物始建时期的建筑材料,也有建筑物使用过程中修缮时新更换的建筑材料,建筑物使用的时间

---

① 刘庆柱:《汉长安城遗址及其出土瓦当研究》,《古代都城与帝陵考古学研究》,科学出版社 2000 年版。

越长，建筑物修缮的次数越多，建筑物新更换的建筑材料就越多。因此，在判断建筑遗址始建时代时，这是必须予以充分注意的。

（4）都城宫庙建筑遗址中的建筑物之间打破关系与时代的界定问题。

古代都城田野考古中，非常重视建筑遗址中的建筑遗迹的打破关系。现在有的学者往往把这种建筑遗迹上反映的不同时期、不同建筑的打破关系，简单地与该遗址以陶器为研究对象形成的类型学分期套用，形成对建筑遗址的年代判断依据，这也存在着片面性。在实际的都城建筑遗址田野考古中，同一个王朝时代的都城夯土，很难区分出来它们的时代特点。至于以夯土中的陶器等遗物判断建筑遗址时代，其可靠性、严谨性都是需要慎重考虑的，而且真正重要的宫庙建筑遗址，其夯土一般是相当纯净的。至于宫庙建筑遗址与墓葬的相互打破关系，在推断宫庙建筑遗址的相对年代方面有着重要作用。墓葬打破建筑，可以作为建筑下限年代的参考；建筑遗址叠压在墓葬之上，可以作为界定建筑上限年代的参考。建筑遗址中建筑遗迹反映的打破关系，反映了相对年代关系，但是把这些打破关系形成的相对年代，转化成对应的考古学文化分期，这是需要我们认真对待的。

新世纪的中国考古学在迅速发展，中国古代都城考古作为中国考古学的重要方面，被学术界、考古学界越来越重视，古代都城田野考古发现越来越多，自然科学技术在古代都城考古方面的应用越来越广泛，人文社会科学在古代都城研究中的作用越来越深入，这些都将极大地推动新世纪中国古代都城考古的发展。

［《考古学集刊》（第 16 集），科学出版社 2006 年版］

中国古代都城遗址布局形制的考古
发现所反映的社会形态变化研究

中国古代都城是古代王朝的政治统治中心、经济管理中心、文化礼仪活动中心、军事指挥中心，正如王国维先生所说，"都邑者，政治与文化之标征"①。可以说古代都城是国家历史的缩影，因此说中国古代都城遗址考古是中国考古学中的重要内容。本文将根据中国古代都城遗址布局形制的考古发现，探讨中国古代社会形态变化及其相关问题。

（一）中国古代都城遗址布局形制的考古发现概述

目前中国古代都城建筑中，地面之上仍然保存着城墙、宫殿、宗庙、社稷、寺院等重要建筑的，主要为明清时代的都城遗存。明清时代以前的地面之上仍然保存的古代都城建筑，则寥寥无几。与西方古代的石构建筑不同，中国古代建筑一般为土木建筑，后者随着时间的流逝，原来地面之上的建筑大多已不复存在（少数都城的城墙尚有部分保存），都城遗址与宫殿、礼制建筑遗址等保存下来的也只是其部分残存建筑物的夯土基址及其相关遗物等，而这些恰恰是我们目前研究中国古代都城布局形制及其所反映的社会形态历史变化的重要物化载体。因为目前仅存的中古时代以前的、为数不多的古代建筑和有关古代建筑的文献资料，远远不能满足上述研究的需要。中古时代及以前的中国古代都城遗址的考古发现，成为进行上述研究的基础和前提。自20世纪初考古学传入中国，至今70多年来，中国考古学家十分关注古代都城遗址田野考古发现与研究，在这一学术传统的影响之下，起步较晚的中国考古学，在中国古代都城遗址考古方面，

① 王国维：《殷周制度论》，《王国维学术经典籍》（下集），江西人民出版社1997年版。

取得了丰硕学术成果。

1. 夏商西周时期都城遗址布局形制的考古发现

古代都城是以国家（王国、帝国）或王朝的形成、存在为前提的，国家的形成是个漫长的历史发展过程，"前王国"时代的"邦国"管理社会的活动平台，可能就是近年考古发现的某些重要的史前时期的"城"，但它们不作为本文的"都城"。本文的"都城"为王国、帝国时代的王朝都城。关于史前时期的"城"与王国"都城"的关系，将在后面进行讨论。

根据历史文献记载夏王朝都城地望与时代，结合考古调查、发掘资料，学术界一般认为河南偃师二里头遗址应为目前所知最早的中国古代都城遗址。（实际上，二里头遗址并不是中国古代的第一座都城遗址，不过目前比它更早、可以确定为夏王朝的都城遗址，田野考古还未发现或尚未取得共识。）

1959 年中国科学院考古研究所徐旭生先生率队在豫西进行的"夏墟"考古调查，发现了河南偃师二里头遗址，其后对二里头遗址开展了长期的考古工作。现已究明遗址范围东西最长 2400 米、南北最宽1900 米，现存面积 300 万平方米，遗址中心区位于遗址东南部至中部一带，其中包括宫庙区、铸铜作坊区、玉石器作坊区、祭祀活动区和一些贵族聚居区。宫庙区主要位于遗址东南部，已发现大型夯土建筑基址数座，考古发掘了多座大型宫殿建筑遗址。晚期筑有宫城，平面为长方形，南北长 359—378 米、东西宽 292—295 米，面积约 10.8 万平方米。宫城外围发现垂直相交的大道。宫城南部发现有规模庞大的绿松石器制造作坊遗址。宫城周围分布有大量中小型夯土建筑基址，这应属于贵族聚居区。在贵族聚居区附近分布有中型墓葬。宫殿区以南 200 米有大范围的铸铜遗址，面积在 1 万平方米以上，其周围可能有壕沟。祭祀活动区在宫殿区北部，主要包括圆形的地面建筑遗址和长方形的半地穴建筑遗址以及附近的一些墓葬，其范围东西有二三百米。二里头遗址的西部和北部为一般居住活动区。东部和西部分别有骨器、陶器作坊遗址，二里头遗址历年来还出土了诸如铜爵、铜斝等青铜礼器和青铜兵器及玉钺、玉璋、绿松石龙形器、绿松石牌等玉石礼器及其他大量高规格遗物①。二里头遗址发现的宫城遗址、宫庙建筑遗址、青铜礼器等，均属于中国古代都城考古发现中同类遗存时代最早的。学术界一般认为，二里头遗址是夏王朝中晚期的都城遗址。不过根据最近的碳十四测年结果来看，二里头遗址晚期可能已进入商代编年，如果这一测年结果无误的话，二里头遗址晚期也就失去了作为都城遗址的地位。

偃师商城遗址毗邻二里头遗址，位于偃师市西南部洛河北岸，由郭城和宫城组成。郭城分为早晚两期，早期郭城（即考古发现者所说的"小城"）规模较小，南北长 1100 米、东西宽 740 米，面积约 81 万平方米；晚期郭城（即考古发掘者所说的"大城"）是在早期郭城基础之上扩建而成，东西 1240 米（以北城墙为例）、南北 1710 米（以西城墙为例），城墙周长 5500 米，面积约 2 平方公里。城墙之外有城壕。发现城门遗址 5 座，即东西城门各 2 座、北城门 1 座。已进行考古发掘的 3 座城门遗址，均各为 1 个门道。偃师商城的郭城，是目前中国古代都城之中考古发现时代最早的郭城。宫城在郭城南部，平面近方形，南北墙长 190—200 米、东西墙长 180—185 米。宫城在使用过程中又进行了扩建，其最大时期面积超过 4.5 万平方米。已发现南宫墙中部辟有一座单门道宫门。对宫城遗址进行全面考古发掘，发现了建于不同时期的十余座宫庙建筑遗址。在宫城北部发现石砌池渠，池渠与宫殿之间设置了祭祀场所。郭城北部有一般居址、手工业遗址②。我们注意到，偃师商城的宫城与二里头遗址宫城相比，后者比前者规模大一倍，而时代上后者又比前者早，这其中应该蕴涵着非常重要的信息，需要在今后的田野考古发掘与研究中予以特别的重视。

郑州商城遗址在郑州市，东西约 1700 米、南北约 1870 米，周长 6960 米，面积 300 万平方米。在城址东南部与西部偏北发现了部分城壕遗迹。城址东北部分布有数量众多的大型夯土建筑基址，这里可能为都城的宫庙

---

① A. 中国社会科学院考古研究所：《偃师二里头：1959—1978 年考古发掘报告》，中国大百科全书出版社 1999 年版。B. 许宏、陈国梁、赵海涛：《二里头遗址聚落形态的初步考察》，《考古》2004 年第 11 期。

② 王学荣：《河南偃师商城遗址的考古发现与研究》，《考古求知集》，中国社会科学出版社 1997 年版。

建筑区，其范围长约 750 米、宽约 500 米。宫庙建筑区外围发现有部分夯土墙与壕沟遗迹，发现者认为这有可能是宫庙区所在的宫城城墙与城壕遗迹。在靠近城墙内侧与城址之外的附近地区，还发现了一些一般居址。为数众多的铸铜、制陶、制骨作坊遗址，均分布于城址南、北、西三面之外的附近地区。在郑州商城东南角至西南角发现一道长 3425 米的夯土墙遗迹，一般认为这是郑州商城的"外郭城"城墙，这种说法还有待更多考古发现与研究的支撑①。

《史记》卷三《殷本纪》之《正义》引《竹书纪年》载："自盘庚徙殷至纣之灭二百五十三年，更不徙都。"又据《史记》卷七《项羽本纪》之《索隐》引《汲冢古文》云："盘庚自奄迁于北蒙，曰殷虚，南去邺州三十里。"《史记》卷七《项羽本纪》载："项羽乃与期洹水南殷虚上。""殷虚"即"殷墟"，故《史记》卷七《项羽本纪》之《集解》应劭曰："洹水在汤阴界。殷墟，故殷都也。"学术界长期以来认为，殷墟在安阳的洹河南岸，是商代晚期都城遗址。武丁至帝辛时期的宫殿、宗庙区在洹河南岸的小屯村一带，宫庙区的西、南两面挖有壕沟，西壕沟长 1050 米、南壕沟长 650 米；北、东两面邻洹水。关于小屯宫庙区的整体布局和单体宫庙建筑遗址形制，以往发表的考古资料和研究成果，与近年先秦都城遗址田野考古发现与研究的新成果多有抵牾，有的属于学术发展的历史局限所致，这就要求我们必须用新的理论、新的方法、新的资料去认识、分析以往的考古资料与研究结论，将这一研究向更加深入推进。殷墟遗址区还分布有铸铜、制陶、制骨、制玉等手工业作坊遗址，以及大量一般居址与墓地。王陵区在洹河北岸的侯家庄与武官村一带。

近年又在洹河北岸发现了早于小屯宫庙建筑遗址区的都城遗址——洹北商城遗址，这可能是"盘庚徙殷"至武丁之前的早期殷都遗址，或可说是殷墟作为都城的早期遗址。洹北商城遗址平面近方形，边长 2100—2200 米，面积 470 万平方米。在城址中部偏南发现大面积夯土基址群，其排列有序、分布密集。有的建筑基址规模宏大，如已考古发掘的第一号宫殿建

---

①　河南省文物考古研究所：《郑州商城：1953—1985 年考古发掘报告》，文物出版社 2001 年版。

筑遗址，面积达 1.6 万平方米①。

西周都城——陕西长安丰镐遗址，位于西安西南部沣河两岸，遗址范围约 10 万平方米，已发现多座夯土建筑基址和大量墓葬。在沣河西部的客省庄与马王庄一带，钻探发现 14 座夯土建筑基址②。在沣河东部的镐京遗址范围之内，也发现了 10 余处夯土建筑基址③。由于上述发现大多属于调查勘探资料，对于那些夯土建筑遗址的原来建筑功能，还难以开展深入、全面的研究，因而涉及都城遗址布局与宫庙遗址形制等重要学术问题，还需要今后田野考古工作的更多积累。周原遗址（此处所说的周原遗址包括周公庙遗址，即一般所说的"大周原遗址"）是周人的发祥地，这里有大量西周时代重要宫室建筑，但是周原遗址不是"真正"的都城遗址，因为"周原"在西周一代从未做过西周王朝的都城，它只是西周王室先人的"故地"。尽管如此，我认为周原遗址考古发现的大型夯土建筑基址，在学术上对于研究周代宫室建筑仍有重要意义④。

历史文献记载，西周王朝在洛阳建有陪都⑤，但是关于其具体地望、范围、形制都还不清楚，有待今后进一步的考古工作来究明。

在上述都城遗址之中，大多发现了建筑规模庞大的宫庙建筑遗址与祭祀活动遗迹，有的都城遗址附近还发现了铸铜和玉石制造等官手工业作坊遗址、巨大的王陵群或贵族墓葬。近年来考古发掘的河南偃师二里头遗址的宫城遗址（及其宫庙建筑遗址）与祭祀遗迹、偃师商城的郭城与宫城遗址（及其宫庙建筑遗址、祭祀遗存和池渠遗址）、郑州商城城

---

① A. 中国社会科学院考古研究所：《殷墟的发现与研究》，科学出版社 1994 年版。B. 中国社会科学院考古研究所安阳工作队：《河南安阳市洹北商城的勘察与试掘》、《河南安阳市洹北商城宫殿区 1 号基址发掘简报》，《考古》2003 年第 5 期。

② A. 中国科学院考古研究所：《沣西发掘报告：1955—1957 年陕西长安县沣西乡考古发掘资料》，文物出版社 1963 年版。B. 中国社会科学院考古研究所：《张家坡西周墓地》，中国大百科全书出版社 1999 年版。C. 中国社会科学院考古研究所沣西发掘队：《1976—1978 年长安沣西发掘简报》，《考古》1981 年第 1 期。

③ 陕西省考古研究所：《镐京西周宫室》，西北大学出版社 1995 年版。

④ 陕西周原考古队：《陕西岐山凤雏村西周建筑基址发掘简报》，《文物》1979 年第 10 期；《扶风召陈西周建筑群基址发掘简报》，《文物》1981 年第 3 期；《陕西扶风县云塘、齐镇西周建筑基址 1999—2000 年度发掘简报》，《考古》2002 年第 9 期。

⑤ 孔颖达：《尚书正义》，《十三经注疏》，中华书局（影印）1980 年版；《逸周书》，辽宁教育出版社 1997 年版。

墙遗迹与宫庙建筑遗址、安阳殷墟洹北商城宫庙建筑遗址等，为我们研究当时的都城遗址布局形制及其所反映的社会形态变化提供了珍贵的科学资料。

2. 春秋战国时期都城遗址布局形制的考古发现

春秋战国时代，东周王朝日渐衰落，诸侯国日益强大，国家实际上已经处于各个诸侯国各自为政的局面。春秋战国时期是中国古代历史上的社会大变革时期，作为凝结时代政治、经济、文化于一身的各个诸侯国都城，处于这一社会大变革的各个诸侯国的政治中心地位。这一时期各诸侯王国都城遗址的考古勘察、发掘，使我们对这些都城的布局形制有了初步了解，深化了对当时都城及其宫殿、宗庙等重要建筑遗址的认识。

周平王东迁定都洛阳，王城遗址在今洛阳涧河两岸，其北城墙长2890 米，东西城墙均残，王城南北长约 3200 米。王城遗址中部偏南可能为宫城遗址，此处发现了一些夯土建筑基址及其周围的夯土墙遗迹。王城西北部发现制陶、制骨及石器制造等手工业作坊遗址，王城东北部与西南部发现了一些烧造砖瓦的窑址，在城址南部发现了数十座粮仓遗址。战国时代的王陵与贵族墓地可能在王城遗址东北部的金村一带，王城遗址之内曾发现了大量春秋战国时代的一般墓葬[①]（图 2—1）。

春秋战国时代秦国都城——雍城遗址，平面近长方形，东西长 3480米、南北宽 3130 米，面积逾 10 万平方米。城内中西部姚家岗发现宫殿遗址群，面积约 2 万平方米，推测这是春秋时代秦大郑宫遗址。位于姚家岗宫殿建筑遗址群东部、雍城中部偏北的马家庄宫庙建筑群遗址，包括了东西并列的宗庙与朝寝宫室建筑。雍城北部的今翟家寺村附近，发现有市场遗址，其平面长方形，东西 180 米、南北 160 米，面积 2 万平方米。市场周置围墙（市墙），四面各辟一门。目前在已发现的春秋战国时期诸侯王国都城遗址中，秦雍城是唯一发现了可以初步确认为宗庙建筑遗址和市场

---

① A. 中国科学院考古研究所洛阳发掘队：《洛阳涧滨东周城址发掘报告》，《考古学报》1959 年第 2 期。B. 中国科学院考古研究所：《洛阳中州路（西工段）》，科学出版社 1959 年版。C. 洛阳市文物工作队：《洛阳东周王城内的古窑址》，《考古与文物》1983 年第 3 期。D. 洛阳博物馆：《洛阳战国粮仓试掘纪略》，《文物》1981 年第 11 期。

遗迹的诸侯国都城遗址。城址西南部为秦公陵区①（图2—2）。

　　战国时代中期，秦孝公徙都咸阳，都城遗址范围东西约7200米、南北约6700米，已勘探究明咸阳宫宫城遗址位于城内北部咸阳原上，遗址范围东西843—902米、南北约576米。宫城遗址之中已发掘了3座宫殿建筑遗址。在战国时代晚期，秦国国王又在秦咸阳城南部的"渭南"地区，营建了大量宫庙建筑和上林苑。都城手工业作坊遗址分布在城址西南部、

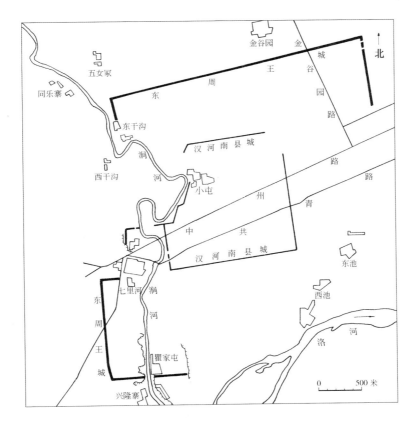

图2—1　洛阳东周王城遗址平面图

　　①　A. 陕西省雍城考古队：《陕西雍城钻探试掘简报》，《考古与文物》1985年第2期；《凤翔马家庄一号建筑群遗址发掘简报》，《文物》1985年第2期。B. 韩伟：《秦都雍城考古发掘研究综述》，《考古与文物》1988年第5—6期合刊。

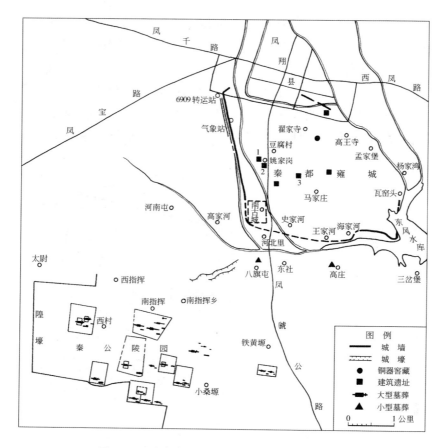

图 2—2　凤翔秦国雍城遗址及秦公陵园平面图

南部，墓地在都城西部。咸阳作为秦国首都之后，初置王陵于都城西北部，后移于芷阳"东陵"[①]。

楚纪南城是东周时期楚国都城遗址，城址平面长方形，东西长 4500 米、南北宽 3500 米，面积约 16 万平方米。已发现 7 座城门遗址，其中西城墙北部城门遗址与南城墙西部城门（水门）遗址均为 3 个门道。城址中部偏东的松柏村一带分布有 61 座排列有序的夯土建筑基址，其北部和东

<hr/>

[①]　陕西省考古研究所：《秦东陵第一号陵园勘查记》，《考古与文物》1987 年第 4 期；《秦东陵第二号陵园调查、钻探简报》，《考古与文物》1987 年第 5 期。

部发现了夯土墙基，南部为城墙，东、西、北三面有河流，这里可能为都城宫城或宫殿区①。城南有祭祀建筑遗址，城东有制陶作坊遗址，城西和城北有密集的居址。都城四周分布着众多的墓地，其中大型墓葬多在城北和城东②（图2—3）。

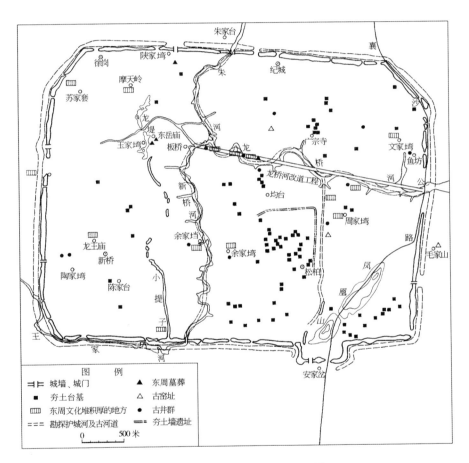

图2—3　江陵楚国纪南城遗址平面图

---

①　湖北省文物考古研究所：《1988 年楚都纪南城松柏区的勘查与发掘》，《江汉考古》1991 年第4 期。

②　湖北省博物馆：《楚都纪南城的勘察与发掘（上、下）》，《考古学报》1982 年第3、4 期。

　　齐临淄城是西周至战国时代的齐国都城遗址，都城由大城和小城组成，小城位于大城西南角。大城平面为长方形，南北长 4000 米、东西宽 4500 米。小城南北长 2200 米、东西宽 1400 米，周长 7275 米，面积 3 平方公里。小城发现 5 座城门遗址，其中南门 2 座，其他三面各 1 座。宫殿建筑基址主要分布在小城的北部。关于大城与小城的时代，目前学术界说法不一，大多认为小城建于战国时代；个别学者认为小城时代早于大城[①]。大城中部和东北部为手工业作坊遗址区。早期都城之内还有墓地，主要分布在城址东北部。都城东南部是战国时代田齐王陵区[②]（图 2—4）。

　　曲阜鲁国故城位于今山东曲阜，建于西周晚期，沿用至汉代。城址平面近长方形，东、西、南、北城墙各长 2531 米、2430 米、3250 米、3560 米，城墙周长 11771 米。发现城门遗址 11 处，除南城墙辟 2 门外，其余三面各辟 3 门。宫殿建筑遗址群主要在城址中部，分布范围东西约 1000 米、南北约 2000 米。其中周公庙村的宫殿建筑遗址地势最高、规模最大，在其东、西、北三面已发现夯土墙遗迹，它们可能是宫城城墙遗存。南城墙的东部城门北对宫城遗址，南对"舞雩台"遗址，后者可能是一处祭坛遗址。鲁国故城西南部的小城，一般认为是建于汉代，也有学者认为它可能始建于战国时代[③]（图 2—5）。

　　燕下都是战国晚期燕国都城遗址，位于河北省易县东南部。城址平面为不规则长方形，东西长 8000 米、南北宽 4000—6000 米，面积 30 平方公里。城址中部有一古河道，纵贯南北，将其分为东西并列二城。东城东西 4500 米，南北 4000 米；西城东西 3500 米，南北 3700 米。东城北部有一东西向隔墙横贯东城，隔墙南侧有一东西向河道亦横贯东城，宫殿建筑遗址群均在河道以北，其中最重要的武阳台、望景台、张公台和城外的老姆台四座大型建筑基址，由南向北依次排列，分布在一条南北向中轴线上。

---

　　①　马良民：《试论战国都城的变化》，《山东大学学报》1988 年第 3 期。
　　②　A. 山东省文物管理处：《山东临淄齐故城试掘简报》，《考古》1961 年第 6 期。B. 群力：《临淄齐国故城勘探纪要》，《文物》1972 年第 5 期。C. 山东省博物馆：《三十年来山东省文物考古工作》，《文物考古工作三十年》，文物出版社 1979 年版。
　　③　A. 山东省文物考古研究所等：《曲阜鲁国故城》，齐鲁书社 1982 年版。B. 许宏：《先秦城市考古学研究》，北京燕山出版社 2000 年版。

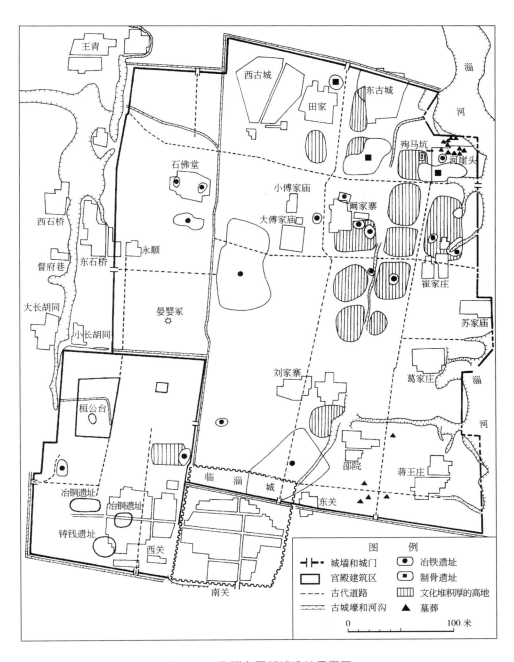

图例
- 城墙和城门
- 宫殿建筑区
- 古代道路
- 古城壕和河沟
- 冶铁遗址
- 制骨遗址
- 文化堆积厚的高地
- 墓葬

0　　　　　　　　　100 米

图 2—4　临淄齐国都城遗址平面图

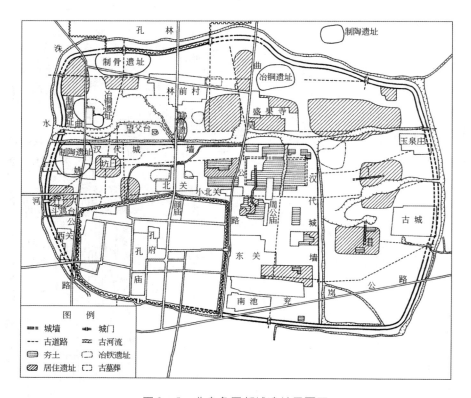

图 2—5　曲阜鲁国都城遗址平面图

兵器作坊遗址、制骨作坊遗址等均在宫殿建筑遗址区之内的西部，冶铁、铸铜、制陶、铸币等作坊遗址均在东城北部的东西向河道以南。东城西北隅的虚粮冢墓区为王室墓区，其南的九女台墓区为贵族墓地①（图 2—6）。

郑韩故城是东周时期郑国和韩国都城遗址，位于河南新郑县。城址东西长 5000 米、南北宽 4500 米，由东城和西城组成。西城平面近长方形，城内中北部有宫城遗址，其平面近长方形，东西 500 米、南北 320 米。东城为不规则长方形，其中分布有铸铜、制骨、制陶等手工业作坊遗址。大中型墓葬主要发现于西城东南部与东城西南部，一般墓葬主要在东城以外

---

①　河北省文物研究所：《燕下都》，文物出版社 1996 年版。

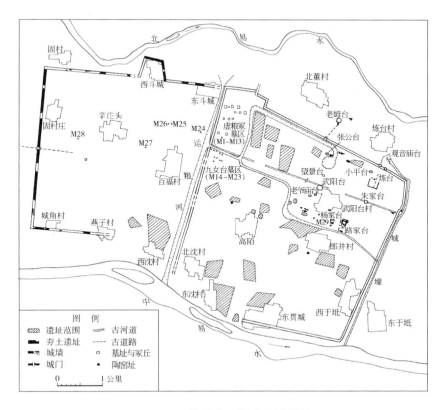

图 2—6　易县燕下都遗址平面图

的东部与西城以外的南部①（图 2—7）。

赵邯郸城是战国时代中晚期赵国都城遗址，由大城和小城组成。大城为不规则的长方形，南北约 4880 米、东西约 3240 米，周长 15314 米，面积 13.8 平方公里。小城即宫城，又称"赵王城"，位于大城西南部，但是大城与小城之间并不相连。小城由 3 座城组成，即东城、西城和北城，平面为"品"字形，面积 5 平方公里。其中西城最重要，平面方形，周长 5680 米。城内中部偏南有主体建筑——"龙台"，南北长 296 米、东西宽 265 米，这是战国时代规模最大的夯土建筑基址。"龙台"以北还有南北

①　河南省博物馆新郑工作站等：《河南新郑郑韩故城的钻探和试掘》，《文物资料丛刊》第三辑，文物出版社 1980 年版。

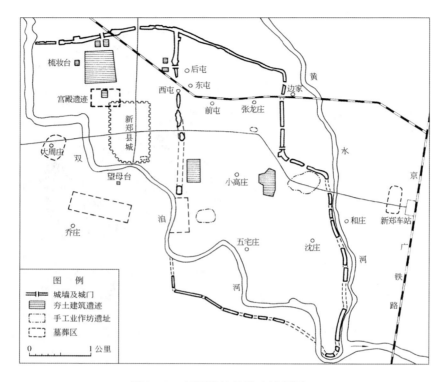

图 2—7　新郑郑韩故城遗址平面图

排列的 5 座大型夯土建筑基址。西城与东城东西并列，东城南北最长为
1442 米、东西最宽为 926 米，南北排列的两个大型夯土建筑基址成为东城
的主体建筑遗址，东城与西城之间的隔墙中部辟有一门。北城南北长 1520
米、东西最宽为 1410 米，其南城墙为东城北城墙和西城北城墙东段，西
城与东城均辟北门与北城相通。北城西南部的大型夯土台基是赵王城中仅
次于"龙台"的高台建筑基址。王陵区位于赵都邯郸城西北 15 公里①
（图 2—8）。

　　魏安邑城是魏国前期都城遗址，位于山西夏县，俗称"禹王城"。安
邑城遗址由大城和小城组成，小城位于大城中央，汉代在大城西南部修建

　　① 河北省文物管理处等：《赵都邯郸故城调查报告》，《考古学集刊》第 4 集，中国社会科学出
版社 1984 年版。

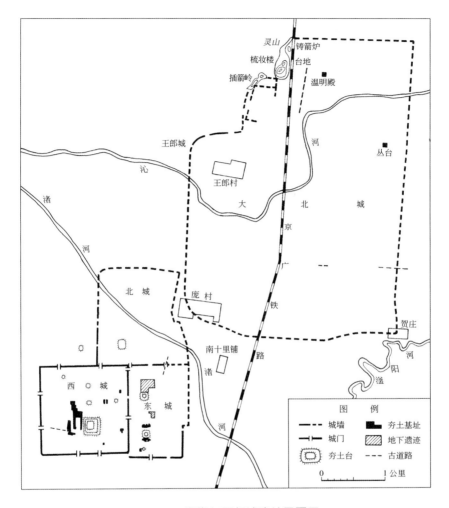

图 2—8　邯郸赵国都城遗址平面图

了一城。大城北墙长 2100 米、南墙长 3565 米、东墙残长 1530 米、西墙长 4980 米，城墙之外有城壕。小城位于大城中央，东、西、南、北四面城垣各长 495 米、930 米、990 米、855 米，小城即安邑城的宫城[①]（图 2—9）。

---

① A. 陶正刚等：《古魏城和禹王城调查简报》，《文物》1962 年第 4—5 期合刊。B. 中国科学院考古研究所山西工作队：《山西夏县禹王城调查》，《考古》1963 年第 9 期。

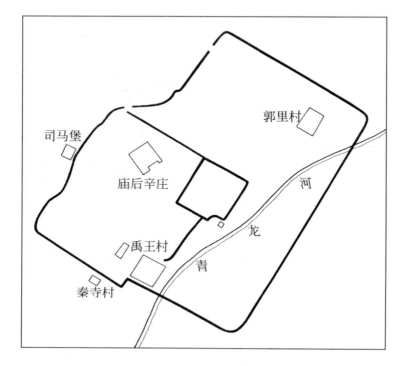

图 2—9　夏县魏国安邑故城遗址平面示意图

此外，这一时期还有不少诸侯国的都城遗址，如山西的晋国都城新田①、河北的中山国都城灵寿②、山东的薛国故城③、河南的宋国故城④、湖北的季家湖古城与"楚皇城"⑤、江苏武进淹城等⑥。

在上述都城遗址中，对秦雍城的宫庙遗址、秦咸阳城的宫殿建筑遗

---

① 山西省考古研究所侯马工作站：《晋都新田》，山西人民出版社 1996 年版。

② 河北省文物研究所：《河北平山三汲古城调查与墓葬发掘》，《考古学集刊》第 5 集，中国社会科学出版社 1987 年版。

③ 山东省济宁市文物管理局：《薛国故城勘探和墓葬发掘报告》，《考古学报》1991 年第 4 期。

④ 中国社会科学院考古研究所、美国哈佛大学皮保德博物馆中美联合考古队：《河南商丘县东周城址勘查简报》，《考古》1998 年第 12 期。

⑤ A. 湖北省博物馆：《当阳季家湖楚城遗址》，《文物》1980 年第 10 期。B. 楚皇城考古队：《湖北宜城楚皇城勘查简报》，《考古》1980 年第 2 期。

⑥ 江苏省淹城遗址考古发掘队：《发掘淹城遗址的主要收获》，《南京博物院建院 60 周年纪念文集（1933—1993）》，1994 年。

址、楚国纪南城的离宫——章华台遗址等进行了大规模考古发掘①。另一个重要的工作，是对这一时期不少都城遗址附近的王陵及其陵寝建筑遗址的考古勘察与发掘，其中以秦公陵②、中山国王陵③、魏王陵④、赵王陵⑤、秦东陵⑥、齐王陵⑦、燕王陵⑧及其陵寝建筑遗址的勘察与发掘最为重要。

3. 秦汉时期都城遗址布局形制的考古发现

秦汉时期是中国古代帝国取代王国的历史时期，是以汉族为主体的中华民族形成时期，是中国古代封建社会典章制度的确立时期。作为这样一个历史时期的古代都城——秦咸阳城、汉长安城和东汉雒阳城，在中国古代都城发展史上，占有重要的地位。

秦始皇统一六国，建立了中央集权封建帝国，继续以秦咸阳城为其都城，并对都城进行了扩建，在"咸阳北版"修建了"六国宫室"，在咸阳城东邻建造了兰池与兰池宫，在都城附近及"渭南"大规模扩建与新建了离宫别馆、上林苑及其他宫庙建筑，其中最著名的莫过于大朝正殿——阿房宫前殿的兴建。目前，考古工作者正在对阿房宫遗址进行全面考古勘探⑨。阿房宫基址夯筑而成，现保存东西长 1270 米、南北宽 424 米，高 12米。这是目前所知规模最大的中国古代宫殿建筑基址。但是，这是一项未完成的巨大工程，秦始皇拟在"渭南"新建的"都城"实际上仅限于规划的启动阶段。秦帝国大兴土木修建宫室，不只是限于都城咸阳及京畿之地，甚至在远离都城的渤海湾也进行了大规模的宫室建设，已经考古发掘

---

① 荆州地区博物馆、潜江县博物馆：《湖北潜江龙湾发现楚国大型宫殿基址》，《江汉考古》1987 年第 3 期。

② 陕西雍城考古队：《凤翔秦公陵园钻探与试掘简报》，《文物》1987 年第 3 期。

③ 河北省文物研究所：《河北平山三汲古城调查与墓葬发掘》，《考古学集刊》第 5 集，中国社会科学出版社 1987 年版；《河北省平山县战国时期中山国墓葬发掘简报》，《文物》1979 年第 1 期。

④ 中国科学院考古研究所：《辉县发掘报告》，科学出版社 1956 年版。

⑤ 河北省文物管理处等：《赵都邯郸故城调查报告》，《考古学集刊》第 4 集，中国社会科学出版社 1984 年版。

⑥ 陕西省考古研究所：《秦东陵第一号陵园勘查记》，《考古与文物》1987 年第 4 期；《秦东陵第二号陵园调查、钻探简报》，《考古与文物》1987 年第 5 期。

⑦ 罗勋章：《田齐王陵初探》，《齐文化丛书·考古卷》，齐鲁书社 1997 年版。

⑧ 河北省文物研究所：《燕下都》，文物出版社 1996 年版。

⑨ 中国社会科学院考古研究所、西安市文物保护考古所阿房宫考古队：《阿房宫前殿遗址的考古勘探与发掘》，《考古学报》2005 年第 2 期。

的渤海湾秦行宫建筑遗址是个最好的例子①。在秦代皇室建筑中，秦始皇陵则是留给我们规模最大、保存最完整、等级最高的秦代皇家建筑遗址群，自 20 世纪 70 年代以来，秦始皇陵考古工作已取得丰硕的学术成果，为世界所瞩目②。"陵墓若都邑"，秦始皇陵的考古发现，对于我们认识、研究秦代都城，有着重要的学术借鉴意义。

　　秦帝国是中国古代历史上极其重要的王朝，但是由于其仅仅有十几年的统治，许多制度的实施、思想的贯彻不得不留给了后继的西汉王朝。西汉都城长安城遗址自 1956 年以来，已经开展考古工作半个世纪③。主要进行的考古工作有：城址勘探和城门的发掘，未央宫的勘探和宫殿、官署等建筑遗址发掘④，市场遗址勘探与手工业作坊遗址的发掘，北宫宫城遗址的勘探，桂宫宫殿和官署建筑遗址发掘⑤，武库遗址勘探与发掘⑥，汉长安城南郊礼制建筑遗址发掘等（宗庙遗址、社稷遗址、辟雍或明堂遗址）⑦，以及目前正在进行的长乐宫遗址、上林苑昆明池遗址的勘探与试掘。汉长安城平面近方形，东、西、南、北四面城墙各长 6000 米、4900 米、7600米、7200 米，周长 25700 米，城内面积 36 平方公里。汉长安城每面 3 座城门，每座城门 3 个门道。一般城门宽 32 米，与未央宫、长乐宫宫门相对的 4 座城门各宽 52 米。未央宫前殿约居宫城中央，它是宫城及都城之中规模最大、规格最高、排列最前、位居宫城与都城轴线之上的最为重要的宫殿建筑。都城地势西南高、东北低，北低南高，皇宫——未央宫位于都城西南部，长乐宫在未央宫东部、都城南部，桂宫、北宫在都城中部，市场在都城北部。宗庙和社稷在南城墙之外，分别在未央宫东南部与西南

---

　　① 辽宁省文物考古研究所：《辽宁绥中县"姜女坟"秦汉建筑遗址发掘简报》，《文物》1986 年第 8 期；《辽宁省绥中县石碑地秦汉宫城遗址 1993—1995 年发掘简报》，《考古》1997 年第 10 期。

　　② 陕西省考古研究所、秦始皇兵马俑博物馆：《秦始皇帝陵园考古报告》（1999），科学出版社2000 年版。

　　③ 刘庆柱、李毓芳：《汉长安城》，文物出版社 2003 年版。

　　④ 中国社会科学院考古研究所：《汉长安城未央宫：1980—1989 年考古发掘报告》，中国大百科全书出版社 1996 年版。

　　⑤ 中国社会科学院考古研究所、日本奈良国立文化财研究所：《汉长安城桂宫：1996—2001 年考古发掘报告》，文物出版社 2007 年版。

　　⑥ 中国社会科学院考古研究所：《汉长安城武库》，文物出版社 2005 年版。

　　⑦ 中国社会科学院考古研究所：《西汉礼制建筑遗址》，文物出版社 2003 年版。

部。汉长安城的上述宫殿、市场、宗庙、社稷分布情况，是我们目前通过考古所知的时代最早的"面朝后市"、"左祖右社"都城布局的实例。

东汉王朝建都雒阳，雒阳城东、西城墙残长分别为 3900 米与 3400 米，北城墙长 2700 米，南城墙已被洛河改道冲毁，根据东、西城墙的距离，推断南城墙长约 2460 米，雒阳城的周长约为 13000 米。东汉雒阳城亦应有 12 座城门，其中东西各 3 座城门，南面 4 座城门，北面 2 座城门。每座城门亦为 3 个门道。城内有南宫与北宫，此外在城内东北部有太仓、武库、永安宫和贵族宅邸，南宫东邻置太尉府、司空府与司徒府等中央官署。南宫西北部、北宫西南部为市场（金市）所在地。都城南郊有礼制建筑遗址（灵台遗址、明堂遗址、辟雍遗址、太学遗址）[1]（图 2—10）。由于东汉雒阳城遗址被晚期的曹魏、西晋与北魏洛阳城等相继整体覆压与打破，当前进一步通过考古学全面究明都城、宫城的布局形制，还有待田野考古新方法的探讨与考古研究新思路的拓展。

古代都城附近的帝王陵墓是都城的重要组成部分，它们对于全面、深入认识古代都城有着重要的学术意义。基于上述原因，考古工作者对西汉帝陵及其陵寝建筑遗址，开展了大量考古工作，其中尤以汉景帝阳陵、汉宣帝杜陵陵寝建筑遗址考古勘察、发掘的学术意义最为突出[2]。

4. 魏晋南北朝至隋唐时期都城遗址布局形制的考古发现

这一时期的都城遗址考古工作以曹魏邺城遗址、北魏洛阳城遗址、东魏和北齐邺南城遗址、隋唐长安与洛阳两京遗址等开展工作较多。

魏晋南北朝时期是中国古代历史上的又一次大变动、大变革时期，如果说春秋战国时期的社会历史变化加速了王国的覆亡与催生了帝国的出现，那么魏晋南北朝时期的中外文化交流，则促使隋唐文化及其隋唐时代都城建筑达于中国古代都城发展历史的顶峰。

邺北城为曹魏、后赵、冉魏和前燕的都城（204—307 年），邺北城遗

① 中国社会科学院考古研究所：《汉魏洛阳故城南郊礼制建筑遗址：1962—1992 年考古发掘报告》，文物出版社 2010 年版。

② A. 中国社会科学院考古研究所：《汉杜陵陵园遗址》，科学出版社 1993 年版。B. 陕西省考古研究所：《汉阳陵》，重庆出版社 2001 年版。C. 刘庆柱、李毓芳：《西汉十一陵》，陕西人民出版社 1987 年版。

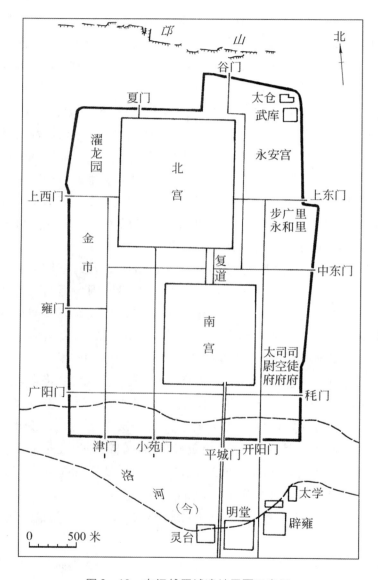

图 2—10　东汉雒阳城遗址平面示意图

址的考古勘察究明，其范围东西 2400 米、南北 1700 米。南面 3 座城门，其余三面各 1 座城门。城内有 6 条道路与城门相连。东西城门之间的东西道路把都城分为南北二区，北区包括宫殿建筑群及其东西两侧的贵族宅邸与宫室苑囿；南区是居民区与部分官衙所在地①（图 2—11）。

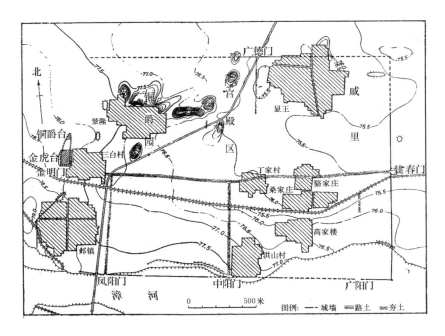

图 2—11　邺北城遗址平面图

北魏洛阳城遗址考古勘探究明，它是中国古代都城中第一座包括了宫城、内城和郭城的重要都城遗址。宫城东西 660 米，南北 1398 米；内城东西约 2460—2820 米，南北约 3510—3895 米；郭城北城墙在内城以北 850 米，东城墙在内城东 3500 米，西城墙在内城以西 3500—4250 米，南城墙在古代洛河北岸，今洛河在古代洛河以北 1000—1500 米。北魏洛阳城遗址城门、城壕、城内道路、金墉城遗址、永宁寺遗址、宫门遗址和明

---

① 中国社会科学院考古研究所、河北省文物研究所邺城考古工作队：《河北临漳邺北城遗址勘探发掘简报》，《考古》1990 年第 7 期。

堂、辟雍、太学、灵台等南郊礼制建筑遗址进行了考古勘察、发掘①（图2—12）。

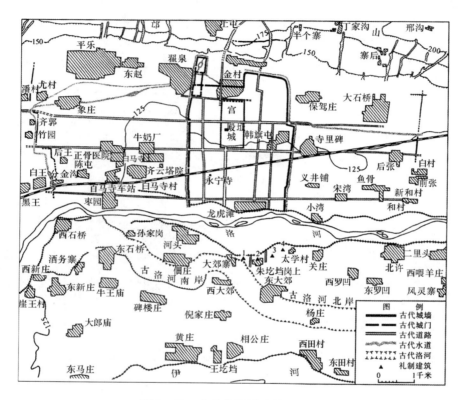

图2—12 北魏洛阳城遗址平面图

邺南城与邺北城南北相连，系东魏、北齐的都城（公元534—577年）。邺南城遗址东西约2800米、南北约3460米。文献记载有城门14座，南北各3座、东西各4座。已勘探发现南城门3座、西城门4座、东

---

① A. 中国科学院考古研究所洛阳工作队：《汉魏洛阳城初步勘查》，《考古》1973年第4期；《汉魏洛阳城南郊的灵台遗址》，《考古》1978年第1期；《汉魏故城金墉城址发掘简报》，《考古》1999年第3期；《河南洛阳汉魏故城北魏宫城阊阖门遗址》，《考古》2003年第7期。B. 中国社会科学院考古研究所：《新中国的考古发现与研究·汉魏洛阳城的调查与发掘》，文物出版社1984年版；《北魏洛阳永宁寺：1979—1994年考古发掘报告》，中国大百科全书出版社1996年版。

城门1座和北城门3座。城墙发现马面50座。城外环绕城壕。城内中部偏北有宫城遗址，其范围东西620米、南北970米①。对邺南城南部中间城门——朱明门遗址进行了考古发掘②，这是一座3个门道、置双阙的城门遗址（图2—13）。根据文献记载与考古勘察、研究，邺南城应属于"内城"，其外尚有"郭城"③，邺南城塔基遗址的发掘④，支持了上述看法。

这一时期的北魏平城及其礼制建筑遗址⑤、六朝南京的地坛遗址和魏晋南北朝时期帝陵等也开展了考古调查、勘探与试掘工作⑥，对于认识其都城布局形制有着一定意义。

隋唐两京的都城遗址和帝陵的考古工作，几十年来取得丰硕的学术成果，其中尤以隋唐两京都城的考古勘察与发掘更为突出。

唐长安城遗址进行了全面考古勘探与重点发掘。现已究明，唐长安城由外郭城、皇城和宫城组成。以后又于都城东北部和东部修建了大明宫、兴庆宫作为宫城，在都城北部有"禁苑"，都城东南部有池苑——"曲江"。外郭城范围东西9721米、南北8651米，周长36744米，面积约80平方公里。城外置城壕。四面各辟城门3座，除南面中间的明德门5个门道之外，其余城门均为3个门道。皇城遗址位于外郭城中部偏北，其范围东西2820米、南北1843米，周长9.2公里，面积约5.2平方公里。宫城南邻皇城，其范围东西2820米、南北1492米，周长8.6公里，面积4.2平方公里⑦。其中的大明宫遗址、兴庆宫遗址、西市遗址、明德门遗址、

①　中国社会科学院考古研究所、河北省文物研究所邺城考古队：《河北临漳县邺南城遗址勘探与发掘》，《考古》1997年第3期。

②　中国社会科学院考古研究所、河北省文物研究所邺城考古队：《河北临漳县邺南城朱明门遗址的发掘》，《考古》1996年第1期。

③　朱岩石：《东魏北齐邺南城内城之研究》，《汉唐之间的视觉文化与物质文化》，文物出版社2003年版。

④　中国社会科学院考古研究所：《北魏洛阳永宁寺：1979—1994年考古发掘报告》，中国大百科全书出版社1996年版。

⑤　刘俊喜、张志忠：《大同发现北魏明堂辟雍遗址》，《中国文物报》1998年1月21日。

⑥　《南京钟山六朝祭坛建筑遗址》，《2001中国重要考古发现》，文物出版社2002年版，第108—112页。

⑦　A. 陕西省文物管理委员会：《长安城地基初步探测》，《考古学报》1958年第3期。B. 中国科学院考古研究所西安唐城发掘队：《唐代长安城考古纪略》，《考古》1963年第11期。

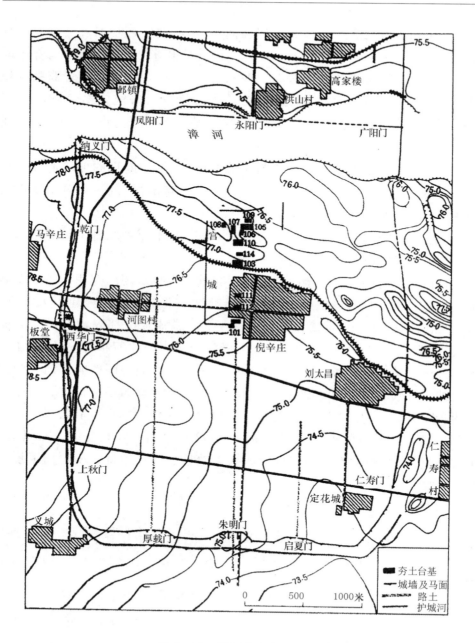

图 2—13　邺南城遗址平面图

含光门遗址、西明寺遗址、青龙寺遗址①、圜丘遗址②及其离宫九成宫和华清宫遗址等，进行了考古发掘（图2—14）。

大明宫是唐长安城中最重要的宫城，大明宫遗址周长7.6公里，面积

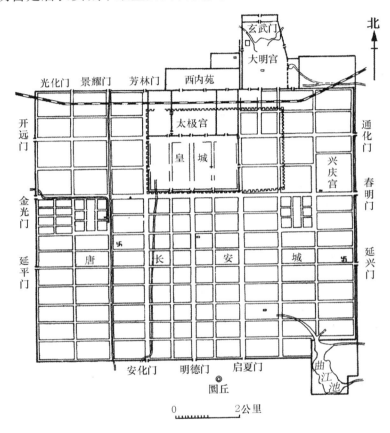

图2—14　唐长安城遗址平面复原图

①　A. 中国社会科学院考古研究所西安工作队：《唐长安西明寺遗址发掘简报》，《考古》1990年第1期。B. 中国科学院考古研究所西安工作队：《唐代长安城明德门遗址发掘简报》，《考古》1974年第1期。C. 中国社会科学院考古研究所西安唐城工作队：《唐长安皇城含光门遗址发掘简报》，《考古》1987年第5期。D. 中国社会科学院考古研究所西安唐城工作队：《唐长安青龙寺遗址》，《考古学报》1989年第2期。

②　中国社会科学院考古研究所西安唐城工作队：《陕西西安唐长安城圜丘遗址的发掘》，《考古》2000年第7期。

3.2 平方公里。辟有 13 座宫门，南面 5 座、北面 3 座、西面 4 座、东面 1 座。其中大明宫丹凤门及御道遗址、含元殿遗址、麟德殿遗址、三清殿遗址、玄武门遗址、太液池遗址、东朝堂遗址等进行了考古发掘[①]，丹凤门遗址和含元殿遗址考古发掘使学术上的重大疑难问题得到基本解决，加深了对宫城在都城中的重要地位及大朝正殿在都城之中的"居中""居前""居高"特点的全面、深刻认识（图2—15）。

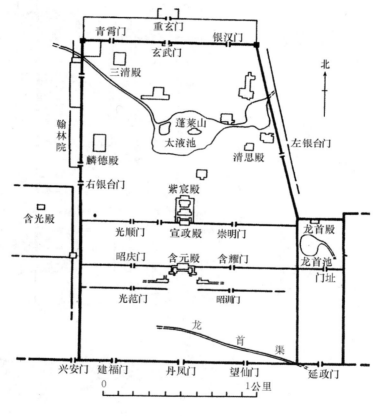

图2—15　唐大明宫遗址平面图

① A. 中国科学院考古研究所：《唐长安大明宫》，科学出版社 1959 年版。B. 中国社会科学院考古研究所西安唐城工作队：《唐大明宫含元殿遗址 1995—1996 年发掘报告》，《考古学报》1997 年第 3 期。C. 马得志：《唐长安城发掘新收获》，《考古》1987 年第 4 期。D. 中国社会科学院考古研究所、日本奈良文化财研究所联合考古队：《唐长安城大明宫太液池遗址发掘简报》，《考古》2003 年第 11 期。

隋唐洛阳城包括外郭城、皇城、宫城。外郭城遗址平面近方形，东、南、北城墙各长 7312 米、7290 米、6138 米，西城墙残长 6776 米。有 8 座城门，其中东门与南门各 3 座，北门 2 座，均为"一门三道"，正门为南城墙中间的定鼎门。外郭城中南部和东部为坊市，其中有 109 坊、3 市。皇城在外郭城西北部，由于洛河北移，皇城东南部被河水冲毁。宫城在皇城之内，其东、西、南、北城墙长分别为 1275 米、1270 米、1710 米与 1400 米①。宫城正门为南门应天门。考古发掘的隋唐洛阳城遗址主要有明堂遗址②、应天门遗址③、履道坊遗址④、上阳宫遗址⑤、含嘉仓遗址⑥、南市遗址和定鼎门遗址等⑦（图 2—16）。

唐代帝陵的调查与发掘⑧，从另一个方面加深了对唐代都城建筑思想的理解。

5. 宋辽金元时期都城遗址布局形制的考古发现

北宋都城开封城包括外郭城、内城、皇城和宫城。外郭城遗址平面近平行四边形，周长 29120 米。外郭城有 12 座城门，其中南、西城门各 3 座，东城门 2 座、北城门 4 座。内城遗址位于外郭城中心，平面近方形，周长 11550 米。有城门 10 座，其中东、西城门各 2 座，南、北城门各 3 座。皇城在内城中部偏北，周长约 5000 米。宫城在皇城北半部的东西居

---

① A. 中国科学院考古研究所洛阳发掘队：《隋唐东都城址的勘查和发掘》，《考古》1961 年第 3 期。B. 中国社会科学院考古研究所洛阳工作队：《隋唐东都城址的勘查和发掘续记》，《考古》1978 年第 6 期。

② 中国社会科学院考古研究所洛阳唐城队：《唐东都武则天明堂遗址发掘简报》，《考古》1988 年第 3 期。

③ A. 洛阳市文物工作队：《隋唐东都应天门遗址发掘简报》，《中原文物》1988 年第 3 期。B. 《隋唐洛阳城考古又获重大成果——宫城应天门东阙遗址重见天日》，《中国文物报》1991 年 1 月 20 日。

④ 中国社会科学院考古研究所洛阳唐城队：《洛阳唐东都履道坊白居易故居发掘简报》，《考古》1994 年第 8 期。

⑤ 中国社会科学院考古研究所洛阳唐城队：《洛阳唐东都上阳宫园林遗址发掘简报》，《考古》1998 年第 2 期。

⑥ 河南省博物馆、洛阳市博物馆：《洛阳隋唐含嘉仓的发掘》，《文物》1972 年第 3 期。

⑦ 中国社会科学院考古研究所：《隋唐洛阳城遗址考古发掘报告》，待刊。

⑧ 刘庆柱、李毓芳：《陕西唐陵调查报告》，《考古学集刊》第 5 集，中国社会科学出版社 1985 年版。

图 2—16　隋唐洛阳城遗址平面图

中位置，平面近长方形，周长 2521 米①。北宋开封城的重要特点是外郭城

① 　A. 开封宋城考古队：《北宋东京外城的初步勘探与发掘》，《文物》1992 年第 12 期。B. 开封宋城考古队：《北宋东京内城的初步勘探与测试》，《文物》1996 年第 5 期。C. 丘刚、董祥：《北宋东京皇城的初步勘探与试掘》，《开封考古发现与研究》，中州古籍出版社 1998 年版。D. 秦大树：《宋元明考古》，文物出版社 2004 年版，第 18—28 页。

中的街巷制代替了以前都城之中的里坊制，这反映了宋代商品经济的发展、市民文化的兴起等，使都城布局结构由此前的封闭型向开放型转变（图2—17）。

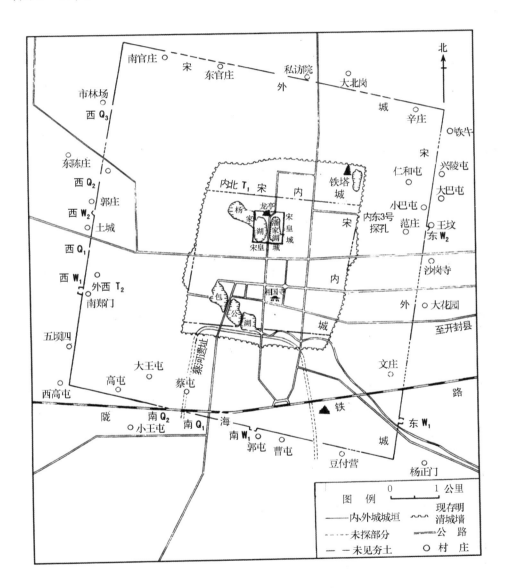

图2—17　北宋开封城遗址平面图

辽金元清四个王朝，均是北方少数民族入主内地，取得了对国家的统治地位。作为政治、经济、文化落后的民族，统治先进的民族，他们必须以被统治民族先进的政治、经济、文化进行统治，有时他们甚至利用被统治民族的"最纯粹""最正宗"的"文化"和"思想"进行统治，这在中国古代都城建筑上表现得尤为突出。辽的都城基本继承了唐宋都城制度，少有创新。金元都城建筑则多复古主义做法。目前已经考古究明了辽上京[①]、辽中京[②]、金上京[③]、金中都[④]、元上都[⑤]、元中都[⑥]、元大都[⑦]遗址等都城的布局形制，而明清北京城大多至今仍得到较好保存。

辽上京位于内蒙古巴林左旗林东镇南，分为南北二城，北为皇城，南为"汉城"。皇城遗址东西 1720 米、南北 1600 米，大内位于皇城中部偏北，根据文献记载城内还有宫殿、衙署、府邸、寺院、营幕和作坊等建筑，皇城为辽上京的政治中心。汉城遗址平面近方形，周长 5800 米。汉城因主要为"汉人"居住而得名，是辽上京的工商业区和居民区（图 2—18）。辽中京位于内蒙古宁城，都城由外城、内城和宫城组成。外城遗址平面为矩形，东西 4200 米、南北 3500 米。南城墙辟 3 座城门，中间城门为正门。内城位于外城中部偏北，平面为长方形，东西 2000 米、南北 1500 米。宫城在内城北部正中，其北宫墙为内城北城墙一部分。宫城平面方形，周长 4000 米。可以看出，辽的都城受到唐长安城、北宋开封城的影响。

金上京是金的最早都城，在黑龙江省阿城市，由南北二城组成。南城

① A. 李逸友：《辽代城郭营建制度初探》，《辽金史论集》第 3 集，书目文献出版社 1987 年版。B. 秦大树：《宋元明考古》，文物出版社 2004 年版，第 36—44 页。

② A. 辽中京发掘委员会：《辽中京城址发掘的重要收获》，《文物》1961 年第 9 期。B. 秦大树：《宋元明考古》，文物出版社 2004 年版，第 5—49 页。

③ A. 景爱：《金上京》，生活·读书·新知三联书店 1991 年版。B. 秦大树：《宋元明考古》，文物出版社 2004 年版，第 49—53 页。

④ A.《金中都遗址》，《中国大百科全书·考古学》，中国大百科全书出版社 1986 年版，第 238 页。B. 秦大树：《宋元明考古》，文物出版社 2004 年版，第 53—57 页。

⑤ A.《元上都》，《中国大百科全书·考古学》，中国大百科全书出版社 1986 年版，第 633 页。B. 秦大树：《宋元明考古》，文物出版社 2004 年版，第 65—71 页。

⑥ 《元中都考古取得重大进展》，《中国文物报》1999 年 12 月 29 日。

⑦ 中国科学院考古研究所等元大都考古队：《元大都的勘察与发掘》，《考古》1972 年第 1 期。

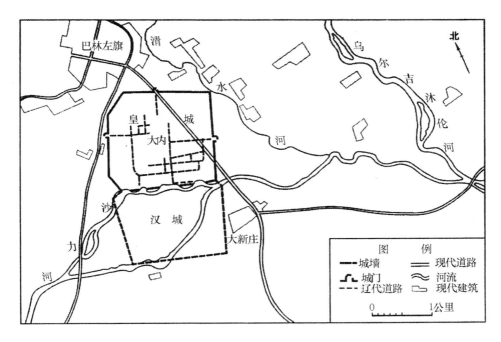

图2—18　辽上京遗址平面图

东西500米、南北645米，周长2290米。南城西部偏北有金城，金城中部有南北排列的5座宫殿。南城东部为官署和贵族居住区，北城为工商业区和居民区。

金中都位于北京市西南部，由外郭城、皇城和宫城组成。外郭城平面近方形，东西4900米、南北4510米。除北城墙辟有4座城门之外，其余三面城墙各辟3座城门。宫城在外郭城的中部偏西，平面为长方形。皇城在宫城之南（图2—19）。

元上都位于内蒙古正蓝旗，由外城、皇城和宫城组成。外城和皇城均为方形，边长分别为2200米与1400米，皇城在外城东南部。外城有7座城门，除西城墙辟1座城门之外，其余三面城墙各辟2座城门。皇城东、西城墙各辟2座城门，南、北城墙各辟1座城门。宫城在皇城中部偏北，平面长方形，东西570米、南北620米。宫城东、西、南三面各辟1门（图2—20）。

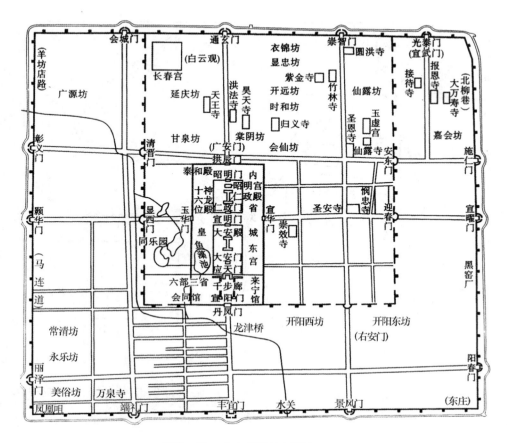

图 2—19 金中都遗址平面复原图

元中都位于河北省张北县西北 15 公里，由郭城、皇城和宫城组成，皇城位于郭城北部，宫城在皇城中部。宫城的主体宫殿建筑位居其中央，其他宫殿建筑分布在它的北部与东西两侧。（图 2—21）

元大都由郭城、皇城和宫城组成。郭城平面近长方形，东西约 6680—6730 米、南北约 7590—7600 米。除北城墙辟 2 座城门外，其余三面城墙各辟 3 座城门。皇城位于郭城南部居中位置，皇城西部为太液池、东部为宫城，宫城位于皇城东部的南北居中位置。市场在皇城北部，这似乎折射出《周礼·考工记》关于都城"面朝后市"的设计理念（图 2—22）。

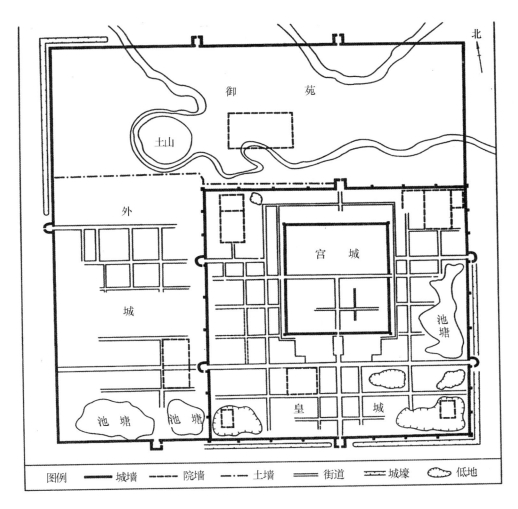

图2—20 元上都遗址平面图

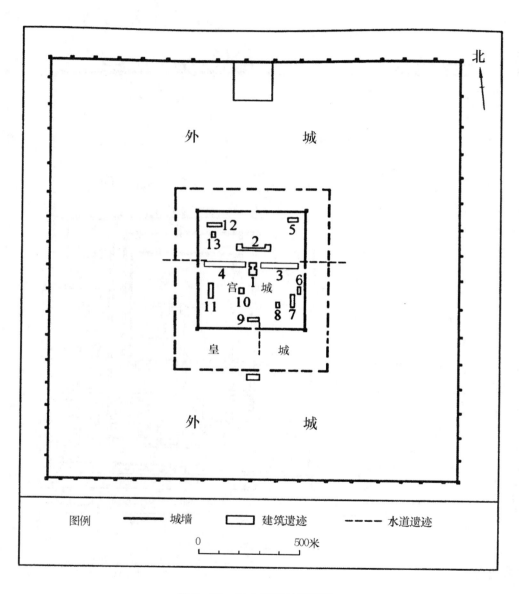

图2—21 元中都遗址平面图

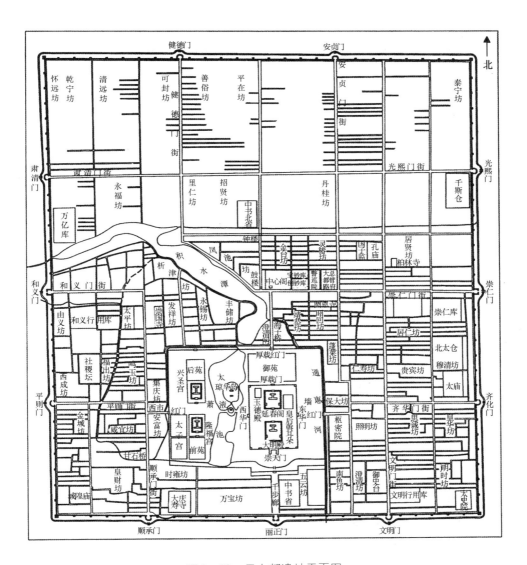

图 2—22　元大都遗址平面图

（二）史前聚落、城、都城发展史与社会形态变化的考古学研究

"都城"是历史的产物，是历史发展的特定社会形态的物化载体。"都城"是从"城"发展而来的，"城"又是从史前聚落发展而来的。

1. 史前时期聚落的考古发现

人类在旧石器时代晚期已开始为自己营建居室，如黑龙江哈尔滨市阎家岗遗址的窝棚遗迹①、湖南临澧县竹马遗址的居住遗迹等②。农业的发生、出现与新石器时代的到来，使人们的定居成为可能。新石器时代考古发现说明，随着农业的发展，定居生活的稳定，人口的增加，聚落遗址在新石器时代中期开始出现并得到迅速发展，史前聚落是一种以血缘为基础的社会组织形态。考古发现的新石器时代聚落遗址众多，如具有壕沟与土围的湖南澧县八十垱遗址③、内蒙古敖汉兴隆洼遗址和敖汉北城子遗址④、林西白音长汗双聚落并存遗址⑤、裴李岗文化的河南舞阳贾湖遗址⑥、后李文化的山东章丘西河遗址⑦、甘肃秦安大地湾遗址⑧、内蒙古敖汉赵宝沟遗址⑨、湖北枣阳雕龙碑遗址⑩、浙江余姚河姆渡遗址⑪、西安半坡遗址⑫、

① 黑龙江省文管会：《阎家岗——旧石器时代晚期古营地遗址》，文物出版社1990年版。

② 储友信：《湖南发现旧石器时代末高台建筑》，《中国文物报》1997年4月6日。

③ 湖南省文物考古研究所：《湖南澧县梦溪八十垱新石器时代早期遗址发掘简报》，《文物》1996年第12期。

④ A. 中国社会科学院考古研究所内蒙古工作队：《内蒙古敖汉旗兴隆洼遗址发掘简报》，《考古》1985年第10期。B. 中国社会科学院考古研究所内蒙古工作队：《内蒙古兴隆洼聚落遗址1992年发掘简报》，《考古》1997年第1期。C. 杨虎：《敖汉旗发现一大型兴隆洼文化环壕聚落》，《中国文物报》1998年7月26日。

⑤ 内蒙古自治区文物考古研究所：《白音长汗——新石器时代遗址发掘报告》，科学出版社2004年版。

⑥ 河南省文物考古研究所：《舞阳贾湖》，科学出版社1999年版。

⑦ 山东省文物考古研究所：《山东发现八千年前居址聚落》，《中国文物报》1998年1月21日。

⑧ 甘肃省博物馆文物工作队：《甘肃秦安大地湾第九区发掘简报》、《秦安大地湾405号新石器时代房屋遗址》、《甘肃秦安大地湾遗址1978至1982年发掘的主要收获》，《文物》1983年第11期。

⑨ 中国社会科学院考古研究所：《敖汉赵宝沟》，中国大百科全书出版社1997年版。

⑩ 中国社会科学院考古研究所湖北工作队：《湖北枣阳市雕龙碑新石器时代遗址试掘简报》，《考古》1992年第7期。

⑪ A. 浙江省文管会、浙江省博物馆：《河姆渡遗址第一期发掘报告》，《考古学报》1978年第1期。B. 河姆渡遗址考古队：《河姆渡遗址第二期发掘的主要收获》，《文物》1980年第5期。

⑫ 中国科学院考古研究所等：《西安半坡》，文物出版社1963年版。

陕西宝鸡北首岭遗址①、临潼姜寨遗址②、郑州大河村遗址③、河南邓州八里岗遗址④、淅川下王岗遗址⑤、安徽蒙城尉迟寺遗址⑥、河南淅川黄楝树遗址等⑦。聚落之中的建筑物主要是人们的居室，此外，随着社会的发展、历史的前进，在居住区中还出现了"非居住"的"大房子"，如新石器时代的陕西西乡李家村、临潼姜寨、华县泉护村、河南洛阳王湾、灵宝西坡等聚落遗址中发现的"大房子"。它们一般位于聚落中央的广场附近，"大房子"附近有许多一般聚落成员的住房，这类"大房子"应属于聚落的全体成员的"公共建筑"。

2. 史前时期城址的考古发现

在新石器时代晚期后段和末期，随着社会经济的发展，聚落成员对经济资源需要的进一步增加，并由此引起与其他聚落对经济资源占有的无休止"争夺"与"战争"，这使不同血缘系统聚落将面临"两败俱伤""同归于尽"的灾难。为避免脆弱的社会面临崩溃，协商、让步、共同管理与发展，成为历史的必然选择。聚落全体成员对生存环境的共同关注，在巨大自然灾害面前表现出来的无能为力、束手无策，一次又一次的历史悲剧，让人们意识到，对于客体世界的自然灾害而言，人类以地缘关系的联合应对，比仅仅依靠"血缘"系统的孤军奋战要有力得多。上述历史发展背景，可能是出现以地缘为基础的聚落联合体的重要原因之一。"城"可能是负责管理这种"聚落联合体"的社会平台，它不属于某一聚落，它是高于聚落的一种社会形态。从本质上说，它是对传统的、以血缘系统为基础的聚落社会形态之否定。

---

①　中国社会科学院考古研究所：《宝鸡北首岭》，文物出版社 1983 年版。

②　西安半坡博物馆、陕西省考古研究所等：《姜寨——新石器时代遗址发掘报告》，文物出版社 1988 年版。

③　郑州市博物馆：《郑州大河村仰韶文化的房基遗址》，《考古》1973 年第 6 期；《郑州大河村遗址发掘报告》，《考古学报》1979 年第 3 期。

④　北京大学考古系等：《河南邓州市八里岗遗址 1992 年的发掘与收获》，《考古》1997 年第 12 期；张江凯：《河南邓州八里岗遗址发掘简报》，《文物》1998 年第 9 期。

⑤　河南省文物考古研究所：《淅川下王岗》，文物出版社 1989 年版。

⑥　中国社会科学院考古研究所：《蒙城尉迟寺——皖北新石器时代聚落遗存的发掘与研究》，科学出版社 2001 年版。

⑦　长办考古队河南分队：《河南淅川黄楝树遗址发掘报告》，《华夏考古》1990 年第 3 期。

现在已经发现的史前时代的"城"约有 50 多座[①]，其中开展考古工作较多的重要城址如：大溪文化的湖南澧县城头山城址[②]、仰韶文化晚期的郑州西山城址[③]、大汶口文化晚期的山东滕州西康留城址[④]、章丘城子崖城址[⑤]、邹平丁公城址[⑥]、寿光边线王城址[⑦]、淄博田旺城址[⑧]、阳谷景阳岗城址[⑨]、茌平教场铺城址[⑩]、河南龙山文化中期的淮阳平粮台城址[⑪]、登封王城岗城址[⑫]、辉县孟庄城址[⑬]、郾城郝家台城址[⑭]、安阳后冈城址[⑮]、山西襄汾陶寺城址[⑯]、湖北天门石家河城址[⑰]、江陵阴湘城遗址[⑱]、荆门马家院城址[⑲]、江苏连云港藤花落城址[⑳]、四川成都平原的一批史前城址（新津宝墩城遗址、温江鱼凫城遗址、郫县梓路城址、都江堰芒城遗址等）等[21]。在内蒙古

① 任式楠：《中国史前城址考察》，《考古》1998 年第 1 期。

② 湖南省文物考古研究所：《澧县城头山古城址 1997—1998 年度发掘简报》，《文物》1999 年第 6 期。

③ 国家文物局考古领队培训班：《郑州西山仰韶时代城址的发掘》，《文物》1999 年第 7 期。

④ 山东省文物考古研究所等：《山东滕州市西康留遗址调查发掘简报》，《考古》1995 年第 3 期。

⑤ 《城子崖遗址又有重大发现，龙山岳石周代城址重见天日》，《中国文物报》1990 年 7 月 26 日。

⑥ A.《山东邹平丁公发现龙山文化城址》，《中国文物报》1992 年 1 月 12 日。B. 山东大学历史系考古专业：《山东邹平丁公遗址第四、五次发掘简报》，《考古》1993 年第 4 期。

⑦ 杜在忠：《边线王龙山文化城堡的发现及其意义》，《中国文物报》1988 年 7 月 15 日。

⑧ 魏成敏：《临淄区田旺龙山文化城址》，《中国考古学年鉴·1993 年》，文物出版社 1995 年版。

⑨ 山东省文物考古研究所等：《山东阳谷县景阳岗龙山文化城址调查与试掘》，《考古》1997 年第 5 期。

⑩ 中国社会科学院考古研究所山东队等：《山东茌平教场铺遗址龙山文化城墙的发现与发掘》，《考古》2005 年第 1 期。

⑪ 河南省文物考古研究所等：《河南淮阳平粮台龙山文化城址发掘简报》，《文物》1983 年第 3 期。

⑫ 河南省文物研究所：《登封王城岗与阳城》，文物出版社 1992 年版。

⑬ 河南省文物考古研究所：《辉县孟庄》，中州古籍出版社 2003 年版。

⑭ 河南省文物考古研究所等：《郾城郝家台遗址的发掘》，《华夏考古》1992 年第 3 期。

⑮ 中国社会科学院考古研究所安阳队：《1979 年安阳后冈遗址发掘报告》，《考古学报》1985 年第 1 期。

⑯ 中国社会科学院考古研究所山西工作队等：《1978—1980 年陕西襄汾陶寺墓地发掘简报》，《考古》1983 年第 1 期；《陶寺遗址 1983—1984 年 Ⅲ 区居住址发掘的主要收获》，《考古》1986 年第 9 期。

⑰ 北京大学考古系等：《石家河遗址群调查报告》，《南方民族考古》第 5 辑，1992 年。

⑱ A. 江陵县文物局：《江陵阴湘城的调查与探索》，《江汉考古》1986 年第 1 期。B. 荆州博物馆等：《湖北荆沙市阴湘城遗址东城墙发掘简报》，《考古》1997 年第 5 期。

⑲ 湖北省荆门市博物馆：《荆门马家院屈家岭文化城址调查》，《文物》1997 年第 7 期。

⑳ 林留根等：《藤花落遗址聚落考古取得重大收获》，《中国文物报》2000 年 6 月 25 日。

21 《成都平原发现一批史前城址》，《中国文物报》1996 年 8 月 18 日；《成都史前城址发掘又获重大收获》，《中国文物报》1997 年 1 月 19 日。

中南部地区发现的一些山城遗址①，它们更为主要的功能可能是军事城堡作用。此外，在长江流域下游良渚文化中发现的人工堆筑营建的高土台，如江苏昆山赵陵山土台②、浙江余杭瑶山祭坛③、余杭汇观山祭坛④、上海青浦福泉山高土台⑤、江苏武进寺墩等⑥，它们具有作为显贵者墓地和祭祀祖先的双重功能，它们是不是作为史前城址或其一部分，还需要开展更多的考古工作去究明。

　　史前时期城址的性质，是研究"城"的重要内容。确定史前时代的"城址"是否属于"城"，关键在于它们是否具备了该历史阶段"城"的基本性质。我认为史前城址基本性质有二：其一，"城"必须有"城墙"或"墙"围绕。那么是否有"城墙"或"墙"围绕的建筑遗址群就是"城"？我认为是不能这样推断的。其二，"城"中的建筑内涵，主要应为宫庙性质的大型夯土基址。"城"作为从史前聚落发展出来的新的社会形态物化载体，作为社会的多"聚落"（不是仅仅以血缘系统为纽带而形成的多"聚落"，而是包括了一些非相同血缘系统的多"聚落"）管理中心、利益协调中心，它是社会进步与经济发展的政治产物。中国古代"城"的出现与形成，实质上不是生业分工（即农业与手工业、农业与商业等的分工）的产物，也不是"城乡对立"的结果（"城乡对立"是"城"出现以后历史发展的特定时期的特定表现），而是人类社会形态从血缘关系向地缘关系发展的产物。古代中国与古代西方"城"的出现历史是沿着不同道路发展的。

---

　　①　A. 内蒙古文物考古研究所：《准噶尔旗寨子上遗址发掘简报》、《准噶尔旗白草塔遗址》、《准噶尔旗小沙湾遗址》，《内蒙古文物考古文集》第一辑，中国大百科全书出版社 1994 年版；B. 内蒙古文物考古研究所：《清水河县后城嘴遗址》，《内蒙古文物考古文集》第二辑，中国大百科全书出版社 1997 年版。

　　② 江苏省赵陵山考古队：《江苏昆山赵陵山遗址第一、二次发掘简报》，《东方文明之光》，海南国际新闻出版中心 1996 年版。

　　③ 浙江省文物考古研究所：《余杭瑶山良渚文化祭坛遗址发掘简报》，《文物》1988 年第 1 期。

　　④ 浙江省文物考古研究所等：《浙江余杭汇观山良渚文化祭坛与墓地发掘报告》，《文物》1997 年第 7 期。

　　⑤ 上海市文物保管委员会：《上海福泉山良渚文化墓葬》，《考古》1984 年第 2 期。

　　⑥ 南京博物院：《1982 年江苏武进寺墩遗址的发掘》，《考古》1984 年第 2 期。

3. 古代文明形成、国家建立与古代都城出现

新石器时代晚期随着"邦国"的形成，作为其政治中心的"城"亦随之出现。据文献记载，"国"要比"邦"的规模小①，"国"与"城"同义，因此《国语·周语》载："国有班事，县有序民。"《注》曰："国，城邑也。"《史记》卷一《五帝本纪》云：舜"一年而所居成聚，二年成邑，三年成都。"按照这一记载，在三代之前的"五帝时代"，也就是学术界现在一般所说的新石器时代晚期，当时的社会组织形态已经存在"聚""邑""都"三级。"聚"即村落，汉代"县"之下为"乡"，乡之下为"聚"。这在当时的社会教育机构上也有明确反映与记载，汉平帝元始三年，王莽曾提出郡设立"学"，县设立"校"，乡设立"庠"，聚设立"序"②。"聚"作为社会基层组织，先秦时代已存在，因此商鞅变法才有"并诸小乡聚，集为大县"之说③。"邑"与"都"均为"城"，按照《左传·庄公二十八年》记载："凡是有宗庙先君之主曰都，无曰邑。"我认为，"都"与"邑"除上述区别之外，二者的规模大小、社会管理机构多少也会有所不同。鉴于目前新石器时代晚期的城址大多仅为考古调查或少量试掘，缺乏对城址的整体认识与深入了解，因此就现有的史前城址，判断哪些城址属于"邑"或"都"，条件还不成熟，还需要更多的考古发现与相应的研究才有望作出进一步的探索。尽管如此，已有的史前城址考古资料说明，它们确实存在着规模的大小与规格的高低，像文献记载的那样分成"都"与"邑"的两级"城制"是可能的，"都"与"邑"对应"邦"与"国"，这有可能是"前王国时期"的两级社会形态。

从"城"到"都城"的发展，应该是与从"邦国"到"王国"的发展相一致的，简言之，也可以说这是与古代文明形成、国家出现历史过程相统一的。

---

① 《周礼·天官·太宰》："以佐王治邦国。"《注》："大曰邦，小曰国。"

② 《汉书》卷十二《平帝纪》：元始三年，王莽奏"立官稷及学官。郡国曰学，县、道、邑、侯国曰校。校、学置经师一人。乡曰庠，聚曰序"。张晏注曰："聚，邑落名也。"师古注曰："聚小于乡。"

③ 《史记》卷五《秦本纪》之《正义》载："万二千五百家为乡。聚犹村落之类也。"

4. 中国古代都城、城的等级与王国、帝国的社会政治架构

随着王国的出现，都城也就产生了。古代都城是王国、帝国的政治中心，王国与帝国时代的城一般是相应区域的政治中心。通过对都城及其同时代的其他城的考古学研究，我们可以进一步认识当时的国家政治架构、社会形态。

学术界目前一般认为二里头文化属于夏王朝的考古学文化，历史文献记载夏王朝是中国古代历史上的第一个王国，二里头遗址被认为是夏王朝的都城遗址。从已发现的考古资料来看，就城址规模之大、建筑遗迹与出土遗物反映的规格之高、与其后的古代都城遗址布局形制关系之密切，目前还没有任何一座史前时期城址可与二里头遗址相比。属于二里头文化分布区及其附近地域，考古发现的二里头文化城址或与之时代相同的城址，从城址规模、规格等方面综合来看，亦未见出其右者。

王国都城遗址与史前城址的区别在于：王国都城有集中的宫庙区，在其周围筑有夯土墙，形成宫城，其平面一般为规整的长方形或方形。宫城中的宫庙主体建筑平面形制，一般为长方形，也有方形的。宫城周围及附近有铸铜、玉石制作等官手工业作坊，还有一些贵族居址与墓葬。在王国的宫城之外大多围筑有郭城（或称为大城）。二里头遗址已发现宫城遗址，在其外围是否还存在大城或郭城遗址，还需要进一步的考古工作去究明。但是，现在我们已经可以看到，二里头遗址的宫城遗址之中布满宫殿建筑群遗址，其中没有"民居"遗址，也不可能安排"民居"，它的"城以卫君"性质是十分清楚的。宫城之外的大量官手工业作坊遗址及贵族宅邸与一般居址，说明他们是服务于宫城主人的"民"，也就是居住于郭城中的"民"。迄今为止，考古发现的史前城址，没有一座具有上述所说的二里头遗址的都城布局形制及其文化内涵。史前城址之中，虽然有的发现夯土基址的存在，但是从这些基址规模与平面形制来看，与二里头遗址中的宫庙建筑遗址相去甚远。在已发现的史前城址之中，还存在不少一般居址建筑遗迹，这在王国都城的宫城之中是不存在的。就二里头遗址与史前城址出土遗物比较，我们可以看到：前者出土了青铜礼器和兵器等，这是古代王国重要职能"祀"与"戎"的物化载体；后者有的也出土了一些金属器，但它们一般为简单的饰物或小型工具，这些不属于"祀"与"戎"的物

化载体。

考古资料与文献记载使我们注意到，不但王国时代的都城与"邦国"时代的"城"有着明显的不同，作为不同区域政治中心的"城"的分级多少，二者也不一样。如果说"邦国"时代是两级"城制"，那么"王国"时代就是三级"城制"了。《周礼·考工记·匠人》记载，先秦时期"城"分为三级，第一级王城，即王国都城；第二级诸侯城，即诸侯封国都城；第三级"都"，即宗室和卿大夫采邑。这种三级城制，在建筑上的反映是不同等级的"城"之规模不同，它们包括建筑的大小、高低、数量多少不等，按级别递减。《左传·庄公十八年》云："名位不同，礼亦异数。"先秦时代的王国都城（即王城）与诸侯王国都城、卿大夫城邑的三级城制，反映了这样的情况。贺业钜先生根据《周礼·考工记·匠人·营国》记载的"三级城邑的礼制营建制度量的级差"，提出了礼制营建制度的"营建等级制"，并指出它们的级差"是用一组以二为公差的等差级数"①，这在汉代文献中也得到了佐证②。上述的城制等级设计，目前在先秦时期城址考古中还没有得到全面佐证。尽管如此，我们根据已有的考古资料和相关文献记载，还是可以看出先秦时期城市的规模确有不同，而导致这种现象的原因，就是王国社会形态的国王、诸侯王、卿大夫三级社会管理，形成三级社会政治管理中心的存在，王国都城、诸侯国都城与卿大夫城邑就是这种三级社会形态的反映。"城"作为管辖区域的大小不同、人口多少不同、地理环境不同等，而形成以"城"为代表的区域经济、军事作用、政治地位的不同，这也就决定了"城"的规模不同、等级不一。

春秋战国时期，王国中央政权的削弱，诸侯王国势力的扩大，东周王朝都城与战国时代几个主要诸侯国都城的规模、规格均发生了重大变化，如东周王城遗址面积约 9 平方公里、秦雍城遗址面积约 10 平方公里、楚纪南城遗址面积约 16 平方公里、齐临淄城遗址面积约 24.4 平方公里、燕下都东城遗址面积 18 平方公里（燕下都总面积 30 平方公里）、赵邯郸城遗址（大城）面积约 13.8 平方公里等。东周王城与诸侯国都城出现的上

---

① 贺业钜：《考工记营国制度研究》，中国建筑工业出版社 1985 年版，第 27 页。
② 《汉书》卷七十三《韦贤传》载："自上以下，降杀以两，礼也。"

述情况，一方面恰恰是当时"挟天子以令诸侯"政治局面在都城建筑上的反映；另一方面，同为战国时代诸侯国都城，其规模也有较大差别。在战国时代各诸侯国都城之外，还有一类似《周礼·考工记》所说的"都"（即宗室和卿大夫采邑），或即县治之城。但是这方面的考古工作开展得甚少，鉴于考古资料的不足，目前还难以进行深入研究。

古代都城随着王国被帝国的代替，帝国管辖领域的扩大，政府职能的增多，地缘政治加强导致的社会统治、管理机制的变化，社会政治架构更趋扩大化、复杂化，为适应从王国到帝国时代社会形态的历史发展变化，帝国国家形成了更为多级的城市架构。

秦汉王朝是统一的中央集权帝国，全国各地有许多不同规模的城市，除了秦代都城咸阳城、汉代都城长安与雒阳之外，按照郡县制的行政管理区划，形成从大到小、不同等级的区域政治统治中心、经济管理中心、文化礼仪活动中心。一般来说，这些"中心"就是全国各地的郡治、县治及一些乡治所在的"城"。汉高祖建立西汉王朝伊始，"令天下县邑城"①。这些城大多是当时的郡治或县治所在地。不论是都城还是郡治、县治所在地的城，它们的共同特点都是作为政治性建筑而存在。都城的代表性建筑是宫殿、宗庙等皇室建筑群及都城附近的帝王陵寝建筑，郡治和县治所在地城的代表性建筑是官衙、庙社等官方建筑等。上述建筑在各自城之中均占据重要位置，属于各自城的主体建筑。秦汉时代全国各地形成的由大到小的城（都城、郡治城、县治城、个别乡级城）的建筑群，实际上是秦汉帝国郡县制政治架构的反映。西汉王朝都城长安城城内约2/3地方为宫殿、官署等建筑，都城南郊有大面积宗庙、社稷、辟雍等礼制建筑遗址，都城北部和东南部是帝陵陵区。东汉都城雒阳城内主要为宫殿和官署建筑，礼制建筑在都城南郊，帝陵位于都城附近。汉代的诸侯王国都城、郡治城和县治城的考古发现说明，从城的规模上看，诸侯王国都城小于帝国都城，郡治城小于重要的诸侯王国都城，县治城小于郡治城。如西汉齐王国都城临淄城周长17000米、西汉赵王国都城邯郸城周长16600米，二城规模均小于汉长安城；汉代郡治城中，如济南郡治东平陵城周长约7600

---

① 《汉书》卷一（下）《高帝纪》（下），第59页。

米，它小于上述诸侯王国都城；大多数汉代县城周长2500—6000米，它们一般小于郡治之城。就是在同一级城中，由于各个城的政治地位不同，其建筑规模也不尽相同①。汉代以后至明清时代，中国古代城市建筑设计思想中，仍然被严格的政治等级制度所制约。魏晋南北朝时期除都城之外，地方上又分为州、郡、县三级城制。一般来说，上述三级"城"逐级变小。这些城大多为双重城，即外城和内城，或称大城和小城，这种城的形制，是与其城的功能相一致的。隋唐时代的城址研究揭示，除了长安城和洛阳城与地方城有着明显的等级差别之外，地方城中也有一定的等级制度，就城的面积而言，有十六个坊、四个坊和一个坊等不同面积的城，一般大的州城十六个坊、中等州城四个坊、小型州城和县城一个坊的面积②。从魏晋南北朝时期的洛阳城、邺城、六朝故都南京城及隋唐时期的长安城和洛阳城，到宋元明清时期的北宋开封城、元大都和明清北京城等都城，与同时期的州、府城比较，都城建筑都是当时规模最大、规格最高的城。形成这种情况的主要原因，在于中国古代大多数城的主要社会功能，是作为国家或某一地区政治中心，不同的政治地位而形成不同等级规模的城市。

　　城门是其"门面"，可以说是城的标志性建筑。城门及其门道数量的多少也体现着"城"的等级，都城、郡治之城、县城或其他城的城门数量及其门道多少是各不相同的。自汉代以来，都城一般设十二座城门，每面城墙置三座城门，每座城门三个门道。有的宫城、内城（皇城）正门亦设置三个门道，甚或五个门道。如已经考古发掘的汉长安城宣平门遗址、霸城门遗址、西安门遗址和直城门遗址，北魏洛阳城宫城正门——阊阖门遗址、可能为邺南城内城正门的朱明门遗址、唐长安城皇城的含光门遗址、隋唐洛阳城外郭城正门——定鼎门遗址和宫城正门——应天门遗址等均为三个门道，唐长安城外郭城正门——明德门遗址和大明宫正门——丹凤门遗址均为五个门道。其他城市一般设四座城门（个别有八座城门），每面

　　① 刘庆柱：《汉代城址的考古发现与研究》，《古代都城与帝陵考古学研究》，科学出版社2000年版。

　　② 宿白：《隋唐城制类型初探（提纲）》，《纪念北京大学考古专业三十周年论文集》（1952—1982），文物出版社1990年版。

城墙各辟一座城门（个别有两座城门）。

（三）"单城制""双城制""三城制"与社会形态变化的考古学研究

1. "单城制"与"邦国""方国"的社会形态研究

史前社会的发展，出现了聚落，聚落之中有居民的居室建筑，还有居民公共活动的"大房子"、广场等建筑设施，这些设施是服务于全体居民的，因此聚落中的"大房子"、广场都是开放型的。为了部落、氏族成员活动方便，"大房子"和广场大多修建于聚落居址之中。在史前社会晚期，出现了部落酋长、氏族首领处理"公务"和私人生活的"大房子"，这种"公务"管理活动的对象应属于"血缘系统"内部的。如甘肃大地湾F901，可能是最早的宫殿雏形，具有了后期宫殿建筑的某些功能。尽管如此，这种"大房子"还没有形成大型夯土基址"建筑群"，"大房子"周围也没有修筑墙垣，它不应是"地缘政治"管理社会活动的平台，因此说这样的史前时期聚落还不是"城"。尽管这些聚落有的在其周围挖掘了壕沟或修筑了围墙，但是其目的是为了聚落全体成员的共同安全。随着人类从"野蛮"社会向"文明"社会发展，出现了传说或文献记载的"邦国"或"方国"，它们可能具有了国家的雏形。"城"伴随着"邦国""方国"时代的到来，作为其行政管理"中枢"平台的建筑形式而出现。这种"城"不同于史前时期有"围墙"的聚落和军事"城堡"，前者"围墙"之中居住着居民，有的学者将这类"城"称为"乡村城堡"，并认为它们"与一般的乡村聚落没有太大的差别"①；后者则是军事设施，内蒙古中南部的不少史前城址可能多属于这类城址。

关于史前城址的形制，钱耀鹏先生将其分为三种类型："单体一重式"，即本文所说的"单城制"；"双体一重式"和"内外二重式"，也就是本文所说的"双城制"。他认为史前城址的上述三种城址类型，以"单体一重式最为常见"②，这种论断是客观的，也就是说，"单城制"在史前城址占有主导地位。"双体一重式"的城址，如王城岗城址存在的东城与西城，一种看法认为它们是不同时期的城址，二者时代上有着先后不同，

①　钱耀鹏：《中国史前城址与文明起源研究》，西北大学出版社 2001 年版，第 188 页。

②　同上书，第 294 页。

东城被河水冲毁以后才建起西城；又有一说，西城最初是"仓城"，东城毁后，西城又有了一些大型建筑。上述任何一种说法，都不能说西城与东城是作为宫城与郭城的关系。关于"内外二重式"史前城址，见诸已经发表的考古资料主要有藤花落城址、边线王城址、丁公城址、芒城城址、双河城址等。它们之中有的大城与小城不是同时期所建，如边线王城址、丁公城址等；有的城址仅仅限于调查，有待进一步开展考古工作，如芒城城址、双河城址等；在"内外二重式"史前城址中的个别城址，如藤花落城址的大城与小城现象十分重要，后期的"双城制"可能与其不无关系①，但是这种形制的史前城址，目前所知为数甚少。可以说，史前城址的主体城址形制是"单城制"。史前城址的"单城制"（即上述所说的"单体一重式"城址）与新石器时代晚期"方国""邦国"是相伴而生的历史产物，这种"城"实质上是最早的"宫城"，或者可以说"城"是作为"宫城"首先出现的。它们"比较普遍存在有夯土高台建筑"，"史前城址虽普遍偏小，却具有宫城性质"②。

2. "双城制"与"王国"社会形态的研究

作为基本属于"宫城"性质与职能的"单城制"的史前城址（即"早期城市"），随着方国、邦国时代地域的扩大、人口的增加、经济的发展，方国、邦国之间的进一步联合、兼并而形成"王国"。作为方国、邦国"单城制"的"城"，已不适应作为王国政治统治中心、经济管理中心、军事指挥中心、文化礼仪活动中心——"都城"的需要。这时因为王国政权机构的增加，与之相应的是统治集团需要更多的生产、生活服务人员。仅仅用于"卫君"的"城"已不适应都城的要求，于是在"城"之外又修建了"郭"，"郭以居民"，这些"民"是为王室统治"服务"的人员，他们不是从事商品生产的手工业者，也不是自给自足的农业生产者。郭城的出现不是经济发展的直接产物，郭城是作为政治中心的宫城"政治"发展的需要而出现的。二里头遗址的宫城遗址周围分布有大量与"王室"活动相关的遗存，如宫城周围有贵族居住区，其中还有一些中型墓

---

① 林留根等：《藤花落遗址聚落考古取得重大收获》，《中国文物报》2000年6月25日。

② 钱耀鹏：《中国史前城址与文明起源研究》，西北大学出版社2001年版，第294页。

葬。大型铸铜作坊区位于宫城南部 200 余米处，铸铜作坊区与宫城之间有绿松石制造作坊遗址。宫城北部、西北部"集中分布着一些可能与宗教祭祀有关的建筑和其他遗迹。主要包括圆形的地面建筑和长方形的半地穴建筑及附属于这些建筑的墓葬"①。目前，关于二里头遗址的宫城周围重要遗址、遗迹外围还未发现"郭城"（"外郭城"）或"大城"遗迹，这可能一是当时已存在"郭城"（"外郭城"）或"大城"，不过我们至今还未发现；二是当时的"郭城"（"外郭城"）或"大城"已被毁坏无存；三是可能当时就没有构筑（"郭城"）"外郭城"或"大城"。如若属于前二者，自然说明进入王国时代，王国都城已为"双城制"，并非史前城址流行的"单城制"。如若属于最后的情况，我认为作为王国都城的二里头遗址，其宫城周围分布着那么多的重要遗存，它们已经具备了"郭城"（"外郭城"）或"大城"的物质文化内涵，只是因为"物质文化"相对"政治文化"变化的"滞后性"，形成了王国出现与都城"双城制"取代"单城制"不是"同步"的现象。这种情况，在"帝国时代"也曾出现，后面还将详细讨论这个问题。

继二里头遗址之后的早期商代都城，如偃师商城与郑州商城，其考古资料已证明，这时已经是相当成熟的"双城制"都城了。近年来，有的学者提出偃师商城、郑州商城已是"三城制"都城。我注意到关于偃师商城的相关考古简报、报告和研究论文中，涉及偃师商城的布局，经常使用"大城""小城"与"宫城"的专用学术术语。这可能是造成偃师商城"三城制"说法的原因。在中国古代都城研究中，学术界约定俗成的"大城"是与"小城"对应的，"宫城"与"郭城"（或称"外郭城"）或"宫城"与"内城"（后来称"皇城"）、"郭城"（或称"外郭城"）对应的，传统所说的"小城"实际上是"宫城"。偃师商城遗址的考古研究人员所说的"小城"，是偃师商城的早期"郭城"（"外郭城"），他们所说的"大城"实际上是偃师商城的晚期"郭城"（"外郭城"）或称晚期

———————

① A. 中国社会科学院考古研究所二里头工作队：《河南偃师市二里头遗址宫城及宫殿区外围道路的勘察与发掘》，《考古》2004 年第 11 期。B. 许宏、陈国梁、赵海涛：《二里头遗址聚落系统的初步考察》，《考古》2004 年第 11 期。

"大城"。偃师商城早期是宫城之外围筑了他们所称的"小城"，偃师商城的发展是"小城"废弃，营建了"大城"，原来的宫城仍在"大城"之中，这在他们的相关考古简报、论文之中说得很清楚①。是还有学者认为，偃师商城的"大城"（"外郭城"）建成之后，"小城"仍然使用了一段时间②，是与实际的考古资料不一致的。

关于郑州商城遗址的都城布局，有的学者根据在"郑州市顺河路与顺河东街交叉口的西南侧"发现的二里岗下层时期的夯土墙，认为这"可能是郑州商城宫墙的一部分"，从而作出"估计郑州商城已明确分为外郭城、内城和宫城三部分"的论断③。金槐先生并不这样认为，他指出"内城（即郑州商城——引者注）的兴建及其用途，主要是为了奴隶主与贵族们在城内居住的安全"④。张国硕先生更为明确地提出"郑州商城内城主要为宫殿分布区"，"内城是专为商王、贵族建造的"，"具有'筑城以卫君'的性质"⑤。从目前考古资料来看，郑州商城还应该是属于"双城制"的都城。

安阳殷墟的洹北商城遗址，在大城之内，又发现了有可能是"小城"的线索。传统所说的洹河南岸的殷墟小屯宫庙区之外，多年来发现了为数众多的铸铜、制骨等官手工业作坊遗址，还有大量的居址，它们应为"服务"于小屯宫庙区的遗存。如果这一推断不误的话，当时在小屯宫庙区之外可能还存在着外郭城。

东周时代社会政治发展导致的国家机制复杂化，东周王朝与各诸侯国，以及诸侯国之间政治关系的激化，"挟天子以令诸侯"的政治局面出现，这些都引起当时各诸侯国都城布局形制的变化。总体来看，东周时代都城虽然仍保持着"双城制"，但是较前已多有所发展。这时的"双城制"都城基本上有三种类型：第一种为大小二城相套，延续了商代都城的

　　① 王学荣：《偃师商城布局的探索和思考》，《考古》1999 年第 2 期。

　　② 张国硕：《夏商时代都城制度研究》，河南人民出版社 2001 年版，第 151—152 页。

　　③ 郑州市文物考古研究所：《二十世纪郑州考古》，香港国际出版社 2004 年版，第 214 页。

　　④ 安金槐：《试论郑州商城的地理位置与布局》，《中国商文化国际学术讨论会论文集》，中国大百科全书出版社 1998 年版，第 84 页。

　　⑤ 张国硕：《夏商时代都城制度研究》，河南人民出版社 2001 年版，第 138 页。

形制；第二种为郭城与宫城的二城相邻或相连；第三种是在第二种类型的基础之上，其中一城又为大城与小城相套，另一城作为前一城附属的城（即"附郭"）。第一种如东周王城、秦咸阳城、魏安邑城、曲阜鲁城、楚纪南城等，第二种如齐临淄城、赵邯郸城等，第三种如郑韩故城、燕下都等。特别需要我们注意的是，这时有的都城之宫城（或小城），从单独一座宫城向多座宫城发展，如秦咸阳城在城内有咸阳宫（又称"北宫"），于都城毗邻的"渭南"又营建"南宫""兴乐宫"等；赵邯郸城的小城由西城、东城和北城三座各自独立的城组成。这可能反映了当时国家统治集团政治势力组合上的变化。

3. "三城制"与"帝国"时代社会形态的研究

关于中国古代都城的"三城制"（即宫城、内城或皇城、外郭城）的出现时间，学术界目前还有不同观点。如前所述，有的学者甚至提出郑州商城就是由外郭城、内城和宫城组成的都城①。认为，都城由"双城制"发展为"三城制"，是国家社会形态的变化在国家政治中心——都城的布局形制方面的反映，是王国的王室政治发展为帝国的皇室与中央集权的统一国家政府的结果。帝国时代，作为王室政治活动平台的"宫城"（或称"小城"），由皇室政治活动平台的宫城和中央政府政治活动平台的"内城"（或称"皇城"）所代替。

中国古代历史的帝国时代，以秦始皇建立统一的中央集权国家——秦王朝为开端。尽管秦始皇结束了中国历史上的王国时代，开创了帝国时代，但是秦帝国的都城咸阳是公元前 350 年秦孝公迁都始建的，一直沿用至秦始皇统一六国、建立秦帝国。咸阳作为都城的基本布局形制，在战国时代中晚期已奠定。秦始皇建立秦帝国以后，为了巩固统一的中央集权国家，采取了许多政治、经济、文化等方面的重大措施，但是都城布局形制并没有立即进行改变，到了他的晚年，才决定在"渭南"营建新的都城之大朝正殿——阿房宫前殿，这项工程还没建成，秦始皇就死去，秦王朝也就随之迅速崩溃。因此，作为从王国发展为帝国的同一都城——秦咸阳城，其布局形制基本保持着战国时代的特点，并未发生

---

① 郑州市文物考古研究所：《二十世纪郑州考古》，香港国际出版社 2004 年版，第 214 页。

重大变化，它与当时社会形态的变化显现出都城建筑作为"文化"变化上的"滞后性"。

　　相对秦帝国而言，西汉初年"黄老思想"主导下的"无为而治""休养生息"，统治者采取了一些政治上的"复古""让步"的做法，在继承秦帝国郡县制的政体情况下，又推行了王国时代分封诸侯王的政策。诸侯王国实际上是个小型"帝国"，其"制同京师"。西汉王朝定都长安，长安在秦代实际上是秦都咸阳的一部分，汉长安城的皇宫大朝正殿——前殿建于秦国和秦王朝的章台之上，长乐宫实际上是在秦兴乐宫基础之上改建的。经过近半个世纪的考古工作，汉长安城的布局形制已基本究明，汉长安城作为"大城"或"郭城"，其中有"宫城"——未央宫，还有长乐宫、北宫、桂宫等"亚宫城"。就郭城之中包括宫城而言，这还是属于"双城制"都城。有的学者认为，现在所说的汉长安城为"内城"，或称"扩大的宫城"，汉长安城之外还有"外郭城"，就是说汉长安城是由宫城、内城与外郭城组成[1]。我认为这一说法，已为汉长安城及其附近的越来越多的考古新发现所否定[2]。

　　秦汉时代，作为国家的社会形态已由先秦时期的王国政体进入帝国政体，而其都城的形制基本上仍属于王国时代的"双城制"都城，其原因在于，都城建筑作为一种物质文化，虽然受到政治的影响与制约，但是二者的变化不是同步的，一般来说物质文化相对政治的变化是滞后的。正是由于都城布局形制变化相对国家政体及其社会形态发展的滞后性，秦汉时代虽然已经确立了帝国政体的社会形态，但是作为帝国政治中心的都城，直到北魏洛阳城才真正形成了"三城制"都城。秦汉帝国的建立，庞大的中央政府建筑群，并没有在都城之中形成统一的区域，只是到了北魏洛阳城，在宫城之外、内城之中的中轴线东西两侧才形成了较为集中的中央政府机构建筑群，到了隋大兴城、唐长安城又进一步发展为中央政府机构建筑群的专用区域——皇城。北魏洛阳城的"三城

　　① 杨宽：《中国古代都城制度史研究》，上海古籍出版社 1993 年版，第 114—119 页。
　　② 刘庆柱：《汉长安城布局结构辨析——与杨宽先生商榷》，《考古》1987 年第 10 期；《再论汉长安城布局结构及其相关问题——答杨宽先生》，《考古》1992 年第 7 期。

制"都城形制出现以后，一直为以后历代封建王朝都城所遵循，与中国古代封建社会相始终。

秦始皇建立的统一的中央集权封建帝国，有着庞大的国家机器，它们的政治活动平台，当时安排在宫城与郭城之中，而郭城之内还有诸如官手工业作坊、市场、达官显贵宅邸、市民里居等，这种"官"与"民"的杂处状况，显然不利于中央政府的统治与管理。但是这种现状一直延续到东汉雒阳城。如东汉王朝的太尉府、司徒府、司空府等中央政府的最高行政机构，均分布在都城之中、南宫以东的地方。都城之内还有市场——"金市"、步广里与永和里等里居。这种都城布局形制到北魏洛阳城发生了根本性变化，宫城之外围筑内城，内城之中以中央官署为主，如左卫府、右卫府、司徒府、太尉府、司空府、国子学、将作曹、宗正寺、御史台、武库等，此外还有太庙、太社、太仓、永宁寺等重要建筑。市场已不在内城，安排到郭城之中。隋唐两京的长安城与洛阳城的中央官署、宗庙社稷等均分布在皇城（即"内城"）之中。"三城制"都城反映了帝国与王国的社会形态的不同，即中央集权的封建帝国对国家的统治与管理，通过中央政府行政机构去进行，内城是其进行对国家统治、管理的政治平台；皇室所在的宫城，是作为"国家元首"的政治中枢；郭城则是维系都城作为国家政治统治中心、经济管理中心、军事指挥中心、文化礼仪活动中心正常运转的官、民活动与"服务"（为都城正常运转的各种相关"服务"工作）空间。"三城制"都城是与中央集权封建帝国都城的社会形态相一致的。

（四）古代都城宫庙建筑遗址考古发现及其所反映的社会形态变化的考古学研究

1. 关于古代都城宫殿建筑遗址的考古学研究

宫殿是国家政治活动的平台，是都城的核心建筑。杨鸿勋先生认为："宫殿建筑是王（皇）权的象征。不论对哪个国家来说，宫殿都是一种特殊的建筑。……在中国，它集中体现了古代宗法观念、礼制秩序及文化传统的大成，没有任何一种建筑可以比它更能说明当时社会的主导思想、历史和传统。……因而宫殿建筑最能反映当时社会本质的建筑。通过对宫殿建筑历史的了解，可以生动地了解古代社会的主导思想意识和形态的发展。"①

当然，作为一种重要的建筑，宫殿也是历史发展的产物。早在宫殿出现之前的史前时代，在一些重要的聚落遗址中就发现了"大房子"遗迹，如西安半坡遗址F1，分为东西两部分，东部（即大房子的前部）似为庭堂，西部（即大房子后部）可能是用于休息的居室。有的学者认为，这应是目前我们所知道的最早一座具有"前堂后室"功能的建筑②。这种大房子已不只是作为聚落之中成员的公共活动场所，它很可能还是聚落首领社会活动与生活的地方（图2—23）。再如，甘肃秦安大地湾聚落遗址发现的"大房子"F901，位于聚落南北中轴线上，坐北朝南，占地面积420平方米、室内面积126平方米。主室平面长方形，前墙辟门3座，如后世"三阶"，东西并列，正门居中。主室正门有外凸"门斗"，门前附属建筑为"轩"。东墙、西墙各辟一侧门。主室东西各一侧室，当为后世的"旁""夹"。北部为后室、南部为附属建筑。发掘者认为F901"已不是一般部落的公共建筑，而应是举行大型祭祀、议事活动的大会堂"③。F901的"前堂后室"，左右置"旁""夹"，堂设"三阶"，门前临"轩"，已成为中国古代宫殿最早的雏形，有的学者认为"夏后氏世室"就是由此发展而来④（图2—24）。

二里头遗址的宫城之中坐落有多座大型夯土建筑基址，它们应属于宫殿或宗庙一类建筑遗址。已进行考古发掘的第一、二、四、六、七号等大型夯土建筑基址，其平面大多为长方形。这是目前我们通过考古发掘可以确认的、时代最早的中国古代宫殿（或宗庙、门阙）建筑基址，其中以第一、二号建筑基址最为完整、重要，据此看出中国古代宫殿建筑的发展变化及其一脉相承的基本特点：长方形的宫殿基址，宫殿南部的登堂台阶，宫殿南面的大型庭院，三门道或"一门四塾""一门二塾"的宫殿庭院正

① 杨鸿勋：《宫殿考古学通论》，紫禁城出版社2001年版，第3页。

② 同上书，第5页。

③ A. 甘肃省文物工作队：《甘肃秦安大地湾901号房址发掘简报》，《文物》1986年第2期。B. 郎树德：《甘肃秦安县大地湾遗址聚落形态及其演变》，《考古》2003年第6期。

④ 杨鸿勋：《宫殿考古通论》，紫禁城出版社2001年版，第20—22页。

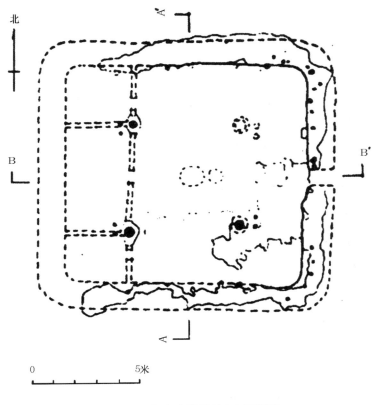

图 2—23　西安半坡遗址 F1 平面图

门（南门），宫殿及其庭院坐北朝南的方向和建筑物的中轴理念等。这些成为中国古代宫殿建筑的文化基因，成为我们判断宫殿的基本因素。需要指出的是，早期宫殿与宗庙在建筑形制上是基本相同的，因此古代文献记载宫、庙不分，我认为所谓宫庙不分还是"形式上"的不分，其各自"功能"应该是不同的。

　　偃师商城宫城西部的宫殿院落，有南北排列的二号、三号、七号宫殿，它们是目前我们所知道的最早的、由多座宫殿组成、每座宫殿建筑功能不同的"前朝后寝"宫殿建筑群。而偃师二里头遗址中的"前朝后寝"宫殿建筑布局应是在同一座建筑中实现的。在宫殿建筑中，由同一宫殿的"前堂后室"结构，发展为多座宫殿形成一组"前朝后寝"宫殿

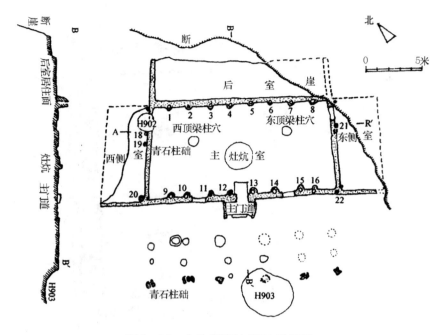

图 2—24 大地湾遗址 F901 平面图

建筑群，这应是早期国家都城之中宫殿建筑布局形制的重要发展与时代特点。偃师商城宫城宫殿院落建筑布局形制，在后来的湖北盘龙城商代城址中也有发现。盘龙城城址周长 1100 米，城内东北部地势最高，大型建筑基址集中分布在这一带，基本上南北排列，一号宫殿遗址南 13 米为二号宫殿遗址。一号宫殿基址东西 39.8 米、南北 12.3 米，二号宫殿基址东西 29.95 米、南北 12.7 米。有的学者根据一些遗迹推测，一号和二号宫殿之外，围筑有廊庑[1]。南北排列的二号与一号宫殿应该是"前朝后寝"的格局。

随着历史的发展、国家权力的加强，反映政治活动平台的宫殿规模也在扩大，已发现的安阳殷墟洹北商城面积约 4 平方公里，这是目前所知规模最大的商代都城。已发掘的安阳殷墟洹北商城的第一号宫殿遗址，是目

① 湖北省文物考古研究所：《盘龙城》（1963—1994 年考古发掘报告），文物出版社 2001 年版。

前已知商代规模最大的一座宫殿①。宫殿庭院东西 173 米、南北 85—91.5 米，面积 1.6 万平方米。殿堂基址南北 14.4 米、东西 90 米。

20 世纪 80 年代前期，在秦雍城遗址考古钻探发现的马家庄第三号建筑群遗址，南北长 326.5 米，南端东西宽 59.5 米，北端东西宽 86 米，面积 21849 平方米，位于都城中心部位。由南向北包括五进庭院，第一进庭院南北进深 52 米、东西宽 59.5 米；第二进庭院南北进深 49.5 米、北部南北宽 60.5 米，庭院东西置两厢；第三进庭院南北进深 82.5 米、北部东西宽 62.5 米，庭院中部置殿堂，殿堂基址东西 34 米、南北 17 米；第四进庭院南北进深 51 米、东西宽 70 米；第五进庭院南北进深 65 米、东西宽 86 米，庭院之内有三座大小、形制相同的建筑基址，各东西宽 22 米、南北进深 18 米，呈"品"字形分布于庭院之中。韩伟先生认为，这是秦国都城的"宫寝、朝廷之所在"②（图 2—25）。

战国时代流行高台宫殿建筑，其规模之高大、宏伟是前所未有的，如齐临淄城小城中的"桓公台"遗址，东西宽 70 米、南北长 86 米，残高 14 米；赵邯郸城的赵王城之西城中的"龙台"基址东西宽 264 米、南北长 296 米，残高 16 米；燕下都的"武阳台"基址东西长约 140 米、南北宽约 110 米，残高 10 米以上，此外还有"老姆台""路家台"等；秦咸阳宫第一号宫殿建筑遗址、秦阿房宫前殿遗址等，在中国古代宫殿建筑中均具有突出的重要学术意义；已经考古勘探、发掘的汉长安城未央宫前殿遗址和少府遗址、桂宫第一号宫殿建筑遗址等，唐长安城大明宫含元殿遗址、麟德殿遗址等，对于深入了解、认识中国古代宫殿建筑，均有重要科学意义。

单体建筑由"大房子"发展为"宫殿"；宫殿由单一殿堂中的"前堂后室"结构，发展为多座宫殿形成的"前朝后寝"建筑群格局，这反映了中国古代都城宫殿建筑发展的规律。

---

① 中国社会科学院考古研究所安阳工作队：《河南安阳市洹北商城的勘探与试掘》、《河南安阳市洹北商城宫殿区 1 号基址发掘简报》，《考古》2003 年第 5 期。

② A. 陕西省雍城考古队：《秦都雍城钻探试掘简报》，《考古与文物》1985 年第 2 期。B. 韩伟：《秦公朝寝钻探图考释》，《考古与文物》1985 年第 2 期。

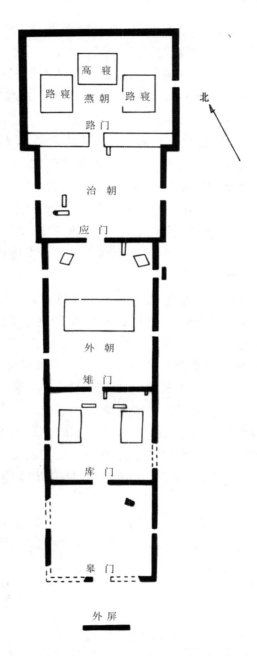

图2—25 秦雍城遗址马家庄第三号建筑遗址平面复原图

2. 关于古代都城宗庙建筑遗址的考古学研究

都城宗庙是"血缘政治"与"地缘政治"发展、结合的产物，宗庙与宫殿同为中国古代国家"二元政治"物化载体。根据考古发现与研究，学术界一般认为属于宗庙建筑遗址的有：二里头遗址第二号建筑遗址，偃师商城宫城的第四、五号建筑基址，周原遗址的云塘和齐镇建筑基址，雍城马家庄第一号建筑基址，汉景帝阳陵的"罗经石"建筑基址，汉杜陵第八号建筑遗址，汉长安城南郊礼制建筑遗址，南宋临安太庙遗址等。当然，见于古代文献记载的都城宗庙数量就很多了。

二里头遗址第二号建筑遗址范围东西 57.5—58 米、南北 72.8 米，周置廊庑，南庑中间辟门，南门置东西二塾，中为门道。主体建筑殿堂居北，殿堂与南门之间为庭院。殿堂基址东西 32 米、南北 12 米，庭院东西 45 米、南北 59.5 米①。

偃师商城宫城第四号建筑遗址范围东西 51 米、南北 32 米，周置廊庑，大门辟于南庑，西庑辟侧门。殿堂居北，坐北朝南。殿堂基址东西 36.5 米、南北 11.8 米，南部置四阶。殿堂与大门之间为庭院，庭院东西 16.3 米、南北 12.2 米②。第五号建筑基址形制与第四号建筑基址基本相同，殿堂基址在院落北部，东西 54 米、南北 14.6 米。殿堂以南为庭院，周置廊庑，南廊中央辟门，其规模要比第四号建筑基址大得多③。

陕西周原扶风云塘发掘的西周建筑群遗址，由三座建筑组成，其平面分布为"品"字形，外围筑墙垣。围墙南部中间置门塾。在云塘建筑遗址以东 52.4 米的齐镇发现另一组建筑，主体建筑 F4 东西长 23.8 米、南北宽 18.8 米，平面为"凹"字形，南部凹进，其前部亦置"U"字形卵石路，南北长 11.5 米。门塾 F9 东西长 13.6 米、南北宽 6.2 米。F4 东南部为 F7，南北长 20 米、东西宽 11.5 米。F4 西南部还应有一建筑。推测这

---

① 中国社会科学院考古研究所：《偃师二里头：1959—1978 年考古发掘报告》，中国大百科全书出版社 1999 年版。

② 中国社会科学院考古研究所河南二队：《1984 年春偃师尸乡沟商城宫殿遗址发掘简报》，《考古》1985 年第 4 期。

③ 中国社会科学院考古研究所河南二队：《河南偃师尸乡沟商城第五号宫殿基址发掘简报》，《考古》1988 年第 2 期。

组建筑群周围亦围筑墙垣①。上述两组建筑可能为西周的宗庙建筑遗址。

马家庄一号建筑遗址东西90米、南北84米，面积7500平方米。建筑群坐北朝南，周施围墙，南墙辟门，主体建筑居于北部中央。南部为庭院，其中发现祭祀坑181座，庭院东西对称分布附属建筑②。

汉景帝阳陵二号建筑遗址（又称"罗经石"建筑遗址）位于帝陵东南300米，建筑遗址平面方形，边长260米。外围壕沟，壕沟之内四角有曲尺形平面建筑遗址，壕沟四面中央各辟一门。围壕之内中央为主体建筑，平面方形，边长53.7米。建筑基址四面各辟3门道，门道地面按照门道所处方位，分别铺设象征东、西、南、北四方的"四神"纹饰空心砖，建筑物四面的铺地砖、墙壁、屋面均按东、南、西、北方位，分别涂有青、红、白、黑四种颜色③。二号建筑遗址应为阳陵陵庙建筑遗址。

在汉宣帝杜陵东北400米的杜陵第八号建筑遗址，东西73米、南北70米，遗址之中出土了不少四神纹空心砖，推测这应为杜陵陵庙遗址④。

汉长安城南郊礼制建筑群遗址中的宗庙建筑遗址，是目前考古发现最为全面、系统的中国古代宗庙建筑群遗址，包括12座宗庙建筑遗址，每座自成一个平面方形的院落，其中11座宗庙建筑院落围筑在一个边长1400米的方形大院落之中，每座院落边长270—280米。院落中央为主体建筑——庙堂基址，基址平面方形，边长55米，院落四角各有一曲尺形建筑遗址。院落四面中央各辟一门。在大院落南部间有一平面方形院落，边长274米，院落中央为主体庙堂建筑遗址，平面方形，边长100米⑤。

1995年发现的南宋临安城太庙遗址，清理了太庙建筑遗址的东围墙、东门遗址和庙堂建筑基址⑥。

从上述已经考古发掘的都城宗庙建筑遗址可以看出，早期的都城宗庙

①　周原考古队：《陕西扶风云塘、齐镇西周建筑遗址1999—2000年度发掘简报》，《考古》2002年第9期。

②　陕西省雍城考古队：《凤翔马家庄一号建筑群遗址发掘简报》，《文物》1985年第2期。

③　汉阳陵考古陈列馆：《汉阳陵考古陈列馆》，文物出版社2004年版，第76页。

④　中国社会科学院考古研究所：《汉杜陵陵园遗址》，科学出版社1993年版，第75页。

⑤　中国社会科学院考古研究所：《西汉礼制建筑遗址》，文物出版社2003年版，第7—9页。

⑥　杜正贤：《杭州发现南宋临安城太庙遗址》，《中国文物报》1995年12月31日。

建筑与宫殿建筑的平面形制基本相同，均为长方形。如二里头遗址宫城的第一号与第二号大型夯土建筑遗址，学术界一般认为前者为宫殿建筑基址，后者为宗庙建筑基址，二者殿堂建筑基址平面均为长方形；再如，偃师商城宫城的第二、三、七号与第四、五号建筑基址，近年有的学者研究认为前组属于朝寝宫殿建筑遗址，后组为宗庙建筑遗址，它们的殿堂建筑基址平面均为长方形。属于西周时代的周原遗址的云塘建筑群遗址，其单体建筑基址平面近方形，与之对应的宫殿建筑基址的情况目前还不清楚；春秋时期的雍城马家庄第一号与第三号建筑遗址，分别为宗庙与宫殿建筑遗址，前者殿堂单体建筑基址平面近方形，后者殿堂建筑基址平面为长方形。已考古发掘多座汉长安城宫殿建筑遗址与南郊礼制建筑的宗庙遗址，二者殿堂建筑基址平面不同，前者一般为长方形，后者为方形。西汉时代以后的都城宗庙建筑遗址的考古工作进行得很少，根据历史文献记载，其平面大多为长方形，如东晋建康的太庙[1]、唐长安城的太庙等[2]。都城宗庙殿堂平面由长方形发展为方形，又由方形"变回"长方形，后者反映了宗庙（包括寺院、道观建筑）的宫殿化（趋时性表现）。第一个时期，即夏商时代，都城宗庙与宫殿殿堂平面均为长方形时，这反映了宫殿与宗庙的"平等"时期，这是早期王国时代"地缘政治"与"血缘政治""对等"的社会形态的特点。第二个时期，即西周时代晚期至秦汉时代，都城宗庙殿堂平面由长方形变为近方形或方形，宫殿殿堂平面仍为长方形，宫殿与宗庙殿堂平面形制的变化，反映了二者所代表的"地缘政治"与"血缘政治"力量的消长。在这一时期的后段，即西汉时代的都城宗庙与明堂、辟雍、灵台、社稷等礼制建筑的主体建筑及帝陵和皇后陵的陵墓、陵园平面一般均为方形。从建筑形制上来看，似乎宗庙已"等同"于皇室其他礼制建筑和皇帝、皇后的陵寝建筑，"宫庙并列"已成为历史。西汉时代都城宗庙地位的下降，揭示出帝国时代初期，"地缘政治"强化与"血缘政治"衰落的社会形态特点。第三个时期，历史似乎又走了个"轮回"，都城宗庙殿堂平面又"回归"长方形，这不是"血缘政治"的"复兴"，而

---

[1]　《宋书》卷十六《礼志》。

[2]　傅熹年主编：《中国古代建筑史》第二卷，中国建筑工业出版社2001年版，第406页。

是宗庙"趋时性"的表现，反映了宗庙地位的进一步下降，宗庙成为皇权的附庸，这是帝国时代成熟时期的社会形态特点。

　　3. 关于古代都城宫庙布局形制与地缘政治和血缘政治关系的探讨

　　祭祀性建筑遗址在世界许多地方的史前时期已经存在，这些遗址的祭祀对象不尽相同，有自然神、图腾，也有祭祀者的祖先。在中国的史前时代考古发现，随着社会的发展，作为祖先崇拜物化形式的建筑（即王国时代已经出现的"宗庙"），在社会活动中的地位越来越重要，在社会生活中的作用越来越大，这可能反映了人们和社会对祖先祭祀超过了对自然神和图腾祭祀的重视程度。历史文献记载，王国时代都城宫室建设"宗庙为先"，这说明了当时人们对于宗庙的重视情况。在东西方古代文化中，在祭祀方面，中国古代突出祖先崇拜、宗庙祭祀，西方古代重视神庙祭祀，这是东西方古代文化的重要区别之一。"文明形成"、国家出现，折射出"血缘政治"与"地缘政治"势力的消长。作为国家统治者政治活动平台、"地缘政治"物化载体的宫殿建筑，这时至少已与本质上属于"血缘政治"物化载体的宗庙建筑"平起平坐"了。河南偃师二里头遗址已发掘的夏代都城的第一号与第二号宫庙院落建筑遗址，从其布局形制来看，它们各自形成的轴线，构成宫城的宫庙二元布局结构，折射出当时社会形态的"二元政治"特点。20世纪80—90年代以来发现的河南偃师商城遗址，为探讨都城之中宫庙建筑布局提供了新的考古资料。偃师商城遗址是商代早期都城遗址，大量考古工作揭示出这座都城遗址在建筑设计理念方面比夏代都城遗址——偃师二里头遗址更为复杂、成熟。偃师商城宫城之内的大型夯土建筑基址分成东西两组，东组建筑群包括南北排列的两座院落，北部为4号建筑基址[①]，南部为5号建筑基址[②]。西组建筑群在一南北排列3座大型夯土建筑的多进院落之中[③]。东组与西组院落布局结构的不

　　① 中国社会科学院考古研究所河南二队：《1984年春偃师尸乡沟商城宫殿遗址发掘简报》，《考古》1985年第4期。

　　② 中国社会科学院考古研究所河南第二工作队：《河南偃师尸乡沟商城第五号宫殿基址发掘简报》，《考古》1988年第2期。

　　③ 王学荣：《河南偃师商城遗址的考古发掘与研究》，《考古求知集》，中国社会科学出版社1997年版；《偃师商城"宫城"之新认识》，《中国商文化国际学术讨论会论文集》，中国大百科全书出版社1998年版。

同，反映了它们使用功能的差别，推测宫城东部与西部庭院应分别为宗庙和宫殿建筑①。如果这种推断不误的话，那么可以说商代早期作为地缘政治象征的宫殿与血缘政治象征的宗庙，继承了二里头遗址宫城中的宫殿与宗庙共存于宫城之中的传统。

西周时代的都城宫庙建筑遗址，目前还没有发现。作为西周时代重要都邑的"周原遗址"，位于其中心区的云塘和齐镇建筑群遗址的考古发掘至关重要。云塘遗址以西 900 米为西周凤雏建筑遗址，其东 500 米为召陈建筑遗址。凤雏建筑遗址由门塾、庭院、殿堂、后室和东西厢房组成，这应是一座宫殿院落建筑。② 召陈的西周建筑基址，其形制与凤雏的四合院式建筑不同，但其单体建筑规模较凤雏建筑基址要大③，至于这些建筑基址的功能，仅据现有考古资料还难以作出准确判断。对照凤雏甲组建筑遗址和召陈建筑遗址，云塘和齐镇建筑遗址群更具宗庙建筑特点④。

东周时代的陕西凤翔秦雍城遗址发现的东西并列的马家庄一号建筑基址与三号建筑基址，是目前研究先秦宫庙制度最为重要的考古资料。马家庄三号建筑遗址在一号建筑基址以西 500 米，应为宫殿建筑基址。⑤ 就目前考古资料来看，先秦时代都城的宫殿与宗庙主体建筑的形制结构（主要指二者殿堂基址平面）已有所不同，但是自二里头遗址宫城之中的宫殿与宗庙并列分布宫城之中的二元布局至东周时代仍然未变。

秦汉时代是从先秦时代的王国进入帝国的时代，王国政治与帝国政治的最大不同点是从血缘政治向地缘政治的进一步发展，在都城建筑中的突出表现是，宗庙地位的下降，主要表现在宫庙建筑形制的进一步改变及其在都城之中的分布位置变化。从建筑形制来看，宗庙已与一般礼制建筑形

---

① 杜金鹏、王学荣：《偃师商城近年考古工作要览——纪念偃师商城发现 20 周年》，《偃师商城研究》，科学出版社 2004 年版，第 7 页。

② 陕西周原考古队：《陕西岐山凤雏村西周建筑基址发掘简报》，《文物》1979 年第 10 期。

③ 陕西周原考古队：《扶风召陈西周建筑群基址发掘简报》，《文物》1981 年第 1 期。

④ A. 周原考古队：《陕西扶风云塘、齐镇西周建筑基址 1999—2000 年度发掘简报》，《考古》2002 年第 9 期。B. 徐良高、王巍：《陕西扶风云塘西周建筑基址的初步认识》，《考古》2002 年第 9 期。

⑤ 陕西省雍城考古队：《陕西雍城钻探试掘简报》，《考古与文物》1985 年第 2 期；《凤翔马家庄一号建筑群遗址发掘简报》，《文物》1985 年第 2 期。

制（包括明堂或辟雍、灵台、社稷等）基本相同或相近。宫庙分布位置发生了重大变化。历史文献记载，秦国的"先王庙或在西雍，或在咸阳"。咸阳的秦王室或皇室宗庙就是《史记》记载的"诸庙"，"诸庙及章台、上林皆在渭南"①。可见秦国或秦王朝在首都地区的宗庙不在秦咸阳城中，更不在咸阳宫内，而是分布在都城以外的渭河南岸②。西汉初年，汉高祖的"高庙"和汉惠帝庙均在汉长安城之内，二者分别位于宫城之外的未央宫东南部与长乐宫西南部③。西汉时代晚期，都城宗庙等礼制建筑多分布在汉长安城南郊④。先秦时代的宗庙与宫殿东西并列分布在都城之中的宫殿建筑区或宫城之内，秦汉时代都城的宗庙已从都城之中、宫城之内移至都城之外（西汉初年首先移至宫城之外），大朝正殿成为都城、宫城之中的唯一至尊建筑，宗庙位置的这种变化，是统一的中央集权帝国之下的地缘政治加强、血缘政治削弱在都城布局形制上的重要反映，是社会形态变化在都城设计建筑思想变化的重要体现。"矫枉过正"似乎是事物发展规律，中国古代历史从王国走向帝国的时候，在王国政治中发挥重要作用的血缘政治，被帝国时代的地缘政治所排挤，从二者的"平起平坐"到"主次分明"，从"宫庙并列"于宫城或宫殿区的中心地区，到宫殿（大朝正殿）位于宫城或都城中心位置，而宗庙被安置于都城之外。在帝国取代王国初期，上述宫庙布局位置变化正是上述政治发展规律的反映。

秦汉时代以后，魏明帝在洛阳城铜驼街附近建太庙⑤，西晋和北魏洛阳城、十六国后赵石虎邺城和东魏与北齐邺城的宗庙也均在都城之内、宫城之外。特别需要提出的是，北魏洛阳城的宗庙位于都城和内城（或皇城）之中、宫城之外，这一宗庙布局制度对以后历代影响深远。宗庙在都城的位置，在六朝故都有所不同，它们分布在都城南郊，似乎受到汉长安城南郊礼制建筑的影响。

---

① 《史记》卷六《秦始皇本纪》。
② 刘庆柱、李毓芳：《秦都咸阳"渭南"宫台庙苑考》，《秦汉论集》，陕西人民出版社 1992 年版。
③ 刘庆柱：《汉长安城的考古发现及相关问题研究》，《考古》1996 年第 10 期。
④ 中国科学院考古研究所汉城发掘队：《汉长安城南郊礼制建筑遗址发掘简报》，《考古》1960 年第 7 期。
⑤ 《水经注·谷水》。

　　作为中国古代中央集权帝国，地缘政治在其统治中越来越重要，都城的大朝正殿独处宫城的"居中""居前""居高"位置与地位①，决定着宫城与都城的轴线或中轴线，这充分体现出统一的中央集权封建帝国的皇权至上、皇帝至上的社会形态。但是封建社会最高统治者还是以"血缘政治"为据继承、维系其国家最高统治者的地位，由"宗庙"体现的"血缘政治"，确立了最高统治者在国家地位的政治合法性。然而尽管如此，宗庙在帝国时代还是从先秦时代都城的宫城或中心建筑区移至都城之外，这显然是以宗庙为象征的"血缘政治"的削弱，新的帝国时代社会形态发展与壮大的反映。

（《考古学报》2006 年第 3 期）

---

　　①　刘庆柱、李毓芳：《中国古代都城建筑的思想理念探索》，《西安市文物考古研究——西安市文物保护考古所成立十周年纪念》，陕西人民出版社 2004 年版，第 53—60 页。

中国古代都城建筑的思想理念探索

　　建筑是凝固的历史。作为建筑科学技术成就最高、人文思想理念最强、最具历史时代特点的代表性建筑——应为政治性、文化礼仪性建筑，它们主要是城、都城、宫城、宫殿、宗庙、寺院、帝王陵墓等，如果说古代西方以神庙为其建筑的杰出代表，那么在东方、在中国则尤以王室、皇室的都城、宫城、宫庙建筑最为突出。这些建筑作为国家、民族、政治与历史的象征，它们已蕴涵着丰富的时代哲学思想。

　　古代都城是古代国家的政治统治中心、文化礼仪活动中心、经济管理中心、军事指挥中心，是国家历史的"缩影"，正如王国维先生所说，"都邑者，政治与文化之标征"①。都城中的宫城则是国家的政治中枢，都城的宗庙、社稷、明堂、辟雍、灵台等建筑是体现国家主导意识形态的平台。帝王陵墓与陵寝建筑则是都城与宫城的缩影，所谓"世之为丘垄也，其高大若山，其树之若林，其设阙庭、为宫室、造宾阼也若都邑"②。这些标志性建筑的设计者，通过建筑的语汇，再现了建筑的哲学理念。我们所说的建筑语汇，也就是建筑的艺术，这种艺术往往通过建筑群的组合、分布，建筑形制、结构，建筑构件与装饰内容等，反映出建筑的艺术思想、哲学观念。在古代建筑中，尤以都城建筑群的布局形制最为集中凝聚了建筑的哲学思想与历史信息。

　　（一）从"聚落"到"城"的建筑发展所反映的"国家"出现思想

　　史前时期社会的发展，出现了以聚落为建筑单位的居民点，聚落之中以居民的居室建筑为主，还有居民的公共活动的"大房子"、"广场"等

---

①　王国维：《殷周制度论》，《王国维学术经典籍》（下集），江西人民出版社1997年版。
②　《吕氏春秋·安死篇》。

建筑设施，这些设施是服务于全体居民的，因此聚落中的"大房子"、"广场"都是开放型的。为了部落、氏族成员活动方便，"大房子"和"广场"大多修建于聚落中部。在史前末期，出现了个别"大房子"，变成部落酋长、氏族首领处理"公务"和私人生活的地方。如甘肃大地湾F901 就是这种"大房子"，有的学者认为这就是最早的宫殿雏形，具有了后期宫殿建筑的必备功能[①]。尽管如此，这种"大房子"还没有形成同类建筑的"建筑群"，"大房子"周围也没有修筑墙垣，因此说这样的史前时期聚落还不是"城"。这时为了聚落中全体居民的安全，在聚落周围挖掘了壕沟或修筑了围墙，这不是为了社会管理者或其社会活动平台——大型建筑安全营建的"城"。随着社会的发展，人类从"野蛮"社会进入"文明"社会，最早的国家出现，"城"作为一种新的建筑形式才在人类历史上诞生。这种"城"不同于史前时期有"围墙"的聚落和军事"城堡"，前者"围墙"之中居住着居民，后者"城堡"则是军事设施。"城"是政治中心，是统治者的政治活动平台。"城以卫君"，因此"城"是作为"大众"的对立物出现的，不是居民区的建筑物。"城"的建筑设计主要体现着上述建筑思想。已经考古勘探、发掘的河南偃师二里头遗址，在其中心地区发现了数十座大面积的夯土建筑基址，这些大多应为宫室建筑遗址，其周围可能围筑有墙垣，形成"宫城"。已经考古发掘的二里头遗址第一号、第二号宫殿建筑遗址是目前所知最早的都城宫殿建筑遗址。第一号宫殿建筑遗址周施围廊，东西 107 米、南北 101 米。南廊居中辟门，门道并列 3 条。宫殿台基东西 36 米、南北 25 米，宫殿与南门南北相距 70 米，其间为"庭"。第二号宫殿建筑遗址周施围墙，南北 72.8 米、东西 57.5—58 米，围墙之内东、西、南三面置廊，南面中央辟门，南门门道两侧置塾。殿堂基址东西 32.6—32.75 米、南北 12.4—12.75 米，面阔 3 间、进深 1 间。南门与殿堂之间为庭院，南北 56.5 米、东西 45 米[②]。上述宫殿、庭院建筑不同于史前时期聚落的"大房子"和广场，宫殿、庭院建筑

---

①　杨鸿勋：《宫殿考古学通论》，紫禁城出版社 2001 年版，第 20—22 页。

②　中国社会科学院考古研究所：《偃师二里头：1959—1978 年考古发掘报告》，中国大百科全书出版社 1999 年版。

是封闭的，"大房子"、广场是开放的。宫殿、庭院之外构筑围墙，围墙之上辟门，门两侧置塾，作为门卫守门之处。史前时期聚落的"大房子"、"广场"与一般居住房屋均在聚落环壕或围墙之中，"大房子"、"广场"不再另置围墙，这是因为它们的"开放性"决定的。偃师二里头遗址的两个宫殿建筑遗址之外又各置围墙形成独立院落，这是这些宫殿、庭院的"封闭性"特点所要求的。宫殿和南门南北相对，宫殿在院落北部中央，南门在院落南墙或南廊中央。这种"居中"的建筑设计理念，是建筑使用者的政治中心观念的体现。史前时期一般不存在某些人谋取或宣示其"政治中心"地位的需要，因此在其聚落中的"大房子"和广场建筑中就不会存在这种"居中"的设计思想。

　　早期国家的发展，政权机器的扩大，统治集团的增加，政府机构及其国家统治集团需要大量相应的生产、生活服务人员，仅仅用于"卫君"的"城"已不适应都城的要求，于是在"城"之外又修建了"郭"，"郭以居民"，这些"民"是相对城内的"君"而言的，他们是"服务"于"君"的。从现有考古资料来看，至迟到商代早期的都城已出现了郭城。属于商代早期都城的偃师商城，都城之中不但有宫城，宫城之外还有郭城。

　　偃师商城宫城西部的宫殿院落，由三座南北排列的宫殿和庭院组成，它们是目前我们所知道时代最早、由多座宫殿组成、每座宫殿建筑功能不同的"前朝后寝"宫殿建筑群。而偃师二里头遗址中的"前朝后寝"宫殿建筑布局应是在同一座建筑中实现的。在宫殿建筑中，由同一宫殿的"前堂后室"结构，发展为多座宫殿形成一组"前朝后寝"宫殿建筑群，这应是早期国家都城之中宫殿建筑布局形制的重要发展与时代特点。偃师商城宫城宫殿院落建筑布局形制，在后来的湖北盘龙城商代城址中也有发现。盘龙城城址周长 1100 米，城内东北部地势最高，大型建筑基址集中分布在这一带，基本上南北排列，一号宫殿遗址南 13 米为二号宫殿遗址。一号宫殿基址东西 39.8 米、南北 12.3 米，二号宫殿基址东西 29.95 米、南北 12.7 米。有的学者根据一些遗迹推测，一号和二号宫殿之外，围筑有廊庑[①]。南北排列的二号与一号宫殿应该是"前朝后寝"的格局。

---

① 湖北省文物考古研究所：《盘龙城：1963—1994 年考古发掘报告》，文物出版社 2001 年版。

随着历史发展、国家权力的加强，反映政权建设的都城及宫殿规模也在扩大，已发现的安阳殷墟洹北商城约470万平方米，这是目前所知规模最大的商代都城（图3—1）。已发掘的安阳殷墟洹北商城的第一号宫殿遗址，东西173米、南北85—91.5米，面积1.6万平方米，殿堂基址南北14.4米、东西90米。这是已知商代规模最大的一座宫殿[①]。可以看出，从史前时期进入文明时代，从聚落发展到"城"，最早的"城"实际上应该是"宫城"性质的"城"。以后又从"宫城"发展出"郭城"。单体建筑由"大房子"发展为"宫殿"；宫殿由单一殿堂中的"前堂后室"结构，发展为多座宫殿形成的"前朝后寝"建筑群格局。

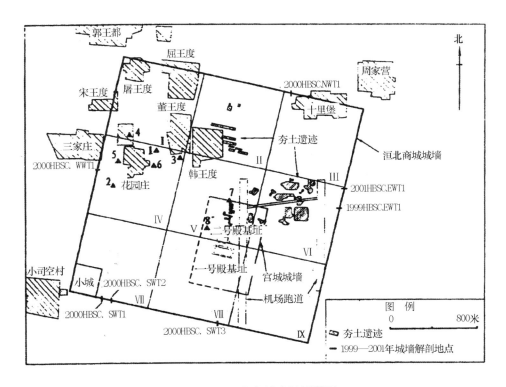

图3—1　洹北商城遗址平面图

①　中国社会科学院考古研究所安阳工作队：《河南安阳市洹北商城的勘探与试掘》、《河南安阳市洹北商城宫殿区1号基址发掘简报》，《考古》2003年第5期。

（二）都城宫庙建筑布局形制变化所反映的政权与族权、地缘政治与血缘政治变化思想（宫庙位置变化、宗庙形制变化）

祭祀性建筑遗址在世界许多地方的史前时期已经存在，这些遗址的祭祀对象不尽相同，有自然神、图腾，也有祖先。在中国史前时期，相对人们对自然神的崇拜，作为祖先崇拜物化形式的宗庙，在社会活动中的地位越来越重要，在社会生活中的作用越来越大，至少在国家出现前的最后时期，可能人们和社会对祖先祭祀超过了自然神和图腾祭祀的重视程度。我认为历史文献记载的都城宫室建设中，宗庙建设为先的原则，实际是对这个时期前后，社会关于宗庙认识的反映。在东西方古代文化对比研究中，我们可以发现，在祭祀文化方面，中国古代突出祖先崇拜、宗庙祭祀，西方古代重视神庙祭祀，这是东西古代文化的重要区别。"文明形成"、政权出现，作为国家统治者政治活动载体的宫殿建筑，这时至少已与宗庙建筑"平起平坐"了。河南偃师二里头遗址已发掘的夏代都城的第一号、第二号宫殿院落建筑遗址，是都城宫殿区中的部分宫殿院落，从其布局形制来看，它们的功能可能不同，不少学者研究认为这是分别属于宫殿与宗庙的建筑。20 世纪 80 年代以来发现的河南偃师商城遗址，为探讨都城之中宫庙建筑布局提供了新的考古资料。偃师商城遗址是商代早期都城遗址，大量考古工作揭示出这座都城遗址在建筑设计理念上比夏代都城遗址——偃师二里头遗址更为复杂、成熟。偃师商城的宫城遗址进行了全面考古发掘，宫城之内的宫殿基址由多座组成，分成东西对称分布的两组，每组宫殿群均是南北排列。东组宫殿群包括南北排列的两座宫殿院落，北部为 4 号建筑基址，主体建筑殿堂位于北部中央，殿堂基址东西长 36.5 米、南北宽 11.8 米。殿堂以南为庭院，东西长 16.3 米、南北宽 12.2 米。殿堂和庭院东、西、南三面修筑廊庑①。南部为 5 号建筑基址，殿堂基址在院落北部，东西长 54 米、南北宽 14.6 米。殿堂以南为庭院，周施廊庑，南廊中央辟门②。西

---

①　中国社会科学院考古研究所河南二队：《1984 年春偃师尸乡沟商城宫殿遗址发掘简报》，《考古》1985 年第 4 期。

②　中国社会科学院考古研究所河南第二工作队：《河南偃师尸乡沟商城第五号宫殿基址发掘简报》，《考古》1988 年第 2 期。

组宫殿群为一南北排列三座宫殿的多进院落①。东组与西组宫殿院落布局结构的不同，反映了它们使用功能的差别。东组与西组分布于宫城东部和西部，各占宫城一半面积，可能二者的"政治地位"是相近或相同的。我推测宫城东部与西部庭院，可能分别为宗庙和宫殿建筑。如果这种推断不误的话，那么可以说商代早期作为政权象征的宫殿与族权象征的宗庙已经共存于宫城之中，这对探讨以后都城之中的宫殿与宗庙布局变化有着重要意义。

　　就建筑形制而言，如果说夏商时代的都城之宫殿、宗庙区分还有待进一步开展考古工作去究明的话，那么西周时代的宫庙建筑应该说形制区别已比较明显。如陕西周原扶风云塘发掘的西周建筑群遗址，平面为"品"字形，由3座建筑组成，其外围筑墙垣。主体建筑F1南北16.5米、东西22米，平面为"凹"字形，F1南部中间凹进，辟2门。门前筑"U"字形卵石铺筑的道路，南北长13.1米，路宽1.2米。F1西南部和东南部分别为F2与F3，二者对称分布于"U"字形西、东两边。推测F2与F3形制、规模相近，以保存较好的F2为例，南北长11.4—11.6米、东西宽8.4—8.5米。围墙南部中间置门塾，其基址东西长12.84米、南北宽6.7米（图3—2）。在云塘建筑遗址以东52.4米的齐镇发现另一组建筑，主体建筑F4东西长23.8米、南北宽18.8米，平面为"凹"字形，南部凹进，其前部亦置"U"字形卵石路，南北长11.5米。门塾F9东西长13.6米、南北宽6.2米。F4东南部为F7，南北长20米、东西宽11.5米。F4西南部还应有一建筑。推测这组建筑群周围亦围筑墙垣②（图3—3）。上述两组建筑可能为西周的宗庙建筑遗址。这个建筑群在周原遗址中心区，其西900米为西周凤雏建筑遗址，其东500米为召陈建筑遗址。凤雏建筑遗址由门塾、庭院、殿堂、后室和东西厢房

---

① 王学荣：《河南偃师商城遗址的考古发掘与研究》，《考古求知集》，中国社会科学出版社1997年版；《偃师商城"宫城"之新认识》，《中国商文化国际学术讨论会论文集》，中国大百科全书出版社1998年版。

② 周原考古队：《陕西扶风云塘、齐镇西周建筑遗址1999—2000年度发掘简报》，《考古》2002年第9期。

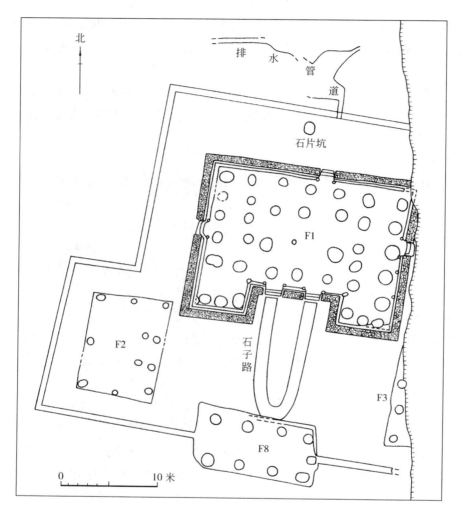

图 3—2 云塘建筑遗址平面图

组成，这应是一座宫殿院落建筑①（图 3—4）。召陈的西周建筑基址，其形制与凤雏的四合院式建筑不同，但其单体建筑规模较凤雏建筑基址要大②，至于这些建筑基址的功能，仅据现有考古资料还难以作出准确判断。

① 陕西周原考古队：《陕西岐山凤雏村西周建筑基址发掘简报》，《文物》1979 年第 10 期。
② 陕西周原考古队：《扶风召陈形制建筑群基址发掘简报》，《文物》1981 年第 1 期。

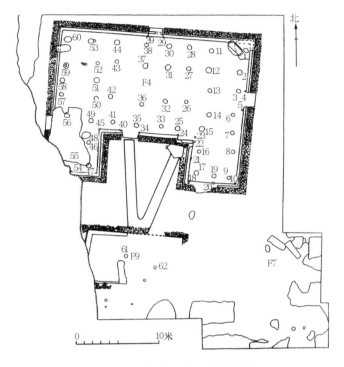

图 3—3　齐镇建筑遗址平面图

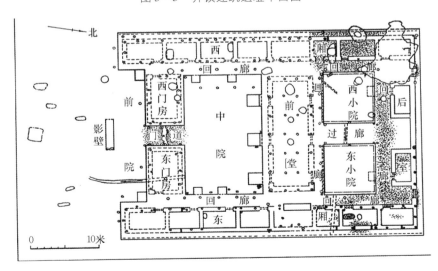

图 3—4　凤雏建筑遗址平面图

对照凤雏甲组建筑遗址和召陈建筑遗址，云塘和齐镇建筑群更具宗庙建筑特点①。东周时代的陕西凤翔秦雍城遗址发现的东西并列的马家庄一号建筑基址与三号建筑基址，是目前研究先秦宫庙制度最为重要的考古资料。马家庄一号建筑遗址进行了考古发掘，建筑遗址东西 90 米、南北 84 米，面积 7500 平方米。建筑群坐北朝南，周施围墙，南墙辟门，主体建筑居于北部中央。南部为庭院，其中发现祭祀坑 181 座，庭院东西对称分布附属建筑。这应属于宗庙一类建筑。马家庄三号建筑遗址在一号建筑基址以西 500 米，勘探究明，南北长 326.5 米，自南向北由五进院落组成。第一进院落南北长 52 米、东西宽 59.5 米；第二进院落南北长 49.5 米、东西宽 60.5 米，庭院北部东西对称分布两厢；第三进院落南北长 82.5 米、东西宽 62.5 米，庭院中央置殿堂；第四进院落南北长 51 米、东西宽 70 米；第五进院落南北长 65 米、东西宽 86 米，庭院中有三座建筑平面呈"品"字形分布②。三号建筑基址应为宫殿建筑基址。就目前考古资料来看，先秦时代都城的宫殿与宗庙均分布在都城之内的宫室建筑区中或宫城之中，而且二者建筑形制结构已有所不同，尤其到了西周时代已有明显不同。都城宫庙建筑的上述特点，是社会政治观念在都城宫庙建筑思想上的直接反映。

秦汉时代是从先秦时代的王国政治进入帝国政治时代，王国政治与帝国政治的最大不同点是，"血缘政治"的渐趋弱化与"地缘政治"的加强，在都城建筑中的突出表现是宫庙分布位置的变化。历史文献记载，秦国的"先王庙或在西雍，或在咸阳"。咸阳的秦王室或皇室宗庙就是《史记》卷六《秦始皇本纪》中所说的"诸庙"，而战国时代晚期和秦代，"诸庙及章台、上林皆在渭南"③，已经不在秦咸阳城中了，更不在"秦咸

---

①　A. 周原考古队：《陕西扶风云塘、齐镇西周建筑基址 1999—2000 年度发掘简报》，《考古》2002 年第 9 期。B. 徐良高、王巍：《陕西扶风云塘西周建筑基址的初步认识》，《考古》2002 年第 9 期。

②　A. 陕西省雍城考古队：《陕西雍城钻探试掘简报》，《考古与文物》1985 年第 2 期。B. 陕西省雍城考古队：《凤翔马家庄一号建筑群遗址发掘简报》，《文物》1985 年第 2 期。

③　《史记》卷六《秦始皇本纪》。

阳宫"中了，而是分布在都城以南的渭河南岸①。西汉初年，汉高祖的
"高庙"和汉惠帝庙均在汉长安城之内、宫城之外的未央宫东南部、长乐
宫西南部②。西汉晚期的都城宗庙等礼制建筑多分布在汉长安城南郊，20
世纪50年代这里考古发现了大规模的汉代宗庙建筑遗址，包括12座建
筑，其中11座建筑在同一方形大院落之中，院落边长1400米③。秦汉时
代与先秦时代都城的宫殿与宗庙布局发生了重要变化，后者的宗庙与宫殿
东西并列分布在都城之中的宫殿建筑区或宫城之内。秦汉时代都城的宗庙
已从都城之中、宫城之内移至都城之外（西汉初年首先移至宫城之外），
宫殿成为都城、宫城之中的唯一至尊建筑。宗庙位置在都城的这种变化，
是统一的中央集权帝国之下的地缘政治加强、血缘政治弱化在都城建筑上
的反映，自然这也是都城设计者建筑思想的体现。"矫枉过正"似乎是事
物发展规律，中国古代历史从王国走向帝国的时候，在王国政治中发挥重
要作用的血缘政治，被帝国时代的地缘政治所逐渐排挤，从二者的"平起
平坐"到"主次分明"，从宫庙并列宫城或都城中心地区，到宫殿独处宫
城或都城中心而宗庙被安置于都城之外。秦汉时代以后，魏明帝在洛阳城
所建太庙，于都城之内的铜驼街附近④，西晋和北魏洛阳城、十六国后赵
石虎邺城和东魏北齐邺城宗庙均在都城之内、宫城之外。特别需要提出的
是北魏洛阳城的宗庙位置，它位于都城和内城（或皇城）之中、宫城之
外，这一宗庙布局制度对以后历代影响深远。宗庙在都城的位置，在六朝
故都南京城也有所不同，它们分布在都城南郊，似乎受到汉长安城南郊礼
制建筑影响。作为中国古代中央集权帝国，地缘政治在其统治中越来越重
要，但是封建社会统治毕竟还是"家天下"，所以血缘政治也是统治者十
分重视的，这就是宗庙从先秦时代都城的宫城或中心建筑区移至都城之
外，又从都城之外移至都城的内城之中，但相对大朝正殿它们仍处于次要

---

① 刘庆柱、李毓芳：《秦都咸阳"渭南"宫台庙苑考》，《秦汉论集》，陕西人民出版社1992年
版。

② 刘庆柱：《汉长安城的考古发现及相关问题研究——纪念汉长安城考古工作四十年》，《考古》
1996年第10期。

③ 中国科学院考古研究所汉城发掘队：《汉长安城南郊礼制建筑遗址发掘简报》，《考古》1960
年第7期。

④ 《水经注·谷水》。

地位，"宗庙"与"社稷"不过是大朝正殿的"左膀右臂"，即文献所说的"左祖右社"。"左祖右社"是相对大朝正殿"居中"而言的。宗庙在中国古代建筑发展史上，从先秦时代到秦汉时代及其以后历代，政治地位的下降，不仅表现在其都城位置的变化，还反映在宗庙建筑形制结构的"宫殿化"。春秋战国时代的平面方形宗庙建筑，在西汉晚期得到空前发展，汉代以后这种宗庙建筑平面方形特色逐渐被平面为长方形的宫殿式建筑所替代。

（三）中国古代"城"的等级与王国、帝国的政治架构

中国古代"文明形成"，进入国家，"城"亦随之出现。当时的"城"是国家或地区的政治中心。前面所谈到的夏商西周时代的"城"、都城就属于这种情况。春秋战国时期，中央国家政权的削弱，诸侯王国势力的强大，地方城市大量出现就是这种"挟天子以令诸侯"政治局面在城市建筑上的反映。先秦时期的"城"已分成不同等级，《周礼·考工记·匠人》将"城"分为三级，第一级王城，即王国都城；第二级诸侯城，即诸侯封国都城；第三级"都"，即宗室和卿大夫采邑。这种三级城制，在建筑上的反映是不同等级的"城"之规模不同，它们包括建筑的大小、高低、数量多少不等，按级别递减。这是理想的城制等级设计，目前在先秦时期城址考古中还没有得到这方面的有力佐证。尽管如此，我们根据已有的考古资料和相关文献记载，还是可以说先秦时期的城市已经有了规模大小的不同、等级的不一，而导致这种现象的原因就是"城"作为大小不同的地区、诸侯王国的政治中心所决定的。

秦汉王朝是统一的中央集权帝国，全国各地有许多不同规模的城市，除了秦代都城咸阳城、汉代都城长安与洛阳之外，各地还有一些大中城市和为数众多的小城市。汉高祖建立西汉王朝伊始，"令天下县、邑城"[①]。这些大中城市大多是当时的郡治和一些重要县治所在地，那些小城市则大多是县治所在地。不论是都城还是郡治、县治所在地的城市，它们的共同特点都是主要作为政治性建筑而存在。都城的代表性建筑是宫殿、宗庙等皇室建筑群及都城附近的帝王陵寝建筑，郡治和县治所在

---

① 《汉书》卷一《高帝纪》。

地城市的代表性建筑是官衙、庙社等官式建筑等。上述建筑在各自城市之中均占据重要位置，属于各自城市的主体建筑。秦汉时代全国各地形成的由大而小的（都城、郡治城市、县治城市、个别乡镇级城）城市建筑群，实际上是秦汉帝国郡县制政治架构的产物与反映。西汉王朝都城长安城周长25700米，面积36平方公里，城内约2/3地方为宫殿、官署等建筑，都城南郊有大面积宗庙、社稷、辟雍等礼制建筑遗址，都城北部和东南部是帝陵陵区。东汉都城雒阳周长13000米，城内主要为宫殿和官署建筑，礼制建筑在都城南郊，帝陵位于都城附近。汉代的诸侯王国都城、郡治城市和县治城市的考古发现说明，从城市规模上看，重要的诸侯王国都城小于帝国都城，郡治城市小于重要的诸侯王国都城，县治城市小于郡治城市。如西汉齐王国都城临淄城周长17000米、西汉赵王国都城邯郸城周长16600米，二者城市规模均小于汉长安城；汉代郡治城市中，如济南郡治东平陵城周长约7600米，它小于上述诸侯王国都城；大多数汉代县城周长2500—6000米，它们一般小于郡治城市。就是在同一级城市中，由于各个城市的政治地位不同，其建筑规模也不尽相同[①]。汉代以后至明清时代，中国古代城市建筑设计思想仍然被严格的政治等级制度所制约。如北魏洛阳城由宫城、内城和郭城组成，内城即东汉的"九六城"，东西2400—2700米、南北3700—4200米，郭城东西10公里、南北7.5公里。邺城分为邺北城与邺南城，前者为曹魏都城，东西2400米、南北1700米；后者为东魏、北齐都城，东西2800米、南北3460米。六朝故都南京城周长约10公里。魏晋南北朝时期除都城之外，地方上又分为州、郡、县三级城制。一般来说，上述三级"城"逐级变小。这些城大多为双重城，即外城和内城，或称大城和小城。这种城的形制，基本上沿袭的是汉代城制。隋大兴城·唐长安城，东西9721米、南北8651米，周长36.7公里。隋唐洛阳城东西6138—7290米、南北6776—7312米，周长27.5公里。隋唐时代的城址研究揭示，除了长安城和洛阳城之外，隋唐时代的地方城制有一定的等级制

---

① 刘庆柱：《汉代城址的考古发现与研究》，《古代都城与帝陵考古学研究》，科学出版社2000年版。

度，有十六个坊、四个坊和一个坊面积的，一般大的州城十六个坊、中等州城四个坊、县城一个坊①。北宋开封城东西 7000 米、南北 7500—8000 米。元大都东西 6700 米、南北 7600 米，周长 28600 米。从魏晋南北朝时期的洛阳城、邺城、六朝故都南京城，隋唐时期的长安城和洛阳城，到宋元明清时期的北宋开封城、元大都和明清北京城等都城，与同时期的州、郡、府城比较，都城建筑规模都是当时最大、规格最高的城市。形成这种情况的主要原因，在于中国古代大多数城市的主要社会功能，是作为国家或某一地区政治中心，不同的政治地位而形成不同规模的城市。

不同规模、不同等级城市的城门数量、城门门道多少是城市级别高低的又一重要标志。自汉代以来，都城一般设十二座城门，每面城墙置三座城门，每座城门三个门道。其他城市一般设四座城门（个别有八座城门），每面城墙各辟一座城门（个别有两座城门）。唐代子城正门辟二门，称"双门"，此制延续到宋代。

（四）中国古代建筑中的"居中"设计思想

以"中"为贵，"择中"、"居中"观念是中国古代非常重要的建筑设计思想，所谓"王者必居天下之中"②、"天子中而处"③。这一思想在中国古代建筑中表现得十分突出，从建筑群、建筑物的选址，到建筑形制结构，"择中"、"居中"思想无不体现其中。如都城选址要"择天下之中而立国，择国之中而立宫"④，"国"即"都城"。中国古代建筑的"择中"设计思想，是中国古代建筑伦理等级、礼制观念的哲学基础。成书于战国时代的《周礼·考工记·匠人》，将中国古代建筑中最具代表性的城市、都城、宫城、宫庙、市里、道路等建筑，在"择中"原则指导下，提出了对中国古代建筑影响最大、最深远的规划设计模式和理论。这种"择中"建筑思想，不只是建筑群或建筑物的位置居中，还有更为重要的"以帝王

---

① 宿白：《隋唐城制类型初探（提纲）》，《纪念北京大学考古专业三十周年论文集》（1952—1982），文物出版社 1990 年版。

② 《荀子·大略篇》。

③ 《管子·度地篇》。

④ 《吕氏春秋·慎势》。

为中心"、以政治为主导、以"人"为主体的建筑设计理念。如夏代都城河南偃师二里头遗址的宫殿区位于都城遗址中部；偃师二里头遗址的第一号和第二号宫殿建筑基址，其方向为坐北朝南，它们的主体建筑殿堂，分别位于各自院落北部的东西居中之处，二者的南门又分别位于各自院落南墙的中央，两组院落的殿堂、南门均在各自院落的中轴线之上。商代早期都城遗址偃师商城的宫城基本位于早期郭城（即"小城"）中央，在晚期郭城（即"大城"）南部东西居中位置，宫城之中分成东西对称的两部分建筑（西部可能为宫殿、东部为宗庙）。近年发现的安阳殷墟洹北商城，其大型夯土建筑基址群（可能为宫庙建筑基址）约于城址东西居中位置。西周周原遗址的凤雏、云塘和齐镇宫庙建筑基址基本位于周原遗址中部，凤雏建筑基址是一座两重院落的大型建筑，其严格的南北中轴线，使我们对当时的"择中"建筑设计思想有了更为充分的认识。至于云塘、齐镇的宗庙建筑基址群所反映的主体庙堂和正门居中建筑设计，次要庙堂对称居于中轴线东西两侧，更是一目了然。东周时代是中国古代思想最为活跃的时期，建筑作为哲学思想的重要产品，自然它们也会表现出其时代特色，"择中"的设计思想仍然是这一时期的重要原则。如以列国都城为例，魏国都城安邑，其宫城居于都城中央①；郑韩故城的宫城在西城的北部东西居中位置②；邯郸赵王城的西城，东西居中位置，南北排列多座大型宫殿基址③；燕国都城燕下都东城北部东西居中位置，以"武阳台"为中心，在其以北依次排列着"望景台""老姆台"等多座大型夯土基址，它们形成都城的一条南北中轴线④。秦咸阳城宫城——咸阳宫，基本位于都城北部东西居中位置。西汉都城长安城的皇室重要建筑的"居中"设计思想，主要体现在重要建筑群、建筑物与都城中轴线的关系，即都城中轴线位置取决于大朝正殿、宫城。西汉时代晚期的汉长安城中轴线是西安门至横

① A. 陶正刚等：《古魏城和禹王城调查简报》，《文物》1962 年第 4—5 期合刊。B. 中国科学院考古研究所山西工作队：《山西夏县禹王城调查》，《考古》1963 年第 9 期。

② 河南省博物馆新郑工作站等：《河南新郑郑韩故城的钻探和试掘》，《文物资料丛刊》第 3 辑，文物出版社 1980 年版。

③ 河北省文物管理处等：《赵都邯郸故城调查报告》，《考古学集刊》（第 4 集），中国社会科学出版社 1984 年版。

④ 河北省文物研究所：《燕下都》，文物出版社 1996 年版。

门，中轴线向南穿过南郊礼制建筑，宗庙与社稷分列其东西两侧。中轴线由西安门向北基本与未央宫前殿相对，再向北穿过未央宫北宫门与横门大街重合，这一段中轴线的南部北宫与桂宫、北部东市与西市分列其东西。都城中轴线的南段在未央宫中，未央宫是都城政治中枢，大朝正殿又是未央宫的主体建筑，大朝正殿——前殿基本位于未央宫中央。都城中轴线南段即未央宫中轴线，这条中轴线的基点是前殿①。

　　类似《周礼·考工记》关于中国古代都城的"择中"建筑设计理念，在东周、秦汉时代的都城之中只是部分得到体现。在秦汉时代以后，这种"择中"建筑设计思想越来越明显，它们主要是通过都城、宫城中轴线反映出来。曹魏邺城的宫殿区位于都城北部，中轴线在邺城东西居中位置。东晋、南朝建康城以都城"中轴线"为特征的"择中"建筑思想，比曹魏邺城更为规范。北魏洛阳城的宫城、内城基本位于郭城东西居中位置，都城中轴线北对宫城正门——阊阖门及其北部的太极殿，中轴线东西两侧分布着官府、寺院、宗庙、社稷、达官显贵宅第等重要建筑。隋大兴城·唐长安城的"择中"建筑思想，通过中轴线设计使之达到全新的境界。都城的主干道——朱雀门大街就是都城的中轴线，朱雀门大街宽约150米，是隋大兴城·唐长安城中最宽的道路，它处于都城东西居中位置。这条中轴线自南向北依次有都城正门明德门、皇城正门朱雀门、宫城正门承天门，中轴线北端正对宫城南北排列的"三大殿"——太极殿、两仪殿和甘露殿。隋大兴城·唐长安城的中轴线不但突出了大朝正殿、宫城正门、皇城正门、郭城正门的突出地位，围绕这条中轴线，其东西两侧对称分布了宫室、官府、宗庙与社稷、市场（东市与西市）、里坊等。在隋大兴城·唐长安城的市场、里坊等建筑群中，每个市场或里坊建筑设计也充分体现出"择中"的建筑思想。市场平面为"井"字形，其中等分九份，中央为市楼所在。里坊则以"大十字"道路将其等分为四区，每区又以"小十字"道路将其等分为四小区，构成里坊的四大区、十六小区。"十"字交叉点成为"择中"的又一种表现形式。有的宫城平面虽然不甚规整，如

①　中国社会科学院考古研究所：《汉长安城未央宫：1980—1989年考古发掘报告》，中国大百科全书出版社1996年版。

唐长安城大明宫平面近梯形，南墙长 1674 米、北墙长 1135 米、西墙长 2256 米、东墙长 2604 米（由东北角向东南 1260 米，再折向东 304 米，再折向南 1050 米），但是大明宫的中轴线十分突出，南自丹凤门，北对含元殿、宣政殿、紫宸殿，再北对太液池、蓬莱山，大明宫中最重要的三殿、一池、一山均在宫城中轴线上。宫城之中的重要单体建筑也有严格的中轴线，如大朝正殿含元殿殿堂居中，左右对称设置了翔鸾阁、栖凤阁与东西龙尾道。已经考古发掘的麟德殿遗址平面，有着清晰的建筑中轴线。都城、宫城的中轴线是基于突出主体建筑群或主体殿堂的"居中"建筑思想。我认为在都城、宫城中轴线上，挡住中轴线伸展的建筑物是中轴线所要体现的最为重要的"居中"建筑，如唐长安城中轴线南起明德门，向北至朱雀门，再向北至承天门，又向北至太极殿而挡住中轴线，太极殿的"居中"建筑思想被都城中轴线设计表现达于极致。这种情况在隋唐时代以前，已经比较普遍。如东晋、南朝建康城中轴线上由南向北分别为国门、朱雀门、宣阳门、大司马门、南止车门（梁应门）、端门（宋南中华门、梁太阳门），至太极殿而挡住中轴线。北魏洛阳城中轴线上由南向北分别为宣阳门、阊阖门、南止车门、端门，至太极殿而挡住中轴线。邺南城中轴线上由南向北分别为朱明门、阊阖门、南止车门、端门，至太极殿而挡住中轴线。在隋唐时代以后的都城中轴线上，大朝正殿挡住都城中轴线，基本已成定制。由此可以看出，都城、宫城中轴线，实际上是中轴线上的主要建筑——大朝正殿"居中"建筑思想的体现。

　　在都城附近的礼制建筑和帝陵陵寝建筑中，"居中"的建筑设计思想表现得更为突出。汉长安城南郊宗庙建筑群有 12 座宗庙建筑，每座宗庙建筑自成一座院落，各个院落均为方形平面，院落大小不同，其中 11 座院落相同，边长 260—280 米，另一座院落边长 100 米。无论院落规模大小，每个院落的宗庙主体建筑均位于其所在院落的中央①。宗庙建筑群东部的明堂·辟雍建筑遗址，主体建筑明堂·辟雍位于方形院落中央，院落

---

　　① 中国科学院考古研究所汉城发掘队：《汉长安城南郊礼制建筑遗址发掘简报》，《考古》1960 年第 7 期。

边长 235 米。院落之外有一周环水沟，明堂·辟雍院落又位于环水沟中央①。汉魏洛阳城的明堂、灵台等礼制建筑也是各自自成院落，主体建筑明堂、灵台分别位于各自院落中央②。北魏平城明堂遗址平面圆形，外围圜形水渠，周长 900 米，中央为方形夯土台基，这就是明堂的主体建筑③。唐长安城圜丘遗址主体建筑高 7.938 米，底部直径 54.5 米，其四周围筑圆形墙垣，直径 73—80 米，圜丘主体建筑位居圆形墙垣中央④。东都洛阳的武则天明堂遗址已经考古发掘，明堂台基平面为等边八边形，长、宽各为 87.5 米⑤。据文献记载明堂围筑方形院落，主体建筑居中安排⑥。

帝王陵墓的居中设计，主要体现在帝陵封土居于陵园中央。如西汉帝陵与后陵陵园平面一般为方形，帝陵、后陵封土位于各自陵园中央⑦。唐长安城北部的渭北唐十八陵的各个帝陵封土或地宫，一般居各自陵园中央⑧。北宋帝陵的帝陵与后陵也是各自筑陵园，它们分别位于其陵园的中部⑨。

（五）中国古代建筑的"居高"设计思想

中国古代社会是等级分明的社会，等级社会的重要特点是人有高低贵贱之区分，与人的社会活动密切相关的建筑，也就表现出了明显的等级不同。建筑的高低是这种等级的重要表现之一，它们反映了中国古代建筑的"居高"设计思想。在中国古代的皇室、王室、官府的各类建筑中，从建筑物的地形选择、高低设计都体现出了"居高"的思想。都城、王城、各

① 唐金裕：《西安西郊汉代建筑遗址发掘报告》，《考古学报》1959 年第 2 期。

② 中国社会科学院考古研究所洛阳工作队：《汉魏洛阳城南郊的灵台遗址》，《考古》1978 年第 1 期。

③ A. 王银田等：《山西大同市北魏平城明堂辟雍遗址 1995 年的发掘》，《考古》2001 年第 3 期。B. 王银田：《北魏平城明堂遗址研究》，《中国史研究》2000 年第 1 期。

④ 中国社会科学院考古研究所西安唐城工作队：《陕西西安唐长安城圜丘遗址的发掘》，《考古》2000 年第 7 期。

⑤ 中国社会科学院考古研究所洛阳唐城队：《唐东都武则天明堂遗址发掘简报》，《考古》1989 年第 5 期。

⑥ 《通典》卷四十四，"大享明堂"条。

⑦ 刘庆柱、李毓芳：《西汉十一陵》，陕西人民出版社 1987 年版。

⑧ 刘庆柱、李毓芳：《陕西唐陵调查报告》，《考古学集刊》第 5 集，中国社会科学出版社 1987 年版。

⑨ 河南省文物考古研究所：《北宋皇陵》，中州古籍出版社 1997 年版。

级地方政权所在地城市等，一般均选址于地形较高的地方营建。在上述诸城之中，都城、王城中的宫城，其他城市中的重要官署一般在其城中地势最高的地方营建。如湖北黄陂盘龙城宫殿区在城内最高处的东北部，西周都城丰镐遗址的大型夯土基址均在地势高亢之处。东周时代的列国都城秦咸阳城的咸阳宫、齐临淄城的西南部小城、燕下都东城北部宫殿区、赵邯郸城西南部王城、郑韩故城西城北部宫城、曲阜鲁国故城北部宫殿区等，均在各自城址的地势最高处营建。汉长安城西南部地势最高，宫城未央宫就选址在这里，都城整体地形是南高北低，汉长安城的布局则是宫殿区未央宫、长乐宫、北宫、桂宫位于城内的南部和中部，都城西北部为市场、东北部为百姓里居。隋大兴城·唐长安城筑于龙首原南部，都城地势为北高南低，宫城太极宫、大明宫在都城北部，皇城官署在宫城以南，市场在皇城南部，百姓里坊主要分布在都城中部和南部。

大朝正殿在宫城或宫殿区及都城中位于最高处，也是宫城、都城中的最高建筑物。考古调查、勘探、发掘的一些都城大朝正殿遗址，可以充分反映出上述情况，齐临淄城的"桓公台"遗址、赵邯郸城王城的"龙台"遗址、燕下都的"武阳台"遗址、汉长安城未央宫的"前殿"遗址、北魏洛阳城宫城的太极殿遗址、唐长安城大明宫的含元殿遗址、保存至今的明清北京城宫城太和殿建筑等，它们都是各自都城之中的最高建筑物。

"居高"建筑思想在帝王陵墓建设上表现尤其突出，著名古代都城长安和洛阳的帝王陵墓均在都城附近，大多居于地势高亢之处。如西汉帝陵主要分布在都城长安北部的咸阳原上，其余两座帝陵在都城东南部的白鹿原和鸿固原上，这两处地势均高于都城所在地。唐代帝陵分布在渭北北山山脉南麓，地处渭北高原之上，其地势明显高于唐长安城。在每个帝陵陵区之中，帝陵封土又是陵区之中最高的建筑。

建筑的"居高"设计思想首先是因为建筑的等级决定的，而建筑等级又是政治等级派生出来的。王室、皇室建筑的"居高"现象，是"君临天下"的表现，是统治者"高高在上"的反映。古代建筑的"居高"设计，还有着现实的安全意义。

（六）中国古代建筑的"居前"设计思想

中国古代建筑的"居前"建筑设计思想，主要表现在大朝正殿于都城宫城或宫殿建筑群中的位置，以及大朝正殿所反映出的"前朝后寝"、"前堂后室"的建筑格局。大朝正殿周代称"路寝"、秦汉称"前殿"、曹魏以降称"太极"。所谓"前殿"即正殿"居前"之位。宫城之中的宫殿都是以建筑群形式出现，大朝正殿的"居前"建筑思想是通过宫殿群的布局体现出来。如汉长安城未央宫前殿，基本位于宫城中部，前殿之后有椒房殿，再后又有其他宫殿建筑。前殿的前面没有其他宫殿建筑，正对宫城宫门。北魏洛阳城宫城之中的太极殿，其南面与南宫门阊阖门相对，其间没有宫殿建筑，宫城之内其他重要宫殿建筑均在太极殿北部。唐长安城宫城大朝正殿太极殿南对承天门，再南依次有朱雀门（皇城正门）、明德门（郭城正门），其北依次南北排列有两仪殿、甘露殿；大明宫的含元殿是大朝正殿，其南与宫城正门丹凤门相对，含元殿北部南北依次排列着宣政殿、紫宸殿。元大都宫城的大朝正殿大明殿，其南与南宫门相对，北部南北依次排列玉德殿、宸庆殿；明北京城宫城的大朝正殿奉天殿，其南与南宫门相对，北部南北依次为华盖殿、谨身殿；清北京城宫城大朝正殿太和殿，其南依次为太和门、午门、天安门、正阳门、永定门，其北依次为中和殿、保和殿。大朝正殿"居前"设计，使同一组建筑中的其他建筑或在其后、或在其两侧。这种建筑思想在先秦时代的中国古代建筑遗址的考古发掘中已有发现，如湖北黄陂盘龙城的宫殿群建筑，主殿居前，主殿北部为次要的宫殿建筑；再如陕西周原凤雏宫殿院落建筑遗址，主体殿堂居前，殿堂后部和两侧是居室与厢房。"居前"建筑思想不只是限于都城宫城之中的大朝正殿，在一些离宫、行宫之中亦遵此制。如渤海湾西北岸的姜女石秦始皇行宫建筑遗址群，其主体宫殿建筑位于宫殿建筑群中轴线最前端，正对海中的"姜女坟"礁石①。"居前"不只是宫殿建筑群如此，宗庙建筑也是这样，如汉长安城南郊礼制建筑中的宗庙建筑群中，共有12座宗庙，其中11座宗庙在一个大院落中，大院落南部中央有一宗庙院落，不论是宗庙建筑或宗庙院落其规模都大大超过其他11座宗庙或其宗庙院落。也就是说，居前的宗庙、宗庙院落是建筑规模最大、建筑规格最高的。这种"居前"建筑思想在单体宫殿建筑中表现为"前堂后室"建筑

---

① 郭大顺：《世纪之交的辽宁考古》，《考古》2001 年第 8 期。

格局。如河南偃师二里头遗址的一号宫殿建筑遗址的宫殿殿堂的"前堂"要大于"后室"。

（七）"天人和一"的建筑设计理念

中国古代王国、帝国最高统治者自以为是代表"天"来到人间、地上进行统治，因此以"天子"自居，把他所统治的国家称之为"天下"。于是将统治国家的政治中心——都城，按照"天下"的建筑设计理念去营建。汉长安城皇宫——未央宫又称"紫宫"或"紫微宫"①。紫宫，星座名，中国古代天文学家分天体恒星为"三垣"，"中垣"有紫微十五星，亦称紫宫。因此，紫微既是"三垣"之一的星座名，又是星名。紫宫、紫微宫系天帝的居室。《汉书》卷八十七（上）《扬雄传》（上）之颜师古注："紫宫，天帝之宫也。"中国古代帝王宫禁称"紫宫"或"紫微宫"不只是西汉王朝的未央宫，后代皇室宫禁亦多有这种称呼。《后汉书》卷四十八《霍谞传》之李贤注："天有紫微宫是上帝之所居也。王者立宫，象而为之。"《晋书》卷一百十三《苻坚载记》载："姊弟专宠，宫人莫进，长安歌之曰：'一雌复一雄，双费入紫宫。'咸惧为乱。"明清时代的宫城称为"紫禁城"，概源于以紫宫喻帝居，故称"禁中"为"紫禁"。

在都城、宫城建筑设计中的"天人合一"的"天下"理念，还主要反映在都城、宫城作为国家"空间"的缩影，都城、宫城之中有山有水，山为"地"，水为"海"。这种"山"与"水"是"国家空间"的具体体现。统治者对国家的政治统治，根本的是对国家空间的占有。从考古资料来看，商代早期都城偃师商城的宫城北部就挖掘有"水池"，已发掘的水池遗迹东西130米、南北20米，深约1.5米，池岸四周石砌，池中堆积发现螺壳、网坠②。据文献记载，周文王在都城丰京附近建造了"灵台"、挖掘了"灵池"③，这时都城已有完整的"山水"建设思想。秦汉时代都城宫苑山水建设空前发展，秦咸阳城中有宫观楼阁，秦始皇还引渭水为

---

① 《长安志》卷三引《三秦记》载："未央宫，一名紫宫。"《文选·西京赋》李善注引《三秦记》载："未央宫，一名紫微宫。"

② 《偃师商城发现早期帝王池苑》，《中国文物报》1999年6月9日第1版。

③ 《诗经·大雅·灵台》。

"长池"，又在"长池"之中修筑了"瀛洲"、"蓬莱"等假山①；汉长安城未央宫中挖掘了"沧池"，建造了"渐台"；汉武帝在建章宫北部修建了"太液池"，又在池中建造了"蓬莱"、"方丈"、"瀛洲"、"壶梁"等假山②。都城附近建造了上林苑，其中有狩猎的长杨宫、捕鱼的昆明池、帝后农桑活动的藉田和蚕观。如果说这一时期都城中所营造的"池"、"水"还与东周时代以来的国王、皇帝"东巡海上"活动直接相关的话，那么汉代以后都城之中所修建的山、池已经有着更为广泛的意义。如北齐邺城华林园中的五座土山，象征"五岳"，其间"四池"象征"四海"③；唐长安城宫城北部有水池四个，称"四海"，即"东海池"、"西海池"、"南海池"、"北海池"；大明宫北部有太液池，池中有"蓬莱山"④。这种都城设置假山、水池的做法一直延续到元大都、明清北京城，就是水池和假山的名称仍相沿未变。元大都皇城西部的太液池中有琼华岛、圆坻、犀山台，这是秦汉时代以来的都城置大海神山传统的延续。明代以元大都太液池及"三山"为基础，构成明北京城皇城主要池苑——西苑与清代北京城的"三海"——北海、中海、南海。

在中国古代建筑中，建筑的社会功能与建筑形制有机结合，体现出建筑设计思想的"天人合一"理念。如祭天的圜丘（天坛）、地坛建筑的圆形与方形平面，是"天"与"地"的再现。中国古代祭天的圜丘（天坛），其平面为圆形。如唐长安城圜丘遗址为一圆形高台式建筑，圜丘上下4层，各层平面均为圆形，由上向下各层平面直径逐层递减，最上层（第1层）直径19.74—20.59米，第2层直径28.35—28.48米，第3层直径40.04—40.89米，最下层（第4层）直径52.45—53.15米，圜丘高8.12米。根据12辰，圜丘周设12陛阶。圜丘周施矮墙，平面圆形，直径73—80米⑤（图3—5）。清代北京城天坛祭天的圜丘坛体平面为圆形，天

　　①　《史记》卷六《秦始皇本纪》之【正义】引《括地志》。
　　②　《汉书》卷二十五（下）《郊祀志》（下）：建章宫"北治大池，渐台高二十余丈，名曰太液。池中有蓬莱、方丈、瀛洲、壶梁，象海中神山龟鱼之属"。
　　③　顾炎武：《历代宅京记》，中华书局1984年版。
　　④　徐松：《唐两京城坊考》卷一，西京·宫城，中华书局1985年版。
　　⑤　中国社会科学院考古研究所唐城工作队：《陕西西安唐长安城圜丘遗址的发掘》，《考古》2000年第7期。

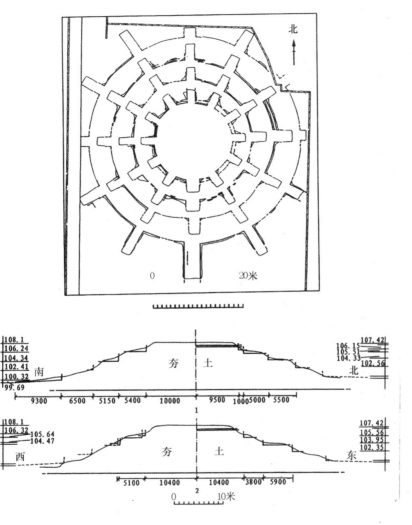

图 3—5　唐长安城圜丘遗址平、剖面图

坛主体建筑——祈年殿及屋顶均为圆形。圜丘每层坛体直径均取一三五七九阳数，圜丘周施栏板 360 块对应周天 360 度。凡此种种，都反映出设计者将祭天建筑的圜丘与"天"的最大限度对应。北郊坛或地坛是祭祀"地"的建筑，1999 年南京市文物考古研究所在南京紫金山发现了六朝祭坛两座，两座祭坛均为坐北朝南，二者南北排列，祭坛平面方形。一号坛由 4 层台面组成，底层边长 88 米、顶层边长 68 米[①]。明清北京城的地坛是相对天坛而修筑的，地坛的主体建筑是方泽坛，地坛平面是方形，为上下两层，每层各八级台阶。地坛建筑均取偶数。与天坛比较，地坛以六、八之数为地，天坛以九之至尊之数代表天。天坛平面为圆，地坛平面为方，"天圆地方"建筑设计思想十分突出。

中国古代都城的圜丘（天坛）设在南郊，地坛置于北郊（北郊坛），宫城在祭祀天坛与地坛南北之间，使"天地人"为一体，把"天人合一"上升到最高境界。

在同一建筑中也通过"天圆地方"观念，再现"天人合一"的建筑哲学思想，这在明堂·辟雍礼制建筑中表现得尤为突出。汉长安城南郊的明堂·辟雍遗址的中心主体建筑为圆形夯土台基，直径 62 米。主体建筑基址平面方形，边长 42 米。圆形夯土台基位于方形院落中央，院落边长 235 米，四面正中各辟一门。院落周围为圜水沟，圜水沟直径 360 米[②]。刘致平先生的汉长安城明堂·辟雍建筑遗址复原方案有圆形屋顶一说[③]，这充分表现出了多重"天地"理念，主体建筑平面为方形，其屋顶为圆形，主体建筑夯土台基平面为圆形，明堂·辟雍院落为方形，其外圜水沟平面又为圆形。这种"圆"与"方"的层层结合，就是"天地"结合及"人"在其中的活动、"天人合一"思想的反映。

"天人合一"建筑思想是把天地作为"二元"处理，人为其主体，如"左祖右社"与"中"为"宫殿"，"左祖"居东为"阳"、为"天"，"右社"居西为"阴"、为"地"，宫殿为天子所居，形成"天地人合一"的建筑思想。又如"前朝后寝"实为前"阳"后"阴"，"阳"、"阴"亦为"天地"，"人"于其间，"天地人"于一体。凡此种种，"天人合一"建筑哲学思想几乎贯彻于中国古代建筑的各个主要方面。

（西安市文物保护考古所：《西安市文物考古研究——西安市文物保护考古所成立十周年纪念》，陕西人民出版社 2004 年版）

---

① 贺云翱：《南京首次发现六朝大型坛类建筑遗存》，《中国文物报》1999 年 9 月 8 日。
② 唐金裕：《西安西郊汉代建筑遗址发掘报告》，《考古学报》1959 年第 2 期。
③ 刘致平：《西安西郊宫殿建筑遗址勘察初记》，《文物参考资料》1957 年第 3 期。

关于深化中国古代都城考古研究的探索

（一）关于中国古代都城史研究的学术定位问题

在世界古代历史上，存在着许许多多古代都城，但是中国古代历史上都城数量之多、历史延续之完整、文化内涵之丰富，是尤为突出的。据有的学者统计，"内地各省市共有 15 年以上的古都 53 处，涉及的王朝或政权 172 个；不足 15 年的古都计有 79 处，涉及的政权 90 个，未知具体年代的古都 2 处，涉及的政权 4 个，另外还应该添上夏、商两代的都城和周的先世都城 30 处，几宗合计：共有古都 164 处，涉及的王朝或政权 269 个。周边各省区，可知有具体年代的古都 6 处，涉及的政权 8 个；未知具体年代的古都 47 处，涉及的政权难以确知，共有古都 53 处。内地与周边各地合计，共有古都 217 处，可知的所涉及的王朝或政权 277 个"。上述古都年代不包括"远古传说"，而以"三代"为始至明清王朝，其时代延续近四千年之久①。

由于王朝的更迭、都城的兴建是历代统治者的"国之大事"，因此关于都城建设与古代都城史研究历来为官方与学术界所倍加重视。20 世纪 80 年代初，国家推出的历史文化名城保护工作及 80 年代中后期兴起的世界文化遗产事业热潮，作为重要文化遗产的古代都城越来越备受社会关注，关于古代都城的历史学、考古学研究越来越"升温"。

作为历史学、考古学的古代都城研究，有的学者提出，"中国古都学是研究我国古都的形成、发展、萧条或至于消失，或经过改革成为新的城

---

① 史念海：《中国古都和文化》，中华书局 1998 年版，第 52、164 页。

市的科学"①。长期以来在古代都城研究中，把究明都城（或城市）地望、形制、布局与建筑技术作为其主要学术研究内容。当然，这在古代都城史、古代都城考古研究的"起步"阶段或前期是学科发展过程中必要与必须的，但是随着古代都城史研究的深入，只是将古代都城研究定位于这样的目标上，显然无法完成古代都城史研究的主要学术目的。上述关于古代都城史研究定位，只能说是通往古代都城研究目的的技术路径、方法，还不能说是古代都城研究的终极目标。中国古代都城作为古代国家历史的缩影，它们是古代国家的政治统治中心、经济管理中心、文化礼仪活动中心、军事指挥中心。考古学家、历史学家研究都城是力图通过古代都城这样一座集政治统治、经济管理、文化礼仪活动、军事指挥于一体的都城历史活动平台，探索它们所折射的国家在政治、经济、军事、文化礼仪活动方面的重大历史，这应该是考古学、历史学关于中国古代都城研究的学术定位。

（二）古代都城研究与古代都城田野考古

考古学与历史学，二者学术目的是一致的、相同的，它们都是研究与人相关"历史"的科学。但是二者又有显著的区别，一是研究对象不同，二是研究方法不同。考古学以人类或与人类相关的物化载体（包括人类生存自然环境）为基本研究对象，其基本方法是借助于生物学的类型学与地质学的层位学及其他自然科学技术，解决、研究对象的"时空"问题及物质载体的结构、变化所反映的"历史"问题（如 20 世纪 90 年代以来，考古学又更多地利用碳十四、分子生物学、环境科学等其他相关自然科学技术，提取更多、更深层次的科学信息，探讨"人地关系"、社会问题等）。

古代都城遗址考古研究离不开历史文献，但是古代都城遗址考古不能停留于这样的研究层面，上述层面的内涵可以为古代都城研究提供都城时代、地望等基本的时空框架，具体的时代、地望细化与确认，需要田野考古的新材料及考古学研究的新方法。比如，先秦时代的夏、商两代都城，历史文献记载各有 13 座都城之多，然而在 20 世纪 20—30 年代之前，夏商

---

① 史念海：《中国古都和文化》，中华书局 1998 年版，第 33 页。

王朝都城具体在什么地方、其都城形制与文化内涵等均不了解。1928 年开始的安阳殷墟考古发掘，揭开了商代都城面纱①。但是，当时只是能够认识到商代晚期都城的一些情况，至于"盘庚迁殷"之前的商代都城，还是通过 20 世纪 50—80 年代的郑州商城与偃师商城考古勘探、发掘得以确认的②。夏代都城在河南偃师二里头遗址考古发现之前，实际上是仅仅从文献记载上知道一些夏代都城的名字，都城的地望虽有记载，但是说法颇多，有的甚至相距颇远。20 世纪后半叶田野考古发现了河南偃师二里头遗址，尤其是新世纪之初二里头遗址的宫城遗址及其中多座宫庙建筑遗址发掘、宫城周围道路网的发现，祭祀区、玉石和青铜作坊区遗址的究明，使学术界对夏王朝晚期都城的具体地望、时代、形制与文化内涵等有了认识，对其作为夏代晚期都城遗址取得了基本上的共识③。

历史文献在古代都城记载方面往往显得过于简略、粗疏甚至遗漏，缺

---

① "中央研究院"历史语言研究所：《安阳发掘报告》第一期（1929 年）、第二期（1930 年）、第三期（1931 年）、第四期（1933 年）；石璋如：《小屯第一本·遗址的发现与发掘乙编·殷墟建筑遗存》，中央研究院历史语言研究所 1959 年版，台湾台北；石璋如：《小屯第一本·遗址的发现与发掘丙编·殷墟墓葬之一，北组墓葬》（上、下册），中央研究院历史语言研究所 1970 年版，台湾台北；石璋如：《小屯第一本·遗址的发现与发掘丙编·殷墟墓葬之二，中组墓葬》，中央研究院历史语言研究所 1972 年版，台湾台北；石璋如：《小屯第一本·遗址的发现与发掘丙编·殷墟墓葬之三，南组墓葬附北组墓补遗》，中央研究院历史语言研究所 1973 年版，台湾台北；石璋如：《小屯第一本·遗址的发现与发掘丙编·殷墟墓葬之四，乙区基址上下的墓葬》，中央研究院历史语言研究所 1976 年版，台湾台北；梁思永、高去寻：《侯家庄第二本·1001 号大墓》上、下册，中央研究院历史语言研究所 1962 年版，台湾台北；梁思永、高去寻：《侯家庄第二本·1002 号大墓》，中央研究院历史语言研究所 1965 年版，台湾台北；梁思永、高去寻：《侯家庄第二本·1003 号大墓》，中央研究院历史语言研究所 1967 年版，台湾台北；梁思永、高去寻：《侯家庄第二本·1004 号大墓》，中央研究院历史语言研究所 1970 年版，台湾台北；梁思永、高去寻：《侯家庄第二本·1217 号大墓》，中央研究院历史语言研究所 1968 年版，台湾台北；梁思永、高去寻：《侯家庄第二本·1500 号大墓》，中央研究院历史语言研究所 1974 年版，台湾台北；梁思永、高去寻：《侯家庄第二本·1550 号大墓》，中央研究院历史语言研究所 1976 年版，台湾台北；中国社会科学院考古研究所：《殷墟的发现与研究》，科学出版社 1994 年版。

② A. 河南省文物考古研究所：《郑州商城：1953—1985 年考古发掘报告》，文物出版社 2001 年版。B. 河南省文物研究所：《郑州商城考古新发现与研究》，中州古籍出版社 1993 年版。C. 杜金鹏、王学荣主编：《偃师商城遗址研究》，科学出版社 2004 年版。D. 中国社会科学院考古研究所：《中国考古学·夏商卷》，中国社会科学出版社 2003 年版。

③ A. 中国社会科学院考古研究所：《偃师二里头：1959—1978 年考古发掘报告》，中国大百科全书出版社 1999 年版；B. 中国社会科学院考古研究所：《中国考古学·夏商卷》，中国社会科学出版社 2003 年版；C. 杜金鹏、许宏主编：《偃师二里头遗址研究》，科学出版社 2005 年版。

少必要的"量化"。长期以来在古代都城研究中存在着一些问题，如有些古代都城研究中，以一些简略记载甚或"假设"为基础，进行"推断"，从"假设"再到"假设"，从而得出一些与实际大相径庭的结论。比如，在汉长安城布局形制研究中，有的学者根据自己对文献记载的理解，认为汉长安城有"北郭"和"东郭"，并认定"当时北面和东北面郭区是主要居民区和市区所在，成为很重要的经济中心，这和长安城内作为全国的政治中心，正好相互配合"①。由此进一步推断：从东周至西汉时代都城"西城与东郭的连结布局结构"。这个问题涉及了都城布局形制的重大问题。汉长安城遗址的田野考古证实，西汉时代的汉长安城北城墙与渭河之间南北相距仅有 1200 米，其间建筑遗址发现甚少，在北城墙之外的今曹家堡、张道口等村庄都发现了汉墓群；汉长安城遗址东部的所谓"东郭"地带，"根据《中国文物地图集》（陕西分册）及近年来考古发掘公布的资料，初步统计长安城周围的汉代墓葬群及汉墓发掘地点约有 300 多处，除帝王陵及大型陪葬墓分布在较远的咸阳原、杜陵原、霸陵原之上外，大多数中小型墓葬主要分布在长安城东、东南的坡梁或台地之上"②。由此可见，前述所谓汉长安城的"东郭"，实际上应为市民墓地③，汉长安城东北部不是什么东郭与北郭，那里更不可能是都城的"主要居民区和市区所在"及"很重要的经济中心"。可见，由此推断的从东周至西汉时代都城"西城与东郭的连接布局结构"，是不能成立的。

现在一些从事古代都城研究的学者，已经注意到充分利用田野考古新资料，但是由于对考古资料理解的不同，往往也造成研究中出现截然不同的看法。比如，在关于秦咸阳城研究中，有的学者认为："咸阳南靠渭水。因为渭水不断北移，故城遗址受到冲决，目前已看不到城址踪迹。"于是提出"秦都咸阳的布局，既然由于遗址的被冲决，无法用考古方法来查

① 杨宽：《中国古代都城制度史研究》，上海古籍出版社 1993 年版，第 126—128 页。

② 西安市文物保护考古所、郑州大学考古专业：《长安汉墓》（上册），陕西人民出版社 2004 年版，第 5 页。

③ 西安市文物保护考古所：《西安龙首原汉墓》（甲篇）："在汉长安城东北、城东，特别是城东南的龙首原上，比较密集的西汉墓群，则屡有发现。……汉长安城东南的龙首原是当时京城一般居民最主要的墓葬区。"西北大学出版社 1999 年版，第 3—4 页。

明，那么，只有依据文献及其他考古资料来探索了。根据文献记载，秦惠王灭蜀以后，命令张仪等人修建的成都城，是按照咸阳国都的格局建筑的，因此我们弄清楚成都故城的形制，就可以用来推断咸阳的布局了"①。其实秦都咸阳遗址的考古工作早在 20 世纪 60 年代初已经开展，70 年代至 80 年代又对秦咸阳宫第一号、第二号、第三号、第四号宫殿建筑遗址等进行了大规模考古发掘，勘探、试掘、确认了咸阳宫宫城城墙，出土大量战国时代晚期和秦代的龙纹空心砖、动物纹与云纹瓦当建筑材料、壁画残块等遗物，在秦咸阳城西南部又发现了具有重要学术意义的 "秦诏版" 等②，在都城遗址以西发掘了三处规模很大的秦墓区③。对于这些田野考古资料不去研究，而是以《华阳国志》记载成都 "与咸阳同制"，又据同书关于成都城的形制记载，进而得出咸阳城 "西城连接东郭" 结论。我认为这样的论证不够严谨，如果能够以秦咸阳城遗址多年来的大量考古发现资料为基础，开展对秦咸阳城遗址研究，其结论的科学性可能会更好一些。

（三）古代都城考古与古代都城研究层面的扩展

古代都城考古使古代都城历史研究内涵更为深化、细化，我们可以从近年来相继开展的 "夏商周断代工程" 和 "中华文明探源工程"，清楚地反映出这些科研课题的深化与细化问题。古代都城考古成为决定这些 "工程" 实质性科学进展的关键。

"夏商周断代工程" 是个十分重大而具体的历史课题，这个课题的设计围绕着夏商周三代都城考古，以此作为解决其 "夏商周断代" 的物化载

---

①　杨宽：《中国古代都城制度史研究》，上海古籍出版社 1993 年版，第 101 页。

②　A. 陕西省社会科学院考古研究所渭水队：《秦都咸阳城遗址的调查和试掘》，《考古》1962 年第 6 期。B. 陕西省博物馆、文管会勘查小组：《秦都咸阳古城遗址发掘的窑址和铜器》，《考古》1974 年第 1 期。C. 秦都咸阳考古工作站：《秦都咸阳第一号宫殿建筑遗址简报》，《文物》1976 年第 11 期。D. 咸阳市文管会、咸阳市博物馆、咸阳地区文管会：《秦都咸阳第三号宫殿遗址发掘简报》，《考古与文物》1980 年第 2 期。E. 秦都咸阳考古工作站：《秦咸阳宫第二号建筑遗址发掘简报》，《考古与文物》1986 年第 4 期。F. 陈国英：《咸阳长陵车站一带考古调查》，《考古与文物》1983 年第 3 期。G. 陕西省考古研究所：《秦都咸阳考古报告》，科学出版社 2004 年版。

③　A. 秦都咸阳考古队：《咸阳市黄家沟战国墓葬发掘简报》，《考古与文物》1986 年第 2 期。B. 咸阳市文物考古研究所：《塔儿坡秦墓》，三秦出版社 1998 年版。C. 陕西省考古研究所：《秦都咸阳考古报告》，科学出版社 2004 年版。D. 咸阳市文物考古研究所：《任家嘴秦墓》，科学出版社 2005 年版。

体，这因为在中国历史上，有国家就有都城，王朝的更替与都城的兴建一般多为"同步"进行。正是基于这样的原因，通过考古学确认了最早的商王朝都城遗址与最晚的夏王朝都城遗址，通过碳十四技术就可以探索夏商之间的大约年代分界。同样，在商周之间的年代分界上，通过考古学确认了最早的西周王朝都城遗址与最晚的商王朝都城遗址，通过碳十四技术、结合青铜器铭文及相关古代天文资料就可以探索商周之间的年代分界及西周诸王的编年[①]。这些学术研究工作，对于依靠传统历史文献研究古代都城而言，是无法完成的。

　　文明形成、国家出现、都城兴建三者之间密切相关。古代早期都城遗址考古成为研究古代文明形成与国家出现的重要内容，也是解决这一学术课题的切入点。传统历史文献只能提供给人们一个早期古代都城的"朦胧时空"，真正对其得到科学的认知，必须通过田野考古发掘与研究。比如，夏王朝是中国历史上文献记载的第一个王朝，自然夏王朝的都城就是中国古代历史上最早的都城。夏王朝作为古代文明形成、国家出现的最为集中的物化载体，就是夏王朝的都城遗址。而确认、解决夏王朝的都城遗址问题必须、只能通过考古学，田野考古实践证明：历史文献记载为寻找夏代都城提供了大体范围，但是这样的信息不可能解决都城遗址的具体存在时代、空间形制、文化内涵等，只有通过对其都城遗址遗迹、遗物的地层学、类型学研究，通过现代自然科学技术在考古学中的应用，才能使古代都城所涉及的古代文明形成、国家出现的研究更具科学性。作为夏代都城遗址的河南偃师二里头遗址，其半个多世纪的考古发现与研究可以充分说明这个问题。20世纪50年代末以来，通过半个多世纪的田野考古与考古研究工作，了解了这座遗址的大量内容：考古工作者发现了距今3750—3520年的众多大型宫庙建筑遗址及其外围的宫城遗迹、大面积的祭祀区、高规格的青铜器和玉石器官手工业作坊区、高等级的青铜礼器与玉石礼器等，从而确认了其都城遗址性

---

　　① 夏商周断代工程专家组：《夏商周断代工程1996—2000年阶段成果报告（简本）》，世界图书出版公司2000年版。

质，佐证了作为国家的夏王朝历史①。由于偃师二里头遗址属于夏代晚期都城遗址，也就是说还有比其更早的夏代都城遗址。考古工作者近年来在河南新密、登封分别发现新砦城址②、王城岗城址③，通过考古学类型学研究及碳十四测年，确认其时代早于二里头遗址，它们属于夏代中期和早期的遗址。根据新砦遗址、王城岗遗址考古发现的城墙、大型夯土基址及高等级遗物，结合相关历史地理文献记载，考古发现者初步认为它们有可能分别是夏代早、中期都城遗址。

中华文明探源工程，以夏代都城遗址为支撑点向上追溯"古代文明起源"，在山西襄汾陶寺遗址考古发现了公元前2300—前2000年的大型城址及城墙、宫殿建筑遗址区、祭祀遗址区、"观天授时"遗址、大型仓储遗址区、官手工业作坊遗址区、大型高等级墓葬等，出土了写有文字的陶片、龙纹陶盘、玉石礼器、陶礼器、木礼器、铜器与青铜器等遗物④。这些考古发现可能意味着陶寺城址已经迈入"文明社会"的门槛。上述都城或都邑遗址开展的考古学研究，无疑成为"中华文明探源工程"项目的核心科研内容。

从以上"夏商周断代工程"和"中华文明探源工程"两个重大课题

---

①　A. 中国社会科学院考古研究所：《偃师二里头：1959—1978年考古发掘报告》，中国大百科全书出版社1999年版。B. 中国社会科学院考古研究所：《中国考古学·夏商卷》，中国社会科学出版社2003年版。C. 杜金鹏、许宏主编：《偃师二里头遗址研究》，科学出版社2005年版。

②　A. 中国社会科学院考古研究所河南新砦队、郑州市文物考古研究院：《河南新密市新砦遗址2002年发掘简报》，《考古》2009年第2期。B. 中国社会科学院考古研究所河南新砦队、郑州市文物考古研究院：《河南新密市新砦遗址东城墙发掘简报》，《考古》2009年第2期。C. 中国社会科学院考古研究所河南新砦队、郑州市文物考古研究院：《河南新密市新砦遗址浅穴式大型建筑基址的发掘》，《考古》2009年第2期。D. 北京大学震旦古代文明研究中心、郑州市文物考古研究院：《新密新砦：1999—2000年田野考古发掘报告》，文物出版社2008年版。

③　A. 河南省文物研究所、中国历史博物馆考古部：《登封王城岗与阳城》，文物出版社1992年版。B. 北京大学考古文博学院、河南省文物考古研究所：《登封王城岗考古发现与研究》，大象出版社2007年版。

④　A. 中国社会科学院考古研究所山西工作队、临汾地区文化局：《1978—1980年山西襄汾陶寺墓地发掘简报》，《考古》1983年第1期。B. 梁星彭、严志斌：《山西襄汾陶寺文化城址》，《2001年中国重要考古发现》，文物出版社2002年版。C. 中国社会科学院考古研究所、山西省考古研究所、临汾市文化局：《山西襄汾陶寺城址2002年发掘报告》，《考古学报》2005年第3期。D. 中国社会科学院考古研究所、山西省考古研究所、临汾市文化局：《山西襄汾县陶寺城址发现陶寺文化中期大型夯土建筑基址》，《考古》2008年第3期。E. 中国社会科学院考古研究所、山西省考古研究所、临汾市文化局：《山西襄汾县陶寺城址祭祀区大型建筑基址2003年发掘简报》，《考古》2004年第7期。

的实施中，古代都城考古都发挥着十分重要的关键性作用。古代都城遗址考古是中国考古学的重要内容，由于古代都城相对于历史时期的各种物质文化遗存，保存了国家历史发展中的更重要、更"直观"的国家政治统治、经济管理、文化礼仪活动等信息，所以中国古代都城考古学也成为中国考古学的"龙头"课题。

（四）从国家"缩影"、政治"中枢"与"平台"的古代都城考古解析古代社会历史

中国古代都城史研究的传统史料是历史文献，因而传统的中国古代都城史研究主要是对古代都城地望的考证、都城布局形制的表象"描述"，长期以来中国古代都城考古学研究也是沿用着这样一条技术路线。当古代都城考古学发展到一定阶段，古代都城考古需要向更深层面探索，即把古代都城作为国家历史缩影、政治中枢与政治平台去研究，探讨所谓"国之大事"，诸如我们前面已经谈到的"中华文明探源工程"等重大项目，以及对作为国家政治中心的古代都城在不同时代、不同社会形态及其物化载体的不同表现形式等进行研究。

通过古代都城考古调查、勘探、发掘及现代自然科学技术在都城考古学的应用，使我们在中国古代都城研究中，了解到更为深层次的历史信息。如：古代都城考古发现之于史前时代到王国时代、王国时代到帝国时代的历史发展的研究；可以通过"宗庙"与"宫殿"在都城布局位置上的变化、各自建筑形制上的发展，折射出血缘政治与地缘政治的此消彼长；又如，被学术界一般认为属于夏代晚期都城遗址的河南偃师二里头遗址的宫城遗址之中，其中的一号与二号宫庙建筑遗址位于宫城西部与东部，一般认为它们分别属于宫殿和宗庙性质的建筑遗址[①]。河南偃师商城

---

① A. 中国社会科学院考古研究所：《偃师二里头：1959—1978 年考古发掘报告》，中国大百科全书出版社 1999 年版。B. 中国社会科学院考古研究所：《中国考古学·夏商卷》，中国社会科学出版社 2003 年版。C. 中国社会科学院考古研究所二里头工作队：《河南偃师市二里头遗址宫城及宫殿区外围道路的勘察与发掘》，《考古》2004 年第 11 期。D. 中国社会科学院考古研究所：《新中国的考古发现与研究》，文物出版社 1984 年版，第 217 页。E. 杨鸿勋：《初论二里头宫室的复原问题》，《建筑考古学论文集》，文物出版社 1987 年版。F. 宋镇豪：《夏商社会史》，中国社会科学出版社 1994 年版，第 38—39 页。G. 杨鸿勋：《宫殿考古通论》，紫禁城出版社 2001 年版，第 35 页。H. 张国硕：《夏商时代都城制度研究》，河南人民出版社 2001 年版，第 173—174 页。J. 刘庆柱：《中国古代都城宫庙遗址的考古发现与研究》，中国社会科学院考古研究所编：《二十一世纪的中国考古学——庆祝佟柱臣先生八十五华诞学术文集》，文物出版社 2006 年版，第 22—37 页。

遗址的宫城遗址之中，大型建筑遗址分为东西两部分，其中东部的四号建
筑遗址和西部的南北排列的建筑遗址，分别为宫城之中的宗庙与宫殿建筑
遗址①；属于春秋时代的陕西凤翔秦雍城遗址中部"宫殿区"中的马家庄
一号建筑遗址和三号建筑遗址，一般认为是东西并列的宗庙与宫殿建筑遗
址②；进入"帝国"时代的西汉王朝都城的宗庙遗址在都城之外的"南
郊"考古发现，它们已经从先秦时代——"王国时代"的宫殿、宗庙同时
位于都城的宫城之内，变为宗庙"移出"宫城之外，形成"大朝正殿"
的"独尊"地位③。上述宗庙与宫殿在都城的位置变化，再现了体现"血
缘政治"的宗庙与"地缘政治"的宫殿，其社会政治地位的重大变化。
西汉王朝都城——汉长安城，其宫城为未央宫，此外都城之内还有长乐
宫、北宫、桂宫、明光宫等"亚宫城"，汉长安城中上述宫城与"亚宫
城"并存的空间形式，实际上反映出西汉王朝的"二元政治"④。以往的
考古学研究，对此大多只是"描述"上述考古发现物化载体的"表象"
变化，而历史文献对这些"表象"也大多语焉不详。以上所述，反映了考
古学透过都城遗址的"物质遗存"，解析、探索"人"及"社会"的
历史。

　　考古学所揭示的都城、内城、宫城、宫庙的分布位置、形制结构变

　　①　A. 杜金鹏、王学荣：《偃师商城遗址研究》，科学出版社 2004 年版。B. 刘庆柱：《中国古代
都城宫庙遗址的考古发现与研究》，中国社会科学院考古研究所编：《二十一世纪的中国考古学——庆
祝佟柱臣先生八十五华诞学术文集》，文物出版社 2006 年版，第 22—37 页。

　　②　A. 陕西省雍城考古队：《秦都雍城勘察试掘简报》，《考古与文物》1985 年第 2 期。B. 韩伟：
《秦公朝寝钻探图考释》，《考古与文物》1985 年第 2 期。C. 陕西省雍城考古队：《凤翔马家庄一号建
筑遗址群发掘简报》，《文物》1985 年第 2 期。D. 韩伟：《马家庄秦宗庙建筑制度研究》，《文物》
1985 年第 2 期。E. 刘庆柱：《中国古代都城宫庙遗址的考古发现与研究》，中国社会科学院考古研究
所编：《二十一世纪的中国考古学——庆祝佟柱臣先生八十五华诞学术文集》，文物出版社 2006 年版，
第 22—37 页。

　　③　A. 刘庆柱、李毓芳：《汉长安城宫殿、宗庙考古发现及其相关问题研究——中国古代的王国
与帝国都城比较研究之一》，中国社会科学院考古研究所等编：《汉长安城考古与汉文化——纪念汉长
安城考古五十周年国际学术研讨会论文集》，科学出版社 2008 年版，第 43—72 页。B. 中国社会科学
院考古研究所：《西汉礼制建筑遗址》，文物出版社 2003 年版。

　　④　A. 刘庆柱、李毓芳：《汉长安城的宫城和市里布局形制述略》，《考古学研究》，三秦出版社
1993 年版，第 600—613 页。B. 刘庆柱、李毓芳：《汉长安城》，文物出版社 2003 年版。C. 刘庆柱：
《西汉太后垂帘听政证据确凿——从未央宫、长乐宫的考古发现看西汉的"二元政治"》，《人民政协
报》2004 年 2 月 26 日（《新华文摘》2004 年第 9 期转载）。

化，实际上折射着国家政治、社会形态的发展。如以往中国古代都城研究中涉及的"大城"（或称"外城"、"郭城"）与"小城"（或称"内城"、"宫城"）问题，"郭城"、"内城"与"宫城"问题，"聚"、"邑"、"都"问题等，均属于此。

中国古代都城是作为政治性物化载体存在的，它们是社会历史发展的"政治"的集中体现，因此这些不同"类型"的古代都城，是不同社会形态的产物。一般来说，"单城制"的"城"的出现与"邦国"社会形态是基本一致的，"双城制"的"郭城"与"宫城"的出现与"王国"社会形态是基本一致的，"三城制"的"郭城"、"内城"与"宫城"的出现与"帝国"社会形态是基本一致的。之所以强调"基本一致"，是由考古学研究的物质载体特性决定的。物质载体的物质文化与形而上的社会政治之间的变化，存在"时间差"，即物质文化变化一般滞后于社会政治变化。如战国秦汉时代是中国古代历史上从"王国"时代进入"帝国"时代的重大变化时期，但是秦汉帝国都城中的秦咸阳城、汉长安城、东汉雒阳城还是保留着"王国"时代的"双城制"都城形制，中国古代都城发展史表明，从"双城制"变为"三城制"始于北魏洛阳城[①]。

古代都城作为国家政治中心，其国家社会形态改变了，在都城布局形制上必然会有明显的物质文化反映，都城的"单城制"、"双城制"与"三城制"是其"集大成"的反映，而重要的"先期"反映，我认为主要表现在宫殿与宗庙的布局形制变化上。从"野蛮"到"文明"，从"原始社会"到"国家"出现，从"邦国"、"王国"到"帝国"，它们集中体现在"血缘政治"与"地缘政治"的发展变化方面。"地缘政治"出现与"文明起源与形成"、"国家出现"可能是同步的，"地缘政治"与"血缘政治"从"邦国"、"王国"到"帝国"时代是始终"共存"的两支主要社会"政治势力"，但是二者之间的历史发展变化说明，"地缘政治"与

---

① A. 刘庆柱：《中国古代都城遗址布局形制的考古发现所反映的社会形态变化研究》，《考古学报》2006 年第 3 期。B. 刘庆柱：《北魏洛阳城的考古发现与研究——兼谈北魏洛阳城在中国古代都城发展史的地位》，《中国史研究》（韩国）第 40 辑，"中国都市史"特辑号，中国史学会（韩国）出版2006 年，第 1—5 页。C. 刘庆柱：《汉魏洛阳城遗址研究·序》，《汉魏洛阳城遗址研究》，科学出版社2007 年版。

"血缘政治"相比较，前者越来越强，后者越来越弱。宫殿与宗庙在古代都城中的布局形制变化，可以再现这种变化的历史。"宫殿"和"宗庙"是古代都城的"核心"建筑，"宫殿"与"宗庙"在都城布局上处于"并列"、"共存"于"宫城"之中时，应是"王国"时代的重要标示，当"宫殿"与"宗庙"在都城的位置发生变化，"宫殿"与"宗庙"不再是二者"并列"于"宫城"之中，而是"宫殿"中的"大朝正殿"在宫城之中处于"居中"、"居前"、"居高"位置的时候，"宗庙"被"移出"宫城之外（或都城之外），这时的"国家"已经是"皇权"（战国时代晚期的个别"王权"）至上的时代，也就是标示着"王国"时代结束、帝国时代到来。秦咸阳城、汉长安城的"大朝正殿"与"宗庙"位置变化，充分说明了这一历史变化，而这种"物质文化"的变化，几乎与当时"社会政治"、"社会形态"变化是同步的①。

中国古代都城各类建筑遗址的考古发现，推进了诸如王权政治与皇权政治变化、王权政治与皇权政治的"国家观念"的变化、统治集团不同政治利益的变化等研究，而这些在传统的以历史文献为唯一"材料"的古代都城研究中是较少开展的。当今中国古代都城史研究需要"新材料"、"新方法"，这种"新材料"、"新方法"多来自考古学及现代自然科学技术在考古学中的应用，从而使古代都城历史发展的揭示得以深化、细化、量化，从而更为科学化。

（中国社会科学院历史研究所、日本东方学会、大东文化大学编：《第一届中日学者中国古代史论坛文集》，中国社会科学出版社 2010 年版。此文又在 2010 年 5 月 11 日《光明日报》第 12 版之《理论周刊》发表。《新华文摘》总 458 期，2010 年第 14 期收录该文）

---

① 刘庆柱：《中国古代都城宫庙遗址的考古发现与研究》，中国社会科学院考古研究所编：《二十一世纪的中国考古学——庆祝佟柱臣先生八十五华诞学术文集》，文物出版社 2006 年版，第 35 页。

早期都城（或都邑）考古的新进展与新思考

古代都城考古是考古学的重要内容，尤其在田野考古发掘与研究中，中国古代都城考古又占有特殊的重要地位。这因为中国有着悠久的古代文明发展史，古代都城又是古代国家的政治统治中心、经济管理中心、军事指挥中心、文化礼制活动中心，古代都城是古代王朝的历史缩影。在近年的中国古代都城考古研究中，中国古代早期都城（或都邑）考古成为学术研究的难点、热点与重点。之所以说中国古代早期都城考古是"难点"，我认为这是由于古代早期都城考古相对晚期都城考古而言，可参考的历史文献更少，作为考古遗迹、遗物更少，田野考古对象的保存状况更差，勘探与发掘的技术难度更大。至于近年早期都城考古成为热点与重点，我认为主要是因为近年来古代文明形成研究成为学术界的热点与重点内容，而古代文明形成研究时空特点决定，田野考古是这一研究领域的主要力量，而田野考古研究中又以早期都城考古在古代文明形成研究中发挥着中坚作用，早期都城研究成为古代文明形成研究的学术研究重点与切入点、突破口。中国古代早期都城考古与中国古代文明形成研究的这种关系，又使其成为学术界倍加重视的研究领域。

（一）二里头遗址以前早期都城或都邑的探索与考古发现

中国考古学界一般认为河南偃师二里头遗址是目前所知中国最早的古代都城遗址，也有的学者将其形象地说成"中国第一王都"[①]。但是，二里头遗址及二里头文化的碳十四测年数据表明，二里头文化的年代为公元

---

① 2005 年在中国社会科学院考古研究所二里头工作队驻地门前广场，竖立的石碑上书刻"中国第一王都"。

前 1750—前 1520 年①。夏商周断代工程发表的夏代纪年为公元前 2070—前 1600 年②，从时代上看，二里头文化与二里头遗址的碳十四年代属于夏代中晚期至商代早期。如果目前所说的二里头遗址为中国早期都城遗址之一的话，那么它应属于夏代中晚期的夏王朝都城遗址，从理论上讲，还应该有比作为"中国第一王都"的二里头遗址更早的都城遗址，即二里头遗址以前的夏王朝都城遗址。根据历史文献记载、田野考古发现资料与碳十四测年来看，夏王朝是中国历史上的第一个王国，夏王朝的早期实际上已处于龙山时代晚期③。传统所说的龙山时代出现了"万邦""万国"局面，这时虽然还没有王国时代的都城，但是出现了作为政治管理中心的"城"或"都邑"，近年来考古学家在探讨早期都城时，对它们（早期都邑）也进行了探索与研究。

目前学术界一般认为早于二里头遗址的都邑或都城遗址的重要考古新发现有：山西襄汾陶寺遗址的城址和半圆形特殊遗迹、小城遗址之内的大型建筑遗址及其与城址相关的墓地发现；河南王城岗大城遗址的勘查，新砦城址的发现与大型浅穴式建筑遗存的全面揭露等。

20 世纪 70—80 年代，考古工作者在山西襄汾发现并发掘了规模庞大的陶寺文化墓地④。20 世纪 90 年代末，重新启动了陶寺遗址的考古工作，其主要学术目的与任务就是寻找与陶寺文化墓地相对应的陶寺文化城址。经过考古调查、勘探、试掘和发掘，取得了学术突破，发现了陶寺城址，近年来的不断工作，进一步究明了陶寺遗址早期小城和中期大城与中期小城遗址（图 5—1）。

---

①　仇士华等：《关于二里头文化的年代问题》，杜金鹏、许宏主编：《二里头遗址与二里头文化研究：中国·二里头遗址与二里头文化国际学术研讨会论文集》，科学出版社 2006 年版，第 321—331 页。

②　夏商周断代工程专家组：《夏商周断代工程 1996—2000 年阶段成果报告》，世界图书出版公司 2000 年版。

③　A. 中国社会科学院考古研究所：《中国考古学碳十四年代数据集 1965—1991》，文物出版社 1991 年版。B. 夏商周断代工程专家组：《夏商周断代工程 1996—2000 年阶段成果报告》，世界图书出版公司 2000 年版。C. 方燕明：《河南龙山文化和二里头文化碳十四测年的若干问题讨论》，《中原文物》2005 年第 2 期。

④　中国社会科学院考古研究所山西工作队等：《1978—1980 年山西襄汾陶寺墓地发掘简报》，《考古》1983 年第 1 期。

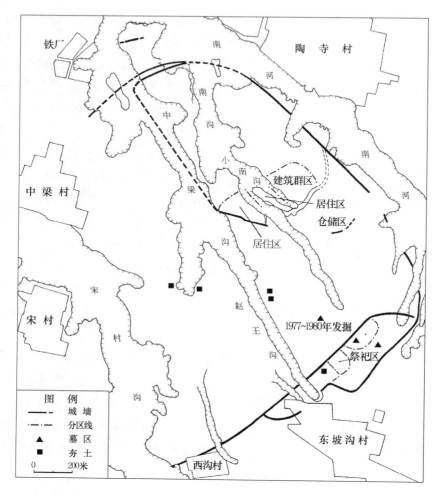

图 5—1　陶寺城址平面图

早期小城遗址南北长约 1000 米，东西宽约 560 米，面积 56 万平方米。小城分为东西二区，东区为宫殿区，西区为下层贵族区。20 世纪 70—80 年代发掘的陶寺文化早期大墓及其墓地应为早期小城的墓葬区。

东区位于小城东南部，面积 6.7 万平方米。核心建筑区主要分布在东区西半部，即早期小城的中南部，面积约 5 万平方米。宫殿区的大型夯土建筑，可能使用到小城城邑废弃以后的中期，也就是说，有可能这些大型夯土建筑在中期大城的时候作为宫殿建筑继续使用。东区东半部有相对集中的灰坑，似为宫殿区的生活垃圾所在地，占地面积1.7万平方米。

西区位于小城南部边缘，面积约1.6万平方米，已勘探发现多座夯土建筑基址，但其形制简单，建筑基址平面多为方形或长方形，建筑相对分布密集，房址周围多有垃圾灰坑。但是从房屋的夯筑基址、原来房子的白灰面，以及结合其附近同时期墓地主人的埋葬情况来看，可能西区是当时下层贵族的居住区。

早期小城的考古发现说明，东区是其主要建筑，这些建筑属于大型夯土的宫殿建筑遗址。西区虽然属于下层贵族居住区，但是这些"下层贵族"应该是直接服务于宫殿区主人的人员。在东区东南部有仓储区，作为小城的粮库。根据小城之中的文化内涵来看，小城实际上是其附近所管辖地域的社会"管理中心"，这一地域可能已经是不同血缘的多个聚落或聚落群的"共同管理"中心。

中期大城基本上是在早期小城基础之上，向南、西、西南面扩展而成。大城东南部附连小城。大城平面为圆角长方形，总面积280万平方米，其中小城面积10万平方米。早期小城的宫殿区继续为中期大城所使用。中期小城的西北部是一处同时期的大贵族墓地，面积约1万平方米。小城墓地以南为一祭祀区，其中发掘了一处可能具有"观天授时"与祭祀双重功能的建筑遗址。在大城东南部相对独立的仓储区，其范围长约100米、宽约10米。粮仓平面形制以竖穴圆角方形或长方形为主，大者边长约10米，小者边长约5米，竖穴深4—5米。仓储区中的大型粮仓属于陶寺文化早期与中期，也就是说，这一仓储区既为早期小城所使用，又为中期大城所沿用。中期大城从城之规模来看，大大超过早期小城。中期大城之中的小城，现在考古发现的有大贵族墓地和"观天授时"的"礼制建筑"遗址。这是早期小城所没有的。这些说明，中期大城比早期小城结构更为复杂，大贵族的墓地离城更近了，甚至就安排在大城的小城之中。"观天授时"建筑的发现，说明大城宫殿区的主人，已经利用"天文"为其所管辖的众多聚落或聚落群"服务"，这种"服务"包括物质与精神两个方面。前者表现为服务于农业生产；后者表现为服务于宫殿主人对其管辖范围的"精神统治"（图5—2）。

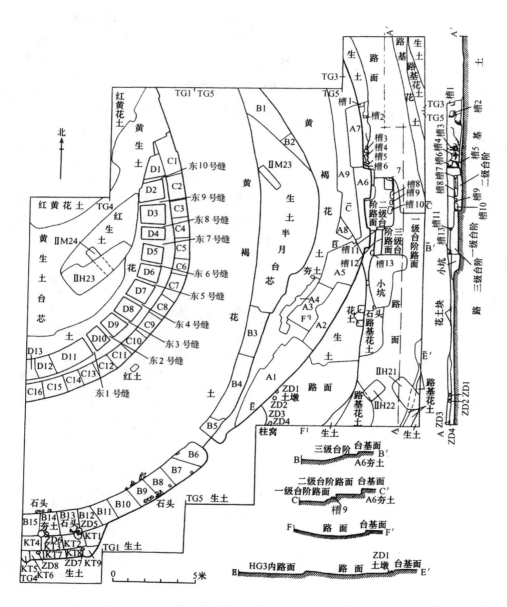

图5—2 陶寺城址"观天授时"建筑遗址平、剖面图

陶寺城址是至今中国新石器时代晚期发现的唯一一座由有大城与小城组成的"城"，城中又发现了宫殿区建筑基址及其仓储区，还发现了具有"观天授时"功能的建筑遗迹，城郊还发现与城址同时期的大型贵族墓葬与墓地①。陶寺城址的另一重要学术意义是，其地望与历史文献记载的"五帝时代"尧都"平阳"是一致的②。

1956 年，考古工作者在河南登封发现了告成遗址，1959 年中国科学院考古研究所对其进行了重点调查与钻探③。1977 年河南省文物研究所等对告成遗址的王城岗城址进行了大面积发掘④。王城岗城址包括东西并列相连的二城。其中东城大多已被河水冲毁，城址仅存西南角的一小部分。西城保存较好，城内面积约 1 万平方米。王城岗城址碳十四测年为公元前2050—前 1910 年左右（未经树轮校正）⑤，其年代相当于文献记载的夏代早期。根据城址所在位置，属于文献记载的"禹都阳城"⑥。东周时代的"阳城"遗址已经考古发现，王城岗城址与东周"阳城"遗址隔河东西相邻。但是，学术界一般认为，相对其他同时期的城址，王城岗城址作为"禹"都，似乎规模小一些⑦。可喜的是，2002—2005 年考古工作者在王城岗遗址又开展了大规模考古工作，究明了遗址范围：其东自五渡河西岸，西到八方村之南；北由王岭尖南边，南至颍河北岸。遗址面积约 50万平方米。其间，又新发现了一座"大城"，面积约 30 万平方米。这是目前中原地区发现的龙山文化城址中最大的古城址之一。大城的时代为河南龙山文化晚期（王湾三期文化晚期）。大城之中有大面积的夯土基址、祭

---

① A. 中国社会科学院考古研究所山西第二工作队等：《2002 年山西襄汾陶寺城址发掘》，《中国社会科学院古代文明研究中心通讯》第 5 期，2003 年 1 月。B. 中国社会科学院考古研究所山西队等：《山西襄汾陶寺城址祭祀区大型建筑基址 2003 年发掘简报》，《考古》2004 年第 7 期。C. 中国社会科学院考古研究所山西队等：《陶寺城址发现陶寺文化中期墓葬》，《考古》2003 年第 9 期。

② 《史记》卷一《五帝本纪》之【正义】引《帝王纪》云："尧都平阳。"

③ 徐旭生：《1959 年夏豫西调查"夏墟"的初步报告》，《考古》1959 年第 11 期。

④ 河南省文物考古研究所：《登封王城岗与阳城》，文物出版社 1972 年版。

⑤ 中国社会科学院考古研究所实验室：《放射性碳素测定年代报告（七）》ZK—581，《考古》1980 年第 4 期；《放射性碳素测定年代报告（九）》ZK—943，《考古》1982 年第 6 期。

⑥ 《古本竹书纪年》："夏后氏，禹居阳城。"《世本》载："夏禹都阳城。"

⑦ A. 杨宝成：《登封王城岗与"禹都阳城"》，《文物》1984 年第 2 期。B. 董琦：《王城岗城堡遗址分析》，《文物》1984 年第 11 期。

祀坑等遗迹，还出土了玉石琮、白陶器等高等级遗物，大城的重要性是不言而喻的了①。王城岗遗址的大城与过去发现的王城岗城址的小城属于同时期的建筑，并且小城是大城的一部分。小城位于大城之东，有的学者认为，小城是宗庙建筑区所在地，大城是国家的行政中心。王城岗遗址的大城和小城，就是人们一直在寻找的、文献记载的"禹都阳城"，即夏代初年的都城②。新的年代学研究成果认为，与二里头遗址年代相连接，又具有"都邑"规模和规格的城址是新密新砦遗址。二里头文化一至四期年代为公元前1750—前1520年③。新砦遗址的新砦期最近测定的年代绝大部分在公元前1830—前1680年，主持新砦遗址考古发掘与研究的赵春青估计，新砦期绝对年代为公元前1850—前1750年，其下限与二里头文化一期的公元前1750—前1700年，二者年代前后衔接。这一测年结果，反映出新砦期与二里头文化的年代上下连接的顺序④。2002—2003年，中国社会科学院考古研究所与郑州市文物考古研究所合作发掘的新砦遗址，确认了遗址是一座设有外围壕沟、城壕和内壕三重防御设施的大型城址。城址平面近方形，南以双泊河为天然屏障，东、北、西三面夯筑城墙，城墙为龙山文化时期所筑，新砦期城墙建于废弃后的龙山文化城墙之上。城内面积70万平方米。外壕位于新砦期城址北城墙以北约220米处，东西长1500米、南北宽6—14米、深3—4米。若加上外壕与北城墙之间的面积，新砦期城址总面积约为100万平方米。新砦期城址中心区的东、西、北三面置壕沟，即"内壕"，其面积约在6万平方米左右，有的学者将其视为新砦期城址的"内城"（图5—3）。在中心区中央偏北有一大型浅穴式建筑遗址，经2003—2005年的连续考古发掘，现在已基本究明这是一处新砦期晚段

---

① 方燕明：《河南登封王城岗遗址发现龙山文化晚期大型城址》，《中国文物报》2005年1月28日第1版。

② 杨肇清：《略论登封王城岗遗址大城与小城的关系及其性质》，《中原文物》2005年第2期。

③ 仇士华等：《关于二里头文化的年代问题》，杜金鹏、许宏主编：《二里头遗址与二里头文化研究：中国·二里头遗址与二里头文化国际学术研讨会论文集》，科学出版社2006年版，第321—332页。

④ 赵春青：《关于新砦期与二里头一期的若干问题》，杜金鹏、许宏直主编：《二里头遗址与二里头文化研究：中国·二里头遗址与二里头文化国际学术研讨会论文集》，科学出版社2006年版，第279—303页。

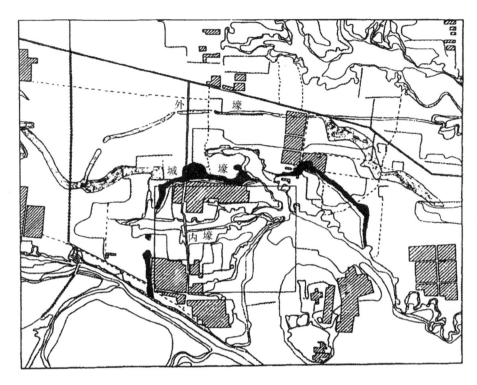

图 5—3　新砦城址平面示意图

多次使用的大型浅穴式露天活动场所，东西长 92.6 米、南北宽 14.5 米，面积约 1000 多平方米。发掘者根据大型浅穴式建筑遗址的考古资料，结合历史文献记载，认为这可能是文献中所说的"坎""墠"之类的祭祀遗迹①。有的学者根据相关古籍记载，提出新砦城址可能是夏启之居②。我认为文献记载夏启是夏王朝建立之初的国王，夏商周断代工程关于夏代纪年

---

① A. 中国社会科学院考古研究所等：《河南新密市新砦城址中心区发现大型浅穴式建筑》，《考古》2006 年第 1 期。B. 赵春青等：《河南省新密市新砦遗址发现城墙和大型建筑》，《中国文物报》2004 年 3 月 3 日。C. 赵春青：《新密市新砦龙山文化至二里头文化时期城址》，《中国考古学年鉴》(2004)，文物出版社 2005 年版。D. 中国社会科学院考古研究所河南新砦队等：《新密市新砦遗址聚落布局探索的新进展》，《中国社会科学院古代文明研究中心通讯》第 8 期，2004 年 8 月。

② 赵春青：《新密新砦城址与夏启之居》，《中原文物》2005 年第 1 期。

为公元前 2070—前 1600 年①。前已述及，新砦城址年代约为公元前
1850—前 1750 年，也就是说这里不可能为夏启之都城。当前关于新砦城
址的学术问题，主要不是夏代哪个国王定都于此，而是新砦遗址是不是夏
代的都城遗址。我认为根据目前考古资料，现在还不便作出肯定或否定的
意见，还需要开展进一步的田野考古工作，在关键性的田野考古资料方面
要有所突破，这样才能使相应的考古学研究更为深入。

（二）"三代"都城遗址的近年考古新发现

中国社会科学院考古研究所二里头工作队，近年来对二里头遗址开展
了较大规模的考古调查、勘探与发掘工作。现在考古工作者根据其新的田
野考古资料，提出二里头遗址范围东西最长 2400 米、南北最宽 1900 米，
现存面积 300 万平方米。这一遗址范围、面积，与以前或最近发表的有关
二里头遗址范围的数据出入较大，有的相差 1 倍或 2 倍②。作为都城遗址，
时空问题是其必须首先究明的最为重要的学术任务。遗址中心区位于遗址
东南部至中部一带，其中包括宫庙区、铸铜作坊区、玉石器作坊区、祭祀
活动区和一些贵族聚居区。宫庙区主要位于遗址东南部，已发现大型夯土
建筑基址数座，考古发掘了多座大型宫殿建筑遗址。晚期筑有宫城，平面
为长方形，南北长 359—378 米、东西宽 292—295 米，面积约 10.8 万平方
米。宫城外围发现垂直相交的大道。（图 5—4）宫城南部发现有规模庞大
的绿松石器制造作坊遗址。宫城周围分布有大量中小型夯土建筑基址，这
应属于贵族聚居区。在贵族聚居区附近分布有中型墓葬。宫殿区以南 200
米有大范围的铸铜遗址，面积在 1 万平方米以上，其周围可能有壕沟。祭
祀活动区在宫殿区北部，主要包括有圆形的地面建筑遗址和长方形的半地
穴建筑遗址，以及附近的一些墓葬，其范围东西约在二三百米。二里头遗
址的西部和北部为一般居住活动区。东部和西部分别有骨器、陶器作坊遗

---

① 夏商周断代工程专家组：《夏商周断代工程 1996—2000 年阶段成果报告》，世界图书出版公司
2000 年版。

② A. 《中国考古学·夏商卷》："二里头遗址重要文化遗存的分布范围主要是：南起四角楼村前
的古洛河北岸，往北至少到二里头村后今洛河河道，东过圪垱头村，西到北许村，大约南北长 2—2.5
公里，东西宽 2.5 公里，面积 5—6 平方公里。"中国社会科学出版社 2003 年版，第 63 页。B. 郑光：
《二里头陶器文化略论》载：二里头遗址"现知面积为 9 平方公里"，《二里头陶器集粹》，中国社会
科学出版社 1995 年版。

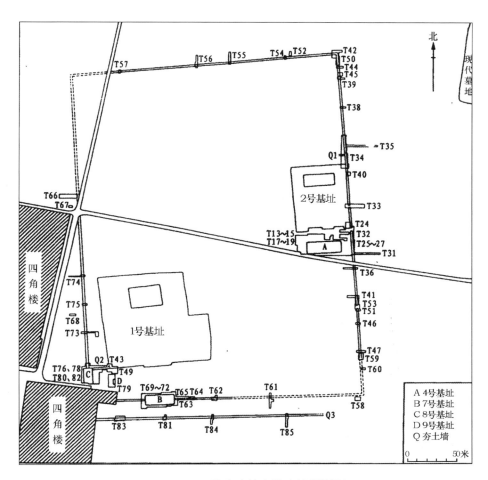

图 5—4　二里头遗址宫城遗址平面图

址（图 5—5）。二里头遗址历年来还出土了铜爵、铜斝等青铜礼器和青铜兵器，以及玉钺、玉璋、绿松石龙形器、绿松石牌等玉石礼器和其他大量高规格遗物①。二里头遗址发现的宫城及其中的宫庙建筑遗址、青铜礼器

---

① A. 中国社会科学院考古研究所：《偃师二里头：1959—1978 年考古发掘报告》，中国大百科全书出版社 1999 年版。B. 许宏、陈国梁、赵海涛：《二里头遗址聚落形态的初步考察》，《考古》2004 年第 11 期。

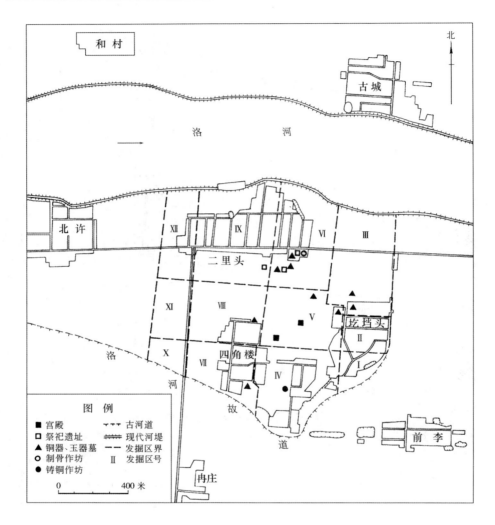

图 5—5　二里头遗址平面图

等，均属于中国古代都城考古发现中同类遗存时代最早的。学术界一般认为，二里头遗址是夏王朝中晚期的都城遗址。不过根据最近的碳十四测年结果来看，二里头遗址晚期可能已进入商代编年，如果这一测年结果无误的话，二里头遗址晚期也就失去了作为都城遗址的地位。

　　偃师商城遗址毗邻二里头遗址，位于偃师市西南部洛河北岸，由郭城和宫城组成。郭城分为早晚两期，早期郭城（即考古发现者所说的"小城"）规模较小，南北长 1100 米、东西宽 740 米，面积约 81 万平方米；晚期郭城（即考古发掘者所说的"大城"）是在早期郭城基础之上扩建而成，东西 1240 米（以北城墙为例）、南北 1710 米（以西城墙为例），城墙周长 5500 米，面积约 200 万平方米。城墙之外有城壕。发现城门遗址 5 座，即东西城门各 2 座、北城门 1 座。已进行考古发掘的 3 座城门遗址，均各为 1 个门道。偃师商城的郭城，是目前中国古代都城之中考古发现时代最早的郭城。宫城在郭城南部，平面近方形，南北墙长 190—200 米、东西墙长 180—185 米。宫城在使用过程中又进行了扩建，其最大时期的面积超过 4.5 万平方米。已发现南宫墙中部辟有一座单门道宫门。宫城遗址进行了全面考古发掘，发现了建于不同时期的十余座宫庙建筑遗址。在宫城北部发现石砌池渠，池渠与宫殿之间设置了祭祀场所。郭城北部有一般居址、手工业遗址①。我们注意到，偃师商城的宫城与二里头遗址宫城相比，后者比前者规模大一倍，而时代上后者又比前者早，这其中应该蕴涵着非常重要的信息，需要在今后的田野考古发掘与研究中予以特别的重视。

郑州商城遗址在郑州市，东西约 1700 米、南北约 1870 米，周长 6960 米，面积 300 万平方米。在城址东南部与西部偏北发现了部分城壕遗迹。城址东北部分布有数量众多的大型夯土建筑基址，这里可能为都城的宫庙建筑区，其范围长约 750 米、宽约 500 米。宫庙建筑区外围发现有部分夯土墙与壕沟遗迹，发现者认为这有可能是宫庙区所在的宫城城墙与城壕遗迹。在靠近城墙内侧与城址之外的附近地区，还发现了一些一般居址。为数众多的铸铜、制陶、制骨作坊遗址，均分布于城址南、北、西三面之外的附近地区。在郑州商城东南角至西南角发现一道长 3425 米的夯土墙遗迹，一般认为这是郑州商城的"外郭城"城墙，这种说法还有待更多考古发现与研究的支撑②。

《史记》卷三《殷本纪》之【正义】引《竹书纪年》载："自盘庚徙

---

① 王学荣：《河南偃师商城遗址的考古发现与研究》，《考古求知集》，中国社会科学出版社 1997 年版。

② 河南省文物考古研究所：《郑州商城》，文物出版社 2001 年版。

殷至纣之灭二百五十三年，更不徙都。"又据《史记》卷七《项羽本纪》之【索隐】引《汲冢古文》云："盘庚自奄迁于北蒙，曰殷虚，南去邺州三十里。"《史记》卷七《项羽本纪》载："项羽乃与期洹水南殷虚上。""殷虚"即"殷墟"，故《史记》卷七《项羽本纪》之【集解】应劭曰："洹水在汤阴界。殷墟，故殷都也。"学术界长期以来认为，殷墟在安阳的洹河南岸，是商代晚期都城遗址。武丁至帝辛时期的宫殿、宗庙区在洹河南岸的小屯村一带，宫庙区的西、南两面挖有壕沟，西壕沟长 1050 米、南壕沟长 650 米；北、东两面邻洹水[①]。最近在小屯一带又有新的考古发现，有迹象表明"小屯西地原大灰沟的性质不仅仅是防御性壕沟，很可能在某些时期某些地段曾一度成为宫殿宗庙区的祭祀区域，某些地段也曾成为宫殿宗庙区的池苑类遗存，并兼具区划的作用"。此外，在"大灰沟"的西侧，也就是原来小屯宫庙区以外，又发现了大面积夯土建筑基址。这一方面说明"大灰沟"可能不是殷墟宫庙区的界限，另一方面又说明殷墟宫庙区范围可能比原来划定的范围要大。2004 年，在宫庙区西部发现的商代水池遗迹，面积不小于 4.5 万平方米[②]。关于小屯宫庙区的整体布局和单体宫庙建筑遗址形制，以往发表的考古资料和研究成果，与殷墟宫庙区附近的近年考古新发现和近年先秦都城遗址田野考古发现与研究的新成果多有抵牾，有的属于学术发展的历史局限所致，这就要求我们必须用新的理论、新的方法、新的资料去认识、分析以往的考古资料与研究结论，将这一研究向更加深入推进。殷墟遗址区还分布有铸铜、制陶、制骨、制玉等手工业作坊遗址，以及大量一般居址与墓地。王陵区在洹河北岸的侯家庄与武官村一带。

近年又在洹河北岸发现了早于小屯宫庙建筑遗址区的都城遗址——洹北商城遗址，这可能是"盘庚徙殷"至武丁之前的早期殷都遗址，或可说殷墟作为都城的早期遗址。洹北商城遗址平面近方形，边长 2100—2200米，面积 470 万平方米。在城址中部偏南发现大面积夯土基址群，其排列

　　①　中国社会科学院考古研究所：《殷墟的发现与研究》，科学出版社 1994 年版。
　　②　岳洪斌等：《小屯宫殿宗庙区布局初探》，中国社会科学院考古研究所夏商周考古研究室：《三代考古》（二），科学出版社 2006 年版。

有序、分布密集。有的建筑基址规模宏大，如已考古发掘的第一号宫殿建筑遗址，面积达 1.6 万平方米①。

西周都城——陕西长安丰镐遗址，位于西安西南部沣河两岸，遗址范围约 10 平方公里，已发现多座夯土建筑基址和大量墓葬。在沣河西部的客省庄与马王庄一带，钻探发现 14 座夯土建筑基址②。在沣河东部的镐京遗址范围之内，也发现了 10 余处夯土建筑基址③。由于上述发现大多属于调查、勘探资料，对于那些夯土建筑遗址的原来建筑功能，还难以开展深入、全面的研究，因而涉及都城遗址布局与宫庙遗址形制等重要学术问题，还需要今后田野考古工作的更多积累。周原遗址（此处所说的周原遗址包括周公庙遗址，即一般所说的"大周原遗址"）是周人的发祥地，这里有大量西周时代重要宫室建筑，但是周原遗址不是"真正"的都城遗址，因为"周原"在西周一代从未做过西周王朝的都城，它只是西周王室先人的"故地"。尽管如此，我认为周原遗址考古发现的大型夯土建筑基址，在学术上对于研究周代宫室建筑仍有重要参考意义④。

历史文献记载，西周王朝在洛阳建有陪都⑤，但是关于其具体地望、范围、形制都还不清楚，有待今后进一步的考古工作来究明。

在上述都城遗址之中，大多发现了建筑规模庞大的宫庙建筑遗址与祭祀活动遗迹，有的都城遗址附近还发现了铸铜和玉石制造等官手工业作坊遗址、巨大的王陵群或贵族墓葬。近年来考古发掘的河南偃师二里头遗址的宫城遗址（及其宫庙建筑遗址）与祭祀遗迹、偃师商城的郭城与宫城遗

①　A. 中国社会科学院考古研究所：《殷墟的发现与研究》，科学出版社 1994 年版。B. 中国社会科学院考古研究所安阳工作队：《河南安阳市洹北商城的勘察与试掘》、《河南安阳市洹北商城宫殿区 1 号基址发掘简报》，《考古》2003 年第 5 期。

②　A. 中国科学院考古研究所：《沣西发掘报告：1955—1957 年陕西长安县沣西乡考古发掘资料》，文物出版社 1962 年版。B. 中国社会科学院考古研究所：《张家坡西周墓地》，中国大百科全书出版社 1999 年版。C. 中国社会科学院考古研究所沣西发掘队：《1976—1978 年长安沣西发掘简报》，《考古》1981 年第 1 期。

③　陕西省考古研究所：《镐京西周宫室》，西北大学出版社 1995 年版。

④　A. 陕西周原考古队：《陕西岐山凤雏村西周建筑基址发掘简报》，《文物》1979 年第 10 期。B. 陕西周原考古队：《扶风召陈西周建筑群基址发掘简报》，《文物》1981 年第 3 期。C. 周原考古队：《陕西扶风云塘、齐镇西周建筑基址 1999—2000 年度发掘简报》，《考古》2002 年第 7 期。

⑤　孔颖达：《尚书正义》，《十三经注疏》，中华书局（影印）1980 年版，第 214 页；《逸周书》，辽宁教育出版社 1997 年版。

址（及其宫庙建筑遗址、祭祀遗存和池渠遗址）、郑州商城城墙遗迹与宫庙建筑遗址、安阳殷墟洹北商城宫庙建筑遗址等，为我们研究当时的都城遗址布局形制及其所反映的社会形态变化提供了珍贵的科学资料。

二里头遗址的宫城遗址及其中多座宫庙建筑基址的勘探与发掘，改变了过去认为二里头遗址有宫庙无宫城的看法，二里头遗址宫城遗址成为目前所知中国古代都城遗址中时代最早的宫城遗址。二里头遗址中的官手工业作坊区遗址的勘查，反映了当时都城的"工在官"特点。偃师商城宫城遗址中的宫庙建筑基址全面揭露，宫城之中祭祀区、池苑区的发现，为探讨宫城布局提供了弥足珍贵的考古资料。洹北商城的发现和城内一号宫庙建筑基址的发掘，殷墟小屯宫庙建筑遗址的发掘与进一步研究为揭示殷墟的布局形制提供了重要考古资料。周原遗址的云塘礼制建筑基址的发掘，连同春秋时代秦国雍城遗址马家庄第一号大型建筑基址、汉长安城南郊礼制建筑遗址，为从"已知"探讨"未知"的早期都城的宗庙建筑遗址提供了重要学术支撑。三代都城的上述考古发现，对于研究中国古代早期都城的政治性特质有着极为重要的学术意义。

（三）当前中国古代早期都城（或都邑）考古的新思考

当前中国古代早期都城（或都邑）考古之于古代文明形成研究的作用，不少学者已进行过讨论。我认为古代文明形成属于政治范畴的问题，其实质是研究人类社会是如何与何时从"史前时代"社会进入"国家时代"社会的问题。从学科研究分类来说，这属于历史学研究内容，但是作为狭义历史学——文献历史学，这一时期又没有、也不存在当时的"文献"史料。作为广义历史学中的考古学，由于其研究对象为人类社会的物质遗存，所以考古学理所当然地成为古代文明形成历史研究的主要学科。对于古代文明形成的历史研究，科学地选择与其密切相关、反映其历史本质、具有操作性与可行性的"物化载体"至关重要。关于这种"物化载体"对象，学术界一般将其归结为古代文明形成的"要素"，它们主要包括：城、文字和金属器，近年来又有学者提出"王陵""礼制"等。这些"要素"的界定也有一定困难，每种"要素"的基本内涵与主要条件是什么，现在学术界并未取得基本一致的共识与科学的、规范的界定标准。当然，作为学术研究这是属于正常现象，就科学发展史而言，"共识"是相对的、暂时的，学术术语内涵的科学、规范的界定也是随着学术的发展而变化的。但是这种发展中的"变化"，也是有"阶段性"的。各种古代文明形成"要素"的发展变化情况不是相同的；古代文明形成的各个"要素"之间有着内在的、必然的、有机的联系，但是相对古代文明形成而言，各个"要素"的"权重"是不一样的。古代文明形成诸要素中，"城"或"都城"是"邦国""王国"管辖范围之内的政治统治、管理中心，因此探讨属于政治历史范畴的社会形态变化，"城""都城"是其中最具代表性、最具操作性、最具重要性的"要素"。

认识了中国古代早期都城（或都邑）考古在学术研究上的重要性，关键还是要通过考古学究明都城的产生与发展历史。这一历史过程的研究与揭示，就是要用"以小见大"的方法，探索古代文明形成、国家出现的重大历史问题的发展过程。都城是从"城"发展而来的，"城"又是从史前聚落发展而来的历史产物。从史前"聚落"到"城"，从"城"再到早期都城，实际上是从史前时代到"万邦、万国"（或"邦国"、或"方国"）时代，再从"万邦、万国"时代到"王国"时代的社会形态历史发展变化的反映。

近年来中国古代早期都城遗址田野考古取得重要进展，在一些方面甚至取得了突破性进展。与此同时，我也注意到，中国古代早期都城田野考古及其自然科学技术在考古学中的应用，也面临着从未有过的巨大挑战，如二里头遗址与二里头文化的碳十四测年范围（公元前1750—前1520年），从夏商周断代工程的夏王朝纪年（公元前2070—前1600年）来看，二里头遗址与二里头文化晚期已进入了商王朝的早期阶段，而且恰恰在这时二里头遗址却出现"大兴土木"、营造宫城、修筑宫庙活动。二里头遗址最近的考古发现与其测年数据，如果其科学性都是不容置疑的话，那么由此所提出的挑战，不只是对二里头文化与夏文化关系、考古学文化与"王朝文化"或"王国文化"关系要重新认识，而且还要反思二里头文化晚期都邑遗址与偃师商城、郑州商城等商代早期都城遗址关系。理清上述各种关系，是进一步开展这些城址田野考古工作的基础，解决的根本途径需要田野考古新资料的发现，当然也要重新审视科学研究的方法与理论。在这些方面研究分歧的过大，实际上反映出一方面是研究基础资料的薄弱，另一方面是研究方法与理论支撑的不同。

学科是人类认识客体世界的主观分类，在看到学科认识客观世界的科学性、必要性、可行性的同时，我们还必须注意所有学科在探索客体世界中都有其局限性，考古学在探索人类历史科学上也有其不可克服的局限性。有些问题属于考古学要解决的，有些问题则不是考古学自身所能够解决的。考古学家要与其他学科的专家共同合作，在跨学科的科学研究领域，要相互协作、相互理解、相互支持、相互学习，在当前中国古代早期都城考古的年代学研究方面，考古工作者尤其要注意与自然科学工作者的紧密合作。

要认识、了解中国古代早期都城的发展史，究明其"前身"——"城"的内涵是必要的。而"城"是相对"邑"和"聚"而存在的，它们分别具有不同的空间范围、空间形式和空间内涵，这些物化特点需要田野考古去解决。田野考古如何解决上述问题，这是摆在考古学家面前的一道难题。但是，就目前我们的考古学积累来看，已经基本具备了解决这一问题的条件。在"城"、"邑"、"聚落"三者区别上，主要存在的难点是"城"与"邑"的区分。根据历史文献记载，"城"与"邑"有无"宗庙"是二者的区别之一，因此，从考古学上究明宫殿与宗庙的不同，是界定"邑"与"城"的关键。在古代文明形成之初，如何区别规模较大、内涵较为丰富与重要的"城"与王国"都城"也是个难题。这需要考古学与历史文献学的结合，要利用文献为我们保留的古史时空框架；考古学自身也要遵循从已知向未知领域的科学探索规律，通过对中国古代早期都城物化载体的探索，提出中国古代早期都城发展变化模式。

（中国社会科学院考古研究所、瑞典国家遗产委员会考古研究所编：《中国考古学与瑞典考古学：第一届中瑞考古学论坛文集》，科学出版社 2006 年版）

中国古代都城考古学研究的几个问题

　　古代都城考古是中国考古学的重大课题，自西方近代考古学传入中国伊始，中国的学术界就把注意力集中到古代都城考古方面。同时，中国的国家学术机构独立进行考古工作的首选课题，就是1928年中央研究院历史语言研究所对商代都城遗址安阳殷墟的考古发掘。继之，北京大学考古学会、北平研究院史学研究会等单位又合组燕下都考古团，由著名学者马衡率领进行了燕下都遗址的调查发掘。尤其是殷墟的发掘，使刚刚传入中国的考古学确立了其在中国学术界的重要地位，造就出一大批中国考古学的中坚力量，为中国古代都城考古学创造并积累了丰富而宝贵的经验。

　　50年代初，中国科学院考古研究所建立不久，当时业务人员甚少、业务经费有限，而面临的全国各地考古任务十分繁重，但根据学科发展的需要，考古研究所的主要领导认识到，中国历史源远流长，从未间断，作为其考古学物化载体的古代都城遗址，其数量之多、规模之大、分布之广是世界上其他任何国家所无法相比的。因此，古代都城考古学成为中国考古学在世界考古学中最具特色的一个重要方面。有鉴于此，从50年代以来，古代都城考古一直作为中国社会科学院考古研究所的重点科研项目。

　　近半个世纪以来，我们对中国古代都城遗址进行了全方位的、持续不断的考古调查、发掘与研究，其中有统一王朝或帝国时期的都城遗址，如夏代都城偃师二里头遗址、商代都城偃师商城和安阳殷墟遗址、西周都城丰镐遗址、汉长安城遗址、汉魏洛阳城遗址、隋大兴城、唐长安城、隋唐洛阳城遗址和元大都遗址等，此外还有陕西周原遗址、北京琉璃河燕国都城遗址、曹魏和北朝的邺城遗址、渤海上京遗址和南宋临安城遗址等。上述考古工作使中国古代都城考古学基本上构筑起学科框架。由于这是一项长期、系统、庞大的学术工程，在新的世纪到来之际，中国社会科学院考古研究所仍将把中国古代都城考古学作为重要的科研课题，以此来推动中国考古学的发展。为此，我想就当前中国古代都城考古学研究中的几个问题作一探讨。

（一）关于中国古代都城的大城与小城

本文所讨论的大城与小城，即古代文献中的"郭"与"城"。《孟子·公子丑（下）》曾载："三里之城，七里之郭。"《管子》亦称"内之为城，外之为郭"。文献记载郭与城出现较早，《初学记》引《吴越春秋》载："鲧筑城以卫君，造郭以守民，此城郭之始也。"《艺文类聚》引《博物志》载："城郭自禹始也。"从目前考古材料来看，最早的大城套小城城址材料是四川都江堰市芒城址和崇州双河城址的考古调查。芒城址大城南北长约 360 米、东西宽约 340 米，面积约 12 万平方米；其中的小城南北约 290 米、东西约 270 米，面积 7.8 万平方米。双河古城址，大小城内、外间距约 15 米。上述二城址的年代范围约为公元前 2600—前 1700 年，但二城址的城墙相互关系还不清楚，是同时并存还是互有先后等关键问题，均需今后进一步开展考古工作究明①。

古本《竹书纪年》载："禹居阳城。"古之阳城在今河南登封告成镇附近，考古工作者曾在告成镇王城岗发掘了一处龙山文化城址②，有的学者认为此系"禹都阳城"③。也有持不同看法者，认为其规模小，不似都城④；还有的学者认为河南龙山文化与夏文化是两种文化⑤，因而王城岗河南龙山文化城址不可能为夏都故址。关于上述问题这里暂不作讨论，我要指出的是王城岗河南龙山文化城址包括东西并列二城址，但其时代有先后，东城早、西城晚，二者并非同时期城址，因此也不存在城与郭的关系。

河南偃师二里头遗址是晚于王城岗龙山文化城址的夏代都城遗址，有

---

① 《成都平原发现一批史前城址》，《中国文物报》1996 年 8 月 18 日。
② 河南省文物考古研究所等：《登封王城岗与阳城》，文物出版社 1992 年版。
③ 安金槐：《再论登封王城岗龙山文化城址与夏代阳城》，《安金槐考古文集》，中州古籍出版社1999 年版。
④ 俞伟超：《中国古代都城规划的发展阶段性》，《文物》1985 年第 2 期。
⑤ 邹衡：《关于夏文化的上限问题——与李伯谦先生商榷》，《文物与考古》1999 年第 5 期。

的学者认为此即古本《竹书纪年》和《史记》卷二《夏本纪》之【正义】引《汲冢古文》所载之夏都"斟寻"故址。二里头遗址范围约 4 平方公里，平面近方形。遗址中部发现数十块夯土基址，形成规模庞大的宫殿、宗庙区。遗址南部、北部和东部分别为青铜器铸造、制陶与制骨作坊区，西部为一般居民生活区。已发掘的第一、二号宫室建筑遗址，位于宫庙区中心，这是目前我国考古发掘的年代最早并可确认为都城宫庙类的大型建筑遗址。二者形制相近，大小不同①。它们各自筑墙围成院落，类似这样的"院落"在二里头遗址宫庙区内可能还会有一些。在上述诸"院落"之外或宫庙区周围是否修筑了城垣还不清楚。二里头遗址的作坊区和居民区之外目前也未发现"郭"墙。就现有材料来看，夏代都城遗址中还是仅有宫庙之"院落"，其外之"宫城"与城外之"郭"还未发现。

　　偃师商城是继二里头遗址（夏代都城遗址）而兴建的商代最早的都城遗址，经过十几年的考古发掘与研究，该城址的布局形制已基本究明。偃师商城始建之时，郭城（即现在所说的小城）规模较小，宫城位于郭城中部偏南。随着都城的发展，原来郭城向北、向东扩大，形成新的郭城（即现在所说的大城），后者包括了东北部的民众聚居区和重要手工业区②。偃师商城的"郭城"与"宫城"充分佐证了文献所载的"城以卫君"、"郭以守民"，"内之为城"、"外之为郭"。从考古学资料来看，偃师商城是目前已知中国古代都城中最早出现宫城与郭城的。

　　被认为商代隞都的郑州商城遗址，已发现了内城和郭城遗迹。考古发现说明，内城之中应为商代奴隶主和贵族活动之地，平民居址极少发现，内城东北部发现大面积宫室夯土建筑基址。郑州商城已发现的内城可理解为"小城"或"宫城"。内城南、西城墙之外 600 米与 1100 米分别发现了同时期的墙址，其间发现有大量手工业作坊遗址和平民居址，而在上述墙垣之外却很少发现同时期商代遗址，这些城垣当属于郑州商城的郭城城墙③。

---

　　① 中国社会科学院考古研究所：《偃师二里头：1959—1978 年考古发掘报告》，中国大百科全书出版社 1999 年版。

　　② 杜金鹏：《偃师商城考古新成果与夏商年代学研究》，《光明日报》1998 年 5 月 15 日。

　　③ 河南省文物考古研究所：《郑州商城考古新发现与研究》，中州古籍出版社 1993 年版。

安阳殷墟是商代晚期都城遗址。宫殿宗庙区位于殷墟遗址中心的小屯村一带，这里地势高、近水源，其东、北两面临洹水，西、南两边有宽深的壕沟，宫殿宗庙区的四周可能以沟、河为界而形成其"宫城"，但是这种情况在中国古代都城发展史上很少见到。在小屯宫庙区外围为居民区、作坊区。目前在殷墟居民区、作坊区外围附近还未发现"郭城"遗迹①。

西周都城丰镐遗址的基本范围已清楚②，但相关的宫城、郭城遗迹还未找到。相对而言，东周时代列国都城的宫城、郭城考古资料较为丰富，如齐临淄城③、赵邯郸城④、魏安邑城⑤、楚纪南城⑥、郑韩故城⑦、燕下都⑧、曲阜鲁城等⑨，其郭城与宫城的分布、规模等均已基本究明。

秦汉时代是中国历史上中央集权统一帝国形成和巩固时期，反映在都城之郭城与宫城布局结构方面的突出特点是宫城的强化、"亚宫城"的出现和京畿离宫别馆的大规模营建。秦代首都咸阳城，宫城为文献所载之"咸阳宫"或称"北宫"，其地望和范围均已通过考古工作基本解决⑩。在秦都咸阳之宫城使用的同时，又在渭河南岸建造了"南宫"⑪，在都城附近兴建了大量宫殿建筑，如梁山宫、望夷宫、林光宫、兰池宫等，《史记》卷六《秦始皇本纪》称"咸阳之旁二百里内宫观二百七十"，可见其规模之大。

---

　　①　中国社会科学院考古研究所：《殷墟的发现与研究》，科学出版社 1995 年版。
　　②　胡谦盈：《丰镐遗址》，《中国大百科全书·考古学》，中国大百科全书出版社 1986 年版，第 126—127 页。
　　③　山东省文物管理处：《山东临淄齐故城试掘简报》，《考古》1961 年第 6 期。群力：《临淄齐国故城勘探纪要》，《文物》1972 年第 5 期。
　　④　河北省文物管理处等：《赵都邯郸故城调查报告》，《考古学集刊》第 4 集，中国社会科学出版社 1984 年版。
　　⑤　陶正刚等：《古魏城和禹王城调查简报》，《文物》1962 年第 4、5 期。中国科学院考古研究所山西工作队：《山西夏县禹王城调查》，《考古》1963 年第 9 期。
　　⑥　湖北省博物馆：《楚都纪南城的勘探与发掘》（上、下），《考古学报》1982 年第 3、4 期。
　　⑦　河南省博物馆新郑工作站等：《河南新郑郑韩故城的钻探试掘》，《文物资料丛刊》第 3 辑，文物出版社 1980 年版。
　　⑧　河北省文物研究所：《燕下都》，文物出版社 1996 年版。
　　⑨　山东省文物考古研究所等：《曲阜鲁国故城》，齐鲁书社 1982 年版。
　　⑩　刘庆柱：《论秦咸阳城布局形制及其相关问题》，《文博》1990 年第 5 期。
　　⑪　刘庆柱、李毓芳：《秦都咸阳"渭南"宫台庙苑考》，《秦汉论集》，陕西人民出版社 1992 年版。

西汉首都长安城的情况更为突出、典型。未央宫作为皇宫与其他宫城有着明显的不同，从宫城的平面布局、皇室宫殿建筑配置、相应官署的安排都可反映出来。这种皇宫宫城职能的强化与"亚宫城"的出现有着直接关系。汉长安城的"亚宫城"主要有长乐宫、桂宫、北宫和明光宫，它们是外戚政治势力发展的产物，是封建社会初期中央集权统治集团的政治需要。"亚宫城"虽有宫城名义，但出于强化皇权、皇帝、皇宫的政治要求，它们与皇宫的宫城在布局结构方面还有着明显的不同和森严的等级界限。至于汉长安城外的离宫别馆，属于皇帝经常使用的宫室，如甘泉宫、建章宫等，则极力仿照皇宫未央宫的宫城布局。汉长安城郭城中的居民区主要有三处："东第""北第"和"宣平贵里"。"第"为官僚贵族住宅。"东第"在未央宫与长乐宫之间，因位于皇宫之东而得名；"北第"在未央宫之北，号称"甲第"；"宣平贵里"在长安城东北部，即宣平门附近，这是汉长安城中的主要居民区。手工业作坊集中安排在西市之内。主要为官办的制陶、冶铸与造币手工业，其产品以服务皇室、达官显贵为主。可见西汉都城之郭城功能还是与皇室、中央政府有着密切关系的。

东汉雒阳城的宫城主要有南宫和北宫，二宫的规模、形制基本相同，作为大朝正殿所在的皇宫宫城，二者只是时间上的早晚不同。从本质上讲，它们已不是宫城与"亚宫城"的不同区别，实际上已成为"双宫城"。

魏晋时期洛阳城由此前双宫城发展为单一宫城，当此之时，出现了"内城"，宫城居其中，郭城在其外。北魏洛阳城出现的内城，开启了以后宫城、内城、郭城并存的都城制度。宫城是皇帝和皇室的政治中枢，内城是中央政府诸官署的集中地，是国家行政管理和宗庙、社稷礼制活动的中心。隋唐都城改名内城为皇城。内城或皇城出现是封建社会中央集权的国家机器进一步强化的反映，是封建国家统治更趋成熟的表现。

回顾中国古代都城发展历史可以看出，单一性都城是古代都城的最初形式。所谓单一性都城是指属于宫庙类建筑围以城垣，形成大小不一的"宫城"，其外的居民区和手工业作坊则未圈筑墙垣，因此还未出现"守民"之"郭"。都城的进一步发展是宫城与郭城同时并存的"双城制"，偃师商城是目前所知最早的"双城制"都城。北魏洛阳城则是最早出现宫城、内城、郭城"三城制"的古代都城。从都城职能可以说，"双城制"的郭城"服务"于宫城；"三城制"的郭城"服务"于内城、宫城，内城"服务"于宫城。从单一性都城、"双城制"、"三城制"的古代都城历史变化，恰好反映出国家随着社会历史的发展，作为国家政权物化载体的都城发展变化的历史。

（二）关于中国古代都城城门与道路

本文所讨论的都城城门包括郭城、内城（或皇城）和宫城城门。都城城门是都城标志性建筑，从都城布局而言它起着"坐标"作用，从城门形制而言反映出其不同的政治意义。

如前所述，最早的都城实际上属于宫城，因此宫城城门成为最早的都城城门。偃师二里头遗址是目前所知的夏代都城遗址，二里头遗址的第一、二号宫殿建筑遗址，二者宫殿院落均南墙辟门，北对主体殿堂，它们应分别为各自院落的"正门"。第一号宫殿建筑遗址院落南门有东西并列的三条门道，东、中、西门道宽为 2.6 米、3.2 米、2.7—2.9 米，中门道最宽。这是中国古代都城之中最早的"一门三道"之制。在该院落的北墙东端和东墙北部还各有一宽 2.9 米门址，它们属于"便门"或"掖门"性质，因此仅有一个门道[1]。据战国秦汉来都城城门多为"一门三道"来看，二里头遗址第一号宫殿建筑遗址的南门"一门三道"形制说明，这不是一座普通的"院子"，而是最高统治者的朝政建筑群。

偃师商城为郭城、宫城并存的"双城制"。偃师商城的郭城城门已发掘多座，如西一城门、西二城门和东一城门等，这些城门均为一个门道。偃师商城的轴线为南北方向，郭城的正门应为南门或北门，东、西两面的城门应为郭城的"侧门"。至于都城南门或北门、宫城正门是否沿袭二里头遗址第一号宫殿建筑遗址院落南门形制，有待今后考古工作去证实。

楚都纪南城郭城西门有三个门道，中门道宽 7.8 米，两边门道各宽3.8—4 米；郭城南城水门亦为一门三洞[2]。汉长安城诸城门均为"一门三

① 中国社会科学院考古研究所：《偃师二里头：1959—1978 年考古发掘报告》，中国大百科全书出版社 1999 年版。

② 湖北省博物馆：《楚都纪南城的勘探与发掘》（上、下），《考古学报》1982 年第 3、4 期。

道"之制①。此后，东汉雒阳城②、邺南城③、隋大兴城、唐长安城④、隋唐洛阳城等的郭城城门一般为一门三道⑤，而有的都城郭城正门规模更大，如唐长安城明德门为一门五道⑥。历代宫城城门考古资料不多，从已有材料看，宫城正门一门三道者为数不少，如"若都邑"的秦始皇陵园内城（相当于宫城）东门由三条门道组成⑦，唐长安城皇城含光门⑧、隋唐洛阳城皇城右掖门和宫城正门应天门⑨、渤海上京龙泉府宫城正门（南门）等均为一门三道⑩。从上述材料我们可以得出以下结论："一门三道"是中国古代都城中非常重要的制度，宫城正门的"一门三道"可上溯至夏代都城，一直伴随中国古代都城的发展。都城的郭城城门"一门三道"之制至迟东周时代已出现，汉代已制度化。都城之内城（即皇城）城门的"一门三道"不晚于魏晋时代。随着都城郭城城门"一门三道"的普及，唐代为突出都城郭城与大明宫宫城的"正门"地位，又出现了"一门五道"的城门和宫门。汉代以来都城郭城城门一般为"一门三道"，但宫城城门除了正门为一门三道之外，其余诸门皆为一门一道。汉代都城郭城城门虽均为"一门三道"之制，但各城门的规模却不尽相同。如汉长安城 12 座城门规模大小悬殊，与宫城宫门相对的 4 座郭城城门（霸城门、覆盎门、西安门、章城门）面阔达 52 米，其余 8 座城门面阔仅 32 米⑪。

　　关于城门的"一门三道"之使用，有的学者认为中间为车道，左、右

　　①　刘庆柱：《汉长安城的考古发现及相关问题研究——纪念汉长安城考古工作四十年》，《考古》1996 年第 10 期。

　　②　中国科学院考古研究所洛阳工作队：《汉魏洛阳城初步勘查》，《考古》1973 年第 4 期。

　　③　中国社会科学院考古研究所等：《河北临漳县邺南城朱明门遗址的发掘》，《考古》1996 年第 1 期。

　　④　马得志：《唐代长安与洛阳》，《考古》1982 年第 6 期。

　　⑤　王岩：《隋唐洛阳城近年考古新收获》，《中国考古学论丛》，科学出版社 1995 年版。

　　⑥　中国科学院考古研究所西安工作队：《唐代长安城明德门遗址发掘简报》，《考古》1974 年第 1 期。

　　⑦　《秦陵考古勘探工作获重要进展》，《中国文物报》1999 年 10 月 20 日。

　　⑧　中国社会科学院考古研究所西汉唐城工作队：《唐长安含光门遗址发掘简报》，《考古》1987 年第 5 期。马得志：《唐代长安与洛阳》，《考古》1982 年第 6 期。

　　⑨　王岩：《隋唐洛阳城近年考古新收获》，《中国考古学论丛》，科学出版社 1995 年版。

　　⑩　中国社会科学院考古研究所：《六顶山与渤海镇》，中国大百科全书出版社 1997 年版。

　　⑪　刘庆柱：《汉长安城的考古发现及相关问题研究——纪念汉长安城考古工作四十年》，《考古》1996 年第 10 期。

为人行道。"中为驰道，也就是车道。"并以楚郢都西垣北门和汉长安城城门考古资料为佐证①。我认为上述解释显然与考古资料实际情况不符。田野考古情况是纪南城西垣北门的三个门道中，北门道发现了 1.8 米宽的车辙痕迹②。汉长安城的宣平门、霸城门、西安门和直城门四座城门的各自三个门道中均清理出车辙痕迹③。因而不能把"一门三道"之分工视为通车与行人之别。至于把驰道解释为"车道"也不妥。驰道必须行车，但不是其他道路就不行车了，只是皇帝的车舆不在那些道路上通行而已。

中国古代都城之郭城、皇城（或内城）、宫城的正门，一般在一条直线上，如东汉雒阳城的平城门、端门，北魏洛阳城的宣阳门、阊阖门，东晋建康城的朱雀门、宣阳门、大司马门、端门，唐长安城的明德、朱雀门、承天门，唐洛阳城的定鼎门、端门、应天门，宋开封城的南燕门、朱雀门、宣德门，元大都的丽正门、灵星门、崇天门，明北京城的永定门、正阳门、承天门、午门等。这条穿过都城、皇城、宫城正门的直线，成为了都城的轴线，都城的主要建筑物的安排都是以这条轴线为中心展开的。决定上述轴线的城门，成为都城的坐标点。

关于都城城门数量和分布，《周礼·考工记》载："匠人营国，方九里，旁三门"，这应是理想的都城城门数量与分布模式。从目前考古资料来看，东周时代的曲阜鲁城与其相近，该城共有 11 座城门，东、西、北三面属于"旁三门"，南面有 2 座城门④。汉长安城是这方面最具代表性的都城，其每面各三门，共有 12 座城门。东汉雒阳城虽然都城城门总计亦12 座，但四面城门数量不尽相同，除东、西面"旁三门"外，南、北分别为 4 座与 2 座城门。金中都城门共 13 座，除北面设 4 座城门外，其余三面各有 3 座城门。元大都共 11 座城门，除北面设 2 座城门外，其余三面亦为"旁三门"。都城城门分布位置经过精心设计安排，每面城墙所辟城门之间距离相近，"旁三门"者如此，每面 2 座或 4 座城门者其间距亦有

① 贺业钜：《考工记营国制度研究》，中国建筑工业出版社 1987 年版，第 126—127 页。
② 湖北省博物馆：《楚都纪南城的勘探与发掘》（上、下），《考古学报》1982 年第 3、4 期。
③ 王仲殊：《汉长安城考古工作的初步收获》，《考古通讯》1957 年第 5 期；《汉长安城考古工作收获续记——宣平城门的发掘》，《考古通讯》1958 年第 4 期。
④ 山东省文物考古研究所等：《曲阜鲁国故城》，齐鲁书社 1982 年版。

此特点。上述规制特点在先秦都城的城门分布方面也有所反映，如偃师商城的东、西两面各有 2 座城门，4 座城门对称分布在都城东、西，每面城墙按垂直距离计算，一般被各自 2 座城门基本等分为三部分。

城门与道路相连，古代都城之中的道路形成都城的"骨架"。道路一般是直的，方向为南北向或东西向，因而城内的道路将城内分割成"棋盘格"式布局。不少都城的宫城、官署、里坊、市场等，按其性质分别置于各自"棋盘格"中。因而探寻都城之内道路遗迹，成为解决城市布局的重要方法。

前已谈及都城、宫城之正门是城市的重要坐标点，其间相连的直线系都城之轴线，其物化形式为道路，或可形象地称之为都城的"中央大街"。如北魏洛阳城的铜驼街、邺南城的朱明门大街、唐长安城的朱雀大街、唐洛阳城的天门街（定鼎门大街）等，均为各自都城的轴线，这些道路是都城中规模最大的。规模小于都城轴线性质的大街为都城主干大街。这两种大街均与城门连通，街衢方向或正南北，或正东西。城内其余街道规模要小于中央大街和主干大街，方向亦未必端直。如汉长安城与城门相连通的大街宽均在 45 米以上，大街方向端直，而环城大街（即环涂）宽约 30 米，其他道路宽十几米[①]。唐长安城不同街道之规模差异甚大，都城轴线性质的朱雀大街宽约 150 米，其余 5 条通城门大街宽约 100 多米，不通城门的街道宽 35—65 米，顺城街宽 20—25 米[②]。唐洛阳城中央大街的定鼎门大街宽约 90—120 米，其他与城门连通的主干大街宽 40—59 米[③]。至于隋唐两京的里坊之内道路宽仅 10 余米[④]。

都城与一般城市的道路相比，不仅前者比后者规模大，而且形制也不尽相同。如汉长安城、东汉雒阳城的城内主要道路一般为一路三股。汉长安城遗址中与城门相连接的大街，宽度一般为 45 米，每一大街都分成三

① 刘庆柱：《汉长安城的考古发现及相关问题研究——纪念汉长安城考古工作四十年》，《考古》1996 年第 10 期。

② 邹衡：《关于夏文化的上限问题——与李伯谦先生商榷》，《文物与考古》1999 年第 5 期。

③ 杨育彬、袁广阔：《20 世纪河南考古发现与研究》，中州古籍出版社 1997 年版，第 633 页。

④ A. 马得志：《唐长安城安定坊发掘记》，《考古》1989 年第 4 期。B. 中国社会科学院考古研究所洛阳唐城队：《洛阳唐东都履道坊白居易故居发掘简报》，《考古》1994 年第 8 期。

条并行的道路，其间有两条宽约 0.9 米、深约 0.45 米的排水沟，中间道路宽约 20 米，两侧道路各宽 12 米①。中间道路为皇帝行走的"驰道"，一般吏民行走于两侧道路，这也就是文献记载的西汉都城长安的"披三条广路"②。东汉雒阳城的城内主要大街宽约 40 米③，根据文献记载，其大道亦为"道有三涂"，与汉长安城内大街使用方法亦同，所不同者是大道之上的三股路筑土墙以分隔之④。目前关于古代都城道路结构的考古资料还十分有限，汉代都城"道有三涂"的渊源与流变都有待今后通过田野考古工作去究明。

（三）关于古代都城的礼制建筑

根据历史文献记载，古代都城的礼制建筑主要有宗庙、社稷、明堂、辟雍、灵台和各种祭祀天地的"坛"等，其中以宗庙出现时间最早、延续时间最长、地位最为重要。上述诸礼制建筑在中国古代都城中所处地位不尽相同，同一种礼制建筑在不同时期的古代都城中的地位也不一样，这些从礼制建筑在都城的位置变化、形制区别中可以得到反映。

礼制建筑和宫殿建筑均与都城一样，是跨入人类文明社会历史门槛的标志。目前被学术界公认为夏代都城遗址的偃师二里头遗址，已发掘了两座大型夯土建筑基址，应系宫殿或礼制建筑，它们位于二里头遗址中心区，在该遗址的"宫殿区"之内。偃师商城的宫城遗址进行了大规模考古发掘，清理了多座宫殿或礼制建筑。郑州商城由于被现代城市覆压，商城的不少大型夯土建筑基址虽已清理，但多属局部，建筑的整体面貌难以究明。殷墟遗址宫殿区 20 世纪 30 年代曾开展了大规模考古工作，发掘者经研究将其自北向南分为甲、乙、丙三区，甲区为朝政宫殿建筑群，乙区和丙区为宗庙、社稷等礼制建筑群⑤。安阳殷墟小屯"宫殿区"遗址还存在进一步开展田野考古工作的必要，以便进行更为综合、全面、系统深入的

① 刘庆柱：《汉长安城的考古发现及相关问题研究——纪念汉长安城考古工作四十年》，《考古》1996 年第 10 期。

② 班固：《两都赋·西都赋》，《文选》卷一。

③ 中国科学院考古研究所洛阳工作队：《汉魏洛阳城初步勘查》，《考古》1973 年第 4 期。

④ 《太平御览》引《洛阳记》载："宫门及城中大道皆分作三，中央御道，两旁筑土墙高四余尺，外分之，唯公卿尚书章服从中道，凡行人皆左右也。"

⑤ 中国社会科学院考古研究所：《殷墟的发现与研究》，科学出版社 1995 年版。

研究，从而准确判明彼此的时空关系。

西周时代关于宫殿与宗庙的文献记载不少，但对于考古发现的都城之中大型夯土建筑基址，目前还无法确认属于朝政宫殿或礼制建筑。

东周时代都城遗址中的礼制建筑遗址考古工作取得了实质性突破，这主要表现为秦国都城雍城礼制建筑遗址的发掘。秦国都城雍城遗址中部偏西、偏东和北部各发现一组大型夯土建筑群基址，其时代分别属于春秋早期、中晚期和战国早期。其中以春秋时代中晚期的马家庄宫室建筑群开展田野工作较多，取得资料较全面。目前认为这组建筑群主要由西部的朝寝宫殿建筑群和东部的宗庙建筑群组成，二者东西相距约 500 米①。战国时代的秦国都城之昭王庙在朝堂章台之东②，汉长安城之中的高庙在未央宫东南③。东周、秦汉时代宗庙与朝政宫殿东、西相对位置的形成，有着久远的历史渊源。夏代的偃师二里头遗址和商代的偃师商城遗址的考古发现，可以提供这方面的重要考古资料。偃师二里头遗址第一、二号宫殿建筑遗址，时代相同，前者居西、后者位东，二者东西相距 150 米。第一号宫殿建筑面积 9585 平方米，主体建筑——殿堂面积 900 平方米，南大门面积 364 平方米；第二号宫殿建筑面积 4176 平方米，主体建筑——殿堂面积 407 平方米，南大门面积（包括外廊）153 平方米。后者比前者规模小一倍。前者南大门为"一门三道"；后者南大门为一个门道，门侧置左右塾。目前所知秦汉时代及其以前的宗庙明堂等礼制建筑的"大门"均为"一门二塾"，如秦雍城马家庄宗庙遗址、汉长安城宗庙和明堂遗址、汉景帝阳陵陵园南门和汉宣帝杜陵陵园东门遗址等。尤为重要的一点是，第二号宫殿建筑之中有一同时期大型墓葬，特别值得注意的是，"墓的南北中轴线与南面门道的中轴线相对"，大墓与殿堂之间有重要关系④，大墓应属于第二号宫殿建筑群的组成部分。至于此建筑群是因"墓"筑"殿"，还

①　韩伟等：《秦都雍城考古发掘研究综述》，《考古与文物》1988 年第 5、6 期。

②　刘庆柱、李毓芳：《秦都咸阳城"渭南"宫观庙苑考》，《秦汉论集》，陕西人民出版社 1992年版。

③　刘庆柱：《汉长安城的考古发现及相关问题研究——纪念汉长安城考古工作四十年》，《考古》1996 年第 10 期。

④　中国社会科学院考古研究所：《偃师二里头：1959—1978 年田野考古发掘报告》，中国大百科全书出版社 1999 年版。

是因"殿"修"墓",现有资料尚难作出有说服力的结论,但"墓"与"殿"的"同时存在"表明,此建筑群可能属于具有祭祀作用的礼制建筑。

第一号宫殿建筑遗址没有与之同期的大墓,加之其"一门三道"的正门,以及第一、二号宫殿建筑的相对方位,推断其作用与第二号宫殿建筑遗址不同,可能为朝政宫殿性质建筑。

偃师商城宫城之中的多座大型夯土建筑基址已进行了考古发掘,从目前考古材料来看,宫城之内布满宫室建筑。宫城东部由南北排列的两座院落组成,每座院落北部均为一大型殿堂基址。宫城西部为一座大型院落,其中由南北排列的几座大型殿堂组成。宫城之内东部和西部的不同建筑布局,应反映其使用功能的区别。参照春秋秦雍城马家庄遗址的朝政宫殿与宗庙的相对位置、布局形制,偃师商城宫城西部建筑似为朝政宫殿,东部建筑可能为宗庙等礼制建筑。

田野考古发掘资料反映出,秦汉时代中国古代都城的礼制建筑已形成了其基本内容。宗庙、官社、官稷、明堂、辟雍、灵台等礼制建筑遗址在汉长安城和东雒阳城均已发现并进行了重点发掘,基本究明了这些礼制建筑的形制结构和分布情况[①]。近年来南朝都城地坛遗址[②]和隋唐两京的天坛[③]、明堂遗址的勘查、发掘[④],促进了对中古时代都城礼制建筑的认识。

根据考古资料,古代都城之朝政宫殿与礼制建筑的平面形制和位置,随着时代的发展而有着相应的变化,透过这种变化的表面形式,可以了解到其深刻的历史内涵。夏、商时代的朝政宫殿与宗庙建筑平面均为长方形,如偃师二里头遗址第一、二号宫殿建筑遗址和偃师商城宫城之中诸宫殿建筑遗址的主体建筑——殿堂平面均为长方形。上述大型建筑均置于宫殿区或宫城之中,这说明它们有着相近的"地位"。春秋时代的马家庄宫殿与宗庙建筑遗址,虽然二者仍位于"宫殿区"之中,但宗庙的主体建

---

① 王仲殊:《汉代考古学概说》,中华书局 1984 年版。

② 贺云翱:《南京首次发现六朝大型坛类建筑遗存》,《中国文物报》1999 年 9 月 8 日。

③ 安家瑶:《唐长安城圜丘遗址发掘出土》,《中国文物报》1999 年 5 月 23 日。

④ 中国社会科学院考古研究所洛阳唐城队:《唐东都武则天明堂遗址发掘简报》,《考古》1988 年第 3 期。

筑——殿堂平面已为方形。降及秦汉时代，宗庙建筑平面仍为方形，但其已从宫城之中或宫室区之内移出。两汉时代的宗庙甚至被安排在郭城之外。这反映了统一的中央集权封建国家的皇权加强，宗庙已失去与朝政宫殿"平起平坐"的"政治地位"。但是宗庙毕竟可作为维护血缘政治统治的物化形式，因此秦汉之后的皇帝又把宗庙从都城的郭城之外迁建于郭城之内、内城（或皇城）之中。然而，宗庙一直没有恢复先秦时代在都城的宫城之中的显赫位置。

（四）关于古代都城遗址田野考古的几点想法

古代都城考古学属于历史考古学范畴，在方法和理论上有自己的特点，也就是说作为历史考古学，它与史前考古学有诸多不同；作为古代都城考古学，它与古代墓葬、手工业遗址等也有较大区别。究明古代都城考古学的自身特点，无疑是搞好此项工作的重要前提。

第一，古代都城是古代国家的政治中心，是集中物化的国家政权形式，因此一般讲都城的兴废与国家政权的建立、灭亡同步。古代王朝建立的第一行动和标志，往往是"定都"，而都城被攻陷、覆灭则意味着王朝的终结。从考古学而言，王朝都城的建立和终结的时间实际成为了新旧王朝更替的时代界标，而这种界标应该只表现在一座新都城的建立或一座旧都城的废毁。从理论上讲，不能同时有两座都城作为王朝兴建或灭亡时代的同一界标。目前，在夏商周断代工程中，学者们使用了以王朝都城建立为时代界标概念，从而判定旧王朝的灭亡和新王朝建立的年代。但值得注意的是，在这一研究中，出现了"泛界标"倾向或"界标""二元论"。如夏商王朝的灭亡与建立年代界标，有的学者提出郑州商城与偃师商城同为商王朝建立界标，这显然是由于对"都城"和"界标"概念的界定不明确而造成的。夏王朝的灭亡与偃师二里头宫殿区大型夯土建筑的废毁是同步的。继夏王朝而建立的商王朝，其建国伊始的都城只能是一处，不可能同时将偃师商城和郑州商城作为新王朝的都城。

第二，中国古代历史在世界史上有着重要特点，即同一历史文化发展的连续性，以及因优秀史学传统所保留的大量不间断的官方及其他方面的历史文献资料。它们不但是中国古代史研究的宝藏，也是中国考古学研究的宝贵财富。都城是国家政治中心，是王朝重大历史活动的舞台，因此涉及古代都城的历史文献记载十分丰富。但目前在古代都城考古学研究中（尤其是先秦都城考古学研究），存在对文献重视不够的现象，这往往使都城考古学研究走了不少弯路，或出现研究深度的欠缺、史学含量的降低。都城考古学不能仅仅停留于考古学的"地层学"和"类型学"，作为方法论它们是研究手段，不是目的，当然，正确的方法论是达到研究目的所不可少的。中国古代都城考古学研究，必须与古代历史文献相结合，才能使这一领域获得更为突出的重要科研成果。

第三，古代都城考古学是个系统工程，它涉及的内容十分广泛，社会历史信息含量高、意义大。鉴于古代都城考古的庞大学术课题，处理好"点"与"面"的关系十分重要。都城考古的"面"，就是从宏观上解决都城位置、环境、城市布局形制等。都城考古宏观方面以都城布局形制最重要，其主要的考古内容应包括城墙、城门的分布，都城平面形状、道路网及其城内形成的分区，与都城相关的城外附属建筑（如礼制建筑、陵墓、离宫等）地望的确定与分布状况。都城布局形制的重点是究明都城轴线与都城"中心点"。已有的古代都城考古资料显示，"轴线"和中心点的设计思想早在夏代都城偃师二里头遗址第一、二号宫殿建筑遗址中已存在。偃师商城之中不但每座宫殿建筑"轴线"与"中心点"明确，宫城、郭城的"轴线"亦十分清楚。至于秦汉以后历代都城的"轴线"和"中心点"更为突出。都城"轴线"与"中心点"不是简单的建筑技术问题，也不能仅从"类型"去考虑，它们实际上集中体现了都城的政治意义，有着极为深刻的政治内涵。如都城的"中心点"是"大朝正殿"，这是王权、皇权的象征，都城一切围绕着它。以"中心点"——"大朝正殿"为基点，形成宫城轴线，再扩展为内城（或皇城）、郭城之轴线。在这条轴线上分布有宫城、内城（或皇城）和郭城正门，都城的全部政治性、礼制性建筑均以都城"中心点"和"轴线"为坐标展开，它们距"中心点"的远近反映出政治地位上的不同。在"轴线"的不同方位，反映出建筑物的不同社会功能。

都城考古的所谓"点"是指"微观"的研究，也就是具体发掘对象的研究，这是深化都城考古研究所必需的。"点"要选择有代表性、有典型意义的遗址，通过"点"解决、深化"面"的问题。都城考古中"点"

的切入受课题自身特点的制约，都城考古的"点"应该是从城门、宫殿、宗庙（及其他礼制建筑）遗址开始，扩及官署、武库、寺院、里坊、官办手工业遗址等。都城考古是长期性学术课题，"点"与"面"、"微观"与"宏观"相结合，是与课题科研过程相始终的。课题启动由"面"开始，提出"点"的切入项目，"点"的项目又促进"面"的研究深化。

　　第四，古代都城考古学不同于一般城市考古，这由于都城不同于一般城市，前者是国家或王朝的政治中心、政权所在地，后者则不具备这些特点。因此都城考古要突出其特点就要重点选择反映都城政治性的物化载体作为田野考古发掘与研究对象，它们主要是宫城、皇城、宫殿、官署、武库、宗庙、社稷、明堂、辟雍、灵台、圜丘、地坛等。都城考古应以宫城考古为重心，宫城考古应以宫、庙等主要殿堂遗址考古为重心。先秦时代以后，宗庙等礼制建筑移出宫城，但其仍应为都城考古的重点发掘与研究对象。当前尤应注意的是，先秦时代都城考古中，要认真、准确地区分朝政宫殿与宗庙等礼制建筑。就礼制建筑的界定而言，要从已知去认识未知，这是认识论的规律。对于先秦时代都城礼制建筑的探索，将对我们溯源文明形成前后的祭祀或礼制建筑有着重要意义。都城礼制建筑必须具备祭礼功能，但有祭礼功能的遗址不一定就是礼制建筑。礼制建筑属于文明社会的物化形式，相对文明社会的史前时代可以存在祭祀性建筑，不会有真正意义的礼制建筑。

　　中国古代都城考古学经过几十年的田野考古与综合研究，取得了显著的学术成果。但是作为考古学中的重大学术课题还有许多问题有待我们去努力解决，如古代都城与初期城市产生的关系，古代都城社会阶层、组织结构现状与变化的考古学考察，中古时代中国古代都城考古学所反映出的政治、经济变化等等。无疑，随着古代都城考古学的发展，作为中国考古学的"龙头"课题之一，它将在学术史上越来越显示出其重要作用。

（原载《考古》2000 年第 7 期）

中国古代宫城考古学研究的几个问题

考古学是通过人类活动的遗迹、遗物来研究历史。考古学分为史前考古学与历史考古学，古代都城是历史考古学的主要内容和对象，都城是国家的历史缩影，是国家的政治中心，宫城是都城的政治中枢。基于上述情况，历史考古学以都城考古学为重点，都城考古学中又以宫城考古学最为重要。

中国考古学的大规模田野考古始于 20 世纪 20 年代末的殷墟考古发掘，近 70 年来，考古工作者在中国古代都城（包括宫城）考古调查、勘探和发掘方面进行了大量工作，如河南偃师二里头遗址、偃师商城遗址、郑州二里冈商城遗址、安阳殷墟遗址、湖北盘龙城遗址、陕西周原西周遗址、山西晋都新田遗址、陕西凤翔秦雍城遗址、曲阜鲁故城遗址、临淄齐故城遗址、河南新郑郑韩故城遗址、湖北江陵楚纪南城遗址、河北易县燕下都遗址、山西夏县魏安邑遗址、河北赵邯郸故城遗址、陕西秦咸阳城遗址、西安汉长安城遗址、汉魏洛阳城遗址、河北临漳邺城遗址、唐长安城遗址、隋唐洛阳城遗址、开封宋东京城遗址、浙江杭州南宋临安城遗址、辽上京、辽中京、金上京、金中都、元上都和元大都遗址等，均开展了考古勘察或发掘，取得了较为丰富的考古资料和重要研究成果。

本文根据现有考古资料，结合历史文献，在过去研究的基础上，对中国古代宫城考古学研究中的几个问题，谈些粗浅意见。

（一）关于对"宫城"的认识

《尔雅》曰："宫谓之室，室谓之宫。"上古居室、房屋称"宫"。三代时期，"宫"多为王的宫殿、宗庙之称。《风俗通义》载：宫者，"秦以来，尊者以为常号，乃避之耳"。《初学记》卷二十四亦载："自古宫室一也，汉来尊者以为帝号，下乃避之也。"秦汉以降，"宫"则专指帝王使用的宫殿等建筑群，但也有宗庙、寺院、道观等称"宫"的，这种称谓甚至延用到明清时代。"宫"以"城墙"围之称"宫城"，宫城应是为王室、皇室的宫庙或宫殿等代表国家权力的建筑群所修的城，用以加强宫庙的安全保卫。

　　宫城实际出现的很早，它是文明的产物，与"国家"产生的时间大致同步。不过当时还不叫宫城。"宫城"实即上古时代的"城"，《初学记》卷二十四引《吴越春秋》载："鲧筑城以卫君。"这些"中国早期城市突出地具有宫城的性质，是王权的所在"①。上古"卫君"之"城"亦称"宫"，如文献记载黄帝听政的"合宫"②、商纣王的"顷宫"③、周文王的"丰宫"④。三代的宫城即文献上的"王宫"，也就是国王的宫城⑤。东周时期，诸侯称"公"，其政权称"公室"⑥，其宫城称"公宫"，如齐临淄、晋新田、宋故都、陈故都、燕都之宫城亦然⑦。秦汉时代宫城多有具体宫名，如咸阳宫、阿房宫、未央宫，东汉雒阳城的南宫、北宫等。上述宫城宫名有以地名命名的，也有以宫城地理方位命名的，还有以吉祥语命名者。文献所见"宫城"之名出现较晚，《汉书》卷六十三《燕刺王旦传》载："大风坏宫城楼，折拔树木。"这一宫城尚属诸侯王的宫城。作为都城中的皇宫之宫城，在魏晋南北朝时期文献记载中已出现⑧。到了中古时代，宫城亦称"大内"，唐代诗人白居易就有"傍闻大内笙歌近，下视诸司屋舍低"的诗句⑨。

---

　　①　《中国文明起源研讨会纪要》，《考古》1992 年第 6 期。

　　②　《太平御览》卷一七三，居处部引《管子》，中华书局 1960 年版。

　　③　《吕氏春秋·过理》。

　　④　《史记》卷四《周本纪》之【正义】引《括地志》："丰宫，周文王宫也。"

　　⑤　《书·大诰》载："民不静，亦惟在王宫邦君室。"《周礼·天官·阍人》载："阍人，守王宫之中门之禁。"

　　⑥　《左传·襄公十一年》："三分公室，而各有其一。"

　　⑦　《左传·襄公二十八年》："庆氏以其甲环公宫。"《左传·成公八年》：赵武"从姬氏畜于公宫"。《左传·哀公二十六年》："宋景公无子，取公孙周之子得与启，畜诸公宫。"《左传·襄公二十五年》："子展命师无入公宫，与子产亲御诸门。"《战国策·燕策一》载："燕王哙让位于子之，子之三年，太子因数党聚众，太子市被围国公宫，攻子之，不克。"

　　⑧　《晋书》卷三十九《荀奕传》载："时将缮宫城，尚书符下陈留王，使出城夫。"《南齐书》卷五十七《魏虏传》载："其郭城绕宫城南，悉筑为坊。"

　　⑨　白居易：《长庆集》五十六，《和刘郎中学士题集贤阁》。

（二）关于宫城的营建

中国早期城市是社会政治发展的产物，是政权所在地，因此它不是一般意义上的城市，实际是宫城性质的城市。随着社会历史的发展，城市功能的增加、人口的增多、范围的扩大，统治者除了"筑城以卫君"，还要"造郭以守民"①，这也就在同一座城市出现了"城"（宫城）与"郭"（郭城）两部分。作为同一都城中的宫城与郭城，它们并不是同时营建的，一般是先筑宫城（或小城、内城），后建郭城（或大城、外城）。如汉长安城的建设过程是，汉高祖先把秦兴乐宫改建成长乐宫作为临时宫城，继之又修建正式宫城未央宫。汉惠帝继位后，才开始修筑长安城城墙②。又如著名的隋大兴城也是先建宫城，再筑皇城，最后完成郭城的建设③。一般来说，从宫城到郭城的营建，有个总体规则，即郭城要适应宫城，而不是反之，这点对于我们认识郭城形制非常重要。比如汉长安城形制，有称其为"斗城"者，即因其北城像"北斗"、南城似"南斗"而得名。汉长安城北邻渭河，河道呈西南—东北方向，为了增加都城面积，北城没有采取东西方向，而是沿渭河流向，筑成与渭河平行的西南—东北走向。为了便于守卫，在北城墙隔一段构筑一直角拐弯，使北城墙不是西南—东北方向的直线，而是形成几处弯折，这就是所谓"北斗"形状。南城有几折，中部并向外凸，这因为长安城墙修筑之前，已建设了长乐宫和未央宫、高庙，它们的南边不在同一东西直线上，使包容南城的城墙只好顺二宫宫墙及高庙走势，故而形成"南斗"形状。宫城与郭城营筑时间先后的研究，对我们认识二者形制关系有重要意义。在田野考古中也为我们认识宫城与郭城时代总结出一些规律性的东西。

（三）关于宫城与"亚宫城"

早期的"城"比较简单，实际上就是一座"宫城"，其规模也就相当于后代的一座宫殿或宗庙。如河南登封告成镇的"王城岗城"，城的规模较小，东西82.4米、南北92米，平面近方形。城内中西部和东北部均发

---

① 《初学记》卷二十四引《吴越春秋》。

② A.《汉书》卷一（下）《高帝纪》（下）：高祖五年"治长乐宫"。七年"萧何治未央宫"。B.《汉书》卷二《惠帝纪》：惠帝元年"城长安"，六年"长安城成"。

③ 徐松：《唐两京城坊考》卷一：大兴城"隋时规建，先筑宫城，次筑皇城，次筑外郭城"。

现较密集夯土基址、夯土奠基遗迹①。河南淮阳的平粮台城，规模较大，平面呈方形，边长 185 米，城内分布多座夯土台基②。

随着社会发展，统治者权力的扩大，对属于政治性的"城"的要求也在改变，这时除了有统治者的主要"宫庙"之外，还有一些服务于统治者的其他大型建筑出现。偃师二里头遗址宫庙区中的大型夯土建筑基址多达几十座，其中已发掘的两座宫庙遗址，其主体建筑各为一座大殿，各自周围筑墙，形成单独的封闭式院落建筑。如一号遗址，东西 108 米、南北 100 米，其院落规模超过"王城岗城"，这里的"院落"颇似一座宫城性质的早期城址。偃师二里头遗址宫庙区由多座这种"院落"组成③，当然，这些宫庙建筑的不同表明"院落"也有主次之分。

商代是中国古代宫城发展的重要时代，它主要表现为：第一，真正意义上的宫城（即相对郭城而言的宫城）开始出现；第二，宫城及"亚宫城"之外又围筑了郭城（或称大城）；第三，宫城之内由多座宫庙组成，其中每座宫庙自成一组封闭性院落建筑。偃师商城的宫城和"亚宫城"是我们目前开展田野考古工作较多的。偃师商城的宫城中有多座大型各自封闭式院落的宫庙建筑。分布在宫城西南和东北的两座小城，城内有排房式建筑等，它们应为库与营房一类建筑，显然这些小城是直接服务于宫城的，这是仅次于宫庙的重要建筑，我将这类"城"称"亚宫城"④，它们即应为《礼记·曲礼》记载的"厩库"。

郑州二里冈商城中部偏北和东北部，发现大量属于宫庙类建筑的夯土

① 河南省文物考古研究所等：《登封王城岗与阳城》，文物出版社 1992 年版。

② 国家文物局主编：《中国文物地图集·河南分册》，中国地图出版社 1991 年版，第 20 页。

③ A. 中国科学院考古研究所二里头工作队：《1959 年河南偃师二里头试掘简报》，《考古》1961 年第 2 期。B. 中国科学院考古研究所二里头工作队：《河南偃师二里头早商宫殿遗址发掘简报》，《考古》1974 年第 4 期。C. 中国科学院考古研究所二里头工作队：《河南偃师二里头二号宫殿遗址》，《考古》1983 年第 3 期。

④ A. 中国社会科学院考古研究所洛阳汉魏故城工作队：《偃师商城的初步勘探和发掘》，《考古》1984 年第 6 期。B. 中国社会科学院河南第二工作队：《1983 年河南偃师商城发掘简报》，《考古》1984 年第 10 期。C. 中国社会科学院河南第二工作队：《1984 年偃师尸乡沟商城宫殿遗址发掘简报》，《考古》1985 年第 4 期。D. 中国社会科学院河南第二工作队：《河南偃师商城第五号宫殿基址发掘简报》，《考古》1988 年第 2 期。E. 中国社会科学院河南第二工作队：《偃师商城第 II 号建筑群遗址发掘简报》，《考古》1995 年第 11 期。

基址，还有部分宫墙遗迹，这里可能为其宫城。此外在大城中部偏南、中部偏东南等处，也发现了同一时期的大型夯土基址，这些可能是属于当时的"亚宫城"中的建筑基址①。

春秋时代这种宫城与"亚宫城"并存情况，在一些都城中表现也很明显，如山西侯马的晋都遗址，其宫城与"亚宫城"由平望、牛村和台庄三座小城组成，三者彼此连接，形成"品"字形平面。三者何为宫城、何为"亚宫城"，有待进一步开展田野考古工作去揭示②。

在战国时代中晚期的赵邯郸城，也有同晋都新田宫城与"亚宫城"并存的相似情况。赵邯郸城的宫城和"亚宫城"亦由三座小城组成，三者彼此相连，平面也是"品"字形，其中西边的小城应为宫城，东、北二小城似为"亚宫城"③。

秦汉时代，宫城与"亚宫城"并存制度仍然流行。秦都咸阳有北宫和南宫，1997年在秦都咸阳渭河南岸故址，出土了"南宫郎丞"、"北宫"、"北宫斡丞"、"北宫工丞"、"北宫弋丞"、"北宫私丞"、"北宫宦丞"等秦封泥多枚④，这些封泥当与秦都咸阳的北宫、南宫有关。北宫当为秦咸阳宫，南宫或为秦咸阳城渭河以南的甘泉宫。如若，则北宫为秦都咸阳之宫城，南宫等则为秦都咸阳的"亚宫城"。秦都咸阳的宫城与"亚宫城"之分布比较分散，它们不在一个大的郭城之内⑤，这可能是受到秦雍城之宫殿分布特点的影响，后者不少重要宫室（或可视为"亚宫城"）即分布

---

① A. 河南省文化局文物工作队第一队：《郑州商代遗址的发掘》，《考古学报》1957年第1期。B. 河南省博物馆等：《郑州商代城址发掘报告》，《文物资料丛刊》（1），文物出版社1977年版。C. 河南省文物研究所：《郑州商城考古新发现与研究（1985—1992）》，中州古籍出版社1993年版。D. 曾晓敏等：《郑州商城考古又有重大收获：发现商宫城墙和完整的城市供水系统》，《中国文物报》1995年7月30日。

② A. 山西省文物管理委员会：《山西省文管会侯马工作站工作的总收获》，《考古》1959年第5期。B. 张彦煌：《侯马晋城遗址》，《中国大百科全书·考古学》，中国大百科全书出版社1986年版，第201页。

③ 河北省文物管理处等：《赵邯郸故城调查报告》，《考古学集刊》第4集，中国社会科学出版社1984年版。

④ 周晓陆等：《秦代封泥的重大发现》，《考古与文物》1997年第1期。

⑤ 刘庆柱：《论秦咸阳城布局形制及其相关问题》，《文博》1990年第5期。

在雍城近郊①。

西汉初年，刘邦始都长安，先改建秦离宫兴乐宫为长乐宫②。继之又建未央宫、北宫，并以未央宫为皇宫。北宫因在未央宫之北而得名③。此外还有用于后妃使用的桂宫、明光宫，在汉长安城西邻营筑了"度比未央"的宫城——建章宫，这实际是一座特定时期的皇宫④。在都城远郊甘泉山下，建筑了专用于避暑的宫城——甘泉宫⑤。西汉一代，都城长安有正式皇宫、临时皇宫、阶段性皇宫、避暑皇宫和后妃使用的宫城，形成非常有特色的宫城与"亚宫城"群。这一制度既是前代的集大成，又对后代产生深远而重要的影响。

东汉雒阳城的南宫、北宫早已有之，南宫是相对北宫而言的，刘邦即帝位汜水之阳后，曾"置酒雒阳南宫"⑥。当时应该已有北宫。光武帝刘秀定都雒阳后，起南宫前殿——崇德殿，以南宫为皇宫。汉明帝时始以北宫为皇宫，东汉中晚期，都城雒阳的政治中心已从南宫向北宫逐渐转移。东汉一代，都城雒阳还是存在着宫城与"亚宫城"，不过二者前后地位有所不同，南宫从宫城变成"亚宫城"，北宫从"亚宫城"变成宫城。从西汉的宫城与多"亚宫城"制向汉魏的双宫城、单宫城制的发展，是皇权加强的反映，说明了外戚势力的下降。

都城的单一宫城制，大概始于曹魏、西晋洛阳城和邺北城、北魏洛阳城。唐长安城宫城在初唐时作为皇宫使用，高宗以后唐代大多数皇帝以大明宫为皇宫，唐玄宗时曾一度将兴庆宫作为皇宫。唐代以后，多宫城制不复出现。当然，避暑性的宫城修筑，自汉长安城远郊的甘泉宫，历经唐长安城远郊九成宫（隋仁寿宫）、玉华宫、翠微宫，到近郊华清宫，晚至清代距北京城东北部的承德避暑山庄，这些避暑宫城大多具有

---

① 陕西省雍城考古队：《一九八二年凤翔雍城秦汉遗址调查简报》，《考古与文物》1984 年第 2 期。

② 《三辅黄图》、《汉书》卷九十八《元后传》。

③ 中国社会科学院考古研究所汉城工作队：《汉长安城北宫的勘探及其南面砖瓦窑的发掘》，《考古》1996 年第 10 期。

④ 《汉书》卷七《昭帝纪》载：元凤二年"夏四月，上自建章宫徙未央宫"。

⑤ 姚生民：《汉甘泉宫遗址勘查记》，《考古与文物》1980 年第 2 期。

⑥ 《史记》卷八《高祖本纪》。

宫城的基本布局形制，个别则离宫特征较为突出。伴随着单一宫城制，北魏洛阳城及以后历代都城中出现了内城（或皇城），这应是中央集权进一步加强的体现。

（四）宫城在都城中的地理位置与周围环境

宫城作为都城政治中枢所在，其对安全的要求应是第一位的，因此宫城一般选址于都城中地势较高的地方，控制都城制高点。此外，最高统治者办公、起居的宫城，位于都城最高处，使之产生高高在上，"君临天下"之感。如秦咸阳宫建于秦咸阳城北部的咸阳原上，因此《三辅黄图》载：秦"因北陵营殿"，"北陵"乃咸阳城北部高阜之地。汉长安城地势呈西南高、东北低，宫城——未央宫建于都城西南隅。隋大兴城、唐长安城地势北高南低，其宫城和大明宫均在都城北部、东北部。南宋临安城地势南高北低，宫城建于临安城最南部。

宫城在都城中的位置，除了上述选择城内较高地势的原则之外，还受不同时期流行的不同崇尚所影响。商代都城中的宫城或宫庙区有的分布于都城东北部，如郑州二里冈商城①、安阳殷墟②，属于方国都城的湖北盘龙城等③；春秋战国（初期）时代的都城中的宫城或宫庙区大多在都城中部或中北部，如曲阜鲁城④、新郑郑韩故城⑤、齐临淄城⑥、魏安邑城等⑦；战国中晚期和秦汉时代，都城中的宫城或宫殿区大多在都城西南部或西

---

① A. 河南省文化局文物工作队第一队：《郑州商代遗址的发掘》，《考古学报》1957 年第 1 期。B. 河南省博物馆等：《郑州商代城址发掘报告》，《文物资料丛刊》第 1 辑，文物出版社 1977 年版。C. 河南省文物研究所：《郑州商城考古新发现与研究（1985—1992）》，中州古籍出版社 1993 年版。D. 曾晓敏等：《郑州商城考古又有重大收获，发现商宫城墙和完整的城市供水系统》，《中国文物报》1995 年 7 月 30 日。

② 中国社会科学院考古研究所：《殷墟的发现与研究》，科学出版社 1994 年版。

③ 湖北省博物馆等：《盘龙城 1974 年度田野考古纪要》，《文物》1976 年第 2 期。

④ 山东省文物考古研究所等：《曲阜鲁国故城》，齐鲁书社 1982 年版。

⑤ 河南省博物馆新郑工作站：《河南新郑郑韩故城的钻探和试掘》，《文物资料丛刊》第 3 辑，文物出版社 1980 年版。

⑥ A. 山东省文物管理处：《山东临淄齐故城试掘简报》，《考古》1961 年第 6 期。B. 群力：《临淄齐国故城勘探纪要》，《文物》1975 年第 5 期。

⑦ A. 陶正刚等：《古魏城和禹王城调查简报》，《文物》1962 年第 4、5 期。B. 中国科学院考古研究所山西工作队：《山西夏县禹王城调查》，《考古》1963 年第 9 期。

部，如东周洛阳王城①、齐临淄城②、赵邯郸城③、魏安邑城④、战国晚期
和汉代曲阜鲁城⑤、汉长安城等⑥。东汉中晚期至北宋历代都城的宫城，大
多位于大城北部，如汉魏洛阳城⑦、曹魏邺城⑧、隋大兴城、唐长安城⑨、
隋唐洛阳城⑩、北宋东京城等⑪。南宋及以后历代都城中的宫城大多位于都
城中南部，如杭州宋临安城⑫、金中都⑬、元上都⑭、元大都等⑮。这一期
间辽、金都城的位置似无定制，如辽上京⑯、辽东京⑰、辽中京等⑱，宫城
均在都城北部或东北部；辽南京⑲、金上京等⑳，其宫城均在都城南部。宫

---

① 中国科学院考古研究所洛阳发掘队：《洛阳涧滨东周城址发掘报告》，《考古学报》1959 年第 2 期。
② A. 山东省文物管理处：《山东临淄齐故城试掘简报》，《考古》1961 年第 6 期。B. 群力：《临淄齐国故城勘探纪要》，《文物》1975 年第 5 期。
③ 河北省文物管理处等：《赵邯郸故城调查报告》，《考古学集刊》第 4 集，中国社会科学出版社 1984 年版。
④ A. 陶正刚等：《古魏城和禹王城调查简报》，《文物》1962 年第 4、5 期。B. 中国科学院考古研究所山西工作队：《山西夏县禹王城调查》，《考古》1963 年第 9 期。
⑤ 山东省文物考古研究所等：《曲阜鲁国故城》，齐鲁书社 1982 年版。
⑥ 中国社会科学院考古研究所：《汉长安城未央宫：1980—1989 年考古发掘报告》，中国大百科全书出版社 1996 年版。
⑦ A. 王仲殊：《汉代考古学概说》，中华书局 1984 年版。B. 中国科学院考古研究所洛阳工作队：《汉魏洛阳城初步勘查》，《考古》1973 年第 4 期。C. 段鹏琦等：《洛阳汉魏故城勘察工作的收获》，《中国考古学会第五次年会论文集（1985 年）》，文物出版社 1988 年版。
⑧ 中国社会科学院考古研究所、河北省文物研究所邺城考古工作队：《河北临漳邺北城遗址勘探发掘简报》，《考古》1990 年第 7 期。
⑨ 中国科学院考古研究所西安唐城工作队：《唐长安城考古纪略》，《考古》1963 年第 11 期。
⑩ 王岩：《隋唐洛阳城近年考古新收获》，《中国考古学论丛》，科学出版社版 1993 年版。
⑪ A. 开封宋城考古队：《北宋东京外城的勘探与试掘》，《文物》1992 年第 12 期。B. 丘刚：《北宋东京三城的营建和发展》，《中原文物》1990 年第 4 期。
⑫ 顾炎武：《历代宅京记》卷十七，中华书局 1984 年版。
⑬ 徐苹芳：《金中都遗址》，《中国大百科全书·考古学》，中国大百科全书出版社 1986 年版，第 238 页。
⑭ 李逸友：《元上都遗址》，《中国大百科全书·考古学》，中国大百科全书出版社 1986 年版，第 633 页。
⑮ 中国科学院考古研究所等元大都考古队：《元大都的勘查和发掘》，《考古》1972 年第 1 期。
⑯ 李逸友：《辽代城郭营建制度初探》，《辽金史论集》第三集，书目文献出版社 1987 年版。
⑰ 同上。
⑱ 辽中京发掘委员会：《辽中京城址发掘的重要收获》，《文物》1961 年第 9 期。
⑲ 李逸友：《辽代城郭营建制度初探》，《辽金史论集》第三集，书目文献出版社 1987 年版。
⑳ 徐苹芳：《金上京遗址》，《中国大百科全书·考古学》，中国大百科全书出版社 1986 年版，第 235 页。

城在都城中的地理位置，在选择地势较高处的前提之下，一个时期多集中置于同一方位，当与人们的某些信仰、崇拜有关。如宫城置于都城中部，当受"择中"观念影响；宫城位于都城东北部，或与人们认为东北方向为"神明之地"有关；宫城置于都城西南或西部，似与"西为上"的传统观念有密切关系；宫城置于都城南部恐怕是受到《考工记》有关规划思想的影响。

　　为了宫城的防卫，除了选择地势高的地方营筑宫城，古人更重视宫城周围环境的建筑规划，通过精心安排，使宫城在都城中，与百姓民居和生产、生活区形成"缓冲带"或"隔离带"，从而确保宫城的安全，如汉长安城未央宫周围四邻均为皇室各类建筑或达官显贵宅第，其东为武库、长乐宫，北为桂宫、北宫和"北阙甲第"，西、南两面为都城西、南城墙中一段，城墙之外即建章宫、礼制建筑等①。汉魏洛阳城的宫城位于内城北部，其南部为铜驼街两侧的高级官署和皇室宗庙、社稷、寺院等重要建筑；宫城东、西部为贵族的邸宅；宫城北部属皇室池苑与金墉城②。像上述几座都城中的宫城周围环境与建筑分布情况，在古代都城、宫城中是普遍的。这一格局也反映出宫城在都城的政治中枢地位。

　　（五）宫城布局结构问题

　　中国古代宫城平面有方形与长方形两种，在长方形宫城中，又有东西宽、南北窄与南北长、东西窄两类。属于方形平面的宫城有偃师商城宫城、魏安邑城宫城（小城）、赵邯郸城宫城（赵王城）、汉长安城未央宫及辽中京、金上京、元上都之宫城等。东西宽、南北窄的长方形宫城（或宫庙区）有郑州二里冈商城宫城（或宫庙区）、东周洛阳城宫城、郑韩故城西城之宫城、秦咸阳城宫城、燕下都宫城（或宫庙区）等。南北长、东西窄的长方形宫城（或宫庙区）有安阳殷墟宫庙区、曲阜鲁城宫庙区、齐临淄城宫城、东汉雒阳城的南宫与北宫、北魏洛阳城宫城、唐

　　①　中国社会科学院考古研究所：《汉长安城未央宫：1980—1989 年考古发掘报告》，中国大百科全书出版社 1996 年版。

　　②　A. 王仲殊：《汉代考古学概说》，中华书局 1984 年版。B. 中国科学院考古研究所洛阳工作队：《汉魏洛阳城初步勘查》，《考古》1973 年第 4 期。C. 段鹏琦等：《洛阳汉魏故城勘察工作的收获》，《中国考古学会第五次年会论文集（1985 年）》，文物出版社 1988 年版。

长安之太极宫、大明宫，元大都宫城、明清北京城宫城等。从上述材料可以看出，方形平面的宫城在汉代以前比较流行，中古后期的辽、金、元的一些都城之宫城亦是方形平面，这可能是都城营建上的复古反映。东西宽、南北窄的长方形平面的宫城，商代已出现，东周时期流行，汉代以后很少发现。南北长、东西窄的长方形平面的宫城，商代曾有发现，东周时期已较多出现，汉代以后流行，并成为宫城平面的主要形式。出现这种情况的原因有二：其一，这时期的宫城一般为坐北朝南的南北方向；其二，宫城除主体宫殿外，作为宫城轴线上的主要宫殿建筑群中宫殿建筑数量增加，使宫城轴线（南北方向）延长，从而将宫城平面南北加长。

　　宫城中的主体建筑一般位于宫城中央或宫城东西居中位置。在历代宫城中，主体建筑（或正殿）位置，往往由居宫城中央或偏北，向偏南发展。一般来说，主体建筑（或正殿）位置，秦汉时代以前多置于宫城中央或偏北。如偃师商城宫城中的北部宫殿①；春秋时代晋都新田的牛村古城中央有一大型宫庙基址，平望古城中央略偏西也有一大型宫庙基址②；东周时代的郑韩故城西城之内的宫城，其主体建筑位于城内中部偏北③；汉长安城未央宫前殿约居宫城中央④。魏晋以后，正殿一般置于宫城偏南位置。如北魏洛阳城太极殿、唐长安城太极殿、大明宫含元殿、隋唐洛阳城乾元殿、北宋东京城大庆殿、元大都大明殿、明清北京城的奉天殿和太和殿等，均居各自宫城的南部东西居中位置。当然，这一情况并非始于魏晋时期，早在战国时代已见端倪。如邯郸赵王城西城

　　①　A. 中国社会科学院考古研究所洛阳汉魏故城工作队：《偃师商城的初步勘探和发掘》，《考古》1984 年第 6 期。B. 中国社会科学院河南第二工作队：《1983 年河南偃师商城发掘简报》，《考古》1984 年第 10 期。中国社会科学院河南第二工作队：《1984 年偃师尸乡沟商城宫殿遗址发掘简报》，《考古》1985 年第 4 期。C. 中国社会科学院河南第二工作队：《河南偃师商城第五号宫殿基址发掘简报》，《考古》1988 年第 2 期。D. 中国社会科学院河南第二工作队：《偃师商城第 II 号建筑群遗址发掘简报》，《考古》1995 年第 11 期。

　　②　山西省考古研究所：《山西考古四十年》，山西人民出版社 1994 年版。

　　③　河南省博物馆新郑工作站等：《河南新郑郑韩故城的钻探和试掘》，《文物资料丛刊》第 3 辑，文物出版社 1980 年版。

　　④　中国社会科学院考古研究所：《汉长安城未央宫：1980—1989 年考古发掘报告》，中国大百科全书出版社 1996 年版。

主体建筑"龙台"和燕下都的"武阳台",就位于宫城(或宫殿区)南部,东西居中位置[①]。

　　关于大朝正殿(或宫城主体建筑——主要宫庙)在宫城内位置由原来的中央或偏北移向南部的原因,我认为这是由于历史发展,国家统治机器越来越强化、越来越庞大,反映这些国家权力变化的考古学载体——大型宫殿建筑基址,单体体量越来越大,总体数量越来越多。为了使大朝正殿后面(即北面)的轴线(南北方向)之上安排更多的重要宫殿建筑物等,正殿在宫城轴线上,只能由北向南移,这样可以使正殿北部、宫城之内营建更多皇室所需要的重要建筑物。

　　中国古代宫城布局的另一特点是外朝居南、内廷位北,正殿居南、后宫位北。如汉长安城未央宫大朝正殿——前殿居南,后妃宫殿——椒房殿和掖庭位北[②];唐长安城宫城轴线之上,由南向北依次为太极殿、两仪殿、甘露殿等;大明宫含元殿位南,其北依次有宣政殿、紫宸殿等[③];北宋东京城宫城轴线之上由南向北为大庆殿、文德殿、垂拱殿、紫宸殿等[④];元大都宫城内的大明殿、延春阁、玉德殿、宸庆殿等[⑤];明清北京城宫城中轴线上的外朝三大殿(明的奉天殿、华盖殿、谨身殿,清的太和殿、中和殿、保和殿)与内廷三宫(乾清宫、交泰殿、坤宁宫)[⑥]。

　　(六)关于宫城与都城轴线问题

　　中国古代大型宫庙,大都存在着建筑轴线,一般来说,宫庙建筑轴线均为南北方向。如河南偃师二里头遗址中的一、二号宫殿(或宫庙)建筑

---

　　①　A. 河北省文物管理处等:《赵邯郸故城调查报告》,《考古学集刊》第 4 集,中国社会科学出版社 1984 年版。B. 河北省文物研究所:《燕下都》,文物出版社 1996 年版。

　　②　中国社会科学院考古研究所:《汉长安城未央宫:1980—1989 年考古发掘报告》,中国大百科全书出版社 1996 年版。

　　③　中国科学院考古研究所:《唐长安大明宫》,科学出版社 1959 年版。

　　④　顾炎武:《历代宅京记》卷十六。

　　⑤　《辍耕录》卷二十一《宫阙制度》。

　　⑥　于倬云、郑连章:《故宫》,《中国大百科全书·文物博物馆》,中国大百科全书出版社 1993 年版,第 189—191 页。

遗址①，偃师商城宫城的四号、五号宫殿（或宫庙）建筑遗址②，郑州二里冈商城宫庙区中的第十五、十六号大型宫庙建筑基址③，湖北黄陂盘龙城一、二号宫殿（或宫庙）建筑遗址④，陕西周原凤雏、召陈宫庙建筑遗址⑤，凤翔马家庄秦雍城宗庙建筑遗址⑥，汉长安城未央宫椒房殿建筑遗址⑦、汉长安城南郊礼制建筑遗址⑧、汉宣帝杜陵陵园门阙与寝殿建筑遗址⑨，唐长安城大明宫含元殿⑩、麟德殿建筑遗址⑪，青龙寺⑫、西明寺⑬与

①　A. 中国科学院考古研究所二里头工作队：《1959 年河南偃师二里头试掘简报》，《考古》1961年第 2 期。B. 中国科学院考古研究所二里头工作队：《河南偃师二里头早商宫殿遗址发掘简报》，《考古》1974 年第 4 期。C. 中国社会科学院考古研究所二里头工作队：《河南偃师二里头二号宫殿遗址》，《考古》1983 年第 3 期。

②　A. 中国社会科学院考古研究所洛阳汉魏故城工作队：《偃师商城的初步勘探和发掘》，《考古》1984 年第 6 期。B. 中国社会科学院河南第二工作队：《1983 年河南偃师商城发掘简报》，《考古》1984 年第 10 期。C. 中国社会科学院河南第二工作队：《1984 年偃师尸乡沟商城宫殿遗址发掘简报》，《考古》1985 年第 4 期。D. 中国社会科学院河南第二工作队：《河南偃师商城第五号宫殿基址发掘简报》，《考古》1988 年第 2 期。E. 中国社会科学院河南第二工作队：《偃师商城第Ⅱ号建筑群遗址发掘简报》，《考古》1995 年第 11 期。

③　A. 河南省文化局文物工作队第一队：《郑州商代遗址的发掘》，《考古学报》1957 年第 1 期。B. 河南省博物馆等：《郑州商代城址发掘报告》，《文物资料丛刊》第 1 辑，文物出版社 1977 年版。C. 河南省文物研究所：《郑州商城考古新发现与研究（1985—1992）》，中州古籍出版社 1993 年版。D. 曾晓敏等：《郑州商城考古又有重大收获：发现商宫城墙和完整的城市供水系统》，《中国文物报》1995 年 7 月 30 日。

④　A. 湖北省博物馆：《一九六三年湖北黄陂盘龙城商代遗址的发掘》，《文物》1976 年第 1 期。B. 湖北省博物馆、北京大学考古专业盘龙城发掘队：《盘龙城一九七四年度田野考古纪要》，《文物》1976 年第 2 期。

⑤　A. 陕西周原考古队：《陕西岐山凤雏村西周建筑基址发掘简报》，《文物》1979 年第 10 期。B. 陕西周原考古队：《扶风召陈西周建筑群基址发掘简报》，《文物》1981 年第 3 期。

⑥　陕西省雍城考古队：《凤翔马家庄一号建筑群遗址发掘简报》，《文物》1985 年第 2 期。

⑦　中国社会科学院考古研究所：《汉长安城未央宫：1980—1989 考古发掘报告》，中国大百科全书出版社 1996 年版。

⑧　A. 唐金裕：《西安西郊汉代建筑遗址发掘报告》，《考古学报》1959 年第 2 期。B. 中国科学院考古研究所汉城工作队：《汉长安城南郊礼制建筑遗址发掘简报》，《考古》1960 年第 7 期。

⑨　中国社会科学院考古研究所：《汉杜陵陵园遗址》，科学出版社 1993 年版。

⑩　中国社会科学院考古研究所西安唐城工作队：《1995—1996 年唐长安城大明宫含元殿遗址发掘报告》，《考古学报》1997 年第 3 期。

⑪　中国科学院考古研究所：《唐长安大明宫》，科学出版社 1959 年版。

⑫　中国社会科学院考古研究所西安唐城工作队：《唐长安青龙寺遗址》，《考古学报》1989 年第2 期。

⑬　中国社会科学院考古研究所西安唐城工作队：《唐长安西明寺发掘简报》，《考古》1990 年第1 期。

九成宫建筑遗址等①。

中国古代单体大型宫庙建筑各有轴线，形成规整建筑。包括多座宫庙建筑的宫城，也存在着设计规划轴线。早期宫城中的主要建筑为宫庙，至迟战国时代以后，宗庙移出宫城，宫殿成为宫城的主要建筑，大朝正殿成为宫城主体建筑。从中国古代都城、宫城发展史可以看出，宫城轴线由其大朝正殿（或主体宫庙建筑）所决定，并与正殿（或主体宫庙建筑）轴线基本重合。如偃师二里头遗址第一号宫殿建筑遗址②，湖北盘龙城遗址③、晋都新田牛村古城、平望古城④、郑韩故城西城之宫城⑤、邯郸赵王城西城⑥、燕下都宫庙区等均属这类情况。这一制度，战国时代以后的历代宫城基本沿袭未变。

先秦时代，有的宫城（或宫庙区）轴线与其都城轴线重合，如偃师商城、郑韩故城西城、曲阜鲁城、燕下都（东城）等宫城（或宫庙区）与都城二者轴线关系就是这样。汉代以后，历代继承了这一制度。

关于宫城轴线，一般位于宫城之内东西居中位置。由于都城轴线受宫城轴线制约，轴线位置前者由后者所决定。如汉长安城、隋唐洛阳城、辽南京城、金上京、元上都和明南京城等，其宫城均在各自都城的西部或东部，故上述都城轴线的位置不在都城东西居中位置，而是在都城的西边或东边。偃师商城、曲阜鲁城（东周时期）、曹魏邺城、北魏洛阳城、唐长

① 中国社会科学院考古研究所西安唐城工作队：《隋仁寿宫唐九成宫37号殿址的发掘》，《考古》1995年第12期。

② A. 中国科学院考古研究所二里头工作队：《1959年河南偃师二里头试掘简报》，《考古》1961年第2期。B. 中国科学院考古研究所二里头工作队：《河南偃师二里头早商宫殿遗址发掘简报》，《考古》1974年第4期。C. 中国科学院考古研究所二里头工作队：《河南偃师二里头二号宫殿遗址》，《考古》1983年第3期。

③ A. 湖北省博物馆：《一九六三年湖北黄陂盘龙城商代遗址的发掘》，《文物》1976年第1期。B. 湖北省博物馆、北京大学考古专业盘龙城发掘队：《盘龙城一九七四年度田野考古纪要》，《文物》1976年第2期。

④ A. 山西省文物管理委员会：《山西省文管会侯马工作站工作的总收获》，《考古》1959年第5期。B. 张彦煌：《侯马晋城遗址》，《中国大百科全书·考古学》，中国大百科全书出版社1986年版，第201页。

⑤ 河南省博物馆新郑工作站等：《河南新郑郑韩故城的钻探和试掘》，《文物资料丛刊》第3辑，文物出版社1980年版。

⑥ 河北省文物管理处等：《赵邯郸故城调查报告》，《考古学集刊》第4集，中国社会科学出版社1984年版。

安城、北宋东京城、辽上京、辽中京、金中都、元大都和明清北京城，上述都城之宫城均位于其都城约东西居中位置，所以由宫城决定的都城轴线位置亦在都城东西居中的地方。

（七）关于宫殿与宗庙问题

从目前考古资料来看，宫城中建筑遗迹主要为大型夯土建筑基址。先秦时代这种基址的建筑有宗庙和宫殿建筑。根据文献记载，三代时期，宫庙通用，宫庙一体。西周青铜器的铭文多有这种例证，如舀壶铭有"成宫"、扬簋铭有"周康宫"①，它们分别为周成王庙与周康王庙。三代以后，宫庙互称之例仍不鲜见，如汉景帝德阳庙、武帝龙渊庙、孝元王皇后长寿庙又分别称为德阳宫、龙渊宫、长寿宫等②。根据田野考古资料，商周时代宫庙也有据其使用功能，而有所区分者，但它们仍均在统一的宫庙区内或宫城之中。如安阳殷墟小屯东北地的宫庙区中，根据考古研究认为，乙组基址为宗庙遗址，丙组基址主要为祭坛遗址，甲组基址为宫室遗址③，三组建筑基本南北相连，均在由洹河与壕沟所形成的"宫城"内。但是，这里是否已存在"左祖右社"布局尚难确定，有待进一步研究。不过文献记载西周时代已有"左祖右社"④。

约在春秋战国时代，宫和庙两种不同性质建筑物大多分别营筑，并且各自建于不同的地方。如属于春秋中晚期的陕西凤翔马家庄秦雍城宫庙区中，1号建筑群为宗庙遗址，东西 90 米、南北 84 米，周围筑墙，形成封闭式院落。1号建筑群西部的 3 号建筑群为宫室建筑，规模庞大，亦周筑围墙，自成院落。两座建筑群院落各为一座小城，可见宫殿与宗庙已分别营筑⑤。秦咸阳城的咸阳宫建于渭河北岸的咸阳原上⑥，而秦"诸庙"中

---

① 《三代吉金文存》卷 12、卷 19。

② 《三辅黄图》、《汉书》卷九十八《元后传》。

③ 石璋如：《殷墟建筑遗存》，"中央研究院"历史语言研究所 1959 年版。

④ 《周礼·春官》。

⑤ 陕西雍城考古队：《秦都雍城勘查试掘简报》，《考古与文物》1985 年第 2 期。陕西雍城考古队：《凤翔马家庄一号建筑群遗址发掘简报》，《文物》1985 年第 2 期。

⑥ 刘庆柱：《论秦咸阳城布局形制及其相关问题》，《文博》1990 年第 5 期。

的一部分，如"极庙"、秦昭王庙等"皆在渭南"①。秦社也营筑于渭南，此社或为汉代所沿用②。大概秦都咸阳已有"左祖右社"布局③。

宫殿与宗庙的分别营筑、宗庙从宫城中的移出，是王权对神权、宗族权的胜利。这一胜利导致都城建设中宗庙、宫殿营建顺序的变化。《礼记·曲礼下》记载：三代时期"君子将营宫室，宗庙为先，厩库为次，居室为后"。到了汉代，高祖刘邦登基伊始，先建宫殿、武库、太仓等④，宗庙的营筑是稍后的事。

西汉时期，皇室宗庙虽在都城之内或其附近，但均不在宫城之中。如西汉初年营建的高庙在未央宫东南部⑤，新莽时期营筑的"宗庙"在汉长安城南郊，二者均位于未央宫东南。与"宗庙"东西相对的"社稷"，在未央宫西南。"宗庙"与"社稷"在未央宫之南，分列左右，形成"左祖右社"格局，这是目前已知最早的"左祖右社"考古资料。东汉雒阳城的明堂、辟雍、灵台等礼制建筑分布在洛阳城南郊平城门大街两侧，这种情况继承了汉长安城礼制建筑的布局特点。光武帝建武二年立高庙、太社于雒阳，二者左右排列，形成"左祖右社"布局⑥。北魏洛阳城内，宫城南部铜驼街两侧布列左庙右社。此后历代都城中的宗庙、社稷，均沿用了这一制度，将二者置于宫城之南、内城或皇城之中。

（八）关于宫城的池苑问题

早期宫城之内，只有宫庙类建筑，如偃师商城宫城内多座大型夯土建筑基址⑦，秦咸阳城的宫城遗址内八座大型夯土建筑遗址⑧，它们分别布满各自宫城。先秦时代的宫城面积一般不大，现有考古资料说明，汉代及以

① 刘庆柱、李毓芳：《秦都咸阳"渭南"宫台庙苑考》，《秦汉论集》，陕西人民出版社 1992 年版。

② 《三辅黄图》："汉初除秦社稷，立汉社稷。"

③ 刘庆柱：《汉长安城的考古发现及相关问题研究——纪念汉长安城考古工作四十年》，《考古》1996 年第 10 期。

④ 《汉书》卷一《高帝纪》。

⑤ 资料现存中国社会科学院考古研究所汉城工作队。

⑥ 《后汉书》志第九《祭祀》（下）、《后汉书》志第四《礼仪》（上）。

⑦ 王学荣：《河南偃师商城遗址的考古发掘与研究述评》，《考古求知集——'96 考古研究所中青年学术讨论会文集》，中国社会科学出版社 1996 年版。

⑧ 陈国英：《秦都咸阳考古工作三十年》，《考古与文物》1989 年第 5、6 合期。

后的宫城规模扩大，如汉长安城未央宫面积达 5 平方公里，其中的宫殿建筑数以几十计。宫城内建筑的增加，人员的增多，为了解决给水问题，未央宫内开"沧池"，提高水位，增加蓄水量和供水量。沧池之中筑"渐台"。沧池不只是作为给水工程，它还有着更深层的意义。汉承秦制，秦始皇在秦咸阳城东部开凿了兰池，并于其处修建了宫殿。这一工程是秦始皇东巡大海，遍访神山的象征①。未央宫沧池、渐台也还有着这方面的意义。从都城、宫城发展史来看，汉长安城未央宫的沧池、渐台，实际是将秦都城之旁的兰池迁入汉都宫城之中，这样使皇帝更便于随时"入海求仙"，以得长生不死之药。汉武帝时，宫城开池、筑台制度得到进一步发展，武帝在营建的宫城建章宫中，开"太液池"，筑"渐台"，并在池旁雕造了石鲸等②。未央沧池、建章太液池意义相同，它们均为大海的象征，二者渐台同为神山之喻③。自汉代宫城之中开池、筑台，这一制度为后代所沿袭。如隋大兴城、唐长安城的宫城中有"四海池"；唐长安大明宫北部开太液池（又称蓬莱池），池中筑蓬莱山；兴庆宫内开龙池。宋元以后，宫城之内不再开池筑台，作为大海、神山象征的池、台建造在皇城之内，个别也有在都城、皇城附近者，池、台仍用旧名，还是专门为皇室游乐所使用。如元大都在宫城西侧、皇城之内开太液池，池中筑瀛州、琼华南北二岛；明清北京城沿袭元大都之制，只是更名太液池为北海、中海和南海。

　　关于中国古代宫城研究，涉及问题很多，本文根据考古学资料所谈的几个问题，只是宫城考古学研究中的一部分，我期待这方面考古工作的进一步开展，从而促使中国古代宫城考古学的研究更加深入。

（原载《文物》1998 年第 3 期）

---

　　① 《史记》卷六《秦始皇本纪》之【正义】引《括地志》云："兰池，在咸阳界。《秦记》云，始皇都长安，引渭水为池，筑为蓬瀛，刻石为鲸，长二百丈。"

　　② 《汉书》卷二十五（下）《郊祀志》（下）：建章宫"其北治大池，渐台高二十余丈，名曰泰液，池中有蓬莱、方丈、瀛洲、壶梁，象海中神山龟鱼之属"。师古注："《三辅故事》云，池北岸有石鱼，长二丈，高五尺，西岸有石鳖三枚，长六尺。"

　　③ 《文选·西京赋》载："顾临太液，沧池漭沆。渐台立于中央，赫昈昈以弘敞。清渊洋洋，神山峨峨，列瀛洲与方丈，夹蓬莱而骄罗。"《文选·西都赋》载："前唐中而后太液，览沧海之汤。"

关于中国古代宫殿遗址考古的思考

　　在历史考古学中，都城遗址考古占有重要位置，因其是历史王朝的政治、经济、文化缩影。宫城及其宫殿遗址是都城的政治中枢，因此宫殿考古在都城遗址考古中占有特殊地位。长期以来，考古工作者对宫殿遗址考古十分关注，本文就此谈点意见。

　　（一）古代宫殿遗址概念的界定

　　远古时代"宫"是房屋的通称，房屋即"室"，《说文》载："室，实也。"故《尔雅》称"宫谓之室，室谓之宫"。因此古人认为"宫室一也"[①]。随着社会历史的发展，作为社会的人群开始分化，人们活动的历史载体之一——建筑物也出现了等级。先秦时代，统治者的专用建筑物"宫"、"宫室"之名已出现。如西周青铜器有"京宫""康宫"铭文[②]。又如《礼记·曲礼下》载："君子将营宫室，宗庙为先，厩库为次，居室为后。"可见"宫室"成为统治者各类重要建筑的泛称。

　　古代宫室中的宽大之"室"亦称"堂"或"大堂"，《苍颉篇》又称"大堂"为"殿"，"商周以前，其名不载"[③]。秦汉以来，宫殿之名成为统治者的"常号"[④]，一般人的建筑物不能使用这个名称。"宫室"的含义，这时也成了宫城与宫殿的复合词，《风俗通义》所载"宫其外，室其内"就是这个意思。

　　"宫殿"一般属于代表王权、皇权的统治者之建筑物，但一些反映神权的礼仪、祭祀或宗教性建筑也有以"宫"或"殿"命名的。先秦时代

---

　　①　《风俗通义校释》，天津人民出版社1980年版，第396页。
　　②　罗振玉：《三代吉金文存》卷六，第56、57页。
　　③　《初学记》，中华书局1962年版，第570页。
　　④　《风俗通义校释》，天津人民出版社1980年版，第396页。

这种情况尤为普遍，西周青铜器铭文上多有这种例子，如周成王庙、周康王庙又称"成宫"（曶壶铭）、"康宫"（扬簋铭）。秦汉时代，虽然"宫"名之使用已十分严格，但"宫"与"庙"通用者仍不鲜见。如秦始皇在"渭南"修建的"信宫"又名"极庙"①，汉景帝之"德阳庙"、汉武帝之"龙渊庙"又称"德阳宫"、"龙渊宫"等②。汉代宫与庙虽通称，但作为"庙"的主人生前应称其为"宫"，去世后才可谓"庙"③。这点对我们认识先秦时代"宫"、"庙"之名相通的具体文化内涵是颇有意义的。汉代以降，不少宗教性主体建筑亦名"宫"或"殿"，如文献记载北魏永宁寺内浮图北边的主体建筑称"佛殿"；又如唐代、元代道教建筑有称"老君殿""三清殿""太清宫""太微宫""紫极宫"及"重阳宫"者。根据上述情况，本文所论及的中国古代宫殿遗址包括了属于王权、皇权政治中枢活动的宫室建筑遗址，以及与王权、皇权并存的具有神权意义的礼仪性、祭祀性、宗教性活动的主要殿堂建筑遗址等。

（二）中国古代宫殿遗址与中国古代文明

恩格斯说"国家是文明社会的概括"。就考古学而言，古代宫殿遗址是古代国家主要政治活动平台的重要物化形式。

以往人们仅仅将城堡的出现与文明社会产生、国家存在相提并论，这显然是不准确的。因为一座城堡如果只具有祭祀、宗教或军事方面的意义，而没有代表国家权力的物化载体——"布政"宫殿建筑，这样就难以确认其文明社会的形成和国家的出现。我认为，中国古代文明社会与国家形成的诸考古学要素中，最重要的是出现了构筑有以"布政"宫殿建筑为中心的城市，这种城市的早期形制一般有高大城墙，但也有个别城市还未找到城墙。至于反映神权的大型祭祀性建筑遗址等，它们只有与代表王权的考古学资料同时存在，才能构成文明社会和国家出现的重要因素。当然，金属器和文字的使用也是文明社会和国家出现的不可或缺的因素，但

---

① 《史记》卷六《秦始皇本纪》。

② 《三辅黄图》、《汉书》卷五《景帝纪》、《汉书》卷六《武帝纪》。

③ 《汉书》卷九十八《元后传》：王莽"改（号）太后为新室文母，绝之于汉，不令得体元帝。堕坏孝元庙。更为文母太后起庙，独置孝元庙故殿以为文母篹食堂，既成，名曰长寿宫。以太后在，故未谓之庙"。

由于目前关于金属器和文字的界定及其从"量变"到"质变"的判定困难，从而在研究古代文明形成与国家出现问题上，从考古学学科特点来说，大型宫殿遗址考古可作为较好的切入点。

古代宫殿遗址考古所反映的不同时代宫殿形制、布局的变化，宫殿与宫城、都城关系等诸多方面问题，对研究古代历史无疑也是至关重要的。

（三）中国古代宫殿遗址的考古发现与研究

学术界一般认为，目前考古发现的最早的中国古代宫殿遗址为河南偃师二里头遗址的第一、二号宫殿建筑遗址。其中二号宫殿建筑遗址北部有一同时期大墓，有的学者推测二号宫殿建筑应属于祭祀北边大墓墓主的礼制性建筑。一、二号宫殿建筑遗址规模，后者小于前者。二者均位于二里头遗址中心区，时代相同，应为夏代都城中的两座重要宫殿建筑①。

近年来河南偃师商城宫城范围内几座宫殿遗址的考古发掘，为中国古代宫殿遗址考古研究增添了新的重要资料。宫城东半部的四号、五号宫殿建筑遗址，均各自以北边正殿为主体建筑，东、西、南三面设廊庑，自成一组封闭式建筑②。宫城西半部的宫殿遗址考古发掘工作正在进行，其布局形制与东半部宫殿有所不同。

湖北黄陂盘龙城的商代中期城址内，有南北排列的三座宫殿遗址③。

殷墟的宫殿遗址曾经过大规模的考古发掘，一般将其自北向南分为甲组、乙组和丙组。甲组宫殿遗址平面主要为竖长方形，方向以向东或向西为主。乙组主要为面向南的，其中约半数基址的上下或附近还发现大量祭祀坑。发掘者认为，甲组主要基址可能为"寝殿"或享宴之所；乙组之中的乙七、乙八可能为宗庙建筑基址；丙组基址多为与祭祀有关的建筑④。

西周都城丰镐二京的宫殿遗址发现甚少。考古工作者在镐京故址已勘

①　A. 中国科学院考古研究所二里头工作队：《河南偃师二里头早商宫殿遗址发掘简报》，《考古》1974 年第 4 期。B. 中国社会科学院考古研究所二里头工作队：《河南偃师二里头二号宫殿遗址》，《考古》1983 年第 3 期。

②　A. 中国社会科学院考古研究所河南第二工作队：《1984 年春偃师尸乡沟商城宫殿遗址发掘简报》，《考古》1985 年第 4 期。B. 中国社会科学院考古研究所河南第二工作队：《河南偃师尸乡沟商城第五号宫殿基址发掘简报》，《考古》1988 年第 2 期。

③　湖北省博物馆等：《盘龙城一九七四年度田野考古纪要》，《文物》1976 年第 2 期。

④　石璋如：《殷墟建筑遗存》，"中央研究院"历史语言研究所 1959 年版。

探发掘的四、五号建筑遗址，二者西东并列，其间为庭院。发掘者认为前者属大朝正殿类建筑，后者为寝室类建筑，二者形成"前朝后寝"格局①。

70 年代考古发掘的陕西岐山、扶风的西周时期凤雏甲组建筑遗址和召陈建筑遗址②，应属于西周王朝统治者的宫殿建筑，但是否为"王室"的"宫廷"建筑还有待进一步研究。

陕西凤翔马家庄一号建筑遗址的考古发掘，是至今揭露面积最大，形制最为清楚的春秋时代大型宗庙建筑群遗址③。马家庄三号建筑群遗址是一座规模庞大的宫殿遗址，它由南北排列的五重院落组成④。

战国时代流行高台宫殿建筑，已发掘的秦咸阳城咸阳宫第一、二号宫殿建筑遗址是最具代表性的，它们的主体殿堂建筑在台基之上，平面均为方形⑤。这种方形平面的主体殿堂与战国秦汉时代礼制建筑的主体殿堂平面形制相近。

赵都邯郸城之王城中宫殿建筑遗址群的考古勘察，基本究明了其宫城之内主要宫殿的布局情况⑥。

阿房宫是秦代最具代表性的宫殿建筑，已经考古勘探的阿房宫前殿遗址东西 1320 米、南北 420 米，面积 554400 平方米。目前关于前殿遗址之上的宫殿建筑群布局结构和大朝正殿形制还均不清楚，这些都有待今后的考古工作去究明⑦。

战国时代和秦代的帝王陵寝礼制建筑遗址考古工作开展较多，如河

---

① 陕西省考古研究所：《镐京西周宫室》，西北大学出版社 1995 年版。

② A. 陕西周原考古队：《陕西岐山凤雏村西周建筑基址发掘简报》，《文物》1979 年第 11 期。B. 陕西周原考古队：《扶风召陈西周建筑群基址发掘简报》，《文物》1981 年第 1 期。

③ 陕西省雍城考古队：《凤翔马家庄一号建筑群遗址发掘简报》，《文物》1985 年第 2 期。

④ A. 陕西省雍城考古队：《秦都雍城勘查试掘简报》，《考古与文物》1985 年第 2 期。B. 韩伟：《秦公朝寝钻探图考释》，《考古与文物》1985 年第 2 期。

⑤ A. 秦都咸阳考古工作站：《秦都咸阳第一号宫殿建筑遗址简报》，《文物》1976 年第 11 期。B. 秦都咸阳考古工作站：《秦咸阳宫第二号建筑遗址发掘简报》，《考古与文物》1986 年第 4 期。

⑥ 河北省文物管理处等：《赵邯郸故城调查报告》，《考古学集刊》第 4 集，中国社会科学出版社 1984 年版。

⑦ 韩保全：《秦阿房宫遗址》，《文博》1996 年第 2 期。

南辉县固围村魏王室陵墓享堂遗址①、河北中山国王陵享堂遗址及其出土兆域图上的享堂②、秦始皇陵"寝殿"遗址等③，其平面均约为方形。

汉唐时代的宫殿遗址考古工作，主要有汉长安城未央宫前殿、椒房殿和少府所属宫殿遗址④，桂宫第二号建筑遗址⑤，汉长安城南郊礼制建筑遗址⑥，汉魏洛阳城的太极殿遗址、礼制建筑遗址⑦，唐长安城大明宫的含元殿遗址⑧，宣政殿、麟德殿、清思殿、浴堂殿、蓬莱殿遗址等⑨，唐长安城青龙寺⑩、西明寺等宗教建筑遗址⑪，隋唐离宫中的仁寿宫、九成宫⑫、华清宫的宫殿遗址⑬，唐洛阳城的明堂遗址等⑭，均进行了大规模考古发掘。此外，有的汉代帝陵、诸侯王墓的陵寝礼制建筑遗址也进行了考古勘察、

① 中国科学院考古研究所：《辉县发掘报告》，科学出版社 1956 年版。

② 河北省文物研究所：《璺墓——战国中山国国王之墓》，文物出版社 1996 年版。

③ 陕西省考古研究所等：《秦始皇陵兵马俑坑——一号坑发掘报告》，文物出版社 1988 年版。

④ 中国社会科学院考古研究所：《汉长安城未央宫：1980—1989 年考古发掘报告》，中国大百科全书出版社 1996 年版。

⑤ 中国社会科学院考古研究所、日本奈良国立文化财研究所中日联合考古队：《汉长安城桂宫第二号建筑遗址发掘简报》，《考古》1999 年第 1 期。

⑥ A. 中国科学院考古研究所汉城工作队：《汉长安城南郊礼制建筑遗址发掘简报》，《考古》1960 年第 7 期。B. 唐金裕：《西安西郊汉代建筑遗址发掘报告》，《考古学报》1959 年第 2 期。

⑦ A. 河南省文物研究所：《河南考古四十年》，河南人民出版社 1994 年版。B. 中国社会科学院考古研究所洛阳工作队：《汉魏洛阳城南郊的灵台遗址》，《考古》1978 年第 1 期。C. 中国社会科学院考古研究所：《中国社会科学院考古研究所考古博物馆洛阳分馆》，文化艺术出版社 1998 年版。

⑧ 中国社会科学院考古研究所西安唐城工作队：《唐大明宫含元殿遗址 1995—1996 年发掘报告》，《考古学报》1997 年第 3 期。

⑨ A. 中国科学院考古研究所：《唐长安大明宫》，科学出版社 1959 年版。B. 马得志等：《唐代长安宫廷史话》，新华出版社 1994 年版。

⑩ 中国社会科学院考古研究所西安唐城工作队：《唐长安青龙寺遗址》，《考古学报》1989 年第 2 期。

⑪ 中国社会科学院考古研究所西安唐城工作队：《唐长安西明寺遗址发掘简报》，《考古》1990 年第 1 期。

⑫ 中国社会科学院考古研究所西安唐城工作队：《隋仁寿宫、唐九成宫 37 号殿址的发掘》，《考古》1995 年第 12 期。

⑬ A. 唐华清宫考古队：《唐华清宫汤池遗址第一期发掘简报》，《文物》1990 年第 5 期。B. 唐华清宫考古队：《唐华清宫汤池遗址第二期发掘简报》，《文物》1991 年第 9 期。

⑭ 中国社会科学院考古研究所洛阳唐城队：《唐东都武则天明堂遗址发掘简报》，《考古》1988 年第 3 期。

发掘，它们主要有汉宣帝杜陵、孝宣王皇后陵[1]和梁孝王陵的寝园遗址等[2]。

根据上述古代宫殿遗址考古资料，下面我就中国古代宫殿遗址考古研究中的几个问题，作一探讨。

1. 宫殿院落与宫城问题

河南偃师二里头遗址的第一、二号宫殿遗址，它们各自围成一组院落，每座院落均由围墙、廊庑、庭院殿堂和大门组成，大门居南，殿堂位北。作为夏代都城的二里头遗址之中，可能包括有数座这样的院落，它们的各自使用功能应有所不同。这里的每座"院落"之规模，与龙山时代中晚期的一些城址相近，如河南登封王城岗城址[3]、山东寿光边线王城址（小城）[4] 等，其面积均在 1 万平方米左右。

商代较夏代的宫殿院落，在两方面有着重要的发展变化。其一，由一座宫殿为中心形成的独立院落，变成宫城之内包括多座以一座宫殿为主体建筑的院落；其二，每座宫殿院落，由原来的只构筑一座宫殿，发展为营建两座或两座以上宫殿，它们前后排列有序。如河南偃师商城的一号宫城考古发现说明，商代早期已出现了把多座宫殿院落围筑于同一"城"内的"宫城"。这时的宫殿院落也有了新的发展，即每座院落虽仍只有一座宫殿，但有的两座院落南北相连，排列整齐，其间有门道相连通[5]。这样前后排列的两座宫殿院落，其使用功能应当既有联系又有区别。

商代中期的湖北黄陂盘龙城宫殿遗址群，三座宫殿南北排列，根据对每座宫殿平面布局的研究，可以发现其使用功能不同，属于朝堂性质的宫殿居南（编号为F2），寝室性质的宫殿位北（编号为F1）。这应该是"前朝后寝"的布局。而二里头遗址的一号宫殿遗址却是将这种朝堂和寝室两

① 中国社会科学院考古研究所：《汉杜陵陵园遗址》，科学出版社 1993 年版。
② 河南省文物考古研究所：《永城西汉梁国王陵与寝园》，中州古籍出版社 1996 年版。
③ 河南省文物考古研究所等：《登封王城岗与阳城》，文物出版社 1992 年版。
④ 杜在忠：《边线王龙山文化城堡的发现及其意义》，《中国文物报》1988 年 7 月 15 日。
⑤ 中国社会科学院考古研究所：《中国社会科学院考古研究所考古博物馆洛阳分馆》，文化艺术出版社 1998 年版。

种使用功能集中于同一栋宫殿建筑之中，也就是文献记载的"夏后氏世室"之形式①。据此，我认为前述湖北黄陂盘龙城商代宫殿的"前朝后寝"之布局特点，不是直接从二里头遗址之宫殿建筑发展而来，它有可能受到偃师商城宫城中某些宫殿建筑布局的影响。

　　进入周代，由两座宫殿遗址组成的"前朝后寝"或"前堂后室"之宫殿布局形制已相当普遍。如陕西长安的西周镐京遗址中的四、五号建筑②，周原凤雏甲组宫殿遗址③，凤翔马家庄三号宫殿建筑遗址④，河北赵邯郸王城宫殿遗址等⑤，它们均由前后排列的朝堂与寝室两部分组成。秦汉以后，重要的宫殿院落承袭其制，宫城中包括多座（或多组）这种宫殿院落，组成庞大的宫殿建筑群。

　　2. 中国古代宫殿建筑平面形制探讨

　　中国古代宫殿遗址的平面形制（指宫殿主体建筑物——殿堂之平面），一般为长方形和方形，个别也有圆形或多边形的。宫殿之中殿堂平面为长方形的数量最多，延续时间最长，使用范围最广，这类殿堂大多坐北朝南，采光效果较好。由先秦至唐宋，长方形平面的殿堂进深与面阔之比值变化值得注意，如河南偃师二里头遗址的第一号宫殿比值为 0.375⑥、湖北黄陂盘龙城 F2 比值为 0.382⑦、汉长安城未央宫前殿之中殿和椒房殿正殿比值分别为 0.6 与 0.59⑧、汉长安城桂宫二号建筑正殿比值为 0.57⑨、

---

①　杨鸿勋：《初论二里头宫室的复原问题——兼论"夏后氏世室"形制》，《建筑考古学论文集》，文物出版社 1987 年版。

②　陕西省考古研究所：《镐京西周宫室》，西北大学出版社 1995 年版。

③　陕西周原考古队：《陕西岐山凤雏村西周建筑基址发掘简报》，《文物》1979 年第 11 期。

④　陕西省雍城考古队：《秦都雍城勘查试掘简报》，《考古与文物》1985 年第 2 期。

⑤　河北省文物管理处等：《赵邯郸故城调查报告》，《考古学集刊》第 4 集，中国社会科学出版社 1984 年版。

⑥　中国科学院考古研究所二里头工作队：《河南偃师二里头早商宫殿遗址发掘简报》，《考古》1974 年第 4 期。

⑦　湖北省博物馆等：《盘龙城一九七四年度田野考古纪要》，《文物》1976 年第 2 期。

⑧　中国社会科学院考古研究所：《汉长安城未央宫：1980—1989 年考古发掘报告》，中国大百科全书出版社 1996 年版。

⑨　中国社会科学院考古研究所、日本奈良国立文化财研究所中日联合考古队：《汉长安城桂宫第二号建筑遗址发掘简报》，《考古》1999 年第 1 期。

汉宣帝杜陵寝殿比值为 0.58[1]、北魏洛阳城太极殿比值为 0.60[2]、唐大明宫含元殿和宣政殿比值分别为 0.55 与 0.57 等[3]。由此可以看出，宫殿殿堂进深与面阔比值总的发展趋势是由小到大，先秦时代变化较明显，汉唐时代趋于稳定，其比值接近"黄金律"（0.618）。

从目前已究明的古代宫殿殿堂平面的考古资料和文献记载，中国古代的大朝正殿平面绝大多数为长方形，中古以后的重要寺院的佛殿、道观的殿堂、各类庙等，其主体建筑的平面亦为长方形。

方形平面的宫殿，多与礼制建筑有关，如战国时代的河南辉县固围村魏王室陵墓之上的享堂遗址[4]，河北中山国王陵享堂遗址及其出土兆域图上的"王后堂"和"哀后堂"[5]，秦始皇陵的寝殿遗址[6]，汉长安城高庙遗址[7]，汉宣帝杜陵陵庙遗址[8]，汉长安城南郊的宗庙和辟雍遗址[9]，汉魏洛阳城南郊的辟雍、明堂、灵台遗址等[10]。上述方形平面建筑的渊源可能会追溯到史前时期古老先民们的祭祀性建筑——"祭坛"。

汉魏时代以后，宫殿殿堂为方形平面的礼制建筑已很少，渐被长方形平面的建筑所取代。其实这种现象早在西汉时代已出现，当时的一些帝陵陵寝的殿堂建筑平面已为长方形。中古时代的祭祀性、宗教性和礼制性建筑的主体殿堂平面大多由原来的方形演变成长方形。从社会历史发展来看，这是王权、皇权势力越来越强的表现，是"神权"越来越成为王权、

---

① 中国社会科学院考古研究所：《汉杜陵陵园遗址》，科学出版社 1993 年版。
② 中国社会科学院考古研究所：《中国社会科学院考古研究所考古博物馆洛阳分馆》，文化艺术出版社 1998 年版。
③ A. 中国社会科学院考古研究所西安唐城工作队：《唐大明宫含元殿遗址 1995—1996 年发掘报告》，《考古学报》1997 年第 3 期。B. 马得志等：《唐代长安宫廷史话》，新华出版社 1994 年版。
④ 中国科学院考古研究所：《辉县发掘报告》，科学出版社 1956 年版。
⑤ 河北省文物研究所：《𰯼墓——战国中山国国王之墓》，文物出版社 1996 年版。
⑥ 陕西省考古研究所等：《秦始皇陵兵马俑坑——一号坑发掘报告》，文物出版社 1988 年版。
⑦ 资料存中国社会科学院考古研究所汉长安城工作队。
⑧ 中国社会科学院考古研究所：《汉杜陵陵园遗址》，科学出版社 1993 年版。
⑨ A. 中国科学院考古研究所汉城工作队：《汉长安城南郊礼制建筑遗址发掘简报》，《考古》1960 年第 7 期。B. 唐金裕：《西安西郊汉代建筑遗址发掘报告》，《考古学报》1959 年第 2 期。
⑩ A. 河南省文物研究所：《河南考古四十年》，河南人民出版社 1994 年版。B. 中国社会科学院考古研究所洛阳工作队：《汉魏洛阳城南郊的灵台遗址》，《考古》1978 年第 1 期。C. 中国社会科学院考古研究所：《中国社会科学院考古研究所考古博物馆洛阳分馆》，文化艺术出版社 1998 年版。

皇权附庸在其"活动平台"（即其主要建筑物）之上的反映。

中国古代的大型建筑物，其平面为圆形或规整多边形者，绝大多数为礼制性、祭祀性和宗教性建筑，它们也是从史前先民祭祀性建筑继承而来的。

3. 关于布政殿堂与礼制、祭祀性建筑问题

祭祀性建筑早在新石器时代已出现。如属于红山文化的辽宁喀喇沁左翼蒙古族自治县东山咀遗址和建平县牛河梁第二地点的圆形祭坛、牛河梁第五地点的方形祭坛及牛河梁女神庙遗址等①。又如我国东南地区良渚文化的江苏昆山赵陵山②、武进寺墩③、上海青浦福泉山④、浙江余杭反山⑤、瑶山墓地的祭台遗址等⑥。这些祭祀性建筑遗址的祭祀对象是否具有君王性质，还有待进一步研究，但可以推测它们不属于"君王"布政的殿堂。如前所述，目前所知最早的"布政"殿堂似应为二里头遗址的一号宫殿遗址。二号宫殿遗址北边的大墓，说明它与一号宫殿遗址的主要使用功能有所不同。一、二号宫殿遗址的考古发掘，反映出当时布政与祭祀不同功能在宫殿建筑中已出现。但是我们也注意到，一、二号宫殿遗址的规模、形制相近，因此有的文献记载上古之时"清庙、明堂、路寝同制"⑦。

---

① A. 郭大顺、张克举：《辽宁省喀左县东山咀红山文化建筑群址发掘简报》，《文物》1984年第11期。B. 辽宁省文物考古研究所：《辽宁牛河梁红山文化女神庙与积石冢群发掘简报》，《文物》1986年第8期。C. 辽宁省文物考古研究所：《牛河梁红山文化遗址与玉器精粹》，文物出版社1997年版。

② 江苏省赵陵山考古队：《江苏昆山赵陵山遗址第一、二次发掘简报》，《东方文明之光》，海南国际新闻出版中心1996年版。

③ A. 南京博物院：《江苏武进寺墩遗址的试掘》，《考古》1981年第3期。B. 南京博物院：《1982年江苏常州武进寺墩遗址的发掘》，《考古》1984年第2期。C. 江苏省寺墩考古队：《江苏武进寺墩遗址第四、第五次发掘》，《东方文明之光》，海南国际新闻出版中心1996年版。

④ A. 上海市文物保管委员会：《上海青浦福泉山良渚文化墓地》，《文物》1984年第2期。B. 上海市文物保管委员会：《上海福泉山良渚文化墓葬》，《文物》1986年第10期。

⑤ 浙江省考古研究所：《浙江余杭反山发现良渚文化重要墓地》，《文物》1986年第10期。B. 反山考古队：《浙江余杭反山良渚墓地发掘简报》，《文物》1988年第1期。

⑥ 浙江省考古研究所：《余杭瑶山良渚文化祭坛遗址发掘简报》，《文物》1988年第1期。

⑦ 《宋书》卷十六《礼志》六。

　　商代早期都城的布政与祭祀性殿堂仍聚集于一处①，而到了商代晚期的殷墟宫殿遗址，其布政殿堂与祭祀、礼制性建筑已有了较明显的分区，前者位于殷墟宫殿区北部，后者位于殷墟宫殿区中南部②。

　　春秋时代，礼制性、祭祀性建筑与布政殿堂分区更趋明显，建筑布局也各不相同。如陕西凤翔秦国雍城遗址中勘探、发掘的马家庄一、三号建筑群遗址，二者均在雍城遗址中部，东西相距约 500 米，各自围成一个独立的大院落。一号建筑群遗址属于宗庙性质，北部居中为祖庙遗址，昭庙和穆庙遗址列于东、西厢，由大门、中庭、亭台和围墙组成完整的宗庙建筑群。遗址内共发现与宗庙建筑同期的各类祭祀坑 181 个，它们大多呈有规律地排列③。考古勘探发现的三号建筑群，平面布局严谨规整，周筑围墙，规模宏大，占地约 21849 平方米，几乎比马家庄宗庙建筑群遗址（一号建筑群遗址）大三倍，研究者认为这可能是秦国国王布政的寝宫④。

　　如果说春秋时代秦国雍城的宗庙还置于都城之内的话，那么战国时代和秦代都城的宗庙已被安排在咸阳城之外的渭河南岸了⑤。这时布政殿堂与祭祀、礼制性建筑使用功能也有了明确区分。

　　西汉时代，布政的大朝正殿位于宫城中央，宫城与都城的轴线穿过正殿，以大朝正殿为中心，宗庙、辟雍和社稷等礼制建筑均列于其南部（也在宫城和都城之南）两侧。礼制建筑的殿堂平面一般为方形，大朝正殿或其他布政殿堂平面一般为长方形。汉魏洛阳城的明堂、辟雍、灵台等礼制建筑仍在都城南郊，明堂、灵台主体建筑平面亦为方形。但宗庙等礼制建筑由都城之外移至都城之内、宫城之南，宗庙殿堂的平面形制还不清楚。

　　①　A. 中国社会科学院考古研究所河南第二工作队：《1984 年春偃师尸乡沟商城宫殿遗址发掘简报》，《考古》1985 年第 4 期。B. 中国社会科学院考古研究所河南第二工作队：《河南偃师尸乡沟商城第五号宫殿基址发掘简报》，《考古》1988 年第 2 期。C. 中国社会科学院考古研究所：《中国社会科学院考古研究所考古博物馆洛阳分馆》，文化艺术出版社 1998 年版。

　　②　石璋如：《殷墟建筑遗存》，"中央研究院"历史语言研究所 1959 年版。

　　③　陕西省雍城考古队：《凤翔马家庄一号建筑群遗址发掘简报》，《文物》1985 年第 2 期。

　　④　A. 陕西省雍城考古队：《秦都雍城勘查试掘简报》，《考古与文物》1985 年第 2 期。B. 韩伟：《秦公朝寝钻探图考释》，《考古与文物》1985 年第 2 期。

　　⑤　《史记》卷六《秦始皇本纪》："诸庙及章台、上林皆在渭南。"

不过北魏洛阳城永宁寺佛殿基址平面已为长方形，东西 54 米、南北 25 米①，这证实了《洛阳伽蓝记》中关于永宁寺佛殿"形如太极殿"的记载。考古发掘的唐长安城青龙寺遗址②、西明寺遗址③，不论是佛殿单体建筑形制，还是寺院建筑群整体布局，它们都反映出力图仿效当时统治者的宫殿殿堂与宫殿建筑群。因此，北魏及其后的宗庙有可能像寺庙一样，仿效大朝正殿，由汉代的方形平面建筑改变为长方形平面建筑。

中国古代宫殿遗址考古工作虽然开展多年，但由于作为勘察、发掘对象的古代宫殿遗址群时间跨度长，分布的范围广、类型繁多、内涵复杂，相对整体而言，目前掌握的考古资料还是很有限的。考虑到这一学术课题的重要性，以及宫殿遗址保护的紧迫性，当前加大这方面的考古工作力度已是刻不容缓的事情了。

（原载于《考古与文物》1999 年第 6 期）

---

① 中国社会科学院考古研究所：《北魏洛阳永宁寺：1979—1994 年考古发掘报告》，中国大百科全书出版社 1996 年版。

② 中国社会科学院考古研究所西安唐城工作队：《唐长安青龙寺遗址》，《考古学报》1989 年第 2 期。

③ 中国社会科学院考古研究所西安唐城工作队：《唐长安西明寺遗址发掘简报》，《考古》1990 年第 1 期。

中国古代文明起源、形成与中国古代都城考古研究

（一）关于当前中国古代文明起源、形成的研究

古代文明起源、形成研究，是当前国内外学术界十分关注的重要学术课题。继夏商周断代工程之后，中国科技部先后启动了国家重点课题"中华文明探源工程预研究"与"中华文明探源工程"。

顾名思义，"中华文明探源工程"的主要学术任务是解决"中华文明"之"源"，也就是现代意义下的中国国家区域范围之内的古代文明起源、形成与早期发展问题。这里我把文明"起源"与文明"形成"，作为人类历史发展中的国家历史形成"过程"与"结果"来理解。

"古代文明起源与形成"问题，其实质就是"古代国家的起源与形成"。这里的"文明"与一般意义上的"文明"不同，它（"文明"）是相对"野蛮"而言的。"文明"是对"野蛮"的否定，"文明"与"野蛮"均为政治概念。"文明"的集中表现形式是"国家"，国家是由"政府"（包括军队）来体现的，"文明"是"有政府"的，"野蛮"是"无政府"的。

正如"文明"的实质是政治问题一样，"文明"的政治"组织"——国家及其政府属于政治范畴，它是通过对其占有空间及其空间范围之内人与资源的管理来实现的。其政治活动的主要空间活动场所，是在其国家管理、统治中心的"城""都城"中完成的，"城""都城"中的"宫殿""宗庙"及其他"官署"是国家的政府管理、统治国家的活动平台，青铜礼器与兵器、作为礼器的玉器、文字等是国家统治者管理、统治国家的重要工具，"城"或"都城"附近的"王陵"或"陵墓"是国家统治者历史

缩影的遗存。以上的"城""都城""宫殿""宗庙""官署"、青铜礼器、作为礼器的玉器、青铜兵器、文字、陵墓等遗址、遗迹与遗物是古代文明起源与形成的物化载体,是国家及其政府历史活动的"物质遗存",我们可以通过考古学科学"提取"上述"物化载体""物质遗存",从而进行古代文明起源与形成的研究。

关于古代文明起源与形成时代和空间,现在学术界一般是依据"古史传说"的记载,即活动于豫西地区的夏王朝[①],被认为是中国历史上的第一个"王朝"或"王国"[②];在此之前又有活动于晋南地区的"尧都平阳",这应该是"古史传说"中的前"王国"时代或"邦国"(或称"方国")时代,我理解这是从"野蛮"向"文明"社会的"过渡时代"。上述的"古史传说"内容,是现在学术界探索中国古代文明起源、形成研究的基本时空构架。"古史传说"不是后人的凭空想象,它是我们的先人世代相传的"文化遗产",在其流传的历史过程中,不断融入"时代特色",但是其中至今仍然保留着一些重要的真实历史信息,如重大历史事件的时空问题,这已是被近代以来的考古发现所证实了的。这就是为什么对于从事中国古代历史研究的考古学家,必须加强"史学意识"的原因所在。

与此同时,我们还必须看到,中国古代文明起源与形成的时代,没有当时留存下来的、可供参考的历史文献资料,"古史传说"均为以后历代"追记"而成,其科学性、完整性、系统性都存在着不同程度的问题,仅仅或主要依据这些"古史传说"资料,探索中国古代文明起源与形成是不可能的。即使是中国古代文明起源与形成的"时空"问题研究,"古史传说"也只给人们提供出"时空"的框架"线索",而文明起源与形成的时间、空间、内容、过程等历史发展的具体化、科学化研究则需要考古学及其相关学科来解决,而考古学应该是中国古代文明起源与形成研究的主战场与主力军。

文明形成时期的国家之政府的"物化载体""物质遗存"是:城、宫

---

① 黄怀信等《逸周书汇校集注》:"自洛汭延于伊汭,居易无固,其有夏之居。"上海古籍出版社 1995 年版,第 512 页。《国学基本丛书·国语卷一·周语(上)》载:"昔伊洛竭而夏亡。"商务印书馆 1958 年版,第 9 页。

② 《中国大百科全书·中国历史》之《夏》条、中国大百科全书出版社 1994 年版,第 818 页。

城、都城、宫殿、宗庙、官署、国家统治者的陵墓、青铜礼器与兵器、作为礼器的玉器、文字等遗址与遗物，随着历史的远逝，它们已深深沉睡于地下，成为今天考古发掘与研究的宝贵资料。因此，对上述考古学对象的考古调查、发掘成为研究古代文明起源与形成的基本内容，田野考古成为古代文明起源与形成研究的学术突破口和主要探索与研究手段。

在田野考古中，作为考古学研究古代文明起源与形成的学术切入点与重点是城址考古、都城遗址考古。对于中国古代早期城、都城而言，它是其所管辖地域范围之内的政治统治中心、军事指挥中心、经济管理中心与文化礼仪活动中心。有的学者把中国古代早期（即古代文明形成时期）城与都城出现视为农业与手工业、农业与工商业分工的"二元"生业对立产物，视为城乡分化的"二元"社会对立表现所致，这种看法是缺乏说服力的，需要我们认真研究。我们必须认识到，古代的"城""都城"不是刚刚来到人间，就"少年老成"，像传说中刚刚降生就长满了白胡子的哲人老子，在中国上古时代，"城"与"都城"的出现不是"生业"分工所导致的。

对于社会管理而言，"文明时代"与史前时代（即"野蛮时代"）的根本区别在于地缘政治的是否介入。古代文明形成时期的社会管理，一方面继承史前时代"血缘系统"的社会管理，另一方面又出现了新的文明时代"地缘政治"的社会管理。从本质上讲，地缘政治是对血缘政治的否定，地缘政治不能建立在以血缘为基础的"聚落"之内，"城""都城"是地缘政治的产物，"城""都城"中的宫殿和官署建筑是地缘政治活动的平台；宗庙是血缘政治在文明形成、国家出现时代的政治舞台。考古学从宗庙与宫殿两种建筑遗址，探索血缘政治与地缘政治的社会管理问题或国家管理（或统治）问题。从血缘政治向地缘政治的发展是渐进的，中国古代城址、都城遗址的考古学研究已揭示出这一变化。如从王国时代都城的宫城之内的宫庙并列，到帝国时代大朝正殿位于都城之宫城中心位置，宗庙移出宫城，处于"次要"地位，这些都反映出血缘政治与地缘政治的消长过程。

古代文明起源与形成时期的城址、都城遗址要有城墙遗迹，但是有"墙"不见得就是"城"，是否是"城""都城"还要考虑其内涵，即有无宫殿、宗庙遗址等。但是"城""都城"必须有"城墙",否则不能称其为"城"或"都城"。

现在进行的"中华文明探源工程"的技术路线是以历史传说为基础性时空框架,以田野考古发现资料与研究成果为基本内容,由后向前与由前向后双向探索。前者是从早商的偃师商城和郑州商城向前探索二里头遗址与二里头文化,又从二里头遗址与二里头文化探索比其更早的、与其考古学文化有着直接发展渊源关系的重要城址或都城遗址;后者是从传说时代夏商王国中心地区的豫西、晋南一带的仰韶文化,向下探索河南龙山文化,再从早期河南龙山文化探索晚期河南龙山文化,直至从考古学文化编年系列找到与二里头文化衔接点。科学实践证明,这样一种技术路线的实施,选择城址与都城遗址考古是十分必要与可行的。

(二)关于中国古代都城遗址考古研究

中国古代都城遗址考古在中国考古学史上占有重要地位,具有很长的历史。中国学术机构独立进行考古发掘工作开始于1928年,其发掘地点就是商代都城——安阳殷墟遗址。由于当时学术界"疑古"思潮的流行,中国古代历史被认为"东周以上无史"(胡适语),至于历史上的商代的存在更是被怀疑,因此该遗址的考古发现,引起了当时国内外学术界的轰动。殷墟遗址考古发掘工作的确定,主要原因是19世纪末殷墟甲骨文的发现及其在学术界产生的巨大影响。这一考古工作的最初重要目的是为寻找更多甲骨[①]。1931年,梁思永参加李济、董作宾分别主持的殷墟第四、五次发掘,从学术目的和方法两个方面使殷墟遗址考古发生了根本性转变,他们把解决殷墟的城址布局作为主要学术任务。为辨识城址中建筑基址,他们首次在田野考古中发掘出夯土建筑基址,这在中国古代城址考古中有着划时代的重大学术意义。1932—1934年的第六次至第九次殷墟发掘,进一步积累了古代建筑基址考古发掘的经验。1934—1935年侯家庄西北岗十座商代王陵和千余座祭祀坑的发掘,1936—1937年第十三、十四、十五次殷墟建筑基址的全面揭露,为中国古代都城遗址考古的理论和方法

---

① 董作宾:《民国十七年十月试掘安阳小屯报告书》,李济主编:《安阳发掘报告》第一册(1929年),"中央研究院"历史语言研究所专刊之一。

奠定了初步基础，在中国乃至世界学术界确立了商代历史存在的科学结论，殷墟成为当时及其后世界学术界公认的最早的中国古代文明①。与殷墟考古发掘的同时，比较重要的田野考古工作还有1930年马衡先生主持的燕下都遗址的考古调查、发掘工作等②。

　　20世纪50年代开始，随着新中国的建立，全国各地基本建设的大规模开展，为了保护民族历史文化遗产，郑振铎、梁思永、夏鼐先生等，把中国古代都城遗址考古工作，放在全国考古工作的突出位置，中国科学院考古研究所在中国著名古代都城所在地的西安、洛阳和安阳，分别建立了研究室或工作站，开展了安阳殷墟③、西安丰镐④、洛阳东周王城⑤、汉长安城⑥、汉魏洛阳城⑦、隋大兴城、唐长安城⑧、隋唐洛阳城遗址的考古发掘与研究⑨。60年代以后，都城遗址考古又有新的扩展，偃师二里头遗址⑩、偃

---

　　① A.刘庆柱：《中国古代都城考古史论纲》，《考古学集刊》第16集，科学出版社2006年版。B.中国社会科学院考古研究所：《殷墟的发现与研究》，科学出版社1994年版。

　　② 傅振伦：《燕下都发掘报告》，《国学季刊》第3卷第1期，1932年。

　　③ 中国社会科学院考古研究所：《中国考古学·夏商卷》，中国社会科学出版社2003年版。

　　④ A.中国社会科学院考古研究所：《中国考古学·两周卷》，中国社会科学出版社2004年版。B.中国社会科学院考古研究所沣西发掘队：《陕西长安沣西客省庄西周夯土基址发掘报告》，《考古》第8期。C.陕西省考古研究所：《镐京西周宫室》，西北大学出版社1995年版。

　　⑤ 中国科学院考古研究所洛阳发掘队：《洛阳涧滨东周城址发掘报告》，《考古学报》1959年第2期。

　　⑥ A.刘庆柱、李毓芳：《汉长安城》，文物出版社2003年版。B.刘庆柱：《汉长安城的考古发现及相关问题研究——纪念汉长安城考古工作四十年》，《考古》1996年第10期。C.中国社会科学院考古研究所：《汉长安城未央宫：1980—1989年考古发掘报告》，中国大百科全书出版社1996年版；中国社会科学院考古研究所《西汉礼制建筑》，文物出版社2003年版；中国社会科学院考古研究所：《汉长安城武库》，文物出版社2005年版。

　　⑦ A.刘庆柱：《北魏洛阳城的考古发现与研究——兼谈北魏洛阳城在中国古代都城发展史的地位》，《中国史研究》（韩国）第40辑，中国都市史特辑号，中国史学会（韩国）2006年版。B.中国社会科学院考古研究所：《新中国的考古发现与研究·汉魏洛阳城的调查与发掘》，文物出版社1984年版。C.洛阳市文物局洛阳白马寺汉魏故城文物保管所：《汉魏洛阳故城研究》，科学出版社2000年版。

　　⑧ 龚国强：《唐长安城考古述要及今后工作的几点设想》，西安市城乡建设委员会西安历史文化名城研究会编：《论唐代城市建设》，陕西人民出版社2005年版。

　　⑨ 洛阳师范学院河洛文化国际研究中心：《洛阳考古集成·隋唐五代宋卷》，北京图书馆出版社2005年版。

　　⑩ A.中国社会科学院考古研究所：《偃师二里头：1959—1978年考古发掘报告》，中国大百科全书出版社1999年版。B.杜金鹏、许宏主编：《偃师二里头遗址研究》，科学出版社2005年版。C.许宏等：《二里头遗址发掘和研究的回顾与思考》，《考古》2004年第11期。

师商城①、邺城②、南宋临安城、金中都和元大都等都城遗址的考古发现和
研究③，在历史时代上使中国古代都城考古向早晚两个方面大大延伸。与
此同时，河南、陕西、河北、山东、湖北、山西、广东、福建、云南、黑
龙江、内蒙古等省、自治区的考古工作者，相继开展了郑州商城④、黄陂
盘龙城商代城址⑤、曲阜鲁国故城⑥、侯马晋国都城⑦、秦咸阳城⑧、凤翔
秦雍城⑨、新郑郑韩故城⑩、临淄齐故城⑪、安邑故城⑫、楚纪南城⑬、易县
燕下都⑭、邯郸赵故城⑮、广州南越国宫城⑯、福建崇安汉城⑰、云南大理南

①　杜金鹏、王学荣主编：《偃师商城遗址研究》，科学出版社 2004 年版；杜金鹏、王学荣：《偃师商城近年考古工作要览——纪念偃师商城发现 20 周年》，《考古》2004 年第 12 期。

②　中国社会科学院考古研究所河北省文物研究所邺城考古工作队：《河北临漳县邺北城遗址勘探与发掘简报》，《考古》1990 年第 7 期；《河北临漳县邺南城遗址勘探与发掘简报》，《考古》1997 年第 3 期。

③　徐苹芳：《金中都》，《中国大百科全书·考古学》，中国大百科全书出版社 1986 年版；中国科学院考古研究所北京市文物管理处元大都考古队：《元大都的勘查和发掘》，《考古》1972 年第 1 期。

④　河南省文物考古研究所：《郑州商城》，文物出版社 2001 年版；《郑州商城考古新发现与研究》，中州古籍出版社 1993 年版。

⑤　湖北省文物考古研究所：《盘龙城——1963—1994 年考古发掘报告》，文物出版社 2001 年版。

⑥　山东省文物考古研究所等：《曲阜鲁国故城》，齐鲁书社 1982 年版。

⑦　山西省考古研究所侯马工作站：《晋都新田》，山西人民出版社 1996 年版。

⑧　A. 陕西省考古研究所：《秦都咸阳考古报告》，科学出版社 2004 年版。B. 刘庆柱：《论秦咸阳城布局形制及其相关问题》，《文博》1990 年第 5 期。

⑨　A. 陕西省雍城考古队：《陕西雍城钻探试掘简报》，《考古与文物》1985 年第 2 期。B. 韩伟：《秦都雍城考古发掘研究综述》，《考古与文物》1988 年第 5—6 期合刊。

⑩　河南省博物馆新郑工作站：《河南新郑郑韩故城的钻探和试掘》，《文物资料丛刊》第三辑，文物出版社 1980 年版。

⑪　山东省文物考古研究所：《山东 20 世纪的考古发现和研究》，科学出版社 2005 年版，第 3399—403 页。

⑫　A. 陶正刚等：《古魏城和禹王城调查简报》，《文物》1962 年第 4—5 期合刊。B. 中国科学院考古研究所山西工作队：《山西夏县禹王城调查》，《考古》1963 年第 9 期。

⑬　湖北省博物馆：《楚都纪南城的勘查与发掘》，《考古学报》1982 年第 34 期。

⑭　河北省文物研究所：《燕下都》，文物出版社 1996 年版。

⑮　河北省文物管理处等：《赵都邯郸故城调查报告》，《考古学集刊》第 4 集，中国社会科学出版社 1984 年版。

⑯　中国社会科学院考古研究所、广州市文物考古研究所、南越王宫博物馆筹建处：《广州南越国宫署遗址 2000 年发掘报告》，《考古学报》2002 年第 2 期。

⑰　福建省博物院福建闽越王城博物馆：《武夷山城村汉城遗址发掘报告》（1980—1996），福建人民出版社 2004 年版。

诏国都太和城①、渤海上京龙泉府②、辽中京③、辽上京④、元上都⑤、元中都等城址的考古工作⑥。这些考古工作为从晚到早、由近及远探索中国古代文明形成时代的都城遗址，积累了田野考古资料，奠定了其科学研究的基础条件。这一时期都城遗址考古发现的郑州商城、偃师商城与二里头遗址，把中国古代文明从商代晚期的殷墟，向上推至商代早期乃至夏代中晚期。

除了古代都城遗址的考古工作之外，近半个世纪以来还对一般古代城址进行了大量考古调查、发掘与研究。20 世纪 80 年代中期以来，伴随着中国古代文明形成研究热潮的兴起，在史前聚落考古研究的基础上，史前城址考古被提上学术发展的日程。史前城址发现的各类报道相继大量出现，其时代从龙山文化推至仰韶文化、大溪文化。如大溪文化的湖南澧县城头山城址⑦，仰韶文化晚期秦王寨类型的河南郑州西山城址⑧，大汶口文化晚期的山东滕州西康留城址⑨，龙山文化的山东章丘城子崖城址⑩、丁公城址⑪、田旺城址⑫、边线王城址⑬、五莲丹土城址⑭、阳谷景阳岗城址⑮、

①　李昆声：《南诏大理城址考》，《云南考古学论集》，云南人民出版社 1998 年版。

②　A. 中国社会科学院考古研究所：《新中国的考古发现和研究》，文物出版社 1984 年版，第 622—625 页。B. 中国社会科学院考古研究所：《六顶山与渤海镇》，中国大百科全书出版社 1997 年版。

③　辽中京发掘委员会：《辽中京城址发掘的重要收获》，《文物》1961 年第 9 期。

④　内蒙古文物考古研究所：《辽上京城址勘查报告》，《内蒙古文物考古文集》，中国大百科全书出版社 1994 年版。

⑤　贾洲杰：《元上都调查报告》，《文物》1977 年第 5 期。

⑥　任亚珊等：《元中都考古取得重大进展》，《中国文物报》1999 年 12 月 29 日。

⑦　A. 湖南省文物考古研究所：《澧县城头山屈家岭文化城址调查与试掘》，《文物》1993 年第 12 期。B. 蒋迎春：《城头山为中国已知时代最早城址》，《中国文物报》1997 年 8 月 10 日。

⑧　张玉石、杨肇清：《新石器时代考古获重大发现：郑州西山仰韶时代晚期城址面世》，《中国文物报》1995 年 9 月 10 日。

⑨　山东省文物考古研究所等：《山东滕州市西康留遗址调查发掘简报》，《考古》1995 年第 3 期。

⑩　山东省文物考古研究所：《城子崖遗址又有重大发现，龙山岳石周代城址重见天日》，《中国文物报》1990 年 7 月 26 日。

⑪　A. 山东大学历史系考古教研室：《山东邹平丁公发现龙山文化城址》，《中国文物报》1992 年 1 月 12 日。B. 山东大学历史系考古专业：《山东邹平丁公遗址第四五次发掘简报》，《考古》1993 年第 4 期。

⑫　魏成敏：《临淄区天旺龙山文化城址》，《中国考古学年鉴·1993 年》，文物出版社 1995 年版。

⑬　杜在忠：《边线王龙山文化城堡的发现及其意义》，《中国文物报》1988 年 7 月 15 日。

⑭　王学良：《五莲县史前考古获重大发现》，《日照日报》1995 年 7 月 8 日。

⑮　山东省文物考古研究所等：《山东阳谷县景阳岗龙山文化城址调查与试掘》，《考古》1997 年第 5 期。

茌平教场铺城址①，河南龙山文化的淮阳平粮台城址②、登封王城岗城址③、辉县孟庄城址④、山西襄汾陶寺城址⑤，属于屈家岭文化的澧县鸡叫城⑥、江陵阴湘城⑦、石首走马岭城址⑧、荆门马家院城址⑨，石家河文化的湖北天门石家河城址⑩，见于报道的成都平原史前城址主要有新津宝墩⑪与温江鱼凫、郫县梓路、都江堰芒城、崇州双河等城址⑫，内蒙古中部的大量史前石城城址等⑬。据统计，目前在各地发现的史前城址多达数十座。这些城址的考古工作大多仅仅调查、勘探了城墙、城壕，有的对城内的房屋建筑基址、夯土遗迹进行了一些勘探或小面积的揭露，更多的考古工作有待进一步开展。尽管如此，上述城址考古工作的开展，为从早到晚、从远到近探索中国古代文明起源与形成时期的城址及都城遗址有着重要的学术意义。这里需要特别提出的是河南登封王城岗城址、山西襄汾陶寺城址，它们的地望、时代与文化内涵，在从二里头文化与二里头遗址向上追溯古代文明起源与形成的考古学研究中，有着至关重要的学术意义。

中国古代城址、都城遗址考古经过 70 多年来的田野考古工作实践，取得了丰硕学术成果，这主要表现在发现了一批古代城址、都城遗址，其分布范围几乎遍布全国各省、直辖市、自治区；其时代上下约 5000 年左

①　资料存中国社会科学院考古研究所山东队。

②　河南省文物研究所等：《河南淮阳平粮台龙山文化城址试掘简报》，《文物》1983 年第 3 期。

③　河南省文物研究所、中国历史博物馆考古部：《登封王城岗与阳城》，文物出版社 1992 年版。

④　袁广阔：《辉县孟庄发现龙山文化城址》，《中国文物报》1992 年 12 月 6 日。

⑤　A. 何驽、严志斌：《黄河流域史前最大城址进一步探明》，《中国文物报》2002 年 2 月 8 日。B. 中国社会科学院考古研究所山西第二工作队：《2002 年山西襄汾陶寺城址发掘》，《中国社会科学院古代文明研究中心通讯》第 5 期。

⑥　湖南省文物考古研究所：《澧县城头山屈家岭文化城址调查与试掘》，《文物》1993 年第 12 期。

⑦　江陵县文物局：《江陵阴湘城的调查与探索》，《江汉考古》1986 年第 1 期。

⑧　张绪球：《石首市走马屈家岭文化城址》，《中国考古学年鉴·1993》，文物出版社 1995 年版。

⑨　湖北省荆门市博物馆：《荆门马家院屈家岭文化城址调查》，《文物》1997 年第 7 期。

⑩　北京大学考古系等：《石家河遗址群调查报告》，《南方民族考古》第 5 辑，1992 年。

⑪　成都市文物考古队：《四川新津县宝墩遗址调查与试掘》，《考古》1997 年第 1 期。

⑫　《成都平原发现一批史前城址》，《中国文物报》1996 年 8 月 18 日。

⑬　田广金：《内蒙古长城地带石城聚落址及相关诸问题》，《纪念城子崖遗址发掘 60 周年国际学术讨论会文集》，齐鲁书社 1993 年版。

右；其类型繁多，有历史时期的王国或帝国都城遗址、各地的中等城址（仅小于王国或帝国都城遗址的城址）、县城或其他城址，还有中国古代文明形成时期的城址。

在半个多世纪的古代城址、都城遗址田野考古中，长期以来主要开展的是历史时期都城遗址考古，积累了一些经验，摸索出一些方法，总结出一些理论。古代都城是古代城市的最高形式，也是最为复杂的城市形式。古代都城考古对古代城址考古有着直接的指导意义。从以往的都城遗址考古研究中，我们认识到，城址考古是个系统工程，要有全面、严格的技术保障路线。在田野考古工作中尤其要强调"宏观"与"微观"结合、"点"与"面"结合，学术研究的重点应突出"城"的布局、结构等"宏观"和"面"上的特点，以及这些重大"制度"的渊源与流变所反映出来的政治、文化、经济、社会等历史问题。因此，在中国古代城址、都城遗址考古中，首先究明城址、都城遗址范围是必要的，调查、勘探城墙、城壕是城址考古的切入点，勘探城址、都城遗址之内古代主干道路是探索城址布局的前提。城址、都城遗址宫庙区的调查、勘探和重点发掘是城址考古的重点，是界定城址、都城遗址性质的关键，是探讨城址、都城遗址政治变化的核心。这些在历史时期都城遗址考古工作中尤为突出，在开展古代文明形成时期的城址考古工作中也是十分重要的。对于都城遗址考古而言，上述考古方法更为重要，多年来我们正是根据上述理论和方法开展都城遗址考古工作的①。1994 年 11 月 25—30 日，中国社会科学院考古研究所在洛阳召开的中国古代都城考古学术研讨会上，我们提出了先秦都城遗址考古在基本完成考古学文化的年代学研究基础上，也要与汉唐都城考古一样，在究明城址范围的前提下，将开展城址布局结构研究作为其首要任务，考古工作的重点应是城址范围的确定、变化的究明，宫庙遗址的勘探与发掘②。其后，中国社会科学院考古研究所在都城遗址考古中，贯彻

① 刘庆柱：《汉长安城的考古发现及相关问题研究——纪念汉长安城考古工作四十年》，《考古》1996 年第 10 期。

② 王立早：《社科院考古研究所在洛阳召开古代都城考古研讨会》，《中国文物报》1995 年 1 月 8 日。《中国社会科学院考古研究所在洛阳召开古代都城考古研讨会》，《中国考古学年鉴·1995 年》，文物出版社 1997 年版，第 268 页。

了上述都城考古的学术规划思想，先后取得了学术上的重大进展：偃师商城宫城全面发掘、早期郭城的被发现，山西襄汾陶寺城址的发现与城内宫殿建筑遗址的勘探、"观天授时"性质建筑遗址的发掘，安阳洹北商城的发现和宫庙区发掘，偃师二里头遗址宫庙区道路勘探、宫城范围确定和早期宫庙发掘等，这些对我们全面了解夏商时代都城布局形制、进一步探索夏王朝之前的重要城址至关重要。从认识论角度来看，夏商时代都城的了解，是研究夏代以前城址的钥匙与阶梯。陶寺城址、二里头遗址、偃师商城、郑州商城、洹北商城遗址的田野考古，使我们看到了从龙山时代到夏商时期，作为当时的地域（及"邦"）或国家（即王国）的政治统治中心、经济管理中心、军事指挥中心、文化礼仪活动中心的城或都城及其宫殿、宗庙、官署、官手工业作坊、陵墓等遗址、遗迹的特点。

都城考古是中国历史时期考古的龙头课题。"都城"是从"城"发展而来的，因此可以说中国古代城址考古是进一步深入研究古代都城考古所必需的，同时这也是当前研究中国古代文明形成中的关键性考古学课题。近年史前城址考古非常活跃，新发现不断见诸报道，城址的时代越来越早。现在从考古学理论和方法两个方面，加强对古代城址（尤其是史前城址）的研究已十分迫切。

从理论上看，关于中国古代早期"城"的出现还要进行理论的研究。如果说古代东方"城"的本质是政治性的，那么"城"应该是"政治"发展的产物，这个"政治"就是"国家"。最早"国家"的人格化代表是"君"，也就是当时的社会统治者和管理者，因此古代文献有所谓"城以卫君"的记载。从严格意义上说，早期"城"即"国"，《周礼·考工记》中的"国"就是"城"。这种"城"是统治者的活动场地，老百姓不可能在这里生活。后者的生活空间在"郭"中，古代文献记载的"郭以居民"就证明了这点。

与"城"相连的是"非城"的居民地问题。传统观点认为"城"是相对"乡"（即"农村"）而存在的，我以为就中国古代文明形成、国家出现来说，中国古代早期"城"的出现，不是手工业与农业分离的结果，更不是由于商业贸易发展的结果，它们与"生业分工"、"城乡分化"没有什么必然的直接联系。中国古代作为一种独立的社会经济类型——商业贸易与农业的真正分离是帝国出现以后的事情，而与古代文明形成、国家出现没有直接的关系。中国古代的传统思想认为，君王是统治"人民"的，"人民"概念的主体是农民。从政治地位上讲，作为手工业者的"工"和从事商业的商人都是低于"农民"的，"工"和"商"更不是统治者中的一部分。在当前关于中国古代文明起源、形成的研究中，将古代地中海文明研究中的强调城市人口数量的众多，农民与手工业者、商人的分化模式予以套用，是否合适值得深思。我认为，中国古代早期城址中不应有大量"民居"遗址，城址中发现的诸如青铜器、玉石器等众多手工业遗物及遗迹，不应视为手工业与农业分化的证据，而是"工"在"官"的"中国特色"，这些手工业产品是为统治者服务的，不是面向全社会的，不是作为流通的商品，也不是用于农业生产的（主要作为礼器或兵器用于礼仪祭祀、战争）。

城址的学术概念要有明确界定，不能发现墙垣和壕沟就认定为"城"，一般讲"城"有城墙、城壕，但是不能说有墙垣、壕沟就是"城"，有的村庄、城堡也有墙垣、壕沟。中国古代早期城址的性质主要是政治性的，其物化体现为大型夯土建筑遗址，它们不是史前时代的"大型公共建筑"，而应为"宫殿""宗庙""官署"等建筑遗存。作为考古学的物质载体，其科学界定是至关重要的。任何一种事物自身都是发展的、从低级到高级的，人们对各种事物的认识也是逐渐深入的，我们必须遵守从已知到未知的认识论。既是人类的"原始创新"，也是在已有人类知识阶梯之上的继续向上攀登。对于"城"、都城及其相关的"宫殿""宗庙""官署"等考古发掘、研究的物化载体，都要一步一步由近及远、从已知到未知，这样得到的结论才是比较可靠的。

（《法国汉学》丛书编辑委员会编：《考古发掘与历史复原》，《法国汉学》第十一辑，中华书局 2006 年版）

中国古代都城宫庙遗址的考古发现与研究

　　中国古代都城的功能主要是政治性的，从考古学研究的物化载体来看，古代都城政治性的物化载体又主要表现为宫殿与宗庙建筑。宫殿是统治者行使对国家管理权力的建筑，是地缘政治的体现；宗庙是祭祀祖先的地方，是国家管理者、统治者依据血缘关系，在此取得对国家统治、管理合法性的"圣地"。宗庙有着比宫殿更为"悠久"的历史，在文明形成、国家出现之前，宗庙已在前国家形态中发挥着作用，而且随着文明化进程的推进，"家天下"到来，宗庙的作用越来越突出。早期国家区别都城与其他城邑的标示建筑，就是以有无宗庙为准的。《史记·五帝本纪》载：舜"一年而所居成聚，二年成邑，三年成都"。关于"都"，文献记载："凡邑有宗庙先君之主曰都，无曰邑。邑曰筑，都曰城"①。可见都城与其他一般城邑的区别就在于有无宗庙，正因为如此，所以在早期都城"宫室"建设中"宗庙为先"。早期王国的国王通过都城宗庙，体现着自己（国家统治者、管理者）控制国家权力的合理性、合法性。宗庙作为物化的"血缘关系"之体现，对于国家统治者的权力继承、分配起着决定性的作用，宗庙的主要政治功能是面向以血缘关系为基础的统治集团"内部的"。宫殿是国家权力运行的平台，是统治者面向国家、面向百姓的，相对宗庙对统治者而言，它是面向"外部的"，宫殿是国家地缘政治的物化体现。出于上述原因，早期国家的统治者、管理者对都城的宗庙与宫殿都是十分重视的，宫殿和宗庙成为都城之中的核心建筑，反映在历史文献中的"宫"和"庙"是很多的，宫殿与宗庙的作用是十分重要的，但是它们重要性又各有不同，主要是表

---

　　①　《左传·庄公二十八年》。

现在不同时间、不同场合、不同方面。

人类社会形态从"野蛮"跨入"文明"、从"史前"进入"国家"，随着早期国家的发展，"宫殿"作为国家的载体，影响越来越大。在先秦历史文献中出现的"宫"即"庙"、"庙"亦"宫"，如《不寿鼎》有"隹九月初吉戊辰王才大宫"。《左传·昭公十八年》载："使子宽、子上巡群屏摄，至于大宫。"杜预《春秋左传注》释："大宫，郑祖庙。"训诂学有释"宫"为"庙"之说。这种"宫"与"庙"称谓的通用，可能反映了当时二者"地位"的相近。尽管随着历史的发展，宗庙与宫殿的功能、"地位"发生了重大变化，但是把"庙"称为"宫"的情况，仍然还存在着。西汉时代的汉景帝陵庙称"德阳庙"，亦称"德阳宫"。《汉书》卷五《景帝纪》载：景帝中元"四年春三月，起德阳宫"。王先谦引沈钦韩曰："谓庙为宫，此古义也。《春秋经传》《毛诗》皆然。以周有文、武世室，鲁有鲁公、武公世室。故《尔雅》又云：'宫谓之室，皆谓庙也。'"但是，在汉代把庙称为宫是可以的，将宫称为庙则是很少见的。即使把庙称为宫，也是有特定条件的。因此《汉书》卷五《景帝纪》臣瓒注"德阳宫"曰："是景帝庙也。帝自作之，讳不言庙，故言宫。"

考古发现的早期王国的都城遗址，有夏代都城的河南偃师二里头遗址、商代早期都城的郑州商城遗址和偃师商城遗址、商代中晚期的安阳洹北商城遗址和殷墟遗址等。

夏王朝是目前所知中国古代的第一个王国，年代约为公元前2070年至公元前1600年①。20世纪60年代发现的河南偃师二里头遗址是夏王朝中晚期的都城遗址，始建于公元前19世纪，分布范围东西2.4公里、南北1.9公里，面积约3平方公里（图10—1）。已发现了宫城城墙宽约2米，宫城东西292—295米、南北359—378米，面积10.8万平方米。宫城外侧四周有10—20米宽的道路②。宫城之内的宫殿建筑遗址进行了勘探和

---

① 夏商周断代工程专家组：《夏商周断代工程1996—2000年阶段成果报告》，世界图书出版公司2000年版，第86页。

② 中国社会科学院考古研究所二里头工作队：《二里头遗址2003—2004年田野考古新收获》，《中国社会科学院古代文明研究中心通讯》第8期，2004年8月。

发掘，已发掘的二里头文化三期的第一号和第二号建筑遗址最为重要，它们分别位于宫城西部和东部（图10—2）。第一号建筑遗址为一平面近方形院落，边长约90—107 米，面积9585 平方米。主体殿堂基址位于院落北部中央，东西36 米、南北25 米，面积900 平方米。院落南部中央置门，

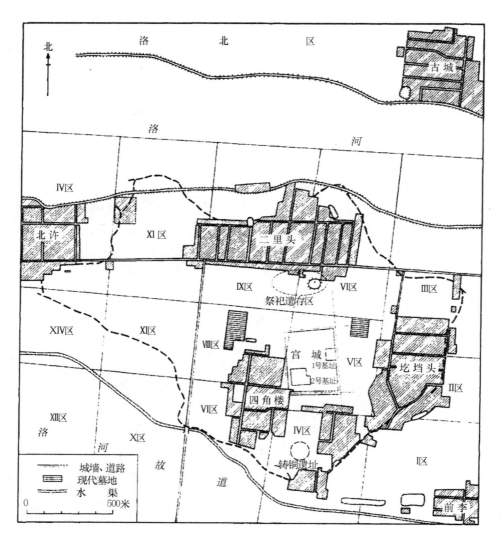

图 10—1　二里头遗址平面图

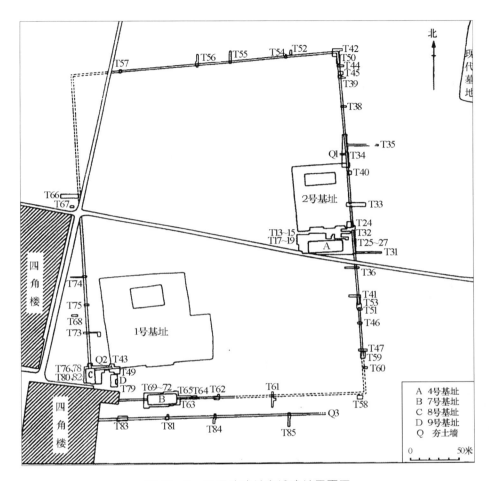

图 10—2　二里头遗址宫城遗址平面图

门道基座东西 28 米、南北 13 米，面积 364 平方米。门址东西并列 3 个门
道。（图 10—3）第二号建筑遗址为一平面长方形院落，东西 57.5—58 米、
南北 72.8 米。主体殿堂基址位于院落北部中央，东西 32.6—32.75 米、
南北 12.4—12.75 米。其南与大门相对，门址东西 14.4 米、南北 4.35 米。
门道居中，两侧为二塾①（图 10—4）。有的学者提出二里头遗址的一、二

① 中国社会科学院考古研究所：《偃师二里头：1959—1978 年考古发掘报告》，中国大百科全书
出版社 1999 年版。

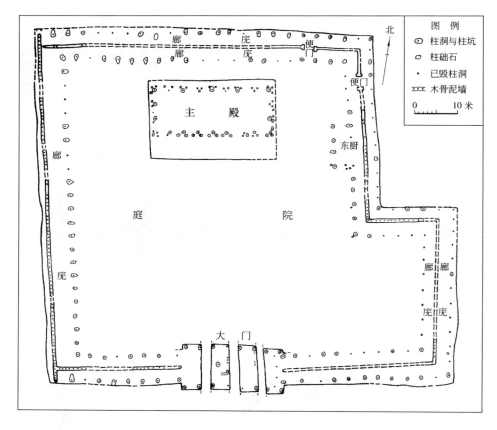

图 10—3　二里头遗址第一号宫殿基址平面图

号建筑基址可能为宫庙一类建筑遗址①。我注意到：第一号建筑基址正门为 3 个门道，主体建筑设置有殿堂与居室，第一号建筑遗址位居第二号建筑遗址之西。第二号建筑遗址正门为一个门道，门道两侧各置一塾，主体建筑三室并列，第二号建筑基址位居第一号大型建筑基址东部。根据《周礼·考工记》的"左祖右社"记载，宗庙与社稷分列于大朝正殿的东西两侧，宗庙在社稷以东，也在大朝正殿以东，也就是说大朝正殿与宗庙的方位关系，是前者居西，后者位东。汉长安城南郊礼制建筑中的宗庙与

---

①　杨鸿勋：《宫殿考古通论》，紫禁城出版社 2001 年版，第 26—41 页。

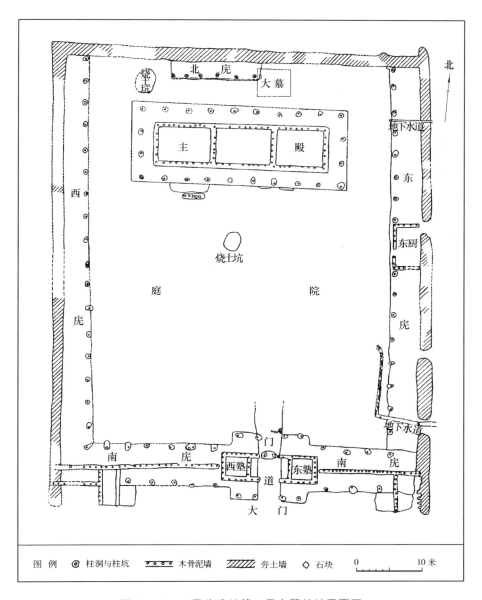

图10—4　二里头遗址第二号宫殿基址平面图

未央宫前殿的方位为东西分布关系，佐证了上述记载①。如上所述，东周秦雍城的凤翔马家庄一号建筑遗址与三号建筑遗址东西并列，不少学者认为这是属于宗庙与大朝正殿东西并列的两座建筑遗址②。在汉长安城南郊的宗庙建筑和秦雍城的马家庄一号建筑遗址中，其主体建筑的院落正门，均为一个门道，并且门道两边分别构筑了"塾"。对照以上考古发现资料，我认为二里头遗址中的第二号建筑遗址可能为宗庙建筑遗址。2003 年，在第二号建筑遗址以南约 14 米发现了第四号建筑遗址，其夯土基址东西36.4 米、南北 12.6—13.1 米，根据现存遗迹，推测第四号建筑遗址原来的夯土基址之上东、西、南三面无墙体，北面置墙。主体建筑东部有东庑。该建筑与第二号建筑遗址属于同一组建筑，其年代相同，使用时间应为二里头文化三、四期③。杜金鹏先生 2005 年已撰文指出："如果 2 号宫殿确系宗庙建筑，那么它应是夏人祖先神祇委身之所，既是王供奉其先王神主的地方，也是举行日常祭祖活动的地方。而 4 号宫殿则专为举行某些特殊祭祖典礼的场所"④。

偃师商城位于河南省偃师市城关镇一带，早期的小城东西 740 米、南北 1100 米，面积 81 万平方米。大城是在小城基础之上向北、向东扩建而成，大城平面为"厨刀形"，东西 240 米、南北 1710 米，面积 200万平方米。宫城位于偃师商城小城中央，平面近方形，边长约 180—200米。（图 10—5）大型夯土建筑基址位于宫城中南部，分成东西两组。西组南北排列有第二、第三、第七、第八和第九号大型夯土建筑基址，南部二者为西组建筑群的主要建筑遗址，后者附属于前二者。东组先后建有第四号、第五号、第六号大型夯土建筑基址，它们属于单体大型夯土建筑基址，各自形成独立的院落⑤。在宫城之内的北部，亦即大型夯土建筑基址北部，发现有大规模的祭祀遗迹，其范围东西 200 米，面积约 3100 平方

①　中国社会科学院考古研究所：《西汉礼制建筑遗址》，文物出版社 2003 年版。

②　韩伟：《马家庄秦宗庙建筑制度研究》，《文物》1985 年第 2 期。

③　中国社会科学院考古研究所二里头工作队：《河南偃师市二里头遗址 4 号夯土基址发掘简报》，《考古》2004 年第 11 期。

④　杜金鹏：《偃师二里头遗址 4 号宫殿基址研究》，《文物》2005 年第 6 期。

⑤　中国社会科学院考古研究所：《中国考古学·夏商卷》，中国社会科学出版社 2003 年版，第203—213 页。

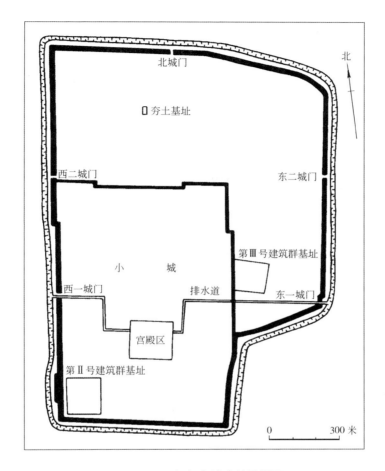

图 10—5　偃师商城遗址平面图

米。（图 10—6）特别需要注意的是，在东组第四号建筑基址北部发现以
动物、人、麦稻等农作物为主要内容的祭祀坑遗迹。猪是使用最多的祭祀
用牲，此外还有牛、羊等，以上这些是宫城之中长期以来进行祭祀活动的
历史佐证①。偃师商城的宫城遗址进行了大规模的考古发掘，已究明宫城
东西两组建筑群的平面布局形制不同，其中西组第二、三、七、九号大型
夯土建筑基址，为主要宫殿建筑；第八号大型建筑基址为统治者生活起居

① 王学荣、杜金鹏等：《偃师商城发掘商代早期祭祀遗址》，《中国文物报》2001 年 8 月 5 日。

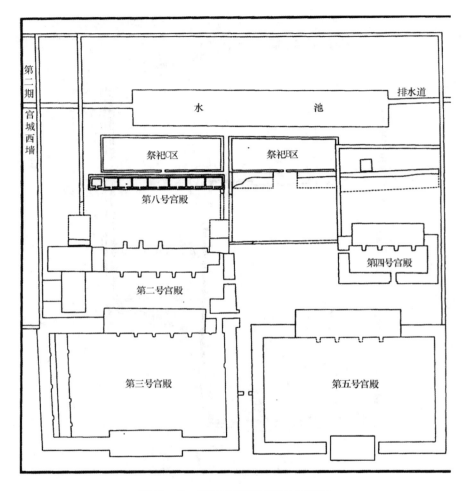

图 10—6　偃师商城宫城遗址平面图

的"寝殿";东组的大型夯土建筑基址各自为一院落,其中以第四号建筑
基址为主,应为宗庙建筑①。宫城北部的大规模祭祀遗迹可能即宫城宗庙
祭祀的遗存。

　　20 世纪末发现的洹北商城,平面近方形,边长约 2000 米。2001—

---

　　① 杜金鹏、王学荣:《偃师商城近年考古工作要览——纪念偃师商城发现 20 周年》,《偃师商城
遗址研究》,科学出版社 2004 年版,第 7 页。

2002 年发掘了洹北商城第一号宫殿建筑基址，该宫殿遗址东西 173 米、南北 90 米，面积达 16000 平方米。主殿夯土基址南北宽 14.4 米，东西长约 90 米。东西两侧置厢（配殿），南面置庑，南庑中部辟门，南门进深 11 米、面阔 38.5 米，由两个门道组成①。有的学者通过洹北商城一号建筑遗址与二里头遗址、偃师商城遗址和殷墟遗址宫庙区建筑基址的对比研究，提出洹北商城一号建筑基址为宗庙建筑遗址的说法②，我认为洹北商城的考古工作刚刚开始，对于一号建筑遗址的性质，还需要洹北商城更多一些大型建筑遗址的考古资料积累，作为都城遗址的洹北商城遗址总体布局现在还不清楚，类似宫殿、宗庙一类重要建筑的界定，还要有待进一步地开展考古工作。

20 世纪 30 年代考古发掘的殷墟宫殿区建筑群遗址，发掘者认为自北向南分为甲、乙、丙三区，三区建筑群性质分别为宫殿、宗庙和社稷遗址，即殷墟宫庙区，范围约 35 万平方米③（图 10—7）。现在看来，上述的研究结论存在不少问题。当年对宫庙一类重要建筑的形制的认识，与目前我们所积累的田野考古知识有一定出入。这主要是学科发展的原因，经验要积累，知识也要积累，学术更要积累，积累是学术、学科走向成熟的必经之路。当然，我们现在根据学科的积累与发展，提出重新认识殷墟宫庙区建筑群遗址的功能分区，也是学科发展的要求。有的学者根据近年殷墟考古发掘新资料，提出原来的"甲区"不属于宫庙建筑，应为与洹北商城同一时期的"民居"。宫庙建筑群遗址应以 20 世纪 30 年代发掘的"乙组"夯土建筑基址为中心④。尽管学术界关于殷墟宫庙区甲乙丙三组有多种解释，但是大家均认为殷墟的宫庙在小屯的"宫殿区"中，根据这些建筑基址附近的大量祭祀遗迹，推断这里应有宗庙建筑。具体哪一座建筑基址属于宫殿或宗庙，我认为还要从两方面努力，一是加大田野考古力度，对于都城宫庙一类大型建筑遗址，田野考古必须要有一定规模；二是要加

---

① 中国社会科学院考古研究所安阳工作队：《洹北商城宫殿区一号基址发掘简报》，《考古》2003 年第 5 期。

② 杜金鹏：《洹北商城一号宫殿基址初步研究》，《文物》2004 年第 5 期。

③ 石璋如：《小屯·殷墟建筑遗存》，"中央研究院"历史语言研究所 1959 年版。

④ 唐际根：《安阳殷墟宫庙区简论》，《三代考古》（一），科学出版社 2004 年版。

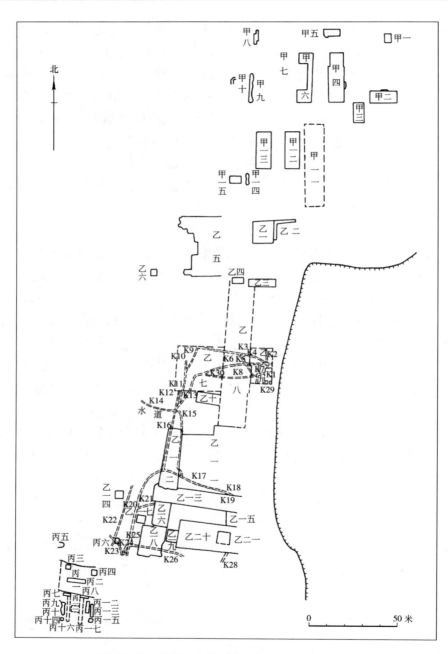

图 10—7　殷墟小屯甲、乙、丙三组基址分布图

强古代都城宫庙建筑遗址的专题与综合考古研究，要寻找出规律性的东西，要把殷墟的宫庙遗址考古研究放到古代都城发展史、古代都城宫庙考古发展史中去研究。

位于陕西省扶风和岐山的西周周原遗址，是周人在丰镐立都之前的"故都"。1999—2000 年在陕西省扶风县云塘村发掘的西周晚期建筑群遗址，"凸"字形院落之内有三座建筑①，主体建筑居北，其东南部与西南部各有一座建筑，院落南门与主体建筑南北相对，其间置卵石路相连，通至南门。南门中为门道，两侧置塾。发掘者推断上述建筑群属于宗庙建筑②（图 10—8）。

位于陕西省凤翔县的春秋时代秦国都城雍城遗址，考古工作者在雍城遗址中南部的宫殿区或宫城之内，考古调查、勘探、发掘了马家庄第一号建筑遗址，这组建筑包括三座单体建筑，平面为"品"字形，外围一周墙垣，形成规整的长方形院落。东墙长 55.9 米、西墙长 71.1 米、北墙长 87.6 米，南墙长度应同北墙。院落正门辟于南墙中央，门道居中，两侧置塾。主体建筑居北，东西 30 米、南北 34.5 米。主体建筑东南部与西南部各一建筑，形制、大小相同，对称分布，每个建筑东西 13.9 米、南北 21 米。院落之内发现 181 座祭祀坑，主要分布在主体建筑与南门、东西附属建筑之间，祭祀坑主要牺牲为牛羊，其中有牛坑 86 个、羊坑 55 个、人坑 8 个，推断它们应为祭祀活动的遗存③，发掘者认为马家庄一号建筑基址应为雍城宗庙建筑遗址④（图 10—9）。

战国时代的秦国都城咸阳城，王室和皇室宫殿群在咸阳城的宫城之中，已经考古发掘了多座宫殿建筑遗址⑤。王室、皇室的宗庙，分别安排在故都雍城与咸阳附近⑥。置于咸阳城附近的宗庙在咸阳城渭河对岸的"渭南"地区，《史记》卷六《秦始皇本纪》载："诸庙及章台、上林皆在

---

① 周原考古队：《陕西省扶风县云塘、齐镇西周建筑基址 1999—2000 年度发掘简报》，《考古》2002 年第 9 期。

② 徐良高、王巍：《陕西扶风云塘西周建筑基址的初步认识》，《考古》2002 年第 9 期。

③ 陕西省雍城考古队：《凤翔马家庄一号建筑群遗址发掘简报》，《文物》1985 年第 2 期。

④ 韩伟：《马家庄秦宗庙建筑制度研究》，《文物》1985 年第 2 期。

⑤ 陕西省考古研究所：《秦都咸阳考古报告》，科学出版社 2003 年版。

⑥ 《史记》卷六《秦始皇本纪》载："先王庙或在西雍，或在咸阳。"

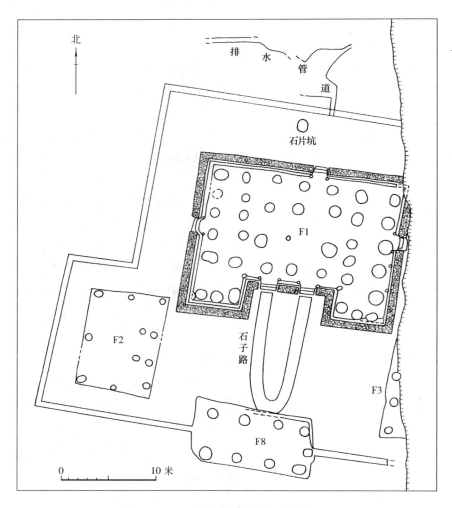

图 10—8　云塘西周建筑基址群平面图

渭南。"

　　据《史记》卷七十一《樗里子列传》记载:"樗里子卒,葬于渭南章台之东。曰:'后百岁,是当有天子之宫夹我墓。'樗里子疾室在于昭王庙西渭南阴乡樗里,故俗谓之樗里子。至汉兴,长乐宫在其东,未央宫在其西,武库正直其墓。"汉代都城武库建于樗里子墓之上,西汉武库遗址已

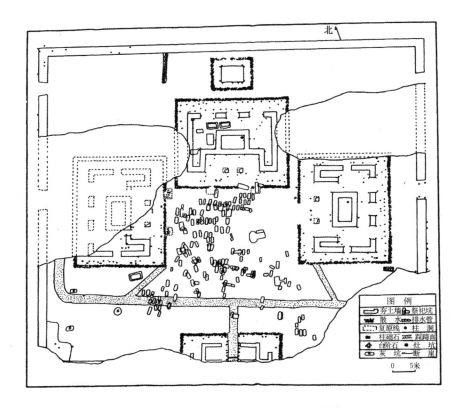

图 10—9　凤翔马家庄一号建筑群遗址平面图

经发掘[1]，武库位于未央宫与长乐宫之间，樗里子墓应在其附近。按照古代埋葬习俗，樗里子墓一般在其住地附近，也就是说阴乡樗里就在汉代都城长安城武库附近，秦昭王庙应在其东邻。

《史记》卷八《高祖本纪》记载：高祖二年，"令除秦社稷，更立汉社稷"。西汉社稷遗址在汉长安城西南部，其中的西汉时代"官社"遗址，"从建筑遗迹的叠压关系和出土物的年代特征看，这座建筑遗址大约是利用秦旧址修建的西汉早期建筑"。王莽的社稷遗址在西汉社稷的南部[2]。根据

① 中国社会科学院考古研究所汉城工作队：《汉长安城武库遗址发掘的初步收获》，《考古》1978 年第 4 期。

② 中国社会科学院考古研究所：《西汉礼制建筑遗址》，文物出版社 2003 年版。

"左祖右社"规制，秦王国或秦王朝的宗庙应在秦社稷的东部，即位于汉长安城东南部。虽然目前还难以究明秦宗庙的具体位置，但是秦宗庙不在渭北咸阳城中，应在"渭南"的汉长安城遗址附近是可以肯定的。综上所述，战国时代中晚期和秦代的宗庙建筑既不在宫城之中，也不在都城之内。

西汉时代初年，太上皇庙和汉高祖的高庙、汉惠帝的宗庙都置于长安城之中①。太上皇庙在长乐宫北部，清明门大街南部②。高庙在安门大街东部、长乐宫西南部。汉惠帝的宗庙在高庙西侧，所以又称其宗庙为"西庙"。上述三座宗庙虽然均在都城之中，但它们都不在宫城之内。汉惠帝时，为了方便宗庙祭祀活动，又在都城之外的汉高祖长陵修建了"原庙"③，作为祭祀汉高祖的宗庙，因为是在高祖陵墓附近修建的宗庙，所以又称"陵庙"。汉惠帝在长陵修建"原庙"，实际上又恢复了秦代于都城之外安排宗庙的办法。西汉时代真正实施都城之外营建宗庙，应始于汉文帝。汉文帝的宗庙顾成庙，置于都城南郊④。汉景帝在其陵墓附近修建了德阳庙⑤，考古工作者在汉景帝阳陵陵区考古发掘的礼制建筑遗址可能即德阳庙基址。遗址位于帝陵东南部，平面方形，边长约 260 米。遗址中部为主体建筑，系一平面方形夯土台，边长 54 米，四面共有 12 座门，每面各 3 座门⑥。这是西汉时代皇帝首开生前在本人陵墓营筑陵庙的制度，这个做法对西汉时代陵庙制度影响深远。

已经考古发掘的西汉末年的汉长安城南郊的宗庙遗址、社稷遗址和明堂辟雍遗址等礼制建筑遗址，是中国古代都城考古中发掘规模最大、内容最丰富、遗址性质最明确、时代最清晰的礼制建筑遗址。汉长安城宗庙建筑遗址群位于汉长安城南城墙以南，西安门在其西北部。宗庙建筑遗址群包括 12 座单体建筑，其中 11 座单体建筑分布在同一大院落之中，另一座单体建筑在大院落南部⑦（图 10—10）。

①　刘庆柱、李毓芳：《汉长安城》，文物出版社 2003 年版。
②　《三辅黄图》：太上皇庙"在长安故城中香室街南"。
③　《汉书》卷四十三《叔孙通传》。
④　《汉书》卷四《文帝纪》。
⑤　《汉书》卷五《景帝纪》。
⑥　陕西省考古研究所：《汉阳陵》，重庆出版社 2001 年版。
⑦　中国社会科学院考古研究所：《西汉礼制建筑遗址》，文物出版社 2003 年版。

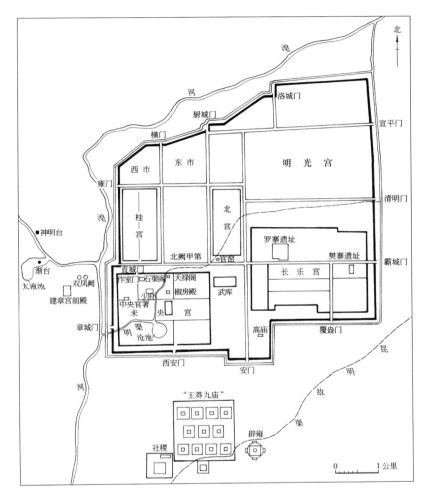

图 10—10　汉长安城遗址平面图

　　东汉时代都城雒阳城的宗庙位置，文献记载语焉不详。秦汉时代宗庙与社稷是密切相关的两组礼制建筑，它们一般是东西对称分布在大朝正殿附近的东南部与西南部。关于东汉都城的社稷，《后汉书》志第九《祭祀》（下）李贤注引《古今注》云："建武二十一年二月乙酉，徙立社稷上东门内。"由此推断，东汉都城的宗庙亦当位于郭城之内。

　　文献记载西晋初期的宗庙，建于铜驼街中部东侧的曹魏宗庙旧址之上，它们位于宫城之外、郭城之内①。晋武帝太康十年又建新的宗庙于宣阳门内②。东晋、南朝建康城的宗庙在宫城之外，都城宣阳门与朱雀门之内③。北魏平城建都之初，在平城西部修建皇宫——"西宫"，在西宫南部筑宗庙和社稷④。北魏平城的太庙、太社置于宫城之外与郭城之内，但同时道武帝还在宫城之中立神元、思帝、平文、昭成、献明五帝庙⑤，这可能是鲜卑拓跋部统治者复古之反映。北魏洛阳城的宗庙在宫城阊阖门外、内城之中青阳门与西明门大街北侧，铜驼街东西两侧⑥。宗庙的这种布局一直为以后历代所延续。隋大兴城·唐长安城的宗庙在都城宫城之外，皇城的含光门之内⑦。隋唐洛阳城的宗庙在宫城之外、皇城之内的东南角⑧。北宋都城的宗庙在内城之中，宣德门与州桥之间的御街东部。元世祖在元大都皇城东部、齐化门之内建宗庙⑨。明清都城之宗庙位于皇城之内、宫城前东侧。

总的来看，中国古代都城的宗庙位置变化是：古代都城的宗庙由夏、商、西周和战国时代早期以前，位于宫城或宫殿（含宗庙）建筑区之中，变为战国时代中晚期和秦代宗庙位于宫城和都城之外。西汉时代初年宗庙位于宫城之外、郭城之内，汉惠帝、汉文帝开始恢复了秦代将宗庙置于郭城之外的做法。魏晋时代都城宗庙又调整为西汉时代初期的置于宫城之外、郭城之内的情况。自北魏洛阳城出现了宫城、内城和郭城三重城，宗庙大多置于宫城之外、内城或皇城之中。一般而言，这种宫庙布局一直与中国古代封建社会相始终。宗庙在都城之中分布位置的变化，反映了宗庙

---

① 《太平御览》卷五百三十一引《晋起居注》云："往者仍魏氏旧庙处立庙。"

② 《水经注·谷水》云："谷水又东迳太庙南，又东于青阳门右下注阳渠。"《宋书》卷十六《礼志》载："至（太康）十年，乃更改筑（太庙）于宣阳门内。"

③ 《建康实录》卷五云："改元建武元年，初备百官，立宗庙社稷。"注云："案《图经》，晋初置宗庙，在古都城宣阳门外，郭璞卜迁之，左宗庙，右社稷。"

④ 《南齐书》卷五十七《魏虏列传》。

⑤ 《魏书》卷二《太祖道武帝纪》。

⑥ 《水经注·谷水》卷16。

⑦ 《隋书》卷七《礼仪志》；《旧唐书》卷二十五《礼仪志》。

⑧ 徐松：《唐两京城坊考·东京·皇城》卷五："东朝堂之南，第四横街之北。从西第一，曰鸿胪寺。次东，卫尉寺。次东，大府寺。次东，太庙。"

⑨ 《元史》卷二十五《祭祀志》。

建筑在都城之中的地位。

　　宗庙作为"血缘政治"物化载体的象征，在人类"古代文明形成"之前的史前时代，"血缘"是维系社会生存与发展的纽带。人类进入国家社会、"文明时代"，是对史前时代的发展与否定，是地缘政治对血缘政治的挑战，是地缘政治的历史性胜利。但是，人类古代历史的发展是渐进的、连续的、过渡的，人类历史从史前时代的血缘政治，进入"文明时代"、早期国家社会（夏商周时代）的血缘政治与地缘政治相结合时代，最后进入古代中央集权的封建帝国的地缘政治为主、地缘政治与血缘政治结合的时代。中国古代都城的宗庙位置变化，充分说明王权一步一步加强的过程。

　　（中国社会科学院考古研究所编：《二十一世纪的中国考古学——庆祝佟柱臣先生八十五华诞学术文集》，文物出版社 2006 年版）

古代门阙遗址的考古发现与研究

　　本文的研究对象为考古发掘的古代都城门阙遗址，它们主要是指古代都城城门、宫门的门阙，也包括古代陵墓的陵园门阙、墓门门阙和古代祠庙及其他礼制建筑门阙。至于各种各样古代壁画、画像石、画像砖等文物之上的图像资料所涉及的门阙问题，拟另文专门进行研究。

　　据文献记载，阙在西周时代已经出现，《诗经·郑风》："纵我不往，子宁不来，挑兮达兮，在城阙兮。"关于东周时代的"阙"，著名的有秦孝公徙都咸阳所修建的"冀阙"①。秦始皇修建阿房宫，甚至规划"表南山之颠以为阙"②。但是，上述所说的那些"阙"，我们至今还未发现。

　　关于阙的功能，古代文献记载说法不尽相同，主要有两种观点：其一是标示作用，如崔豹《古今注》云："阙，观也。于前所以表宫门也。其上可居，登之可远观。人臣将至此，则思其所阙，故谓之'阙'。其上皆画云气仙灵、奇禽怪兽，以示四方。苍龙、白虎、玄武、朱雀并画其形。"其二是反映使用者的社会地位，如《左传》记载定公二年五月，雉门及其门外两观（即双阙）起火，人们认为门外设双阙是帝王仪制，其他人不能使用，否则会因"僭礼"而招致灾祸。《水经·谷水注》引《白虎通》云："门必有阙者何？阙者，所以释门、别尊卑也。"汉代阙的不同建筑形制，就标示着使用者社会地位的尊卑贵贱。一般官吏使用"单阙"，达官显贵使用"二出阙"，帝王至尊才能使用"三出阙"。

---

　　① 《史记》卷五《秦本纪》记载："作为咸阳，筑冀阙，秦徙都之。"
　　② 《史记》卷六《秦始皇本纪》。

近年来，一些学者关注古代门阙研究，发表了不少论著①，进行了有益的探讨和研究。但是还有一些问题需要进一步深入讨论，我想就目前已有考古资料，对涉及古代门阙的相关问题，在学术界现有的研究基础之上作些探索。

（一）考古发现的阙

目前考古发现的阙，最早为东周时代曲阜鲁国都城南城门的南东门之外的门阙，阙址东西并列对称分布于门道两侧。南东门门道长 36 米、宽 10 米。紧靠城门南口的两侧各有长方形夯土台基建筑。台东西宽 30 米、南北长约 58 米，二者东西间距 10 米，夯土基址北部与南城墙相连。此门北对鲁城中部大型宫殿建筑群遗址，其间有一南北向古代道路，路宽 15 米（图 11—1），南东门北与鲁城之中的"宫城"南北相对，其间有道路连接。这条道路宽达 15 米，是鲁城之中的主干道路。从南东门向南约 1700 米，有一座大型夯土建筑基址，东西 120 米、南北 115 米，此遗址传为"舞雩台"遗址，即鲁行雩礼之地。从"宫城"经南东门至"舞雩台"，其间的南北向干道，应该是鲁城的中轴线，南东门当为鲁城的正门。从勘探资料可知，东周鲁城的其他城门未发现筑阙遗存②。

秦始皇陵陵园东西内外城城门之间，各发现一组门阙建筑遗址。以秦始皇陵园西内外城之间的阙址为例，阙址东距西内城西城门 90 米，东距西外城西城门 85 米。二阙址南北相距 29 米，对称分布于司马道南北两侧。南侧阙址南北通长 44 米，主阙台长 29.5 米、宽 15.5 米；两个子阙分别长 7 米与 12.5 米，子阙南端宽分别为 5 米与 8.5 米。在三出阙遗址中部有"甲"字形平面的夯土基础，南北长 34.5 米、东西宽 4.5—10 米。在

---

①　近年出版、发表有关古代门阙研究的主要论著如：高文主编：《中国汉阙》，文物出版社 1994 年版；陈良伟：《隋唐两京城门基本类型及相关问题》，中国社会科学院考古研究所编著：《21 世纪中国考古学与世界考古学——纪念中国社会科学院考古研究所成立 50 周年大会暨 21 世纪中国考古学与世界考古学国际学术研讨会论文集》，中国社会科学出版社 2002 年版；萧默：《敦煌建筑研究》（其中的第一篇第二章），机械工业出版社 2003 年版；赵海洲：《汉阙渊源考》，《陕西历史博物馆馆刊》第 10 辑，三秦出版社 2003 年版；韩钊等：《古代门阙及相关问题》，《考古与文物》2004 年第 5 期；韩建华：《中国古代城阙的考古学观察》，《中原文物》2005 年第 1 期。

②　山东省文物考古研究所等：《曲阜鲁国故城》，齐鲁书社 1982 年版，第 9—10 页；《文物》1982 年第 12 期。

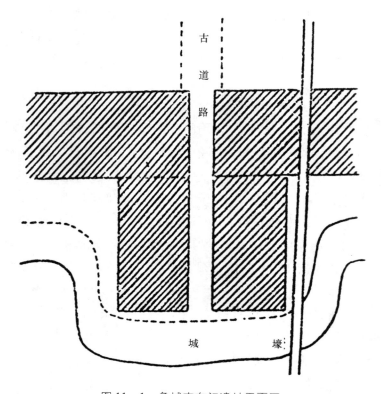

图 11—1　鲁城南东门遗址平面图

三出阙遗址南端，有一东西长 12.5 米、南北宽 6.5 米的夯土基础，其西与阙址第二子阙基础相连①（图 11—2）。

西汉时代"阙"类建筑已较为普遍，重要的考古发现有汉长安城宣平门遗址、霸城门遗址之外的"阙"形遗址，如 1956 年考古调查发现"在宣平门的南北两侧，城墙各向外凸"②。20 世纪 80 年代，考古勘探究明宣平门遗址的门外阙址，现存东西长 13.8 米、南北宽 11.7 米③，其西与城门相连。又如霸城门遗址，20 世纪 50 年代考古调查，城门附近的"城墙

①　陕西省考古研究所等：《秦始皇陵园 2000 年勘探简报》，《考古与文物》2002 年第 2 期。

②　王仲殊：《汉长安城考古工作收获续集》，《考古通讯》1958 年第 5 期。

③　刘庆柱、李毓芳：《汉长安城》，文物出版社 2003 年版。

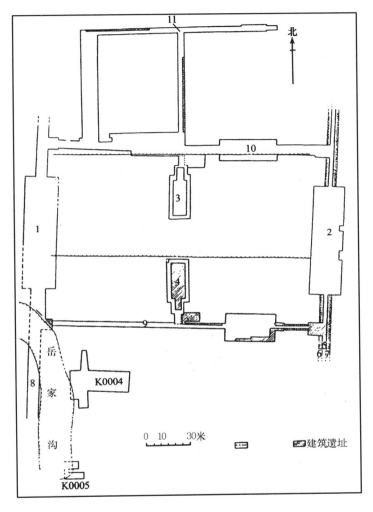

图 11—2　秦始皇陵园西内外城之间建筑遗址平面图

保存甚佳，可以究明城门两侧的墙各向外折出，略如后世的瓮城"[1]。有的学者将宣平门外的"阙"形建筑遗址，当作"瓮城"遗址，显然这是不妥的。西汉时代的瓮城在内蒙古西部的西汉时代边城遗址已经发现多处，其布局形制显然与汉长安城宣平门的"阙"区别十分明显。汉长安城有 12 座城

①　王仲殊：《汉长安城考古工作初步收获》，《考古通讯》1957 年第 5 期。

门，都城四面每面各 3 座城门，从考古勘探与发掘情况来看，除了东面城墙之上的宣平门、霸城门遗址发现门阙遗存之外（东城墙之清明门遗址保存不佳，尚未究明其形制），其他三面城墙的 9 座城门均未发现门阙遗存。

未央宫东宫墙北部的宫门遗址之外"双阙"分列门道南北，二"阙址"间距 150 米。"阙址"东西长 32 米、南北宽 14—18 米[1]。建章宫东宫门之外的双阙基址，东西相距 53 米，现存阙址最大底径 17 米、高 11 米[2]。

20 世纪 50 年代，考古发掘的汉长安城礼制建筑包括宗庙、社稷和辟雍遗址等，其中多处有门阙遗存。宗庙遗址的"大围墙上的十四座门址各自与围墙内的建筑遗址门址对直，门址均由门道和两侧夯土台基组成，门道宽 18 米左右。……台基形制大小相同，长 23 米、宽 14 米左右，高 1.5—2 米不等。四壁垂直，形同土阙，台面均遭毁没，原来高度不明。从门址废弃后的堆积遗物和后代扰坑中出土的汉代遗物分析，两侧夯土台基上原来应有阙楼建筑"。考古发掘报告提供的第十四号遗址局部平面图（王莽时期所建的"社稷"遗址），其外围墙北门西部平面图和内围墙南门门址平面图的西侧门塾的西端与围墙相连处，有"出阙"遗迹[3]（图 11—3）。

曲阜鲁国故城的南西门遗址，"城门南口东西两侧各有夯筑台基遗迹。台基呈长方形，东西宽 19 米，南北长 16 米，夯土厚 1.3 米，直接筑在黄生土之上，可能是门阙基址，其年代当属两汉"[4]（图 11—4）。

汉宣帝杜陵帝陵陵园四面各置一门，文献称为"司马门"或"阙门"。已发掘了东门、北门和皇后陵园东门。杜陵帝陵陵园东门门道南北 6.3 米、东西 13.2 米，门道两侧为塾。以右塾为例，台基东西 15.3 米、南北 9.75 米。塾外置廊，廊宽 1.03 米；廊外置散水，宽 1.08 米。廊侧为配廊，南北长 26 米、东西宽 12.2 米，配廊散水宽 0.92 米。配廊隔墙外延

① 中国社会科学院考古研究所：《汉长安城未央宫：1980—1989 年考古发掘报告》，中国大百科全书出版社 1996 年版。
② 刘庆柱、李毓芳：《汉长安城》，文物出版社 2003 年版。
③ 中国社会科学院考古研究所：《西汉礼制建筑》，文物出版社 2003 年版，第 18、164 页。
④ 山东省文物考古研究所等：《曲阜鲁国故城》，齐鲁书社 1982 年版，第 9 页。

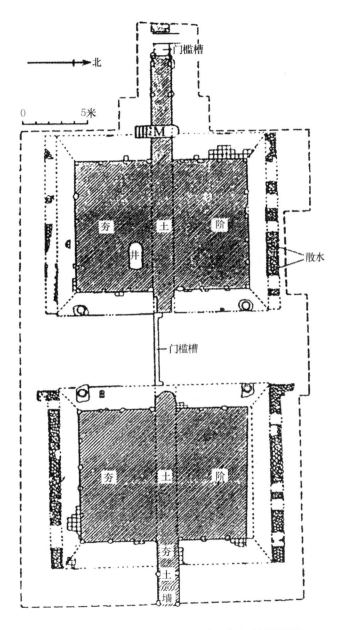

图 11—3　第十四号遗址内围墙南门门址平面图

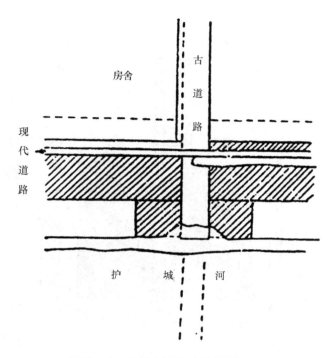

图 11—4　鲁城南西门遗址平面图

13 米长，其宽与配廊隔墙相同，均为 3.4 米，墙外贴砖，砖上抹细泥。配廊隔墙外侧连陵园墙，宽为 6—8 米（图 11—5）。孝元王皇后陵园东门形制与杜陵帝陵陵园东门基本相同（图 11—6）。以上诸门之"塾"实际上相当于"主阙台"，"配廊"相当于"副阙台"[1]。汉宣帝杜陵帝陵陵园东司马门门阙遗址，实际上是属于"礼仪"性门址。

　　汉景帝阳陵帝陵陵园南司马门，中央为门道，长 25.5 米、宽 5.5 米，门道两侧为左右塾。塾南北 19.8 米、东西 10.7 米。塾外侧与"主阙台"相连，"主阙台"东西 27.5 米、南北 8.2 米。"主阙台"外侧是"副阙台"，"副阙台"东西 19 米、南北 4 米。塾、"主阙台"和"副阙台"周围环以回廊[2]（图 11—7）。《元河南志·晋城阙古迹》引《晋书》载：

---

①　中国社会科学院考古研究所：《汉杜陵陵园遗址》，科学出版社 1993 年版。
②　陕西省考古研究所阳陵考古队：《汉景帝阳陵考古新发现》，《文博》1999 年第 6 期。

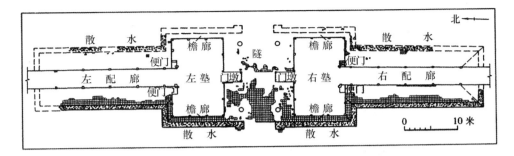

图 11—5　杜陵帝陵陵园东门遗址平面图

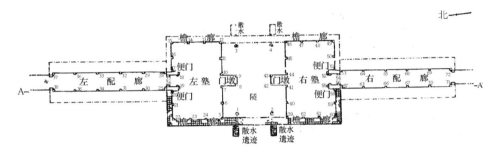

图 11—6　王皇后陵陵园东门遗址平面图

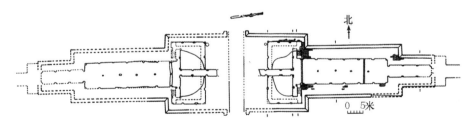

图 11—7　汉景帝阳陵帝陵陵园南司马门遗址平面图

"洛阳十二门，皆有双阙。"考古勘察发现汉魏洛阳城部分城门存在门阙遗址，西城墙的北魏西阳门、东汉上西门和东城墙东汉中东门遗址门外均有夯土门阙遗存，其中中东门门外夯筑土阙基址平面边长约 10 米[①]。

① 中国科学院考古研究所洛阳工作队：《汉魏洛阳城初步勘察》，《考古》1973 年第 4 期。

据刘叙杰先生根据考古调查发现统计，现存汉代墓阙28处、祠庙阙6处，合计34处。上述诸阙分别发现于四川地区22处、河南6处、山东5处、北京1处①，阙为石制，均为东汉时代。其中祠庙阙中以河南登封的太室阙、少室阙和启母阙最著名（图11—8）。

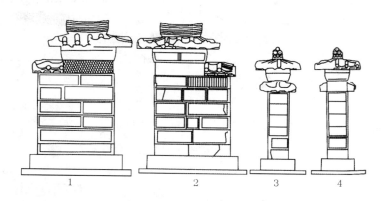

图11—8　河南登封太室阙西阙图

在汉代画像砖、画像石和古代壁画等遗物上的门阙图像，为数更是众多。

2004年，郑州大学在三峡地区考古工作中，于重庆忠县邓家沱遗址发现一晋阙②。除此之外，目前保留在地面之上的晋阙，还有四川渠县三个石阙，即赵家村一、二号无名阙和王家坪无名阙。

汉代以后，长安城经多年战乱，城市破坏严重。西晋初年，长安城修建了"小城"，刘曜攻打长安时，文献就有"外城""小城"之记载。小城可能建于西晋初年，公元320年，前赵立西宫，在小城之中也就包括了东宫和西宫二宫。公元351年，前秦建都长安，西宫为王宫、东宫为太子宫。西宫正门为端门，门外有东西二阙。端门东西各有一门。长安城的东宫与西宫设置，一直延续到北周。考古工作者在汉长安城遗址东北部的考古勘察发现了一座古代城址，城址时代为南北朝时代，在今楼阁台村附近。现已勘探究明，城址由东西并列的两座小城组成，在西城南墙中部，

---

① 根据刘叙杰主编《中国古代建筑史》（第一卷），中国建筑工业出版社2003年版，第508—509页。

② 新华网，2004年11月24日。

有一高大夯土台基，台基南侧有东西并列二阙址。这可能就是文献记载的长安西宫正南门遗址。

北魏洛阳城宫城阊阖门遗址，"遗迹分布情况显示，阊阖门的城门楼位于宫城南墙缺口北侧的一座大型夯土台基上，整个门址位置在宫墙后侧；在门前宫墙缺口的两端分别设置左右两阙，两阙不仅分别与东西两端的宫城南墙相接，还通过城门两侧院落的院墙和城门连接"。城门台基东西长 44.5 米、南北宽 24.4 米，城门为面阔 7 间、进深 4 间殿堂式建筑。城门置 3 个门道。东阙阙台东西宽 29 米、南北长 29.4 米，由一母阙和向北、向东的两个子阙组成。西阙阙台东西宽 29 米、南北长 29.1 米，由一母阙和向北、向西的两个子阙组成。双阙的东西两个子阙分别与两侧的宫城南墙相连，北侧的两个子阙则通过城门两侧院落的南北向窄墙与城门相连。发掘者认为，阊阖门遗址始建于曹魏时期新修洛阳宫时建造的宫城正门阊阖门。在阊阖门门楼与阙的分布上，双阙虽然在城门门楼两侧，但其双阙不突前而是与宫墙平行，门楼后置于宫墙①（图 11—9）。

邺南城是东魏、北齐的首都，朱明门是邺南城的南面正门。朱明门由东西并列的三个门道，门道东西两侧的门墩和门墩之前向南伸出的南北平行、东西并列的两条东西向墙体及其墙体顶部的"阙"址组成。门址夯土基址东西 84 米、南北 20.3 米，中央门道宽 5.4 米、两旁门道宽 4.8 米，门道之间隔墙宽 6 米。由门墩向南延伸的短墙东西相距 56.5 米，短墙长 34.2 米、宽 12.1 米，阙的平面为方形，边长 14.68 米②（图 11—10）。

隋唐洛阳城宫城则天门（应天门）遗址，墩台基址东西 55 米、南北 25 米。中有 3 个门道，门道宽 5 米。墩台东西分置垛楼，垛楼基址平面方形，边长 18 米。垛楼向南有飞廊，飞廊南端筑阙③（图 11—11）。隋仁寿宫仁寿殿遗址（1 号遗址）和仁寿宫临水台榭遗址（3 号遗址）均有"阙

---

①　中国社会科学院考古研究所洛阳汉魏故城队：《河南洛阳汉魏故城北魏宫城阊阖门遗址》，《考古》2003 年第 7 期。

②　中国社会科学院考古研究所、河北省文物研究所邺城考古工作队：《河北临漳县邺南城朱明门遗址的发掘》，《考古》1996 年第 1 期。

③　A. 中国科学院考古研究所洛阳工作队：《隋唐东都城址的勘查和发掘》，《考古》1961 年第 3 期。B. 洛阳市文物工作队：《隋唐东都应天门遗址发掘简报》，《中原文物》1988 年第 3 期。

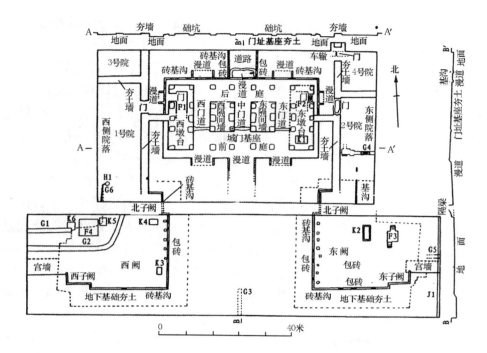

图 11—9 阊阖门遗址平、剖面图

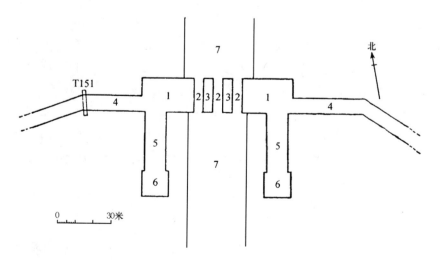

图 11—10 邺南城朱明门遗址平面图

类"建筑遗存。仁寿殿前有左右廊庑及其连接的二阙（图11—12）。临水

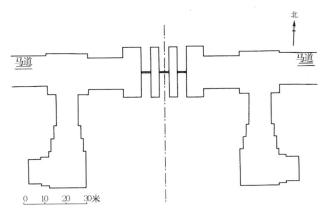

图11—11　隋唐洛阳城则天门遗址平面图

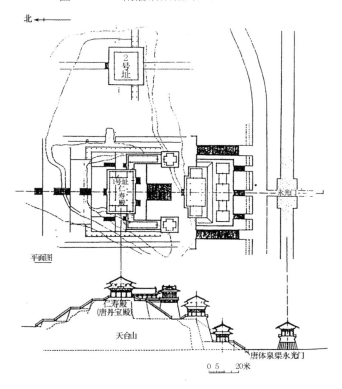

图11—12　隋仁寿宫仁寿殿复原平、剖面图

台榭遗址，北部为主体建筑殿堂，其东南部与西北部分布有阙，其间由廊庑连接①（图11—13）。

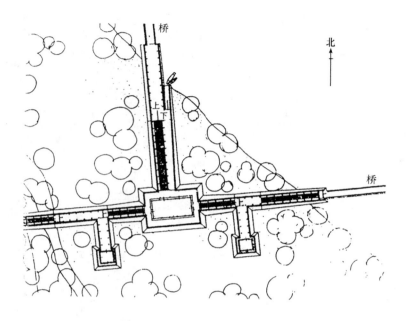

图11—13　隋仁寿宫遗址临水台榭3号遗址复原平面图

大明宫含元殿遗址主体建筑位于北部，其东西对称分布有飞廊和角楼，由东西二角楼向南，飞廊连接东阙翔鸾阁与西阙栖凤阁，二者分别位于主体建筑东南与西南30米。含元殿殿阶基东西长76.8米、南北宽43米。连同副阶，大殿面阔13间，进深6间，东西长67.03米，南北宽28.22米②（图11—14）。

唐代帝陵陵园门阙遗址进行考古工作的主要为乾陵陵园门阙和乳阙的发掘等。1995年发掘了乾陵乳阙和陵园南门外的宫门阙。乳阙位于乾陵南部二乳峰之上，呈东北—西南方向，间距380米，北距地宫所在的主峰分

①　杨鸿勋：《宫殿考古通论》，紫禁城出版社2001年版，第394、405页。
②　中国社会科学院考古研究所西安唐城工作队：《唐大明宫含元殿遗址1995—1996年发掘报告》，《考古学报》1997年第3期。

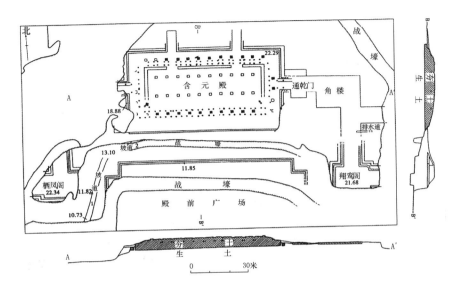

图 11—14　含元殿遗址平、剖面图

别为 1290 米和 1550 米。乳峰阙台原来高度应为 14.4 米。以西乳峰阙台
为例，阙址平面呈双重凸字形，面阔 23 米，进深 10.5—12.85 米。阙址
大端在内（东部），小端在外（西部）。从大端向西 15 米处，内缩 0.7 米，
阙址进深为 11.45 米；由此再向西 3.6 米，内缩 0.7 米，阙址进深 10.5
米。阙台平面形成"三出阙"。陵园南门阙台东西相距 42 米。阙台基址平
面亦为双重凸字形，面阔 23.5 米，进深 9.8—12.5 米。以东侧阙台基址
为例，大端以东内缩 0.725 米，再东内缩 0.625 米[1]。唐代帝陵不但陵园
司马门外置阙，神道南端还修建了乳台，乳台之南又置鹊台[2]。北宋帝陵
陵园门阙制度承袭唐陵之制，陵园司马门外置阙，其南又置乳台与鹊台[3]。

① 刘向阳：《唐代帝王陵墓》，三秦出版社 2003 年版，第 89—90 页。

② 刘庆柱、李毓芳：《陕西唐陵调查报告》，《考古学集刊》第 5 集，中国社会科学出版社 1987
年版。

③ 河南省文物考古研究所：《北宋皇陵》，中州古籍出版社 1997 年版。

（二）文献记载的"城阙"

文献记载的门阙建筑，大多为历代都城的宫城门阙，如：汉长安城未央宫东门和北门建筑了"东阙""北阙"①，长乐宫的东门和西门有"东阙""西阙"②，建章宫的东门有"凤阙"③，东汉洛阳城北宫正门外有朱雀阙④，蜀汉成都城宫城正门之外有双阙⑤，东吴都城建业宫城正门之外有与七里长街相对的双阙⑥，曹魏邺城宫殿区司马门前有"朱阙"（或称"赤阙"）⑦，南朝梁建康城宫城正门之前置一对石阙⑧，隋大兴城·唐长安城的宫城正门——承天门门外置双阙⑨。

北宋东京宫城正门宣德门有双阙⑩（图11—15），金中都宫城正南门为应天门，门外有双阙⑪。值得注意的还有元上都开平府宫城北墙中央的承应阙的阙式建筑⑫。元大都大内的崇天门（午门）置双阙，安徽凤阳的明中都午门有双阙⑬（图11—16），明代南京城宫城正门（午门）有双阙⑭，明清北京城宫城正门午门双阙至今仍然保存。

---

①　《汉书》卷一（下）《高帝纪》（下）载："萧何治未央宫，立东阙、北阙、前殿、武库、大仓。"

②　《汉书》卷六十六《刘屈氂传》载："至长乐西阙下，逢丞相军，合战五日，死者数万人，血流入沟中。"

③　《汉书》卷二十五（下）《郊祀志》（下）载："作建章宫，度千门万户。前殿度高未央。其东则凤阙，高二十丈。"

④　《后汉书·礼仪志》引《汉仪》注："自到偃师，去宫四十三里，望朱雀五阙、德阳。"

⑤　《文选·蜀都赋》载："宣化之闼，崇礼之闱。华阙双邀，重门洞开。"

⑥　《文选·吴都赋》载："高闱有闶，洞门方轨。朱阙双立，驰道如砥。树以青槐，亘以绿水。"

⑦　《文选·魏都赋》载："内则街冲辐辏，朱阙结隅。"注曰："邺城诸街，有赤阙、黑阙。正当东西南北城门，最是其通街也。"

⑧　《玉海》卷一百六十九之【宫室·门阙（上）·梁石阙】云："【梁典】镌石为阙，穷极壮丽，奇禽异羽，莫不毕备。"

⑨　曹元忠辑本《两京新记》："皇城南面六门。正南承天门，门外两观、肺石、登闻鼓。"

⑩　《东京梦华录》：宣德门"下列两阙亭相对"。辽宁博物馆藏北宋铁钟之上有东京宣德门图像。

⑪　《北行日录》：应天门"左右有行楼，折而南，朵楼曲尺各三层"。

⑫　《元史》卷八十九《百官志》（五）："至元八年以上都承应阙官增置行司天监。"

⑬　单士元：《北京明清故宫的蓝图》，《科技史文集》第五辑，上海科学技术出版社1980年版。

⑭　《明会典》："洪武十年改作大内宫殿，阙门曰午门，翼以两观。"

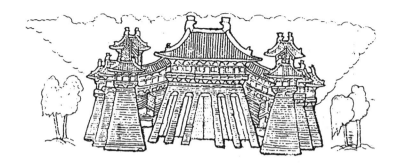

图 11—15　辽宁博物馆藏宋代铜钟上的门阙图

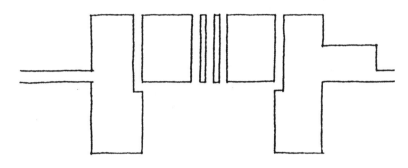

图 11—16　明中都午门平面示意图

至于陵墓置阙，自秦汉一直延续到宋代，秦汉及晋代墓阙、唐宋帝陵门阙已见考古发现。北魏永固陵的永固堂，正门之外有二石阙①；南朝宋文帝刘义隆陵的神道置阙②。

（三）阙的形制

关于阙的形制讨论，我主要依据建筑遗址的田野考古资料、墓葬及其出土资料（包括画像石、画像砖和壁画等图像资料，还有一些明器资料等）作为参考。从目前的门阙遗址田野考古资料来看，门与阙的分布位置

---

① A. 大同市博物馆等：《大同方山北魏永固陵》，《文物》1978 年第 7 期。B.《水经注》记载：北魏永固堂"南门表二石阙"。

② 《南齐书》卷二十二《豫章文献王嶷列传》载："乃徙其（宋长宁陵）表、阙、麒麟于东岗山。麒麟及阙形势甚巧，宋孝武于襄阳致之。"

大致有三种类型：A 型阙、B 型阙和 C 型阙。

A 型阙：门与阙垂直相连，平面为"凹"字形。如东周鲁国都城南门门阙、汉长安城宣平门和霸城门门阙、汉长安城未央宫东宫门门阙、两汉鲁城南门门阙、北魏洛阳城宫城阊阖门门阙、邺南城朱明门门阙、唐洛阳城宫城应天门门阙、明清北京城故宫午门等。有些宫殿建筑形制也是属于 A 型阙，如隋仁寿宫之仁寿殿与临水台榭建筑、唐大明宫含元殿、元上都开平府宫城之中的承应阙建筑等。

B 型阙：阙置门外，阙与门不相连。如建章宫双凤阙，东汉时代的祠庙门阙、东汉墓葬及少数晋墓的墓道门阙，以及汉墓中的壁画、画像石、画像砖上反映的一些汉代建筑画像的门外之阙，还有唐宋帝陵陵园门阙、乳台和鹊台。

C 型阙：门之两侧置阙，如汉景帝阳陵陵园门阙、汉宣帝杜陵陵园门阙则属于这一类型。汉宣帝杜陵陵园东门和汉景帝阳陵陵园南门，其阙与主阙台、副阙台和门塾连在一起，或以门塾为主阙台。前者如汉景帝阳陵，后者如汉宣帝杜陵。《汉书》卷二十七（上）《五行志》（上）云："园陵小于朝廷，阙在司马门中。"汉宣帝杜陵和汉景帝阳陵的陵园门阙形制恰好证实了上述记载。对这一文献记载的理解如果不误的话，门塾与阙连成一条线的门阙，其地位要低于阙与门垂直分布的门阙——A 型阙。有的门阙也属于 C 型阙，如汉长安城礼制建筑中的宗庙、社稷、明堂等建筑中，广泛使用的就是这一类型门阙。

（四）阙的使用

考古发现的阙，一般使用于都城城门、宫城城门、宫殿与祠庙之门、陵园司马门和神道与陵区、墓葬之旁等。

1. 都城城门之阙，考古发现的有：东周时代鲁国都城南门之阙、汉长安城宣平门和霸城门之阙、两汉鲁城南门门阙等，均属于 A 型阙。此外，在东汉雒阳城的上西门和中东门遗址的考古勘探中，均发现了门阙遗存，但是这些门阙的平面布局结构目前还不清楚。

2. 宫城城门之阙，考古发现的有：汉长安城未央宫东门之阙、南北朝时代长安城小城西宫宫门门阙、北魏洛阳城宫城阊阖门之阙、隋唐洛阳城宫城应天门之阙等；现在地面之上仍然保留阙之建筑的有：明清北京城故宫午门。宫城正门之阙亦属 A 型阙。如果说西汉时代都城之宫城的正门与主要进出宫门均设置阙的话，那么汉代以后这种情况就不复存在了，宫城只有正门才能置阙。

宫殿建筑布局结构似门阙，如考古发现的唐长安城大明宫含元殿遗址、隋仁寿宫·唐九成宫的仁寿殿遗址和临水台榭遗址等。这类阙形建筑也属于 A 型阙。

建章宫的门阙，地面虽然保留了高大的夯土阙址，但阙与门址的布局结构关系还不清楚，门阙的整体形制需要今后通过考古勘探、发掘究明。

3. 内城正门之阙，如邺南城朱明门之阙，属于 A 型阙。关于邺南城的性质，近年研究认为应属于"内城"，即其外还应该有外郭城①。朱明门为邺南城的正南门，据上所述，朱明门应为内城正门。如果从北魏洛阳城的宫城、内城和外郭城开始，朱明门遗址是中国古代都城中第一座、也是唯一一座考古发现的内城正门置阙的城门。考古工作者对北魏洛阳城西阳门遗址勘探中发现有门阙遗存，其建筑形制还不清楚。北魏时期，洛阳城包括宫城、内城和外郭城，西阳门应属于北魏洛阳城的内城城门，但西阳门不是内城的正门。

4. 秦汉礼制建筑的门阙，如汉长安城南郊礼制建筑中的宗庙、社稷、明堂等礼制建筑遗址的门阙，这类门阙属于 C 型阙。如前所述，从规格上说 C 型阙要低于 A 型阙。

5. 祠庙门之阙，通过考古调查发现的主要有：河南登封中岳庙的太室阙、少室阙，河南登封启母祠阙、正阳庙阙，四川忠县丁房庙阙，山东嘉祥武氏祠阙等。上述诸门阙为 B 型阙。这种阙多为石阙，颇具象征性意义。

6. 帝陵陵园司马门之阙有：秦始皇陵陵园东司马门和西司马门之阙、汉景帝阳陵陵园南司马门之阙、汉宣帝杜陵陵园东司马门之阙、孝宣王皇后陵园东司马门之阙、唐高宗乾陵陵园南门阙和乾陵乳阙等。西汉帝陵陵园门阙属于 C 型阙；秦始皇陵园东西司马门之阙和唐宋帝陵的鹊台、乳台和门阙均属于 B 型阙。

---

① 朱岩石：《东魏北齐邺南城内城之研究》，巫鸿主编：《汉唐之间的视觉文化与物质文化》，文物出版社 2003 年版。

　　7. 墓葬墓道口地面所置之阙。东汉时代墓葬墓园的墓道入口处的墓阙，目前已发现 28 处。三国两晋南北朝墓葬的地面也发现了少量墓阙。上述诸阙均为 B 型阙，这些阙多为石阙。我认为这种墓阙有的具有"表"的功能，并不是完全与墓主人的地位相对应的。这类墓阙主要流行于东汉时代，而东汉时期的一些墓葬地面使用了墓表，东汉以后的陵墓墓表使用更为广泛。东汉时期墓阙与墓表的功能比较接近，所以东汉以后墓表进一步流行，而墓阙在一般墓葬中已淡出葬俗。

　　此外，在墓葬出土遗物或画像石、画像砖、壁画之上也有各种各样反映阙的内容。如：内蒙古和林格尔东汉壁画墓的《宁城图》壁画上的官衙门阙①（图 11—17）、山东沂南县汉墓画像石上的汉代邸宅与门阙画像等②（图 11—18、图 11—19）。

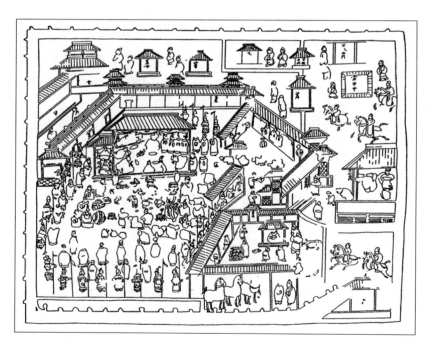

图 11—17　和林格尔东汉壁画墓幕府图

①　内蒙古文物工作队、内蒙古博物馆：《和林格尔汉墓壁画》，文物出版社 1978 年版。
②　南京博物院、山东省文物管理处：《沂南古画像石墓发掘报告》，文化部文物管理局 1956 年版。

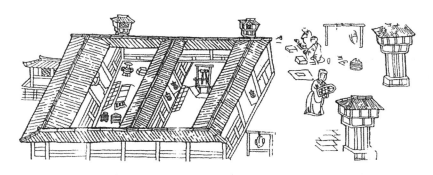

图11—18　山东沂南东汉画像石墓画像石的邸宅与门阙图像

图11—19　山东沂南东汉画像石墓画像石的门阙图像

综上所述，可以看出 A 型阙是使用时代最长、规格最高的阙。目前考古发现最早与最晚的阙均为 A 型阙，最早的阙如东周时代鲁国都城南东门之阙，最晚的如明清北京城故宫午门之阙。从目前考古资料来看，A 型阙开始用于都城，东周时代鲁国都城南东门的门阙是个典型；秦汉时代 A 型阙的使用范围从都城城门扩及宫城城门，北魏洛阳城宫城正门阊阖门仍然使用 A 型阙，这时都城由宫城、内城和外郭城组成，内城与外郭城城门是否用阙还不清楚，至于使用什么类型的门阙更是无从谈起。东魏、北齐邺南城属于都城内城，其正门朱明门门阙为 A 型阙。隋唐及以后的 A 型阙仅见于宫城正门或大朝正殿及离宫之中的特殊重要宫殿。

　　A 型阙平面为"凹"字形，先秦、秦汉时期的"凹"字形建筑不只限于门阙，有一些重要的宫庙建筑的平面亦为"凹"字形。《汉书》卷五十一《邹阳传》载："秦倚曲台之宫悬衡天下。"应劭注："始皇帝所治处也，若汉家未央宫。"曲台可理解为秦始皇的大朝正殿或其主要宫殿建筑。"曲台"之"台"应为宫殿台基，"曲"为宫殿台基之平面形状。已经考古发掘的周原云塘西周建筑遗址[①]、春秋秦雍城马家庄一号建筑遗址[②]、战国秦咸阳城咸阳宫一号建筑遗址等[③]，均为重要的宫殿或宗庙建筑遗址，其建筑遗址平面一般为"凹"字形，"凹"字形的宫庙建筑遗址平面与 A 型阙建筑平面十分相似，这种建筑平面的相似与二者重要作用的一致可能会有一定的关系。

　　B 型阙建筑遗址的考古发现实例，目前还没见到。已有的墓葬地面所置 B 型阙，实际上具有墓表的作用。各种出土遗物或有关图像资料所反映出来的 B 型阙的使用，对其实际功能，现有考古资料还难以究明。是否也是起着"表"或"标"的作用，还需要进行更多的研究，以后随着更多新的考古资料的出土，有可能会找到较为理想的答案。

　　C 型阙在西汉帝陵陵园的司马门广泛使用，而且不只在陵园的一座司马门使用，陵园四面的四座司马门均置阙。这一制度为唐宋帝陵陵园所承袭。西汉时代一些已经考古发掘的都城礼制建筑遗址所使用的门阙，基本属于 C 型阙，但是其更简化一些。如前所述，文献记载帝陵陵园司马门的阙在司马门中，其原因是陵园与朝廷相比，前者要低于后者。礼制建筑中的 C 型阙的使用，应该与陵园用阙制度有着相近的意义。

　　阙的出现之始，应用于重要建筑或规格比较高的建筑，伴随着春秋战国时代的社会变化，旧的秩序被破坏，新的秩序尚未建立，阙作为特定的建筑从上走向下，汉代阙的"普及"与此不无关系。一般而言，社会文化滞后于社会政治发展，汉代以后阙的使用范围大大缩小，与阙相关的建筑"级别"大大提高，周而复始，阙又恢复了它出现之时的高贵，成为帝王

　　① 周原考古队：《陕西扶风县云塘、齐镇西周建筑基址 1999—2000 年度发掘简报》，《考古》2002 年第 9 期。
　　② 陕西省雍城考古队：《凤翔马家庄一号建筑群遗址发掘简报》，《文物》1985 年第 2 期。
　　③ 陕西省考古研究所：《秦都咸阳考古报告》，科学出版社 2004 年版。

建筑的象征。阙也成为皇权强化的物化载体。阙形建筑的出现、发展与专用历史过程，反映了皇权强化的历史变化。

（中国社会科学院考古研究究所编著：《新世纪的中国考古学：王仲殊先生八十华诞纪念论文集》，科学出版社 2005 年版）

秦咸阳城遗址考古发现的
回顾及其研究的再思考

　　古代都城是古代王朝的政治中心，是古代王朝政治活动的平台，是古代王朝历史的缩影。秦咸阳城是东周列国都城之一，又是中国古代历史上，从王国发展为帝国的都城，因此秦咸阳城在中国古代都城发展史上有着特别重要的学术意义。通过对秦咸阳城遗址考古研究，我们要力求探索从秦王国到秦帝国的一些重要社会发展的轨迹、历史变化特点。

　　咸阳为西周王朝都城丰镐二京的京畿之地，因其地处九嵕山之南、渭水之北，山南水北皆为"阳"，故名咸阳①。秦咸阳城遗址位于陕西省咸阳市以东约 15 公里的窑店镇一带，南临渭河水、北依咸阳原。《史记》卷五《秦本纪》记载：孝公"十二年（公元前 350 年），作为咸阳，筑冀阙，秦徙都之"。秦国正式迁都咸阳在孝公十三年②，当时首先进行的都城建设项目就是修建宫城、宫室③。在秦惠文王执政时期，秦咸阳城宫室进行了扩建，《汉书》卷二十七（下之上）《五行志》（下之上）记载："惠文王初都咸阳，广大宫室，南临渭，北临泾。"其后，历秦武王、昭王、庄襄王，至秦王政统一全国之前，作为秦国都城的一部分，又从渭河北岸的咸阳城向渭河以南发展，营建了兴乐宫、章台、诸庙、甘泉宫、上林苑等相关设施，以适应社会发展对都城的要求。但是，这些建筑不在秦咸阳城之中，而是在一个特定区域——"渭南"，"渭南"是指基本与渭河以

---

　　① 《三秦记辑注》："咸阳，秦所都。在九嵕山南、渭水北，山水俱阳，故名咸阳。"刘庆柱辑注：《三秦记辑注·关中记辑注》，三秦出版社 2006 年版。
　　② 《史记》卷六《秦始皇本纪》：孝公"十三年，始都咸阳"。
　　③ 《史记》卷六十八《商君列传》："居三年，作为筑冀阙宫廷于咸阳，秦自雍徙都之。"

北秦咸阳城南北相对的地区，其南至终南山以北，北到渭河南岸，东西略宽于秦咸阳城的东西范围。

秦始皇统一全国，建立秦帝国，为适应新的形势发展需要，秦咸阳城进行了更大规模的扩建。《史记》卷六《秦始皇本纪》记载："秦每破诸侯，写放其宫室，作之咸阳北阪上，南临渭。自雍门以东至泾渭，殿屋复道，周阁相属。"继之又在秦咸阳城之外的"渭南"相继兴建了信宫（极庙）、甘泉前殿①。秦始皇在其执政后期，认为秦咸阳城在渭北的发展空间已经受到局限，准备将都城迁至"渭南"，公元前212年在"渭南"上林苑中动工兴建大朝正殿——阿房宫前殿②。由于阿房宫前殿有秦一代并未建成③，故秦始皇"听事，群臣受决事，悉于咸阳宫"。终秦一代，直至秦二世仍以渭北秦咸阳城为其政治活动中心，他最后被逼自杀于望夷宫④。这就是历史文献记载的从战国时代中期秦孝公至秦二世，秦国和秦王朝首都——秦咸阳城及其"渭南"地区发展的基本情况。

为了进一步深入揭示秦咸阳城布局形制的发展与变化，仅仅依靠历史文献记载是远远不够的，秦咸阳城遗址的田野考古发现与研究，则为我们探讨秦咸阳城遗址开辟了一条新的学术道路。

秦咸阳城遗址的田野考古工作起步于20世纪50年代末，至今已半个多世纪，但是由于多方面原因，这项考古工作留给人们的问题还是很多的，有些还属于非常重要的、甚至涉及古代都城发展史上一些关键性学术问题，如秦咸阳城有没有郭城（即大城）、秦咸阳宫第一号宫殿建筑功能、秦咸阳城的北宫与南宫关系、秦宫庙的分布位置、兰池与上林苑设置等，本文将依据现有考古发现资料，结合历史文献对这些学术问题予以讨论。

（一）秦咸阳城遗址考古发现的回顾

秦咸阳城遗址考古始于20世纪50年代末，1961—1966年考古工作者

---

① 《史记》卷六《秦始皇本纪》：二十七年秦始皇"作信宫渭南，已更名信宫为极庙，象天极。自极庙道通郦山，作甘泉前殿。筑甬道，作咸阳属之"。

② 《史记》卷六《秦始皇本纪》：三十五年"乃营作朝宫渭南上林苑中。先作前殿阿房，东西五百步，南北五十丈，上可坐万人，下可建五丈旗"。

③ 《史记》卷六《秦始皇本纪》："阿房宫未成；成，欲更择令名名之。"因有秦一代阿房宫未更名，故可以说阿房宫"未成"。

④ 《史记》卷六《秦始皇本纪》。

在秦咸阳城遗址进行了考古调查、勘探，发现了 12 处建筑遗址、11 处排水道、70 多口水井、百余座灰坑和 1 座陶窑等遗存，并对个别建筑遗址进行了试掘，发现了秦壁画残块、秦砖瓦建筑材料等。在长陵车站附近和滩毛村一带，发现了手工业作坊遗址、一般居址，清理了一些水井、排水道、陶窑和窖藏等遗存①。

20 世纪 70 年代，进行了秦咸阳城遗址大规模考古工作，初步究明了秦咸阳城遗址范围及布局（图 12—1）。在咸阳市渭城区窑店镇以北的 13 号公路以东至姬家道沟以西，勘探发现了大面积的秦宫殿建筑遗址及其周围的墙垣遗迹，周围墙垣形成长方形城址，其中北墙长 843 米、南墙长 902 米、西墙长 576 米、东墙长 426 米，墙宽 5.5—7.6 米。对墙垣的试掘表明，夯土墙基在秦文化层中，墙基之中包含有战国时代的板瓦、筒瓦残块，鬲、釜、盆、罐等陶器残片。据此推断墙垣建于战国时代。在南墙垣

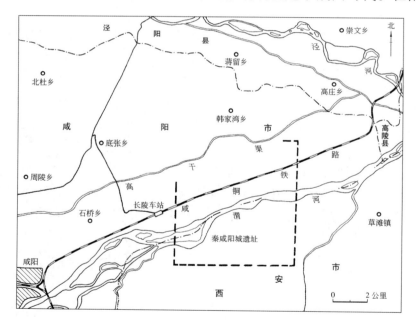

图 12—1　秦都咸阳遗址平面示意图

①　A. 陕西省社会科学院考古研究所渭水队：《秦都咸阳故城遗址的调查和试掘》，《考古》1962 年第 6 期。B. 陕西省博物馆等：《秦都咸阳故城遗址发现的窑址和铜器》，《考古》1974 年第 1 期。

与西墙垣各发现 1 座门址，南门宽 7.2 米、西门宽 17—18 米。推测上述墙垣为秦咸阳宫宫城遗址①（图 12—2）。

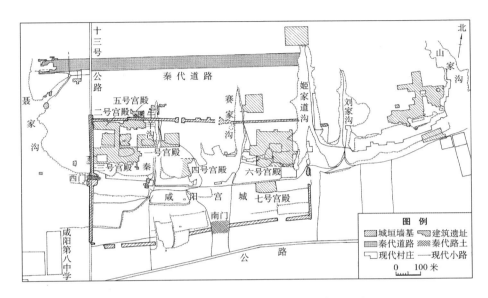

图 12—2　秦都咸阳宫城范围及其建筑遗址分布图

　　在宫城遗址之内，勘探发现了 7 处大型夯土建筑基址分布其间，按照其在城址之内分布位置，可以分为三区：西北区、中区和东北区。西北区在城址西北部，今 13 号公路与牛羊村东西之间，主要有第一、二、三、五号宫殿建筑遗址；中区有第四号宫殿建筑遗址，位于城址中部的牛羊村与赛家沟村东西之间，第四号宫殿建筑遗址西南部地面之上曾分布有高台建筑基址，现已毁坏无存；东区在城址东北部，为第六号宫殿建筑遗址，位于今赛家沟与姬家道之间，该遗址是秦咸阳宫中规模最大的宫殿建筑遗址，平面方形，边长 150 米。遗址之上现存一高大夯土台，东西 49 米、南北 34 米，高 5.8 米，夯土厚达 16 米②。

---

①　刘庆柱：《秦都咸阳几个问题的初探》，《文物》1976 年第 11 期。
②　陕西省考古研究所：《秦都咸阳考古报告》，科学出版社 2004 年版，第 10—12 页。

上述宫城城址的时代属于战国时代中晚期至秦代，位于秦咸阳城遗址中部，地处咸阳原上。《三辅黄图》记载："始皇穷极奢侈，筑咸阳宫，因北陵营殿。""北陵"即咸阳城北部的高地，亦即"咸阳原"或称"北阪"。

在秦咸阳宫遗址发掘了具有重要学术意义的秦咸阳宫第一号宫殿建筑遗址，开启了中国古代高台宫殿建筑遗址考古工作的先河①（图12—3）；部分发掘了秦咸阳宫第三号宫殿建筑遗址，发现了迄今为止年代最早、保存最完整、面积最大的中国古代宫殿建筑壁画②（图12—4）。

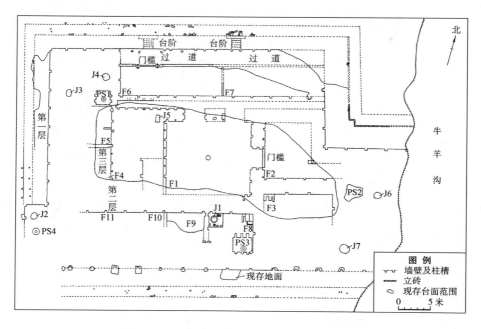

图12—3　秦咸阳宫第一号宫殿遗址平面图

①　A. 秦都咸阳考古工作站：《秦都咸阳第一号宫殿建筑遗址简报》，《文物》1976年第11期。B. 刘庆柱：《试谈秦都咸阳第三号宫殿建筑遗址壁画艺术》，《考古与文物》1980年第2期。

②　A. 咸阳市文管会等：《秦咸阳宫第三号建筑遗址发掘简报》，《考古与文物》1980年第2期。B. 刘庆柱：《试谈秦都咸阳第三号宫殿建筑遗址壁画艺术》，《考古与文物》1980年第2期。C. 刘庆柱：《秦都咸阳第三号宫殿建筑遗址壁画考释》，《人文杂志》1980年第6期。

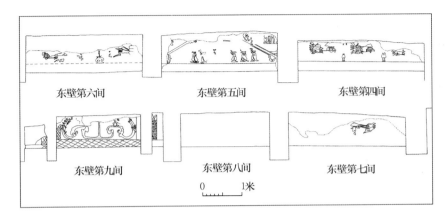

图 12—4 秦咸阳宫第三号宫殿长廊壁画摹本

1980—1990 年期间，考古工作者发掘了秦咸阳宫第二号宫殿建筑遗址、补充发掘了秦咸阳宫第三号宫殿建筑遗址、清理了残存的秦咸阳宫第四号宫殿建筑遗址。在上述宫殿建筑遗址群墙垣之外东、西两侧的咸阳原上，勘探发现了 26 座建筑遗址，它们分布在秦咸阳宫遗址西部的胡家沟 1 处、聂家沟 6 处，秦咸阳宫遗址东部的山家沟 6 处、柏家嘴 6 处。秦咸阳宫遗址北 8 公里的泾阳县蒋留乡余家堡 1 处（该遗址可能为望夷宫遗址）。此外，在姬家道、刘家沟、牛羊沟的北端和怡魏村、三义村各发现 1 处建筑遗址[1]。山家沟建筑遗址群中的姬家道以东、山家沟以西、刘家沟以北，有一组规模庞大的秦建筑遗址群，其范围东西 254 米、南北 246 米。其中一些建筑遗址或即秦始皇"每破诸侯，写放其宫室，作之咸阳北阪上"的"六国宫室"建筑遗址[2]。

在宫殿建筑遗址群东部的杨家湾一带，勘探了可能为秦"兰池"及"兰池宫"遗址[3]。

在宫殿区以西的聂家沟、胡家沟一带，发现了制陶（主要为砖瓦）、

---

① 陕西省考古研究所：《秦都咸阳考古报告》，科学出版社 2004 年版，第 13 页。

② 《史记》卷六《秦始皇本纪》。

③ 《史记》卷六《秦始皇本纪》：三十一年"始皇为微行咸阳，与武士四人俱，夜出逢盗兰池"。【集解】引《地理志》云：渭城县有兰池宫。【正义】引《括地志》云："兰池陂即古之兰池，在咸阳县界。【秦记】云'始皇都长安，引渭水为池，筑蓬、瀛，刻石为鲸，长二百丈'。"

冶铜、铸铁的官手工业作坊遗址；在长陵车站附近考古发掘和清理了手工业遗址，出土了一些重要秦文物，如诏版、铜人头等①。

秦咸阳城手工业分为中央、市府和民营三大系统，其产品各不相同，作坊分布地区也不一样。

考古发现中央官署管理的手工业遗址，主要有冶铸和制陶遗址，它们大多分布在宫殿遗址区西部，如其西侧聂家沟附近发现了冶铸金属器的各种陶范，生产砖瓦的陶窑等②；在胡家沟附近，发现了29座陶窑址，其东西成排、南北成行，排列有序、布局规整，占地近8000平方米。作坊遗址出土的遗物有砖、瓦、龙纹空心砖等（图12—5），砖瓦之上的戳印陶文有"古""周"等文字。从陶窑的布局、出土遗物的性质及陶文内容推测，这处手工业遗址应属于为宫廷供应砖瓦建筑材料的官办手工业作坊遗址③。根据秦咸阳宫第一、二、三号宫殿建筑遗址出土建筑材料的陶文统计，宫殿建筑用瓦的92%由中央官署主管的制陶机构提供，而少府负责的制陶机构所提供的宫殿建筑材料占整个中央官署制陶机构的90%，其中少府所属的左右司空又是负责生产砖瓦建筑材料的主要官署。

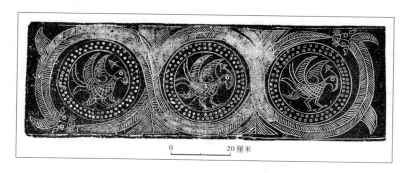

0   20厘米

图12—5　秦咸阳宫第三号宫殿遗址出土龙凤纹空心砖拓本

①　A. 陕西省考古研究所：《秦都咸阳考古报告》，科学出版社2004年版。B. 秦都咸阳考古工作站：《咸阳长陵车站一带考古调查》，《考古与文物》1985年第3期。C. 秦都咸阳考古工作站：《秦都咸阳古窑址调查与试掘简报》，《考古与文物》1986年第3期。
②　刘庆柱：《秦都咸阳几个问题的初探》，《文物》1976年第11期。
③　陈国英：《秦都咸阳考古工作三十年》，《考古与文物》1988年第5—6合期。

　　市府和民营手工业作坊基本集聚于一处，它们主要分布在秦咸阳城的西南部，即今长陵车站附近。手工业生产以民营手工业为主，市府手工业所占比例不大，当时市府的职能大概主要是管理市亭工商业，自身生产是其次要任务。在遗址区内发现了许多陶窑、水井遗迹等。水井三五成群地分布在手工业作坊遗址区内，大多应为手工业作坊生产用水，有的水井也可能是居民的生活水井。作坊遗址出土遗物主要有盆、鬲、瓮、罐、茧形壶等陶器，相当多的陶器之上有陶文戳印，印文绝大多数为四字的"咸里□□"（有的释为"咸□里□"）与六字的"咸亭□□□□"，陶文内容反映了陶器生产作坊的性质，它们应为民营或市府所辖作坊生产。社会生产的专业化分工是衡量社会生产力发展水平的重要方面，秦咸阳城制陶业生产的专业化分工，主要表现在陶业产品的专业化生产上。当时制陶业产品主要是砖瓦和陶器两类，砖瓦生产集中在中央官署负责的制陶作坊中，市府和民营制陶业中的砖瓦产量相对来说很少。从咸阳宫第一、二、三号宫殿建筑遗址出土的陶文砖瓦统计数字来看，市府制陶业产品仅占总数的4.4%，民营制陶业产品仅占总数的2.6%。考古资料反映出民营制陶业的产品主要是日用陶器和陶明器，也有少量砖瓦产品，民营制陶业的陶器占秦咸阳城遗址出土陶器的97%以上。就每个生产单位而言，中央官署、市府和民营制陶业中产品的专业化生产也是十分明显的。如在中央官署左、右司空的制陶业生产中，其砖瓦上的陶文就反映出产品的生产单位或生产者，同一种陶文见于两种产品之上的极少出现。有的陶文虽然陶文内容相同，但阴、阳文不一样，其产品种类也不同。如阳文的陶文"得"只见于筒瓦之上，而阴文的陶文"得"只见于板瓦之上。可见秦手工业的分工相当细密[①]。

　　秦孝公迁都咸阳，至秦王朝灭亡，其间一百多年间作为秦国和秦王朝都城，附近留下了大量秦人墓葬，其中有国王、贵族的陵墓，也有一般人的墓葬。

　　在秦咸阳城西北部和远郊东南部分布有帝王陵区，在秦咸阳城西部附近

---

① 刘庆柱、李毓芳：《秦都咸阳遗址陶文丛考》，《考古与文物丛刊》第二号·古文字论丛（一），1983年。

分布有一般墓葬区。1974—1984 年，在秦咸阳城遗址以西，今摆家寨至毛王村一带，勘察了多处秦墓葬区。对其间烟王村附近的秦墓葬区，先后进行了四次考古发掘，清理秦墓 128 座，出土各类器物 453 件①；1990 年在任家嘴秦墓地发掘了春秋时代至秦代墓葬 242 座②；1995 年在塔儿坡秦墓地清理战国时代至秦代的秦人墓 381 座，出土随葬器物 1374 件③。

根据文献记载，秦惠文王和秦悼武王葬于咸阳原上④，考古勘察也证实了上述记载。今传咸阳原上（周陵中学内）周文王陵、周武王陵及咸阳市汉成帝延陵东部的陪葬墓，可能就是秦惠文王、秦悼武王及其王后的陵墓⑤（图 12—6、图 12—7）。

悼武王以后，秦国诸秦王陵均置于秦咸阳城东南部的骊山西麓，形成秦"东陵"陵区。在陵区之内已勘探发现多座大型陵园和"亚"字形大墓。根据目前研究认为，它们包括了秦国国王和太子的陵墓⑥。秦东陵陵区位于西安市临潼区韩峪乡的郦山西麓，南至洪庆沟，北至武家沟。陵区面积 24 平方公里。已考古发现大型陵园四座⑦。

秦始皇葬郦山，广义讲也应属于东陵陵区。秦咸阳城的帝王陵墓分为两大陵区，这与都城本身的发展变化有着重要关系。惠文王和悼武王时，迁都咸阳不久，当时都城进行大规模宫室建设，重点在渭河北岸。这说明

① A. 秦都咸阳考古队：《咸阳黄家沟战国墓发掘简报》，《考古与文物》1982 年第 6 期。B. 陕西省考古研究所：《秦都咸阳考古报告》，科学出版社 2004 年版。

② 咸阳市文物考古研究所：《任家嘴秦墓》，科学出版社 2005 年版。

③ 咸阳市文物考古研究所：《塔儿坡秦墓》，三秦出版社 1998 年版。

④ 《史记》卷六《秦始皇本纪》："惠文王享国二十七年，葬公陵。""悼武王享国四年，葬永陵。"【正义】引《括地志》："秦惠文王陵在雍州咸阳县西北十四里。""秦悼武王陵在雍州咸阳县西北十五里。"【集解】引《皇览》："秦武王冢在扶风安陵县西北毕陌中大冢是也。人以为周文王冢，非也。"

⑤ A. 刘庆柱、李毓芳：《西汉十一陵》，陕西人民出版社 1987 年版，第 155 页。B. 刘卫鹏、岳起：《咸阳原上"秦陵"的发现和确认》，《文物》2008 年第 4 期。前者提出："今传周文王陵和周武王陵，其实是秦惠文王的夫妻合葬墓。"后者认为：今传周文王陵和周武王陵应为秦悼武王与其王后的墓葬，秦惠文王和王后的陵墓在汉成帝延陵东部的今传延陵陪葬墓。从目前公布的考古勘探资料，我认为这两处墓葬分别为秦惠文王和秦悼武王及其王后陵墓是没有问题的，但是两组陵墓具体各自属于哪个秦王及王后，还需要进一步的田野考古工作来究明。

⑥ 骊山学会：《秦东陵探查初议》，《考古与文物》1987 年第 4 期。

⑦ 陕西省考古研究所、临潼县文管会：《秦东陵第四号陵园勘查记》，《考古与文物》1990 年第 4 期。

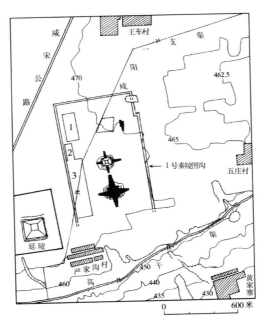

图 12—6　秦都咸阳秦王陵（秦惠文王公陵）陵园平面图

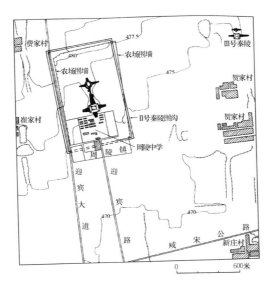

图 12—7　秦都咸阳秦王陵（秦悼武王永陵）陵园平面图

当时都城建设的重心在"渭北",因而那时的国王将其陵墓置于咸阳原上。从秦昭王开始,秦国统治者在都城建设中,大力向渭河以南扩展。秦国国君在陵区安排上也由"渭北"转移到渭河以南的秦芷阳,形成秦东陵。秦始皇在秦代都城建设规划上,是把帝陵与首都作为一体考虑的,因此《史记》卷六《秦始皇本纪》记载:秦始皇二十七年"作信宫渭南,已更名信宫为极庙,象天极。自极庙道通郦山,作甘泉前殿。筑甬道,自咸阳属之"。

秦咸阳城西郊的一般墓地均分布在其西部,自西向东依次为塔儿坡、任家嘴、黄家沟三处墓地。都城遗址附近一般平民墓地的研究,是探索都城市民社会历史的重要途径与内容。

塔儿坡墓地位于咸阳市渭城区渭阳乡李家村北部,该墓地的时代为战国时代晚期至秦代末年,与秦咸阳城的时代基本一致。墓葬的主人主要为外来人口,并非当地土著居民。墓主人的身份为秦咸阳城的一般平民[①]。

任家嘴墓地位于黄家沟墓地与塔儿坡墓地东西之间,该墓地墓葬时代最早为春秋时代中期,下限到汉代,其间基本无时代缺环。该墓地为秦人墓地,墓主人的身份应该是秦地的平民[②]。

黄家沟墓地是距秦咸阳城最近的一处墓地,时代从战国时代晚期至秦代,为一般平民墓地,墓主人可能为其附近的秦咸阳城手工业作坊区劳动者[③]。

(二)"渭南"宫庙遗址与上林苑遗址考古发现

根据文献记载,"渭南"有秦国的南宫(甘泉宫)、"章台"、"诸庙"、阿房宫前殿、上林苑等建筑[④]。秦国在"渭南"的建设应始于战国时代晚期。

20 世纪 90 年代后期以来,在西安市未央区六村堡乡相家巷秦遗址,

---

① 咸阳市文物考古研究所:《塔儿坡秦墓》,三秦出版社 1998 年版,第 229—231 页。

② 咸阳市文物考古研究所:《任家嘴秦墓》,科学出版社 2005 年版,第 289—291 页。

③ 陕西省考古研究所:《秦都咸阳考古报告》,科学出版社 2004 年版,第 575、580、664 页。

④ 《史记》卷六《秦始皇本纪》:"诸庙及章台、上林皆在渭南。"又载:"作信宫渭南,已更名信宫为极庙,象天极。"复载:"乃营作朝宫(即阿房宫)渭南上林苑中。"

出土了多枚与"北宫"、"南宫"相关的秦封泥①。《史记》卷六《秦始皇本纪》记载：秦王十年，"乃迎太后雍而入咸阳，复居甘泉宫"。《集解》徐广曰："表云，咸阳南宫也。"秦始皇统一全国以后，又在秦甘泉宫修建了"甘泉前殿"②。封泥之"南宫"即文献记载的秦"甘泉宫"。《初学记》引《关中记》载："桂宫一名甘泉宫。"秦甘泉宫故址应在汉长安城桂宫遗址附近，近年在桂宫遗址北部考古勘探发现，在西汉时代建筑遗址的地层堆积之下，叠压有秦的建筑堆积。

"章台"是战国时代晚期，秦国在"渭南"地区最重要的宫室建筑之一。其营建时间不晚于楚威王在位时间（公元前339—前329年）③。当时"章台"曾是作为秦国政治外交活动的重要场所，被关东诸国视为秦国政治的象征④。根据文献记载，推断"章台"遗址在汉长安城未央宫前殿遗址之上⑤。前殿遗址的考古试掘证明，在西汉时代前殿遗址之下，有战国时代晚期和秦代文化堆积，其中出土的砖、瓦、瓦当等遗物，与秦咸阳宫第一、二、三号建筑遗址出土的砖、瓦、瓦当等相同⑥。相家巷秦遗址出土有"章厩"、"章厩丞印"封泥⑦，"章厩"为"章台"之厩的省称。

秦咸阳城的"诸庙"在"渭南"，根据《史记》卷七十一《樗里子甘茂列传》记载："樗里子卒，葬于渭南章台之东。曰：'后百岁，是当有天子之宫夹我墓。'樗里子疾室在昭王庙西渭南阴乡樗里，故俗谓之樗里子。至汉兴，长乐宫在其东，未央宫在其西，武库正直其墓。"樗里子疾之墓在汉长安城武库遗址之下，武库遗址已经考古发掘，位于西安市未央

---

① 中国社会科学院考古研究所汉长安城工作队：《西安相家巷遗址秦封泥的发掘》，《考古学报》2000年第4期。

② 《史记》卷六《秦始皇本纪》：秦始皇二十七年"作甘泉前殿"。

③ 《史记》卷六十九《苏秦列传》：苏秦游说楚威王，"今乃欲西面而事秦，则诸侯莫不西面而朝于章台之下矣"。

④ A.《史记》卷四十《楚世家》："楚王至，则闭武关，遂与西至咸阳，朝章台，如蕃臣，不与亢礼。"B.《史记》卷六十九《苏秦列传》：苏秦游说楚威王，"今乃欲西面而事秦，则诸侯莫不西面而朝于章台之下矣"。C.《史记》卷八十一《廉颇蔺相如列传》："秦王坐章台见相如。"

⑤ 刘庆柱、李毓芳：《秦都咸阳"渭南"宫台庙苑考》，《秦汉论集》，陕西人民出版社1992年版。

⑥ 中国社会科学院考古研究所：《汉长安城未央宫——1980—1989年考古发掘报告》，中国大百科全书出版社1996年版，第248页。

⑦ 中国社会科学院考古研究所汉长安城工作队：《西安相家巷遗址秦封泥的发掘》，《考古学报》2000年第4期。

区未央宫街道办事处大刘寨村东部①。当时人们的墓地与居室一般距离不远，樗里子疾的居室当在武库遗址附近，昭王庙应西邻樗里子疾的居室，即在今汉长安城遗址东部或汉长乐宫遗址附近②。也有学者提出，西安西北郊闫家村古代建筑遗址属于秦咸阳城的"渭南"之"诸庙"遗址③。

西汉时代的都城官社和官稷遗址在长安城西南部，其东邻宗庙遗址。官社位北，官稷居南（偏西）。从考古发掘资料分析，该建筑遗址始建于秦，汉初改建。这与历史文献记载是一致的④。该遗址北对汉未央宫前殿，即秦章台故址，再北与渭北的秦咸阳宫南北相对⑤。

秦咸阳城建设随着秦王朝统一全国，都城加快了向"渭南"地区的发展。到了秦代晚期，秦始皇认为秦咸阳城"人多"而"宫廷小"，决定在"帝王之都"的西周都城丰镐一带，兴建新的宫廷，于是"乃营作朝宫渭南上林苑中。先作前殿阿房……阿房宫未成；成，欲更择令名名之。作宫阿房，故天下谓之阿房宫"⑥。阿房宫前殿遗址在西安市西郊三桥镇聚赵村与古城村一带，通过考古勘探、试掘，阿房宫前殿遗址已经基本究明，遗址现存夯土建筑基址东西 1270 米、南北 426 米，基址夯土高出今地面最高处 12 米⑦（图 12—8）。遗址现存地形呈南高北低。在阿房宫前殿遗址北边，勘探、发掘了"北墙"遗迹，墙顶覆瓦遗存已清理。前殿遗址南边未发现与墙有关的遗存。阿房宫前殿遗址的东西两侧，已被现代村庄覆盖，据当地群众回忆，几十年前那里还有略高于地面的墙基遗存，其附近还有古代瓦片堆积，这些遗迹有可能就是阿房宫

---

① 中国社会科学院考古研究所：《汉长安城武库》，文物出版社 2005 年版。

② 刘庆柱、李毓芳：《秦都咸阳"渭南"宫台庙苑考》，《秦汉论集》，陕西人民出版社 1992 年版。

③ A. 聂新民：《秦始皇信宫考》，《秦陵秦俑研究动态》1991 年第 2 期。B. 王学理：《咸阳帝都记》，三秦出版社 1999 年版。

④ A.《史记》卷八十七《李斯列传》记载：秦"立社稷、修宗庙以明主之贤"。B.《汉书》卷一（上）《高帝纪》（上）又载：汉王二年（公元前 205 年）"二月癸未，令民除秦社稷，立汉社稷"。C.《汉书》卷二十五《郊祀志》："汉兴礼仪稍定，已有官社未立官稷"。D.《汉书》卷十二《平帝纪》：元始三年（公元 3 年）王莽奏"立官稷"。E.《汉书》卷二十五《郊祀志》："遂于官社后立官稷"。

⑤ 中国社会科学院考古研究所：《西汉礼制建筑遗址》，文物出版社 2003 年版，第 224 页。

⑥《史记》卷六《秦始皇本纪》。

⑦ 中国社会科学院考古研究所、西安市文物保护考古所阿房宫考古工作队：《阿房宫前殿遗址的考古勘探与发掘》，《考古学报》2005 年第 2 期。

前殿遗址的东墙和西墙遗存。上述考古发现也佐证了文献关于阿房宫东、西、北三面有墙而南面无墙的记载①。近年秦阿房宫前殿遗址考古发掘的地层堆积揭示，在前殿遗址之上未发现秦代的砖瓦等建筑遗址的遗存，更未发现与火烧阿房宫遗址相关的遗存，这是因为当时阿房宫前殿地面以上的墙体和屋顶工程并未进行，也就是说秦末这里无殿可烧，长期以来所说的"火烧阿房宫"实际上是不存在的。《史记》卷六《秦始皇本纪》记载：阿房宫前殿"东西五百步，南北五十丈，上可以坐万人，下可以建五丈旗。周驰为阁道，自殿下直抵南山。表南山之颠以为

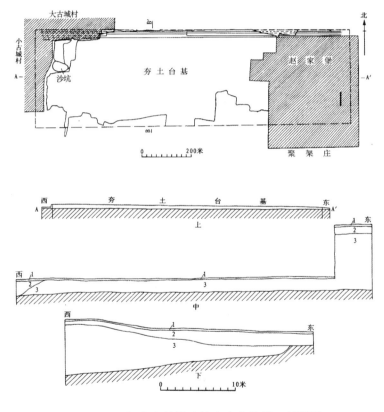

图 12—8　阿房宫前殿遗址夯土台基平、剖面图

<hr />

①　宋敏求《长安志》载："秦阿房一名阿城。在长安县西二十里。西、北、东三面有墙，南面无墙。"

阙。为复道,自阿房渡渭,属之咸阳,以象天极阁道绝汉抵营室也"。
这实际上是当时的规划。新的考古发现揭示的阿房宫前殿遗址情况,
是与文献记载阿房宫的工程进展是一致的①。

秦国在咸阳城附近营建了上林苑②,阿房宫前殿就建于上林苑之
中。在对阿房宫前殿遗址开展考古勘察中,考古工作者对过去被学
术界认为属于秦阿房宫的"秦始皇上天台"遗址、"磁石门遗址"、
"烽火台遗址"等,进行了大规模的考古调查、勘探和试掘,考古发
现的砖、瓦、瓦当等建筑材料遗物,其时代上限为战国时代晚期,
下限在西汉时代③。

（三）关于秦咸阳城遗址考古研究的再思考

1. 关于秦咸阳城的地望及有无外郭城问题

关于秦咸阳城地望及城址保存现状,目前学术界意见不一。一说
"由于渭河的冲刷,咸阳古城遗址已很难究寻"④,或谓"咸阳南靠渭
水,因为渭水不断北移,故城遗址受到冲决,目前已看不到城址踪
迹"⑤。另一说认为,秦咸阳城的宫城建于其南部,已被渭水冲没,现
在仅存作坊区和居民区⑥。还有一说,认为秦都咸阳只有宫城,而无

---

① 《史记》卷六《秦始皇本纪》载:秦始皇三十五年"先作前殿阿房……阿房宫未成;
成,欲更择令名名之。作宫阿房,故天下谓之阿房宫。"秦始皇三十七年七月"崩于沙丘平台"。
阿房宫建设工程停止,"罢其作者,覆土郦山"。因此,秦二世元年四月"复作阿房宫"。仅仅三
个月后秦末农民大起义爆发,当时阿房宫工程正在进行之中,朝廷丞相、将军等提出"请止阿
房宫作者",也就是说这时阿房宫还在建设中。《汉书》卷二十七《五行志》载:秦二世"复起
阿房,未成而亡"。

② 《史记》卷六《秦始皇本纪》:"诸庙及章台、上林皆在渭南。"

③ A. 中国社会科学院考古研究所、西安市文物保护考古所阿房宫考古队:《西安市上林苑
遗址一号、二号建筑发掘简报》,《考古》2006年第2期。B. 中国社会科学院考古研究所、西安
市文物保护考古所阿房宫考古队:《西安市上林苑遗址三号、五号建筑发掘简报》,《考古》
2007年第3期。C. 中国社会科学院考古研究所、西安市文物保护考古所阿房宫考古队:《西安
市上林苑遗址六号建筑的勘探和试掘》,《考古》2007年第11期。D. 中国社会科学院考古研究
所、西安市文物保护考古所阿房宫考古队:《上林苑四号建筑遗址的勘探和发掘》,《考古学报》
2007年第3期。

④ 武伯纶:《西安历史述略》,陕西人民出版社1979年版,第88页。

⑤ 杨宽:《中国古代都城制度史研究》,上海古籍出版社1993年版,第101页。

⑥ 王丕忠:《秦咸阳宫位置推测及其他问题》,《中国史研究》1982年第4期。

郭城①。第四种观点认为，秦咸阳城既有宫城，又有外郭城②。

秦咸阳城遗址的考古工作已开展四十多年，虽然郭城城墙还未发现，但是已经发现了大量宫殿建筑基址、手工业作坊遗址、居址和墓地③，结合历史文献记载与两千年来渭水北移的变化④，可以推断出秦咸阳城遗址的大体范围：1976 年我曾经在文章中提出秦咸阳城遗址约西起长陵车站附近，东至柏家嘴村，北由成国渠故道，南到西安市草滩农场附近，城址东西约 7200 米、南北约 6700 米⑤。

关于秦咸阳城遗址由于渭河两千年来河道北移，致使咸阳故城遗址受到冲决，已经看不到城址痕迹的说法，已被多年来秦咸阳城遗址田野考古发现资料所否定，渭河北移只是冲掉秦咸阳城遗址南部的一部分，其北部宫殿遗址区、西南部手工业作坊遗址区、西部墓葬区仍然存在。

有的学者认定秦咸阳城的宫殿区应该在都城南部，而秦咸阳城遗址的南部已经被北移的渭河冲掉，进而又将咸阳原上考古发掘的秦咸阳宫宫殿建筑遗址判定为秦始皇所营建的"宫观二百七十"等离宫别馆⑥。这是与秦咸阳城遗址的考古发现资料相抵牾的，从地望、时代及文化内涵等多方面来看，这种说法也都是难以成立的。

秦国与秦王朝的都城——咸阳城为"有宫无城"之说，是目前在秦咸阳城布局形制研究中的另一种说法。持秦咸阳城无"郭城"之说者，"其根据一是考古工作者迄今未发现有外郭城遗迹；二是秦都咸阳从秦孝公开始建设起，一直在扩大中，因此不可能用外郭城来限制"⑦。关于

---

① A. 王学理：《秦都咸阳》，陕西人民出版社 1985 年版。B. 徐为民：《秦都城研究》，陕西人民教育出版社 2000 年版，第 69 页。

② 刘庆柱：《秦都咸阳几个问题的初探》，《文物》1976 年第 11 期。

③ 陕西省考古研究所：《秦都咸阳考古报告》，科学出版社 2004 年版，第 709、713 页。

④ 关于渭水北移的情况，《汉书》卷四《文帝纪》苏林注：渭桥"在长安北三里"。考古勘探发现汉长安城横门遗址之外发现南北 1250 米道路遗迹，再北则为渭河故道。

⑤ 刘庆柱：《论秦咸阳城布局形制及其相关问题》，《古代都城与帝陵考古学研究》，科学出版社 2000 年版，第 71 页。

⑥ 王丕忠：《秦咸阳宫位置推测及其他问题》，《中国史研究》1982 年第 4 期。

⑦ 徐卫民：《秦都咸阳的几个问题》，《陕西历史博物馆馆刊》第 6 辑，陕西人民教育出版社 1999 年版。

秦咸阳城的城郭，《史记》中已经明确提到①。有的学者又认为，秦咸阳城遗址已经开展田野考古工作多年，至今还没有发现城郭的城墙遗迹，这应该说明城郭的不存在。我认为，像秦咸阳城遗址这样的面积达数十平方公里的"大遗址"，我们尽管已经进行了大量考古工作，但是相对遗址客体而言，我们所了解的还是很少很少的，未知数对于我们来说还是很多很多的。我们不应该因为现在没有发现，就认定它不存在。这方面我们有过不少教训，如夏代都城的河南偃师二里头遗址，长期以来一直认为没有城墙（包括宫城与郭城），而且将其视为一种规律，即早期都城可以没有城墙，只要有宫殿建筑遗址就可以了。但是新世纪之初，考古工作者发现了二里头遗址的宫城城墙，彻底改变了以前的看法②。其实对于古代都城而言，城郭不是有无问题，都城的城郭是其标志性的建筑，这是古代"礼制"所限定的③。《周礼·考工记》就明确规定都城即其他城的城郭制度，而且将其分成若干等级，其他先秦文献中也不乏这方面的记载④。古代都城考古发现证实，现在已知的古代都城均有城墙（郭城或大城及内城、小城或宫城等）。在中国古代都城发展史上甚至也有这样的例子：如东晋、南朝的都城建康城由外郭城、"都城"、宫城组成，但是其早期的外郭城没有城垣，而是以"藩篱"为外郭城城垣，以"篱门"为外郭城城门⑤。但是我们应该注意到，秦咸阳城的发展是阶段性的，既是秦国王室或秦帝国皇室在"渭南"地区修建"上林

---

①　A.《史记》卷七十三《白起王翦列传》载："秦王乃使人遣白起，不得留咸阳城中。武安君既行，出咸阳西门十里，至杜邮。"B.《史记》卷一二六《滑稽列传》载："二世立，又欲漆其城，优旃曰：'善。主上虽无言，臣固将请之。漆城虽于百姓愁费，然佳哉！漆城荡荡，寇来不能上，即欲就之，易为漆耳，顾难为荫室。'"上述文献记载说明秦都咸阳的秦咸阳城之存在。

②　中国社会科学院考古研究所二里头工作队：《河南偃师市二里头遗址宫城及宫殿区外围道路的勘查与发掘》，《考古》2004 年第 11 期。

③　A. 刘庆柱：《汉长安城的考古发现及相关问题研究——纪念汉长安城考古工作四十年》，《考古》1996 年第 10 期。B. 刘庆柱：《中国古代都城考古学研究的几个问题》，《考古》2000 年第 7 期。C. 刘庆柱：《中国古代都城考古学史述论》，《考古学集刊》第 16 集，科学出版社 2006 年版，第 53—54 页。

④　《孟子·公孙丑篇》："三里之城，七里之廓。"《战国策·齐策》："以五里之城，七里之郭，破亡余卒，破万乘之燕，复齐墟，攻狄而不下，何也？"

⑤　《太平御览》卷一百九十七"藩篱"条引《南朝宫苑记》；《景定建康志》卷二十"古篱门"条。

苑"及离宫别馆"兴乐宫"、"章台"及"诸庙"、"信宫"（"极庙"）等，也是作为秦咸阳城"之外"的建筑，而不是秦咸阳城中的建筑。还有一种说法，秦咸阳城根本没有城郭（大城）是因为都城位于关中地区，不存在"安全"问题①。其实古代每座都城在选址时，也都将首都置于安全地方，而那些古代都城均设置了外郭城，何以秦咸阳城就成为例外了呢？

综上所述，我认为秦咸阳城应有外郭城，只是目前我们在考古工作中还没有发现，这个问题的解决，需要我们在今后田野考古中的进一步努力。

2. 关于秦咸阳宫第一号宫殿建筑遗址性质问题

关于秦咸阳宫第一号宫殿建筑遗址的性质说法较多，有"冀阙"或宫门门阙说②、"咸阳之旁宫观二百七十"说③、"祭祀社稷场所"之说④、咸阳宫宫殿说等⑤。

《史记》卷五《秦本纪》载：秦孝公"作为咸阳，筑冀阙，秦徙都之"。"冀阙"就是秦咸阳宫的宫门门阙。将秦咸阳宫第一号宫殿建筑遗址认定为文献记载上的"冀阙"故址，显然与文献记载的"冀阙"真实含义不一致，也与考古发现的古代门阙制度不符合。崔豹《古今注》记载："阙，观也，于前所以表宫门也。"《水经注·谷水》引《白虎通》云："阙者，所以释门，别尊卑也。"显然，"阙"是"表宫门"的。目前考古发现的东周和秦代的阙有：东周的曲阜鲁国都城南城门门道之外东西两侧对称分布的二阙⑥，秦始皇陵陵园东西内外城城门之间，各发现一组

---

① 徐卫民：《秦都咸阳的几个问题》，《陕西历史博物馆馆刊》第6辑，陕西人民教育出版社1999年版。

② A. 王学理：《秦都咸阳》，陕西人民出版社1985年版。B. 王学理等：《秦都咸阳发掘报道的若干补正意见》，《文物》1979年第2期。

③ 王丕忠：《秦咸阳宫位置推测及其他问题》，《中国史研究》1982年第4期。

④ 瑞宝：《秦咸阳宫一号建筑遗址分析》，《文物考古论集——咸阳市文物考古研究所成立十周年纪念》，三秦出版社2000年版。

⑤ 刘庆柱：《论秦咸阳城布局形制及其相关问题研究》，《古代都城与帝陵考古学研究》，科学出版社2000年版。

⑥ 山东省文物考古研究所等：《曲阜鲁国故城》，齐鲁书社1982年版，第9—10页。

门阙遗址①。显然，这些门阙遗址的形制与秦咸阳宫第一号宫殿建筑遗址完全不同，后者的平面布局形制与相关建筑关系说明，它们根本与"门阙"无关，不是《史记》上所说的"冀阙"。

对于有人认为咸阳宫的宫殿建筑于渭河之滨②，正如有的学者所指出的，这是作者将清代夯土墙认定为秦代夯筑城墙所致③。至于将咸阳原上的秦咸阳宫第一号宫殿建筑遗址，说成是秦始皇修建的"咸阳之旁宫观二百七十"，更是与田野考古发掘资料所反映的建筑遗址平面形制与碳十四测年数据均相违背，也与文献记载的"因北陵营殿"④ 相左。

秦咸阳宫第一号宫殿建筑遗址是不是秦皇室的祭祀性建筑——"社"或与"辟雍"相近的建筑遗址，只要把秦咸阳宫第一号宫殿建筑遗址与已经发掘的汉长安城南郊礼制建筑遗址中的"官社"遗址（即考古发掘报告中的第十三号建筑遗址，为西汉初年利用秦代社稷遗址修建的）、"辟雍"遗址布局结构进行对比，就可以一目了然，显然它们三者之间实在相去较远⑤。

我认为，从秦咸阳宫第一号宫殿建筑遗址的遗迹分析，它应属于战国秦汉时期流行的高台宫殿建筑，位于宫城之中，与其他同时代宫殿建筑彼此相连，其布局形制说明该建筑可能为宫室一类建筑，但并非大朝正殿。

3. 秦咸阳城的"北宫"与"南宫"问题

在秦咸阳城"渭南"地区的今西安市未央区六村堡镇相家巷一带的战国时代和秦代遗址中，近年出土了一些与秦"北宫""南宫"有关的秦封泥⑥。与"北宫"有关的秦封泥有"北宫""北宫弋丞""北宫工丞""北宫私丞""北宫宦丞""北宫榦丞"等，其中"北宫弋丞"的"弋"为"左弋"或"佐弋"省文，"北宫工丞"的"工"为"工室"或"工官"

① 陕西省考古研究所等：《秦始皇陵园考古报告·2000》，文物出版社 2006 年版。

② 王丕忠：《秦咸阳宫位置推测及其他问题》，《中国史研究》1982 年第 4 期。

③ 孙德润：《秦咸阳故城形制》，《文物考古论集——咸阳市文物考古研究所成立十周年纪念》，三秦出版社 2000 年版。

④ 《三辅黄图》卷一《咸阳故城》。

⑤ 中国社会科学院考古研究所：《西汉礼制建筑遗址》，文物出版社 2003 年版。

⑥ A. 中国社会科学院考古研究所汉长安城工作队：《西安相家巷遗址秦封泥的发掘》，《考古学报》2001 年第 4 期。B. 周晓陆、路东之：《秦封泥集》，三秦出版社 2000 年版。

省文，"北宫私丞"的"私"为"私府"或"私官"省文，"北宫宦丞"的"宦"为"宦者"省文，"北宫斡丞"的"斡"为"斡官"省文。"左弋"、"工室"、"宦者"、"斡官"均为少府属官，"私官"、"私府"为皇后（或王后）之官署。少府、王后（或皇后）官署当在皇宫或王宫之中，秦封泥之"北宫"当为秦咸阳城之王宫或皇宫，亦即秦咸阳宫。秦咸阳宫是都城的宫城，为大朝正殿所在，属于秦咸阳城的政治中枢。与"南宫"有关的秦封泥有"南宫郎丞"。

《史记》卷八《高祖本纪》【正义】引《舆地志》："秦地已有南、北宫。"这里的"秦地"为秦"洛阳"。西安市未央区三桥镇相家巷新出土的秦封泥说明，秦都咸阳亦置南宫与北宫，"南宫"与"北宫"是就其相对方位而言的。

秦都咸阳的"北宫"和"南宫"位置，目前学术界认识还不一致。一说秦北宫在"渭南"，又一说秦北宫在"渭北"。"渭南"说者认为，秦封泥出土地的相家巷遗址"恰在汉城遗址北宫——在秦亦应当是北宫的北墙外"①。汉长安城北宫遗址已经考古勘探究明，位于直城门大街以北、雍门大街以南，厨城门大街以东、安门大街以西②，即今周家堡、曹家堡一带，这里与秦封泥出土地相家巷东西相距约 1250 米。北宫得名因其在汉长安城未央宫、长乐宫北部，为汉高祖时期所建③。现在没有材料可以说明汉北宫是继承秦北宫之名，将秦封泥出土地说成秦北宫是值得商榷的。我认为相家巷遗址秦封泥出土地当为秦"南宫"故址所在。

文献记载，秦咸阳城在"渭南"有甘泉宫，徐广又称此宫为"南宫"④。甘泉宫是一座非常重要的宫殿，因此秦王政上台后，安排太后居住

① 周晓陆、路东之：《秦封泥集》，三秦出版社版 2000 年版。
② 中国社会科学院考古研究所汉城工作队：《汉长安城北宫的勘探及其南面砖瓦窑的发掘》，《考古》1996 年第 10 期。
③ 《三辅黄图》卷二《汉宫》："北宫，在长安城中，近桂宫，俱在未央宫北。周回十里。高帝时制度草创，孝武增修之。"
④ 《史记》卷六《秦始皇本纪》："秦王乃迎太后于雍而入咸阳，复居甘泉宫。"【集解】徐广曰："表云咸阳南宫也。"

此宫。秦始皇统一中国后又在"渭南"修筑了"甘泉前殿"①，"甘泉前殿"应为甘泉宫中的正殿。甘泉宫应为秦封泥上的"南宫"。《初学记》卷三引《关中记》云："桂宫一名甘泉"②。相家巷的秦封泥出土遗址就邻近桂宫北部，在西汉时代这里地近渭河南岸，其北与咸阳原上的秦咸阳宫南北相对。因此，推断秦封泥中的"南宫"即徐广注释《史记》卷六《秦始皇本纪》中"甘泉宫"的"咸阳南宫"，而这里的"甘泉宫"故地即成为《关中记》所载的西汉时代之"桂宫"。

秦北宫渭北说的根据，是"北宫"相对"南宫"而言的，"北宫"应在"南宫"以北，秦南宫在当时的渭河南岸，北宫在南宫之北，应该在渭河北岸。如前所述，北宫即秦咸阳宫，从出土涉及北宫的大量封泥内容，也可说明北宫应为秦咸阳城的王宫或皇宫。北宫在秦咸阳城中北部的咸阳原上。

4. 秦咸阳城的宫庙分布对中国古代都城布局形制影响

先秦都城的宗庙一般在宫室区或宫城之中。如夏代都城河南偃师二里头遗址发掘的两座大型夯土建筑基址，编号为 F1 和 F2，东西相距 150 米，二者建筑形制、规模相近，它们均在"宫城"之中③。一般认为，二者的功能不同，它们可能分别为宫殿与宗庙之类建筑④。

偃师商城宫城之中发掘了多座大型夯土建筑基址，宫城东部由独立的院落组成，如四号宫殿、六号（五号）宫殿，每座院落北部均为一大型殿堂建筑基址。宫城西部为一座大型院落，其中由南北排列的几座大型殿堂组成，如三号（七号）、九号（二号）、八号宫殿。宫城之中东、西两部分的建筑布局不同，反映了其使用功能的区别。推测西部为宫殿建筑，东

① 《史记》卷六《秦始皇本纪》：秦始皇二十七年"作信宫渭南，已更命信宫为极庙，象天极。自极庙道通郦山，作甘泉前殿。"

② 刘庆柱：《三秦记辑注·关中记辑注》，三秦出版社 2006 年版。

③ 中国社会科学院考古研究所：《偃师二里头遗址 1959—1978 年考古发掘报告》，中国大百科全书出版社 1999 年版；中国社会科学院考古研究所二里头工作队：《河南偃师市二里头遗址宫城及宫殿区外围道路的勘察与发掘》，《考古》2004 年第 11 期。

④ A. 刘庆柱：《中国古代都城宫庙遗址的考古发现与研究》，本文是作者于 2004 年 10 月 25 日在韩国召开的"古代都市和王权"国际学术研讨会上的讲演稿，后收入中国社会科学院考古研究所编《二十一世纪的中国考古学——庆祝佟柱臣先生八十五华诞学术文集》，文物出版社 2006 年版。B. 杜金鹏：《偃师二里头遗址四号宫殿基址研究》，《文物》2005 年第 6 期。

部为宗庙建筑①。

　　殷墟遗址 20 世纪 30 年代对其宫室区进行了大规模考古发掘，从已获得的考古资料来看，作为宫殿区与宗庙、社稷建筑区在相邻的甲、乙、丙三区②。春秋时代中晚期的马家庄宫室建筑群遗址位于秦国都城雍城宫室区中，它们包括了宗庙与宫殿建筑遗址。凤翔马家庄第一号建筑遗址为王室宗庙建筑，凤翔马家庄第三号建筑遗址为王室朝寝建筑。作为宗庙遗址的凤翔马家庄第一号建筑遗址居东，属于朝寝宫殿建筑遗址的凤翔马家庄雍城第三号建筑遗址位西，二者东西并列，相距约 500 米③。秦孝公迁都咸阳以后，宗庙开始在咸阳城南部的渭河南岸营建④，这在中国古代都城发展史上是个重要转折，它不只是宗庙位置的变化，因为宗庙作为"血缘政治"的象征，其更深层次的意义还在于，这种特定建筑物——宗庙在都城的位置变化，说明了"血缘政治"在国家政治生活中的地位改变。在秦咸阳城中，秦国统治者一改过去宗庙与宫殿"平起平坐"的局面，大朝正殿居于宫室区的中心地位，宗庙不但位居次要地位，而且离开了宫城或宫殿区，被安排在咸阳城之外的"渭南"地区。宗庙在都城之中位置的变化，成为秦咸阳城的重要特征之一，充分反映了中央集权封建帝国的国家政治特点，对秦代以后都城布局形制影响甚为深远。

　　5. 秦咸阳城的兰池、上林苑对中国古代都城池苑建设影响

　　秦都咸阳"兰池"与"上林苑"的修建，对中国古代都城产生了重大、深远的影响。

　　"兰池"作为都城的池苑，营建于秦咸阳城东部。《史记》卷六《秦始皇本纪》【正义】引【括地志】云："兰池陂即古之兰池，在咸阳县界。【秦记】云：'始皇都长安，引渭水为池，筑为蓬、瀛，刻石为鲸，长二

①　A. 杜金鹏等：《偃师商城考古新成果与夏商年代学研究》，《光明日报》1998 年 5 月 15 日。B. 刘庆柱：《中国古代都城宫庙遗址的考古发现与研究》，本文是作者于 2004 年 10 月 25 日在韩国召开的"古代都市和王权"国际学术研讨会上的讲演稿，后收入中国社会科学院考古研究所编《二十一世纪的中国考古学——庆祝佟柱臣先生八十五华诞学术文集》，文物出版社 2006 年版。
②　中国社会科学院考古研究所：《殷墟的发现与研究》，科学出版社 1995 年版。
③　A. 陕西雍城考古队：《秦都雍城勘查试掘简报》，《考古与文物》1985 年第 2 期。B. 陕西雍城考古队：《凤翔马家庄一号建筑群遗址发掘简报》，《文物》1985 年第 2 期。
④　《史记》卷六《秦始皇本纪》："诸庙及章台、上林皆在渭南。"

百丈。'"营建兰池与秦始皇二十八年"东行郡县"有着密切关系，文献记载："徐市等上书，言海中有三神山，名曰蓬莱、方丈、瀛洲，仙人居之。请得斋戒，与童男女求之。于是遣徐市发童男女数千人，入海求仙人"①。都城咸阳"兰池"的修建反映出秦始皇要把"海"和"海中三神山"蓬莱、方丈、瀛洲同时置于都城之中。都城的这种设计思想，对秦代以后历代产生了深远影响，如汉代建章宫②、唐代大明宫③、元大都皇城之中均置池苑——"太液池"④（或称"蓬莱池"），池中置"神山"或"仙台"等，它们均应与秦咸阳城的"兰池"有着密切关系。

中国古代历代都城的"上林苑"均不在城中，秦上林苑在"渭南"，从另一个侧面也说明，上林苑所在地的"渭南"应属于秦咸阳城之外。将"渭南"的秦建筑说成属于秦咸阳城中的建筑，进而将"渭南"说成秦咸阳城一部分，这是不准确的。

文献记载中国古代都城附近设置苑囿时代很早，但就考古发现来看，秦咸阳城的上林苑是目前所了解的时代最早的都城专门性苑囿。河南偃师商城宫城北部发现的水池遗址，还不应该是我们通常所理解的都城专门性苑囿，只是宫城中的一部分。上林苑又称"禁苑"，秦封泥有"禁苑右监"，《文选·西京赋》："上林禁苑，跨谷弥阜。"秦禁苑还包括秦都咸阳附近的国家苑囿，如"杜南苑"（或为"杜南宜春苑"）、"东苑"等。"上林苑"和"禁苑"制度一直沿袭到中古时代，就是这一名称亦为后代所继承。如汉长安城的上林苑始承秦制，汉武帝时期继续沿用并进行了大

---

①　《史记》卷六《秦始皇本纪》。

②　A.《史记》卷十二《孝武本纪》：建章宫"其北治大池，渐台高二十余丈，名曰泰液池，中有蓬莱、方丈、瀛洲、壶梁，象海中神山龟鱼之属"。B.《长安志》卷三引《关中记》云："建章宫北有池，以象海北刻石为鲸鱼，长三丈。"（见刘庆柱《三秦记辑注·关中记辑注》之《关中记辑注》，三秦出版社 2006 年版，第 51 页。）

③　徐松《唐两京城坊考》卷一【大明宫】条载："紫宸之后曰蓬莱殿。西清晖阁，其北太液池，池有亭。【通鉴】注：池中有蓬莱山，亦谓之蓬莱池。"《类编长安志》卷之三太液池条载：【宫殿仪】曰：太液池"在大明宫含凉殿，周十数顷。池中有蓬莱山"。

④　元大都太液池中有琼华岛、圆坻和犀山台，这还是秦汉以来的大海、神山思想。顾炎武：《历代宅京记》卷十九幽州·辽金元，中华书局 1984 年版，第 261、267 页。

规模扩建①。东汉都城洛阳城亦置上林苑，为其皇家苑囿②。南朝刘宋孝武帝大明三年（459 年），在玄武湖北部建上林苑③。隋唐洛阳城的皇家"会通苑"、东都苑亦称"上林苑"④。

（中国社会科学院考古研究所、中国社会科学院历史研究所、湖南省文物考古研究所编：《里耶古城·秦简与秦文化研究：中国里耶古城·秦简与秦文化国际学术研讨会论文集》，科学出版社 2009 年版）

---

① 《汉书》卷五十六《东方朔传》。
② 《后汉书》卷四《孝和帝纪》。
③ 《景定建康志》卷二十二园苑条。
④ 《唐两京城坊考》卷五东京神都苑条："唐之东都苑，隋之会通苑也。又曰上林苑。"

观念中的历史与历史的真实

——阿房宫遗址考古发现的再思考

　　阿房宫是中国古代历史上第一个统一的、中央集权帝国皇帝——秦始皇修建的，阿房宫是中国古代规模最庞大、影响最深远、名声最显赫的宫殿建筑。阿房宫在中国建筑史上具有十分重要的地位，阿房宫前殿的规模是目前所知的中国乃至世界古代历史上最宏大的夯土建筑，迄今大部分保护完好，是全人类共同的文化遗产。

　　阿房宫遗址位于陕西省西安市未央区赵家堡、聚家庄一带，东距西安市中心 13 公里，属于西安市的城乡结合部。1954 年，在大规模经济建设初期，国家和省、市各级政府就将遗址的保护纳入西安市城市发展的总体规划中，遗址区及其附近地区没有安排基建项目。1956 年秦阿房宫遗址被列为"陕西省名胜古迹"，1961 年又被国务院公布为第一批全国重点文物保护单位。

　　经历了两千多年的自然剥蚀和人为损害，现暴露地表之上的阿房宫遗址范围，东西 1110 米、南北 400 米，夯土最高处 7—9 米。近年来随着城市现代化、农村城镇化进程的加快，作为西安市近郊的阿房宫遗址文物保护工作，面临着巨大的挑战，农民拆平房建楼房，人口的增加、宅基地的扩大，土葬形成的大面积墓地，农村乡镇企业大量占用土地等等，这些活动已给阿房宫遗址造成重大损害，使遗址的保护形势日益严峻，引起中央领导、国家文物局的重视和社会的广泛关注。为了使这一珍贵的人类历史文化遗产得到切实有效的保护，为了给遗址的保护工作提供详尽、科学的依据，根据国家有关部门意见，中国社会科学院考古研究所和西安市文物保护考古所于 2002 年 10 月组建了阿房宫考古工作队。自 2002 年 10 月——

2004 年 12 月，考古队在阿房宫前殿遗址进行了密集考古勘探和重点考古试掘或发掘。考古勘探面积达 35 万多平方米，试掘及发掘面积 3000 平方米。现在已基本究明了阿房宫前殿遗址范围及布局结构和保存状况。

根据勘探和试掘的资料，阿房宫前殿遗址夯土台基东西长 1270 米、南北宽 426 米、现存最大高度（从台基北部边缘秦代地面算起）12 米。夯层厚 5—15 厘米，夯窝径 5—8 厘米。

在阿房宫前殿遗址夯土台基北部边缘，勘探发现了夯土墙，不同部位的墙体宽度不一，墙宽 6.5 米与 15 米两种，墙基现存高 2.3 米。这是阿房宫前殿的北墙，墙侧有大量建筑倒塌堆积，以板瓦、筒瓦残片为主。这些瓦为秦代建筑遗址中所常见，它们应为墙垣顶部的覆瓦遗存。阿房宫前殿遗址的东西边缘被现代村庄覆盖，但据当地群众反映，以前曾经分别有南北向的土梁，高约 1 米，土梁旁有古代的碎瓦片。在阿房宫前殿遗址南边缘考古勘探未发现夯土墙遗迹。推测上述当地群众所说的阿房宫前殿遗址东西边缘的两道南北向土梁，可能为阿房宫前殿的东墙与西墙遗迹，那些土梁附近的瓦片应为墙垣顶部的覆瓦遗存。如果这一推测无误的话，它与古代相关文献的记载也是一致的。《汉书》卷六十五《东方朔传》记载中有"阿城"之说，颜师古认为"阿城，本秦阿房宫"。《长安志》记载："秦阿房一名阿城。在长安县西二十里。西、北、东三面有墙，南面无墙。"

考古工作者对阿房宫遗址进行了"地毯式"的全面考古勘探，从农田到村庄覆盖的地面，几乎遍及阿房宫遗址的所有分布范围，除了在阿房宫遗址北边缘的宫墙遗址旁边发现碎瓦片之外，在阿房宫遗址的夯土台基之上，没有发现秦代建筑遗物堆积层和秦代宫殿建筑遗迹，更没有发现被大火焚烧的建筑遗存。

就目前的考古发现来看，阿房宫考古队提出阿房宫及阿房宫前殿没有建成，秦亡之际阿房宫只是进行了规模庞大的阿房宫前殿夯土基址建设，以及阿房宫前殿东、西、北三面墙垣的构筑。正是由于阿房宫前殿主体建筑仅仅完成了夯土基址的营建，地表以上的木构建筑尚未进行，所以"火烧"阿房宫也就无法进行、不复存在。这一考古发现的研究结论公布以后，立即在社会上和学术界引起巨大反响。有的人认为"项羽火烧阿房宫"是历史文献明确记载的，毋庸置疑；也有的人说，古代历史学家具体记载了阿房宫建筑的壮丽，他们不能接受考古学的研究结论，怀疑考古工作的科学性。

之所以出现上述情况，对于学术界与社会大众来说，我认为这反映了两方面问题：其一，一些人将观念的历史代替了历史的真实；其二，考古学对于历史研究的重要性没有充分认识。

对比是历史研究的重要方法。两千多年来，阿房宫成为中国古代历史上的特殊载体，即阿房宫被后人视为既是古代宫殿建筑的杰作，又是秦始皇、秦二世大兴土木、奢华无度、涂炭百姓、重赋急刑、贬善纵恶的历史佐证。因此，阿房宫的恢弘壮观被后代文人描写得越来越夸张，而秦始皇、秦二世在人们心目中淫威暴虐的狰狞面目也就越来越突出，迅速崛起的强大秦帝国与转瞬即逝的秦王朝越来越形成强烈的历史对比。去秦不久的西汉前期著名政治家贾山，在其《至言》中的阿房宫被描述成"殿高数十仞，东西五里，南北千步，从车罗骑，四马骛驰，旌旗不挠。为宫室之丽至于此，使其后世曾不得聚庐而托处焉"①。其后不久的著名史学家司马迁笔下的阿房宫规划是"东西五百步，南北五十丈，上可以坐万人，下可以建五丈旗。周驰为阁道，自殿下直抵南山。表南山之颠以为阙。为复道，自阿房渡渭，属之咸阳，以象天极阁道绝汉抵营室也"②。汉唐时代之间的文人，对秦宫室和阿房宫进行了更具想象力的描述。《三辅黄图》甚至将秦都咸阳的离宫别馆统统记在阿房宫名下，其言"始皇广其宫，规恢三百余里。离宫别馆弥山跨谷，辇道相属，阁道通骊山八十余里。表南山之巅以为阙，络樊川以为池"。《三辅旧事》把《史记》卷六《秦始皇本纪》记载秦始皇二十六年立于咸阳宫前的十二尊铜人，移到"阿房殿前"。唐代大文学家杜牧笔下的阿房宫已被推向极致："六王毕，四海一。蜀山兀，阿房出。复压三百余里，隔离天日。""五步一楼，十步一阁。廊腰缦回，詹牙高啄。各抱地势，钩心斗角。盘盘焉，蜂房水涡，蠹不知其几千万落。"

---

① 《汉书》卷五十一《贾山传》，第 2328 页。
② 《史记》卷六《秦始皇本纪》，第 256 页。

就是这样一座阿房宫，被"楚人一炬"，变成"可怜焦土"！于是杜牧吐露出自己的心声："秦人不暇自哀，而后人哀之。后人哀之而不鉴之，亦使后人而复哀后人也。"我们的历史学家正是根据这些，被一言以蔽之曰秦阿房宫为项羽纵火彻底烧毁。

这就是为什么当考古学揭开阿房宫遗址的神秘面纱之后，被认为相传两千多年历史的项羽"火烧阿房宫"事件，被誉为中国古代宫殿建筑代表性杰作的阿房宫，竟然是子虚乌有的虚构和"半拉子"工程，这自然使人们感到不知所从。

其实关于阿房宫的历史资料，司马迁在《史记》卷六《秦始皇本纪》中已经有多处明确的交代，如前所述，司马迁关于阿房宫的上述记载，只是秦始皇、秦二世的规划，实际上如司马迁在《史记》卷六《秦始皇本纪》中所说："阿房宫未成；成，欲更择名名之。"在秦帝国覆灭前夕，秦二世为了恢复因修建秦始皇陵而停工的阿房宫工程，在最高统治集团中存在着严重分歧，丞相冯去疾、李斯和将军冯劫因主张停建阿房宫工程而丧命。阿房宫工程虽然恢复了，但是很快秦帝国就灭亡了，阿房宫也就成了一个没有完成的工程。班固《汉书》卷二十七（下）《五行志》（下）对此有明确的记载：秦二世"复起阿房，未成而亡"。

至于项羽"火烧阿房宫"问题，司马迁《史记》也有着明确记载，《史记》卷六《秦始皇本纪》载：项羽"遂屠咸阳，烧其宫室，虏其子女，收其珍宝货财，诸侯共分"。《史记》卷七《项羽本纪》亦载："项羽引兵西屠咸阳，杀秦降王子婴，烧秦宫室，火三月不灭；收其货宝妇女而东。"这里需要特别指出的是，司马迁的"咸阳"概念，不包括阿房宫所在的"渭南"地区，因此《史记》卷六《秦始皇本纪》云："表南山之颠以为阙，为复道，自阿房渡渭，属之咸阳以象阁道绝汉抵营室也。"

既然历史文献关于阿房宫问题有着明确的记载，那么为什么长期以来人们还是认为阿房宫被项羽烧毁了？我想由于秦始皇大兴土木的暴政繁刑，导致了强大秦帝国的迅速灭亡，这早已成为历史的定论。秦始皇大兴土木项目很多，阿房宫是其中之一，阿房宫建筑越恢弘，给百姓造成的痛苦越深重，使社会的矛盾越激化，留给后人的历史教训越深刻。历史学家对秦帝国、秦始皇的历史判断是正确的。但是在历史资料的使用上，不能因为结论的正确而忽视历史资料自身的科学性；更不能为了强化结论的说服力，而使用"放大的"甚或"夸大"历史资料。我们不能把观念的历史代替历史的真实。

阿房宫前殿遗址考古发现引起的风波，使我们认识到历史学作为一门科学，是在考古新资料的不断发现中、多学科结合新方法的不断应用中、学科理论的不断创新中，学科自身在不断的纠正不正确、不准确的判断中发展的。作为近代科学发展出来的考古学，使人类对自身历史的认识，从宏观与微观两方面都产生了全新的飞跃，这样的例子不胜枚举。以多学科结合开展的阿房宫前殿遗址考古工作，通过对遗址的全面、系统的考古调查、勘探和发掘，究明了遗址堆积文化内涵和保存现状，从而得出当年阿房宫前殿工程只完成了阿房前殿建筑基址和部分墙垣的建设，因为宫殿建筑基址以上部分未来得及营建，作为土木建筑的宫殿建筑也就不存在大火烧毁的问题。

关于长期以来阿房宫与项羽焚毁阿房宫问题，使我们认识到，只有尊重历史事实，并及时吸收新的科学研究成果，纠正各种不全面、不准确的东西，才能还历史以原貌，使观念的历史与历史的真实相一致。

（《文史知识》2004 年第 12 期。《新华文摘》2005 年第 3 期转摘）

秦汉上林苑遗址考古发现与研究

　　秦汉时代上林苑属于秦汉都城——咸阳城、长安城的重要组成部分，在中国古代都城发展史上占有重要地位。随着秦汉都城考古研究的发展，秦汉上林苑考古研究越来越引起学术界的关注。

　　秦汉上林苑始建于战国秦，鼎盛于西汉时代中期。其规模由小到大；其内容由秦上林苑时的以宫苑为主，发展为汉上林苑时的宫观、官署、池苑、猎场、苗圃、钟官及铸币作坊等并存，汉上林苑功能在有汉一代较战国秦与秦代大为扩展。

　　（一）历史文献记载的秦汉上林苑兴建时代与规模

　　关于上林苑修建的具体时代，目前还不清楚。《史记》卷六《秦始皇本纪》是记载秦上林苑历史较早的文献，其称秦始皇二十六年之时"诸庙及章台、上林皆在渭南"。同书亦载：秦始皇三十五年，"乃营作朝宫渭南上林苑中"。《史记》卷八十七《李斯列传》记载："于是及入上林斋戒，日游弋猎。"上述文献记载说明，那时上林苑已经存在，至于修建时间可能会更早一些。有的学者根据《韩非子·外储说右下》记载秦昭王时都城已经有"五苑"，认为上林苑应是秦五苑之一①。但是要认定《韩非子》的"秦五苑"包括秦上林苑，目前来看这还只能说是推测。根据已经发现的战国秦"上林丞印"封泥②，秦上林苑在战国时代晚期已经存在是毫无问题的，但是秦上林苑具体始建时间还需要新的考古资料发现及相关研究工作的深入开展。

　　关于秦上林苑范围，前引《史记》卷六《秦始皇本纪》中记载，秦

①　何清谷校注：《三辅黄图校注》，三秦出版社 2006 年版，第 271 页。
②　周晓陆、路东之：《秦封泥集》，三秦出版社 2000 年版，第 167 页。

上林苑在"渭南","渭南"地区不只有秦上林苑，还有"诸庙"、"章台"、"阿房宫前殿"等。《史记》之中的"渭南"应该是相对"渭北"而言的，此处的"渭南"是个特定的地理概念，它不是泛指渭河之南所有地区，我们理解应是与"渭北"秦咸阳城东西宽基本相近的渭河南岸地区，其南界在秦阿房宫遗址以南、丰镐遗址以北①。西汉前期的上林苑，沿用了秦上林苑，上林苑规模的变化是在汉武帝时期。至于战国秦和秦代的秦咸阳城附近的"长杨宫"②、"贳阳宫"③、"鼎胡苑"④ 等应属于秦咸阳城附近的"离宫别馆"，那时还不在秦上林苑之中。西汉中期，在秦上林苑的基础之上，上林苑向西、向南扩展，西至周至秦的"离宫"——长杨宫一带，南到"南山"，东至宜春苑。故《汉书》卷六十五《东方朔传》载：汉武帝"举籍阿城以南，周至以东，宜春以西，提封顷亩，及其贾直，欲除以为上林苑，属之南山"。以后，上林苑又进一步向东发展至"鼎胡宫"，文献记载这时的上林苑范围已是："东南至宜春、鼎胡、御宿、昆吾，旁南山西，至长杨、五柞，北绕黄山滨渭而东，周袤数百里"⑤。相同的记载还有张平子《文选·西京赋》载："上林禁苑，跨谷弥阜。东至鼎胡，邪界细柳。掩长杨而联五柞，绕黄山而款牛首。缭垣绵联，四百余里。"司马长卿《上林赋》载："独不闻天子之上林乎？左苍梧、右西极，丹水更其南，紫渊径其北。终始灞浐，出入泾渭。丰镐潦潏纡余委蛇，经营乎其内。荡荡乎八川分流，相背而异态。"从上述记载可以看出，汉武帝时期的上林苑范围东至鼎胡宫，西到长杨宫，北由渭河之滨，南达终南山以北。

关于上林苑周长有多种说法，从"周袤数百里"（《羽猎赋》）到"广长三百里"（《汉旧仪》《三辅故事》），再到"缭以围墙，四百余里"（《西都赋》《西京赋》）等。（图14—1）

---

① 刘庆柱、李毓芳：《秦都咸阳"渭南"宫台庙苑考》，《秦汉论集》，陕西人民出版社1992年版，第51页。

② 《汉书》卷二十八（上）《地理志》（上）记载："周至有长杨宫，有射熊馆，秦昭王起。"

③ 《汉书》卷二十八（上）《地理志》（上）记载："贳阳宫，秦文王起。"贳阳宫遗址可能在今陕西省户县陂头村附近。

④ 周晓陆、路东之：《秦封泥集》，三秦出版社2000年版，第216页。其中收录的"鼎胡苑丞"秦封泥，应为"鼎胡苑"遗物，而"鼎胡苑"应属于"鼎胡宫"之"苑"。

⑤ 《汉书》卷八十七（上）《扬雄传》（上）。

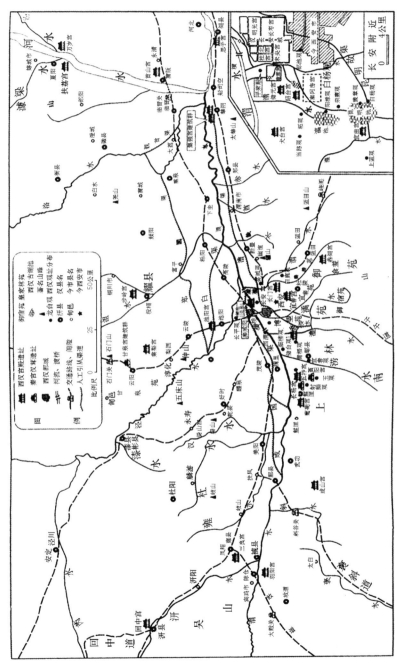

图14—1　秦汉都城宫观及上林苑分布示意图

引用何清谷校注《三辅黄图校注》图十

　　秦汉上林苑遗址范围、地望的界定，是秦汉上林苑研究的重要内容。在此基础之上，对秦汉上林苑布局形制的研究，更是至关重要的。比如，文献记载上林苑有十二座门①，从门的数量上来看，这是个十分值得重视的问题，因为汉代建筑群中，设置十二座门的建筑群仅限于都城长安，这对探索秦汉上林苑在秦汉都城中的地位及其对秦汉时代以后的中国古代都城苑囿发展，有着重要的学术意义。再如，关于文献记载的秦汉上林苑"内涵"，也是需要进行认真梳理、究明历史原貌的，这些研究工作的进展，在很大程度上取决于秦汉上林苑遗址考古工作的新发现、新进展。

　　（二）秦汉上林苑遗址的考古发现

　　由于秦汉上林苑遗址规模庞大，系统的田野考古工作一直未开展。但是多年来，在秦汉京畿地区的考古工作中，已经直接涉及不少秦汉上林苑遗址考古内容，如近年来在秦阿房宫前殿遗址考古工作中，发现了秦阿房宫前殿遗址西部的纪阳寨"上林苑一号遗址"、阿房宫前殿遗址西南部的"上林苑二号遗址"、"秦始皇上天台"遗址（即"上林苑四号遗址"）、阿房宫前殿遗址东北部的"上林苑五号遗址"，以及"阿房宫磁石门"遗址（即"上林苑六号遗址"）、后围寨的"上林苑三号遗址"和东凹里村、好汉庙村的上林苑遗址等多处秦汉上林苑遗址等。又如，近年配合西安市城市规划，对汉代昆明池遗址的考古勘察、试掘，现在已经基本究明了汉代昆明池的范围，与此同时对西周滈池、唐代昆明池有了进一步了解。至于考古工作者历年来对上林苑黄山宫遗址、鼎胡宫遗址、长杨宫遗址、桥梁遗址、"上林三官"铸币遗址等考古调查与试掘及发现的许多重要遗物等，这些为秦汉上林苑遗址考古研究，积累了许多重要资料。

　　1. 汉长安城遗址西南部的秦汉上林苑遗址

　　近年来考古工作者对传统划定的秦阿房宫遗址范围，进行了考古调查、勘探、试掘，发现了一批属于战国秦及西汉时代的上林苑建筑遗址，根据这一地区秦汉上林苑遗址的统一编号，具体情况如下：

---

　　① 刘庆柱辑注：《三秦记辑注·关中记辑注》之《关中记辑注》，三秦出版社 2006 年版，第 67 页。

（1）上林苑一号遗址

位于阿房宫前殿遗址西 1150 米处，在今纪阳寨村附近，遗址分为南、北两部分。南部为宫殿区，其夯土台基在现地表以上尚存高 7 米（自秦代地面以上现存高 9 米），现存东西最大长度 250 米、南北最大宽度 45 米，面积为 11250 平方米；北部为园林区。遗址出土了大量战国秦时代的板瓦、筒瓦、瓦当等遗物①。

（2）上林苑二号遗址

位于一号遗址正南 500 米，东北距阿房宫前殿遗址 1200 米，传说为"阿房宫烽火台"遗址。该建筑遗址夯土台基分为上下两层：现存上层南北 42.1 米、东西 73.5 米，高 1.6 米；下层南北 48.7 米、东西 73.5 米，高 2 米。在台基上层南沿南 2 米处，发现东西向建筑物倒塌的瓦片带，宽约 3 米②。

（3）上林苑三号遗址

位于西安市未央区后围寨村北，遗址夯土台基分为上下两部分：现存下部夯土台基东西 84 米、南北 92 米，厚 1.2—2 米（其下为生土或细沙），台基偏南部向西延伸长 59 米，宽 15—20 米；上部建筑遗址高 7 米。从该遗址出土的板瓦、筒瓦、瓦当、铺地砖等遗物来看，其时代从战国时代中期至西汉时代。从建筑形制来看，属于秦汉时代的高台宫观建筑③。

（4）上林苑四号遗址

位于阿房宫前殿遗址东 500 米，今传为"秦始皇上天台"遗址，夯土台基东西 111 米、南北 74 米，高 15.2 米。可分为三层建筑。底部建筑已无，仅存基址，其现存东西 50—73 米、南北 62 米；中部建筑现存宽 1.9—2.5 米，高 0.92 米；上部为主体宫殿建筑遗址。在高台基址北部发现地下排水管道，其北又清理出大面积同时期建筑遗址。从上述遗址出土的板瓦、筒瓦、瓦当及排水管道等遗物来看，时代应为战国时期，该建筑

---

① 中国社会科学院考古研究所、西安市文物保护考古所阿房宫考古工作队：《西安市上林苑遗址一号、二号建筑发掘简报》，《考古》2006 年第 2 期。

② 同上。

③ 中国社会科学院考古研究所、西安市文物保护考古所阿房宫考古工作队：《西安市上林苑遗址三号建筑及五号建筑排水管道遗迹的发掘》，《考古》2007 年第 3 期。

遗址应为战国秦上林苑内的一座高台宫殿建筑①。

（5）上林苑五号遗址

位于阿房宫前殿遗址东北角外侧 500 米，其东与上林苑四号建筑遗址连接。该遗址已经考古发掘的是其地下排水管道遗存。已发掘部分东西向管道长 59 米，南北向管道长 10 米。

上述两组排水管道均各为三条圆筒形水管套接而成，水管道横剖面呈"品"字形，即下层铺设两条水管道，上层铺设一条水管道（在下层两条水管道上面中间部位铺设）。水管道时代为战国秦②。

（6）传说中的"磁石门"遗址③，编号为上林苑六号建筑遗址。该遗址为战国秦至西汉时代的高台建筑遗址④。考古发现说明，这不是"门址"，其修筑的时代应为战国时代，早于秦代。

（7）好汉庙遗址位于秦阿房宫前殿遗址东北 5800 米，时代为战国秦至西汉时代。

（8）秧歌台遗址位于秦阿房宫遗址以北 2300 米，基址范围东西 95 米、南北 20 米。

（9）东凹里遗址位于秦阿房宫前殿遗址东南 2000 米，遗址范围约 9 万平方米，时代为西汉时期。

上述九处建筑遗址均位于传统划定的秦阿房宫遗址范围之内，实际上秦阿房宫前殿遗址恰好在上述秦汉上林苑遗址之中，这与《史记》卷六《秦始皇本纪》记载的阿房前殿建于秦上林苑中是一致的（图 14—2）。

2. 汉昆明池遗址

昆明池是汉上林苑的重要组成部分，但是昆明池的开凿动因与使用情

① 中国社会科学院考古研究所、西安市文物保护考古所阿房宫考古工作队：《上林苑四号建筑遗址的勘探和发掘》，《考古》2007 年第 3 期。

② 中国社会科学院考古研究所、西安市文物保护考古所阿房宫考古工作队：《西安市上林苑遗址三号建筑及五号建筑排水管道遗迹的发掘》，《考古》2007 年第 3 期。

③ 《水经注·渭水》："又经磁石门西。门在阿房宫前，悉以磁石为之，故专其目，令四夷朝者，有隐甲怀刃入门而协之，以示神，故曰'却胡门'也。"按：秦代铁兵器极少，绝大多数兵器为铜兵器，而磁石不能吸铜质兵器。故《水经注》此说为民间所传，不足为据。

④ 中国社会科学院考古研究所、西安市文物保护考古所阿房宫考古工作队：《西安市上林苑遗址六号建筑的勘探和试掘》，《考古》2007 年第 11 期。

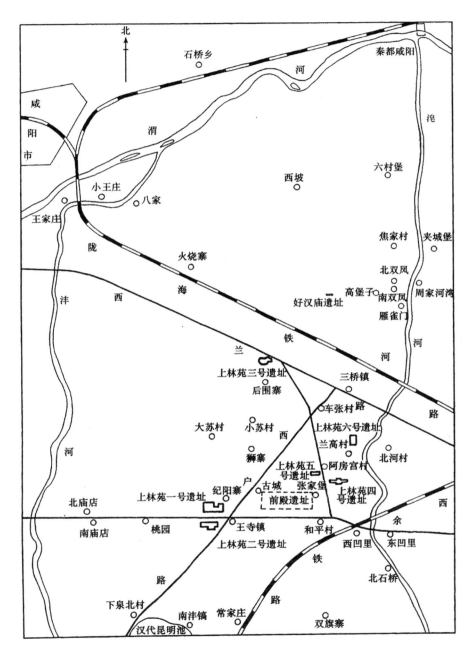

图14—2　秦阿房宫遗址及上林苑遗址分布示意图

况不只是作为上林苑池苑。

其一，汉武帝开凿昆明池首先是为训练水兵，元狩元年（前 122 年），汉武帝根据外交家张骞建议，派王然于、柏始昌、吕越人等，"间出西南夷，指求身毒国。至滇，滇王当羌乃留为求道。四岁余，皆闭昆明，莫能通"①。元狩三年（前 120 年），汉武帝"减陇西、北地、上郡戍卒半，发谪吏，穿昆明池"②。扬雄《羽猎赋》推测汉武帝"穿昆明池，象滇河"。滇河即滇池，亦称滇南泽、昆明湖、昆明池。汉武帝所修昆明池池名当与滇之昆明池有关。昆明池开凿的直接作用是为训练水军伐粤，《汉书》卷二十四（下）《食货志》（下）载："是时粤欲与汉用船战逐，乃大修昆明池，列馆环之。治楼船，高十余丈，旗帜加其上，甚壮。"

其二，昆明池的开凿与漕运有密切关系，都城长安的漕渠水源即昆明池，因此漕渠又有"昆明故渠"的说法③。昆明池东出之水是有名的漕渠，它东北流经今西安市鱼化寨、大土门，在长安城南郊礼制建筑群南边流过。又经长安城东南部，又东北与清明门流出的沈水支渠——明渠相汇，漕渠又东北流至池底村南。漕渠在这里分为两支，一支北流入渭；另一支东流横绝灞水，再向东经华县、华阴至潼关，汇于渭河。

其三，昆明池及漕渠的开凿，改善了当地的农业灌溉条件，《汉书》卷二十七《五行志》载："元狩三年夏，大旱。是岁，发天下故吏伐棘上林，穿昆明池。"《史记》卷二十九《河渠书》载：郑当时云"引渭穿渠起长安，并南山下，至河三百里，径易漕，度可令三月罢；而渠下民田万余顷，又可得以溉田"。

其四，昆明池成为都城的水库，由昆明池向北流出的一水称昆明池水，该水经镐京故址东和阿房宫遗址西，再向东北流入揭水陂，陂址在今西安市三桥镇一带。揭水陂是座人工水库，其作用有二：一是储水，二是控制水流。从功能上讲，后者大于前者。因昆明池比长安城地势高差较大，如对池水不加以控制，昆明池北出之水将直泻入渭，这样既使水源浪

---

① 《汉书》卷九十五《西南夷传》，第 3841 页。

② 《汉书》卷六《武帝纪》，第 177 页。

③ 黄盛璋：《关于〈水经注〉长安城附近复原的若干问题——兼论〈水经注〉的研究方法》，《考古》1961 年第 6 期。

费，又使长安城用水不能得到全面保证，同时也危及都城安全。综上所述可以看出，昆明池池水通过揭水陂注入沈水，保证了长安城中的明渠、沧池和建章宫附近及长安城西部、北部的沈水水源，因此说，昆明池是长安城给水系统中的重要工程。

其五，昆明池是上林苑中最为重要、规模最大的池苑。《汉书》卷十九（上）《百官公卿表》（上）载："少府属官有上林十池监。"今本《三辅黄图》卷四载："上林苑有初池、糜池、牛首池、蒯池、积草池、东陂池、西陂池、大壹池、当路池、郎池。"可能昆明池由于其特殊的地位，当不属于"上林十池"。

其六，昆明池养殖大量的鱼鳖，以供都城使用。《三辅黄图》引《庙记》载：昆明池"养鱼以给诸陵祭祀，余付长安厨"。《汉官六种·汉旧仪》卷下载："上林苑中昆明池、镐池、牟首诸池，取鱼鳖给祠祀，用鱼鳖千枚以上，余给太官。"也有文献记载，昆明池用于养殖鱼鳖，是因为汉武帝以后，这里不再作为训练水军的地方[1]。

昆明池遗址考古工作始于 20 世纪 50 年代，当时考古工作者对其进行了踏察[2]。2005 年中国社会科学院考古研究所汉长安城考古队进行了汉代上林苑昆明池遗址的考古调查、勘探、发掘，基本究明了昆明池遗址的位置、范围、形制及其周围的上林苑建筑遗址，以及与之相关的镐池与彪池遗址[3]（图 14—3）。

经考古勘察究明，昆明池遗址位于斗门镇、石匣口、万村、南丰村之间，遗址内分布有普渡村、花园村、西白家庄、南白家庄、北常家庄、常家庄、西常家庄、镐京乡、小白店、梦驾庄、常家滩、太平庄、齐家曹村、马营寨、新堡子、杨家庄、袁旗寨、谷雨庄、五星村、北寨子、南寨子、下店等村庄，遗址周边分布有大白店、蒲阳村、堰下张村、落水村、

---

① 张澍辑本《三辅故事》载："武帝作昆明池以习水战。后昭帝小，不能复征讨，于池诸养鱼以给诸陵祠，余付长安市，鱼乃贱。"

② A. 胡谦盈：《丰镐地区诸水道的踏察——兼论周都符号位置》，《考古》1963 年第 4 期。B. 胡谦盈：《汉昆明池及其有关遗存踏察记》，《考古与文物》1980 年第 1 期。

③ 中国社会科学院考古研究所汉长安城工作队：《西安市汉唐昆明池遗址的钻探与试掘简报》，《考古》2006 年第 10 期。

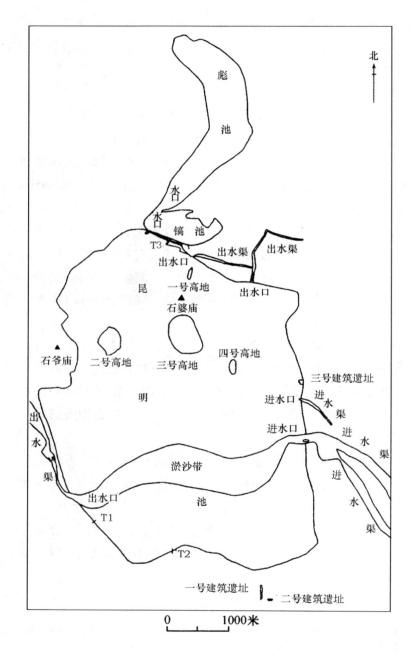

图 14—3　汉昆明池遗址平面图

斗门镇、石匣口、万村、南丰村、上泉北村等村镇。

　　昆明池遗址范围东西约 4.25 公里、南北约 5.69 公里，周长约 17.6 公里，面积 16.6 平方公里。昆明池的池岸一般为生土，其外以大卵石砌筑护岸。在昆明池遗址东岸边发现进水渠 2 条和汉代建筑遗址 3 处，西岸和北岸边发现出水渠 4 条，昆明池遗址之中发现高地 4 处，南岸发现汉代建筑遗址 3 处。

　　昆明池之中的 4 处高地，均为生土：一号高地位于池北岸中部附近，东西 50 米、南北 195 米；二号高地在昆明池中部偏西，东西 370 米、南北 500 米；三号高地在昆明池中北部，东西 500 米、南北 660 米；四号高地在昆明池中北部偏东，东西 115 米、南北 260 米。四、三、二号高地东西并列于昆明池中北部。或许这种生土高地，作为"海中"的"神山"而设置，这还有待进一步的研究。

　　根据历史文献记载，昆明池当年的岸边建筑数量不少①，目前考古勘探发现了三处，编号为一、二、三号建筑遗址。一、二号遗址均在昆明池南部偏东，一号遗址南北 245 米、东西 35 米；二号遗址在一号遗址以东 85 米，东西 80 米、南北 40 米。三号遗址在昆明池遗址东侧，其南、北、西三面与昆明池相连，属于水榭一类建筑，遗址东西 80 米、南北 75 米，该遗址可能就是"昆明东观"故址②。"昆明东观"亦称"昆明观"或"豫章观"③，上林苑故址之中曾出土有"上林豫章观铜鉴"铭文的铜器④。

　　《三辅黄图》引《三辅故事》云：昆明池"中有豫章台及石鲸，刻石为鲸鱼，长三丈，每至雷雨，常鸣吼，鬣尾皆动"。《西京杂记》卷一亦云："昆明池刻石为鱼，每至雷雨，鱼常鸣吼，鬐尾皆动。汉世祭之以祈

---

　　①　《汉书》卷二十四《食货志》载："是时粤欲与汉用船战逐，乃大修昆明池，列馆环之。"

　　②　A.《汉书》卷二十六《天文志》载：河平"二年十二月壬申，太皇太后避时昆明东观"。B.《汉书》卷九十八《元后传》载："历东观，望昆明。"C.《长安志》卷四上林苑条引《三辅黄图》载："上林苑中有昆明观。"

　　③　A. 何清谷校注：《三辅黄图校注》卷五："豫章观，武帝造，在昆明池中，亦曰昆明观。"豫章观因在昆明池中而建，所以又称昆明观，因其位于昆明池东部，故又有"昆明东观"或"东观"之称。B. 任昉《述异记》卷下："汉武帝元鼎二年，立豫章观于昆明池中，作豫章水殿。"所谓"豫章水殿"，即用豫章木在昆明池营建的宫殿。

　　④　西安市文物管理委员会：《西安三桥镇高窑村出土的西汉铜器群》，《考古》1963 年第 2 期。

雨，往往有验。"考古工作者在昆明池西岸马家营调查发现一巨石，大部分深埋土中，一部分露在外面，相传为昆明池的石鲸①。我们认为，如果文献记载的昆明池石鲸原来置于豫章台（即昆明观、昆明东观）的话，而昆明池西岸马家营发现的确为当年昆明池的石鲸，那么这个石鲸的位置可能已经移动。

此外，《文选》卷一《西都赋》记载："集乎豫章之宇，临乎昆明之池。左牵牛而右织女，似云汉之无涯。"二石像一在昆明池西岸之上的今斗门镇附近，另一在北常家庄之北，后者可能不是石像的原来位置，原来应在昆明池东岸之上。

镐池在昆明池以北，镐池遗址东西约 1270 米、南北约 580 米，周长3550 米，面积约 0.5 平方公里。彪池位于镐池以北，二池南北相连通。彪池遗址东西约 700 米、南北约 2980 米，周长约 7850 米，面积约 1.81 平方公里②。

3. "沙河古桥"遗址

1986 年在陕西省咸阳市西南 9 公里的秦都区钓台乡西屯村发现了两座"沙河古桥"遗址，分别编号为一号桥址与二号桥址。

一号桥址方向北偏西 5 度，发现木桩 16 排、143 根，排距 6—6.7 米，木桩直径一般约 40 厘米左右。已暴露桥址长 71 米，勘探发现桥址连续残存 106 米、原来桥址总长约 500 米，桥宽 16 米。在桥址南端发现与一号古桥有关的 8 块铁板，每块铁板长 7 米、宽 1.1 米、厚 0.07 米。该桥木桩碳十四测定年代为距今约 2140 年（正负 70 年），桥址出土有秦汉时代的瓦与瓦当等遗物。

二号桥址在一号桥址东侧 300 米，发现木桩 5 排、41 根，排距 8.4米，木桩直径 30—40 厘米。古桥方向北偏东 30 度，桥址现存长约 30 米、宽约 10 米，该桥木桩碳十四测定年代为距今 1900 年左右。发掘者认为此

---

① A. 中国社会科学院考古研究所汉长安城工作队：《西安市汉唐昆明池遗址的钻探与试掘简报》，《考古》2006 年第 10 期。B. 陈直先生在《三辅黄图校正》（陕西人民出版社 1980 年版）中提出：昆明池"鲸鱼刻石今尚存，原在长安县斗端庄，现移陕西省碑林博物馆"。

② 中国社会科学院考古研究所汉长安城工作队：《西安市汉唐昆明池遗址的钻探与试掘简报》，《考古》2006 年第 10 期。

年代偏晚①。

有的学者认为，"沙河"系渭河故道。一号桥是汉魏时期的西渭桥，二号桥是隋唐时期的西渭桥②。也有的学者认为，"沙河"系沣河故道。一号桥时代为战国时代末年至秦汉之交，二号桥时代为西汉时期，两座古桥均为秦汉上林苑中古沣河之上的桥梁③。我们认为，沙河应为秦汉时代的沣河故道，而古沣河位于秦上林苑之旁、汉上林苑之中，因此沙河古桥与秦汉上林苑关系密切。

4. 汉长安城西南部汉代桥梁遗址

2006 年 4—8 月，西安市文物保护考古所在汉长安城西南角外约 300 米处发掘一座西汉时代古代桥梁遗址，古桥遗址位于西安市未央区三桥镇湾子村东北约 200 米，皂河河道旁。古桥遗址发现桥梁木桩 5 排，计 160 根。木桩直径 30—55 厘米，露出高度 0.3—2.7 米，大多高 1.5—2.5 米之间，木桩排距 4.2—5.1 米，木桩为东西向排列。木桩楔入河床深度 1—4 米。已发现的桥梁木桩分布范围东西 28 米、南北 22 米。根据现在已经发现古桥木桩复原古桥宽约 50 米以上，长约 100 米以上。古桥遗址附近出土了许多西汉时代砖瓦，如"上林""延年"文字瓦当和云纹瓦当，"五铢""大泉五十"等货币。根据古桥遗址所处位置，古桥应是古皂河之上的桥梁，皂河为古"沉水"。此桥址北对建章宫双凤阙遗址，是汉长安城和建章宫进入上林苑的重要桥梁④。

5. 长杨宫遗址

《汉书》卷二十八《地理志》记载："长杨宫，有射熊馆，秦昭王起。"《三辅黄图》记载："长杨宫，在今周至县东三十里。本秦旧宫，至汉修饰之，以备行幸。宫中有垂杨数亩，因为宫名。"长杨宫遗址位于陕西省周至县终南镇竹园头村西 50 米，遗址中心建筑群分布面积约 20 万平方米。遗址

---

① 徐涛：《沙河古桥》，《文博》2004 年第 2 期。

② 段清波、吴春：《西渭桥地望考》，《考古与文物》1990 年第 6 期。

③ 曹发展：《渭桥沣桥辩》；初民：《咸阳沙河古桥略论》。此二文均刊载于咸阳市文物考古研究所编《文物考古论集——咸阳市文物考古研究所成立十周年纪念》，三秦出版社 2000 年版。

④ 王自力：《汉长安城西南角外发掘的皂河木桥遗址》，《汉长安城考古与汉文化——汉长安城与汉文化——纪念汉长安城考古五十周年国际学术研讨会论文集》，科学出版社 2008 年版，第 206—209 页。

出土的龙纹空心砖、变形葵纹瓦当、不同类型的云纹瓦当等，其中有些遗物与秦咸阳城遗址出土的秦空心砖、秦瓦当基本相同。遗址中出土的大量砖瓦建筑材料遗物，以西汉时代的数量最多，且具一定特色。如：属于"四神纹"瓦当的"朱雀纹""玄武纹""白虎纹"瓦当，还发现了与上述"四神纹"瓦当性质相近的"青龙纹""白虎纹"的"四神纹"空心砖。在已经考古发现的西汉时代"四神纹"瓦当、空心砖多出土于宗庙、陵庙等建筑遗址，长杨宫遗址出土的"四神纹"瓦当、空心砖，有可能是宗庙之类建筑遗物。出土的"禁圃""汉并天下"文字瓦当等亦为重要①。

6. 黄山宫遗址

《汉书》卷二十八《地理志》载：槐里县"有黄山宫，孝惠二年起"。传统所说黄山宫位于兴平县西南三十里的马嵬坡附近②，在今兴平市（原兴平县）东南约 10 公里的田阜乡侯村西北部考古调查、勘探发现一处大型建筑遗址，其南临渭河，遗址范围东西 1000 米、南北 500 米，面积约 50 万平方米。遗址出土的西汉铜灯的灯柄之上，有"横山宫"铭刻，"横"与"黄"通假③，"横山"即"黄山"；还发现了"黄山"文字瓦当。西汉"横山宫"铜灯、"黄山"文字瓦当的出土，说明上述遗物出土地应为"黄山宫"遗址，这也纠正了长期以来认为黄山宫位于兴平县西 30 里的说法。黄山宫遗址考古发现了夔凤纹遮朽 2 件、云雷纹遮朽 8 件，其中夔凤纹遮朽直径 76.5 厘米、高 57 厘米，云雷纹遮朽直径 51.2 厘米、高 38 厘米。类似上述规格的遮朽，以往大多出土于大型皇室建筑之中，侯村遗址出土的这些遮朽，连同"黄山"文字瓦当与"横山宫"铜灯的出土，进一步证实了遗址所在地应为汉代黄山宫故址④。传世"黄山"铭

① 刘合心：《长杨宫遗址出土的秦汉遗物》，《文博》2004 年第 3 期。

② 《三辅黄图校注》载："黄山宫在兴平县西三十里。"《元和郡县图志》载："汉黄山宫在县西南三十里。"

③ 也有学者认为："通观汉金，尚未发现宫名文字有通假者。不妨认为'横山宫'是不同于'黄山宫'的另一宫名。"见徐正考《汉代铜器铭文研究》，吉林教育出版社 1999 年版，第 148 页。

④ A. 王晓谋：《西汉"横山宫"铜灯》，《文博》1993 年第 2 期。B. 国家文物局主编：《中国文物地图集·陕西分册（下）》，西安地图出版社 1998 年版，第 454—455 页。C. 孙铁山：《西汉黄山宫考》，《文博》1999 年第 1 期。D. 孙铁山：《陕西兴平侯村黄山宫遗址出土秦汉遮朽》，《考古与文物》2002 年增刊。E. 张海云：《秦汉时期的遮朽》，《考古与文物》2002 年增刊。

文的铜器还有"黄山鼎"、"黄山镅"等①。关于黄山宫遗址出土的夔凤纹遮朽、云雷纹遮朽等被认为是秦代遗物，从而认定该遗址为秦汉时代建筑遗址。而文献记载的黄山宫为西汉时代的惠帝时所建，如果文献与出土实物的时代二者均属无误的话，黄山宫可能是在秦的宫室基础上修建的。

从上述有关汉代文献记载来看，黄山宫是汉上林苑的北界。也就是说，上林苑一般在渭河之南，个别宫观在渭河北岸，但是绝不会远至渭北北原甚或北山山脉一带。

7. 鼎胡（湖）宫遗址

汉代文献称"鼎胡宫"为"鼎湖"或"鼎胡"，《史记》卷二十八《封禅书》记载："文成死明年，天子（汉武帝）病鼎湖甚，巫医无所不至，不愈。"《汉书》卷五十七（上）《扬雄传》（上）记载："武帝广开上林，南至宜春、鼎湖、御宿、昆吾。"扬子云《文选》卷八《羽猎赋并序》卷八、张平子《文选》卷二《西京赋》均称"鼎湖"。出土的秦汉文物多为"鼎胡"，如秦封泥有"鼎胡苑丞"②，疑秦"鼎胡苑"与汉代"鼎胡宫"在同一处，或为"秦苑汉茸"。考古工作者在陕西省蓝田县焦岱镇焦岱村南100米，发现一处大型汉代建筑遗址，面积约3万平方米。考古发掘揭露宫殿建筑遗址7座，发现了宫墙遗迹，出土了大量西汉时代建筑遗物，其中以"鼎胡延寿宫"、"鼎胡延寿保"文字瓦当较为重要③，"鼎胡"当"鼎胡宫"省称，该遗址应为汉代"鼎胡宫"遗址，而汉代"鼎胡宫"应在秦"鼎胡苑"基础之上所建，至于秦"鼎胡苑"是否为秦"鼎胡宫"之宫苑，尚待新的考古资料发现与进一步研究。

8. 周至、户县的"禁圃"遗址

户县甘河乡坳子村东北150米的一处秦汉遗址中，出土"禁圃"文字瓦当一件，此前在周至县秦汉长杨宫遗址亦发现"禁圃"文字瓦当。瓦当时代为西汉时代。根据《汉书》卷十九《百官公卿表》记载，上林苑为

---

① 《汉金文录》；庞文龙：《陕西岐山县博物馆收藏的汉代铜镅》，《文物》1983年第10期。

② A. 周晓陆、路东之：《秦封泥集》，三秦出版社2000年版，第216页。B. 又见傅嘉仪编著《秦封泥考》，上海书店2007年版，第146页。

③ 国家文物局主编：《中国文物地图集·陕西分册（下）》，西安地图出版社1998年版，第124—125页。

水衡都尉管辖，禁圃为上林苑的属官之一，禁圃属于上林苑一部分，其职能是为皇室提供蔬菜瓜果、花卉草木等。根据《汉书》卷十九《百官公卿表》载，禁圃设两尉，周至长杨宫遗址与户县坳子村各出土的两件"禁圃"文字瓦当，应为禁圃的"两尉"官署所在地①。

9. 户县"上林三官"铸币遗址

"上林三官"就是中央政府设置在上林苑中的三处铸币工场：钟官、技巧和六厩。钟官遗址位于今陕西户县兆伦村北部，遗址面积约90万平方米，包括官署区、制范区、陶窑区、冶铸区等，发现重要遗物有"上林"文字瓦当，西汉五铢钱范、新莽的大泉五十、小泉值一、契刀五百、次布九百、布泉、壮泉等钱范，一刀平五千铜范等。有的钱范之上有纪年铭文，如：陶范母标本151、321、327，范头题铭有"元康元年十月"，小泉值一陶范母标本072有反书阳文"钟官前官……"大泉五十陶范母标本074有"钟官前官始建国元年三月工常造"等，还出土有"钟官钱丞"封泥②。

此外，属于汉上林苑范围之内的铸钱遗址还有长安区窝头寨遗址和西安市高低堡铸钱遗址。长安窝头寨铸钱遗址包括窝头寨、黄堆坛和金家村三处，这里出土了大量五铢钱范，还发现了"上林""上林农官"文字瓦当等③。高低堡铸钱遗址面积大，出土了大量五铢钱范，有的陶范母之上有"巧一""巧二"等铭文，"巧"为"技巧"的省称，这种铭文是汉武帝时期上林三官铸钱陶范的特征。高低堡铸钱工场属于太初元年（公元前104年）以前的技巧铸钱工场，此后汉武帝在这里修建建章宫，而技巧铸钱工场废迁。此外，在建章宫西南部的好汉庙村附近，出土了汉代五铢钱陶范母和新莽时期的"货泉""货布""一刀平五千""契刀五百""六泉十布"陶范母及背范④。

---

① 张天恩：《"禁圃"瓦当及禁圃有关的问题》，《考古与文物》2001年第5期。
② 西安文物保护修复中心：《汉钟官铸钱遗址》，科学出版社2004年版，第94、113页。
③ 陕西省博物馆、文管会考古调查组：《长安窝头寨汉代钱范遗址调查》，《考古》1972年第5期。
④ 西安文物保护修复中心：《汉钟官铸钱遗址》，科学出版社2004年版，第241—244、246—249页。

　　10. 与秦汉上林苑遗址的相关考古发现（秦封泥、上林苑遗址出土的铜器、丰镐遗址出土的匈奴人墓葬等）

　　（1）近年来在汉长安城遗址西北部的相家巷一带，出土了大量战国秦和秦代的封泥，如："上林丞印""东苑丞印""杜南苑印""具园""麋圈""宜春禁丞"等封泥①，其中一些封泥可能与秦上林苑有关，有些也许属于秦昭王时的都城附近的"五苑"②。

　　（2）上林苑昭台宫遗址

　　《汉书》卷九十七（下）《外戚传》（下）颜师古注：昭台宫"在上林苑中"。20世纪60年代在西安市西郊高窑村发掘出土了西汉时代铜器22件，铜器之上有"上林昭台厨铜锔"铭文③。推测高窑村附近应为西汉时代上林苑昭台宫故址。西汉时代中晚期，被皇帝废黜的后妃，往往置于上林苑昭台宫。如：《汉书》卷九十七（上）《外戚传》（上）载：孝宣霍皇后"立五年，废处昭台宫"。《汉书》卷九十七（下）《外戚传》（下）云：孝成许皇后"坐废昭台宫，……凡立十四年而废，在昭台宫岁余，还徙长定宫"。

　　（3）客省庄发现的匈奴人墓葬与上林苑遗址关系

　　20世纪50年代，在丰镐遗址的考古发掘中，考古工作者发现的客省庄第140号墓，其中出土了长方形与圆形透雕铜饰各2件，根据这些文物的纹饰来看，它们属于鄂尔多斯式青铜器，墓葬打破了战国时代居址，综合各种因素分析，此墓可能为西汉时代匈奴人墓葬④。客省庄一带是汉代上林苑遗址的一部分，匈奴人埋葬在这里，或与上林苑中的"蒲陶宫"有关。"蒲陶"即今"葡萄"，"蒲陶宫"亦称"葡萄宫"⑤。《汉书》卷九十四（下）《匈奴传》（下）载："元寿二年，单于来朝，上以太岁厌胜所

---

　　① 周晓陆、路东之：《秦封泥集》，三秦出版社2000年版，第167、214、215、216页等。

　　② 《韩非子》卷十四《外储说右下》。

　　③ 西安市文物管理委员会：《西安三桥镇高窑村出土的西汉铜器群》，《考古》1963年第2期。

　　④ 中国科学院考古研究所：《沣西发掘报告——1955—1957年陕西长安县沣西乡考古发掘资料》，文物出版社1963年版。

　　⑤ 何清谷校注：《三辅黄图校注》，三秦出版社2006年版，第231页。

在，舍之上林苑蒲陶宫。"当时匈奴单于来朝，随从多达二百人①。关于蒲陶宫地望，《三辅黄图》称"上林苑西"。如果把汉长安城南郊和西郊作为上林苑中心地区，那么丰镐遗址附近的上林苑就可以视为上林苑西部了，蒲陶宫可能就在这里，丰镐遗址的客省庄一带发现西汉时代匈奴墓，有可能就是从匈奴来汉长安城的使者之一。

（三）秦汉上林苑遗址考古研究

1. 秦汉上林苑内涵、功能对比

战国秦或秦代上林苑建筑，多为王室或皇室的"宫观"一类高台建筑，上林苑只是作为都城附近的"国家公园"供王室或皇室使用。汉上林苑（尤其是汉武帝及其以后的上林苑）不仅仅是作为"国家公园"或皇室公园使用，这里还设置了一些重要的皇室或国家机构，如铸币的"上林三官"、负责农业生产的"上林农官"等，用于外交活动的宫室（如"蒲陶宫"），接待外国使者的建筑。上林苑昆明池作为国家训练水战的重要基地，一些军事上的部队习射、战阵演练等也在上林苑中。上林苑昆明池作为都城的水源，是汉长安城的重要特色。昆明池的鱼，用于祭祀。

2. 秦汉上林苑为秦汉都城南部的安全屏障

秦汉上林苑基本分布在都城南部、西南部和东南部，成为弧形带，拱卫着都城。秦咸阳城位于渭河北部，渭河南部还有"南宫""章台"等重要王室、皇室建筑，战国秦和秦代上林苑起到秦咸阳城及其"渭南"地区重要宫室的安全屏障作用。汉长安城北部临渭河，都城重要建筑未央宫、长乐宫、武库、南郊礼制建筑集中于汉长安城南部，汉上林苑主要分布在汉长安城南部、西南部和东南部，同样加强了都城重要建筑的安全。未央宫、长乐宫等北部有桂宫、"北阙甲第"、北宫和明光宫与都城北部的市里相隔，使上述重要建筑更为安全。

3. 汉代甘泉宫、建章宫与上林苑关系

传统认为甘泉宫为汉上林苑组成部分，我们认为甘泉宫应为西汉时代

---

① 《汉书》卷九十四（下）《匈奴传》（下）载："故事，单于朝，从明王以下及从者二百余人。单于又上书言：'蒙天子神灵，人民盛壮，愿从五百人入朝，以明天子盛德。'上皆许之。"

都城长安城的"夏宫"①，后代的都城多有这类建筑，如隋唐时代的仁寿宫、九成宫、华清宫、玉华宫等，清代的承德避暑山庄等。甘泉宫不属于上林苑，位于渭北淳化县，南距汉长安城北边的渭河二百余里，这与文献记载的汉上林苑北界"濒渭而东"也是距离很大的②。甘泉宫有"甘泉苑"，文献记载"甘泉苑，武帝置"③。而甘泉宫的营建要早于甘泉苑，《关中记》载："林光宫，一曰甘泉宫。秦所造。在今池阳县西北，故甘泉县甘泉山上，周回十余里。汉武建元中增广之，周回十九里一百二十步。"甘泉苑是因甘泉宫而建。甘泉苑又称"甘泉上林苑"，《汉书》卷十六《高惠高后文功臣表》载：王当"以元封元年坐阑入甘泉上林苑"。传世文物有"甘泉上林"瓦④、"甘泉上林宫行镫"⑤，故"甘泉上林苑"亦称"甘泉上林"或"甘泉上林宫"，但是"甘泉上林""甘泉上林苑""甘泉上林宫"均属于"甘泉宫"，甘泉宫在西汉时代的特殊重要地位，使之可能设立属于其宫城的上林苑，但是它们不同于汉长安城的上林苑。

建章宫是作为皇室的皇宫使用的，建章宫建于汉长安城西侧，汉长安城西部和南部为上林苑故地，因此一些文献称建章宫为上林苑中的宫室，《玉海》卷一五六引《关中记》载："上林苑中有宫十二，建章其一也。"其实更确切的说法应该是建章宫在"上林苑中"或在"苑中"，《太平御览》卷一七九《居处部·观》引《关中记》载："上林苑，门十二，中有苑三十六，宫十二，观二十五。建章宫……以上十二宫、二十二观在上林苑中"⑥。《汉书》卷九十九（下）《王莽传》（下）记载："地皇元年……坏彻城西苑中建章、承光、包阳、大台、储元宫及平乐、当路、阳禄馆，凡十余所。"汉武帝是把建章宫作为皇宫营建的，《史记》卷二十八《封

---

① 刘庆柱辑注：《三秦记辑注·关中记辑注》之《关中记辑注》载："武帝常以五月避暑于此，八月乃还。"三秦出版社2006年版，第60页。

② 《汉书》卷五十七（上）《扬雄传》（上）载："武帝广开上林，南至宜春、鼎胡、御宿、昆吾，旁南山而西，至长杨、五柞，北绕黄山，濒渭而东，周袤数百里。"

③ 何清谷校注：《三辅黄图校注》，三秦出版社2006年版，第281页。

④ 《金石索·石索》卷六，第75页。

⑤ 薛氏：《钟鼎款识》卷二十，第1页。

⑥ 刘庆柱辑注：《三秦记辑注·关中记辑注》之《关中记辑注》，三秦出版社2006年版，第50、67—68页。

禅书》载:"上(汉武帝)还,以柏梁灾故……勇之乃曰:'越俗有火灾,复起屋必以大,用胜服之。'于是作建章宫,度为千门万户。前殿度高未央。"建章宫作为皇宫及大朝正殿所在地,从汉武帝太初四年到汉昭帝元凤二年。汉昭帝元凤二年从建章宫迁回未央宫大朝①,因此把建章宫作为上林苑的组成部分是说不通的。

(中国社会科学院考古研究所、广州市文物考古研究所:《西汉南越国考古与汉文化》,科学出版社 2010 年版)

---

① 《汉书》卷六《武帝纪》:太始四年"夏五月,还幸建章宫,大置酒,赦天下"。"征和元年春正月,还,行幸建章宫。"《汉书》卷七《昭帝纪》:元凤"二年夏四月,上自建章宫徙未央宫,大置酒。赐郎从官帛,及宗室子钱,人二十万。吏民献牛酒者赐帛,人一匹"。

汉长安城的考古发现及相关问题研究

——纪念汉长安城考古工作四十年

　　汉长安城是西汉王朝首都，曾是与西方罗马并称于世的古代著名国际大都会。基于它在人类历史上的重要地位，中国科学院考古研究所（1977年更名为中国社会科学院考古研究所）于 1956 年开始对汉长安城遗址进行系统、全面的考古勘察和重点考古发掘工作，至今已 40 年。汉长安城是中国古代都城遗址中开展考古工作最早、最多的城址之一，在都城考古学研究方面取得了许多重要的成果。鉴于汉长安城遗址的重要价值、保存现状和管理水平，中国有关方面已将其作为文化遗产向联合国教科文组织申报列入《世界遗产名录》[①]。

　　（一）汉长安城的考古勘察与发掘

　　汉长安城的考古勘察工作，40 年来一直是该城址考古工作中的重要任务。20 世纪 50 年代后期和 60 年代初期，主要勘察了汉长安城城墙、城门、城内主要道路和长乐宫、未央宫、桂宫的地望与范围。80 年代后期进一步勘察了未央宫、长乐宫和桂宫的结构和布局，究明了东市和西市的位置与基本形制，确定了高庙遗址的地望。90 年代以来，勘察了汉长安城中手工业作坊遗址的分布和北宫的地望、范围。

　　在上述考古勘察的基础上，对汉长安城进行了较大规模的考古发掘，主要有：城门遗址，礼制建筑遗址，武库遗址，长乐宫宫殿建筑遗址，未央宫宫殿、官署和角楼建筑遗址，制陶、冶铸和铸币等手工业作坊遗址的考古发掘（图 15—1）。

---

　　① 杜征：《古城西安重要文化遗产列入〈世界遗产名录〉国际研讨会纪要》，《文物》1995 年第 7 期。

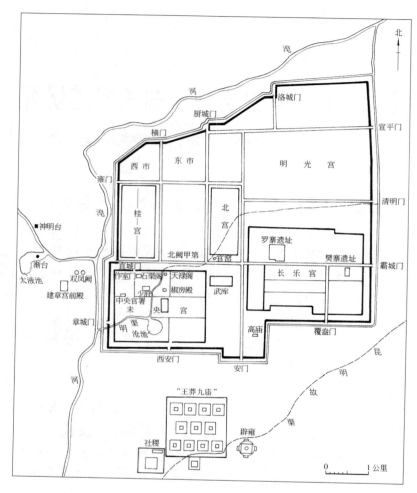

图 15—1 汉长安城遗址平面图

1. 关于汉长安城的布局形制

（1）城墙的勘察

汉长安城平面近方形①，东城墙长 6000 米、南城墙长 7600 米、西城墙长 4900 米、北城墙长 7200 米，全城周长 25700 米。城墙夯筑，夯

---

① 《汉旧仪》卷下："长安城方六十里，经纬各十五里。"《汉官六种》，中华书局 1990 年版，第 79—80 页。

层一般厚6—8厘米，底部夯层较厚，每层厚约十几厘米。城墙底部宽约16米，现存墙体最高处10余米。东、西城墙较平直；当时北城墙因邻近渭河①，与河道走向基本平行，呈西南—东北方向；南城墙因迁就先筑的长乐宫、高庙和未央宫，而其中部呈外凸之状。魏晋及以后的一些学者，据此而称长安城为"斗城"，认为西汉初年筑城设计者以天象之"北斗"、"南斗"而构筑成北城墙和南城墙形状②，这似出于臆断。

（2）城门的勘察和发掘

汉长安城共有12座城门，每面3座城门。除清明门和雍门遗址地面已无遗迹之外，其他10座城门遗址地面尚保存有一些建筑遗迹。城门址已发掘4座、试掘1座，它们分别为宣平门、霸城门、西安门、直城门③和横门④。从上述5座城门址来看，每座城中部均有两条并列隔墙，将城门分成3个门道，每个门道宽约6—8米。由于城门的隔墙宽窄不同，城门规模也就不一。隔墙宽者14米、窄者4米。与未央宫、长乐宫宫门相对的西安门、霸城门门道二隔墙各宽14米，宣平门、直城门、横门门道二隔墙各宽4米。这样形成与宫城宫门相对的城门面阔52米，其余城门面阔32米，前者较后者规模壮观宏大。

汉长安城东面3座城门与其他三面的9座城门，形制有所不同，即前者在门址外侧，向外有凸出的夯土基址，颇似"阙"类建筑遗存。如宣平门外"阙"址西距门址20米。"阙"址夯土台基现存高8.2米、东西13.8米、南北11.7米。这种城门设"阙"的做法对后世影响颇为深远，如东魏、北齐邺南城的朱明门⑤、隋唐洛阳城的应天门⑥、明清宫城午门的

① 《汉书》卷四《文帝纪》："昌至渭桥。"苏林注："在长安北三里。"经考古勘探，在横门遗址北1200多米，发现渭桥遗址。资料存中国社会科学院考古研究所汉城工作队。

② 《三辅黄图》：汉长安城"城南为南斗形，北为北斗形，至今人呼京城为斗城是也"。

③ A. 王仲殊：《汉长安城考古工作的初步收获》，《考古通讯》1957年第5期。B. 王仲殊：《汉长安城考古工作收获续记——宣平城门的发掘》，《考古通讯》1958年第4期。

④ 资料存中国社会科学院考古研究所汉城工作队。

⑤ 中国社会科学院考古研究所、河北省文物研究所邺城考古队：《河北临漳县邺南城朱明门遗址的发掘》，《考古》1996年第1期。

⑥ 杨焕新：《洛阳隋唐宫城应天门东阙遗址》，《中国考古学年鉴（1991年）》，文物出版社1993年版，第234—235页。洛阳市文物工作队：《隋唐东都应天门遗址发掘简报》，《中原文物》1988年第3期。

门阙建筑，它们与此或有一定的传承关系。

（3）道路的勘察

汉长安城的 12 座城门之中，除了与宫城宫门相对的 4 座城门之外，其余 8 座城门各与城内一条大街相连。大街笔直，或为南北向，或为东西向。这可能就是文献所载的"八街"①。八条大街之中以安门大街最长，约 5400 米；洛城门大街最短，约 850 米。八条大街之中，东西向的宣平门大街、清明门大街、雍门大街、直城门大街和南北向的安门大街较宽，路宽 45—56 米。路土距今地表深度一般为 1—1.5 米，路土厚 0.3—0.4 米。八街的每条大街均分为三道，中道宽 20 米，此乃文献所载之"驰道"②。中道两边各有一道，其间以排水沟相隔。排水沟通至城门，城门之下以砖石材料构筑成大型排水涵洞，在西安门和直城门发现的涵洞高 1.4 米、宽 1.2—1.6 米③。在长安城内侧，沿城墙有环城道路，即文献中的"环涂"④。东城墙内的环城路宽约 30 多米。

长安城的八条大街将城内分为 11 个"区"，各"区"功能不尽相同，建筑内容亦不一致。11 个区中，未央宫（包括武库）、长乐宫（包括高庙）、桂宫、北宫、明光宫和东市、西市各占 1 个区，里居共占 4 个区。汉武帝太初四年（公元前 101 年）营筑桂宫、明光宫之前，长安城中里居应占 6 个区。西汉前期，随着长陵邑、安陵邑、霸陵邑、阳陵邑和茂陵邑的兴建，不少达官显贵、巨商豪富从长安城徙居诸陵邑，为长安城内宫城区的扩大创造了条件。

2. 宫城区的勘察和发掘

汉长安城内的宫城区包括未央宫、长乐宫、桂宫、北宫和明光宫，开展考古工作最多的是未央宫，其次为长乐宫，桂宫和北宫只进行了考古勘察工作，明光宫的地望还在探寻之中。

---

① 《三辅旧事》："长安城中八街九陌。"张澍辑，丛书集成。
② 《汉书》卷十《成帝纪》："太子出龙楼门，不敢绝驰道，西至直城门，得绝乃度，还入作室门。"应劭曰："驰道，天子行道也。"
③ 王仲殊：《汉代考古学概说》，中华书局 1984 年版，第 6 页。
④ 《周礼·考工记》。

（1）未央宫的勘察和发掘

20 世纪 60 年代初，对未央宫的地望和范围进行了勘察；80 年代对宫城形制和布局进行了全面勘探、试掘，重点发掘了一些宫殿、官署、角楼等建筑遗址。上述考古资料已经整理编写成考古报告出版[①]。

未央宫位于汉长安城西南隅，宫城平面近方形，边长 2150—2250 米，周长 8800 米，面积约 5 平方公里。宫墙夯筑，墙宽约 8 米。宫城四面各辟一座宫门[②]，此外还有若干座"掖门"[③]。文献记载东宫门、北宫门之外筑有高大阙楼，东宫门阙址已勘察发现。宫城四隅应各筑有角楼，其中西南角楼已进行了全面发掘。宫城之内的干路有三条，两条南北平行的东西向干路贯通宫城，宫城中部有一条南北向干路纵贯其间。两条东西向干路将未央宫分成南部、中部和北部。中部主要有未央宫的主体建筑前殿基址，在其东西两侧还有一些其他重要的宫殿建筑。北部为后宫和皇室官署所在，后宫首殿——椒房殿遗址位居前殿基址以北 350 米处，其建筑规模宏大，已进行了全面考古发掘。皇室官署，如少府遗址等，多在后宫之西。未央宫西北部发掘的未央宫第三号建筑遗址属于负责官营手工业的中央官署建筑遗址。该遗址出土的 5 万多枚骨签资料的整理、研究和考古报告的编写正在进行。在未央宫东北部发现的建筑遗址不多。后宫以北和西北部有皇室的文化性建筑，如天禄阁、石渠阁等。未央宫南部西侧为皇宫池苑区，沧池、渐台即建于此；东侧勘察出一些建筑遗址（图 15—2）。

前殿是未央宫的大朝正殿，约位居宫城中央，坐北朝南，其上南北排列三座大殿。前殿属于秦汉时代流行的高台宫殿建筑，建筑物东、西两侧低，中间高，南低北高，由南向北逐渐升高。

未央宫是刘邦迁都长安后，由丞相萧何主持营建的皇宫，其布局结构反映出了西汉王朝最高层统治者们的都城、宫城设计思想，它在中国古代都城发展史上有着十分重要的意义[④]。

[①] 中国社会科学院考古研究所：《汉长安城未央宫：1980—1989 年考古发掘报告》，中国大百科全书出版社 1996 年版。

[②] 《三辅黄图》载："汉未央、长乐、甘泉宫，四面皆有公车司马门。"

[③] 《长安志》卷三，未央宫条引《关中记》载：未央宫有"掖门十四"。

[④] 刘庆柱：《汉长安城未央宫布局形制初论》，《考古》1995 年第 12 期。

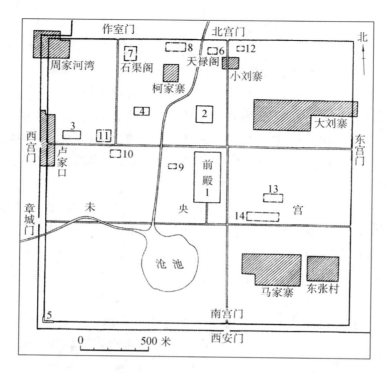

图 15—2　未央宫遗址平面图

（2）长乐宫的勘察和发掘

　　长乐宫是西汉初年高祖刘邦的临时皇宫，是在秦兴乐宫基础之上改建而成的。自惠帝以未央宫为皇宫始，长乐宫终西汉一代成了太后之宫①。80 年代中期对长乐宫进行了较全面的勘探。宫城中部有一条横贯全宫的东西干路，向东通至霸城门，向西与直城门大街相连接，路土宽 45—60 米，路面分为三道，中道路面较平，两侧路面略呈弧形。这条宫内大道形制与城内"八街"相近，是值得重视的一个现象。长乐宫内的主要宫殿建筑分布在东西干路南部，现已勘探出东西分布的三组大型宫殿建筑群。东边宫殿建筑遗址群规模最大，夯土基址东西 116 米、南北 197 米。基址南部东

---

　　① 《史记》卷四十三《叔孙通传》之【集解】引《关中记》云："长乐宫本秦之兴乐宫也，汉太后常居之。"

西并列三阶。基址之上南北排列三组殿址；南殿址东西 100 米、南北 56 米；中殿址东西 43 米、南北 35 米；北殿址东西 97 米、南北 58 米。该夯土基址西邻长乐宫南宫门至长乐宫东西干路的南北大路东侧，从其规模和布局结构来看，很可能属于长乐宫前殿遗址。在宫城西北部也有一些宫殿建筑，如罗寨村北发掘的汉代宫殿建筑遗址，周围有一长方形院落，院落东西 420 米、南北 550 米，院南部中间外凸。院内的宫殿基址东西 76.2 米、南北 29.5 米，台基周施回廊，廊道方砖铺地，廊外置卵石散水。长乐宫东北部为池苑区①（图 15—3）。

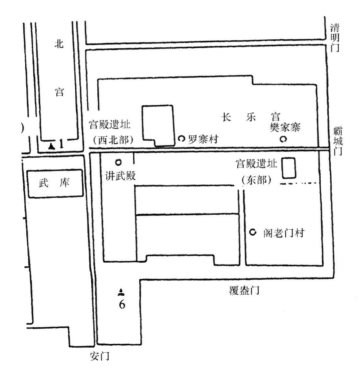

图 15—3　长乐宫遗址平面图

①　资料存中国社会科学院考古研究所汉城工作队。

（3）北宫的勘察

北宫是西汉初年营建的一座宫城，汉武帝时进行了增修[1]。其地望一直不甚清楚，学者们大多根据文献记载，推断北宫于未央宫之北、桂宫东邻，即横门大街以东、厨城门大街以西、雍门大街以南、直城门大街以北这一范围[2]。但经勘察，这一带未发现宫城城墙遗迹。我们认为，这里与未央宫北阙南北相对，很可能是原来“北阙甲第”的位置[3]。北宫应在这一地段以东，即厨城门大街以东、安门大街以西、雍门大街以南和直城门大街以北[4]。90年代在这里勘探出一座长方形宫城遗址，或即汉长安城内的北宫遗址[5]。

（4）桂宫的勘察

桂宫位于未央宫以北、雍门大街以南，东邻横门大街，西近汉长安城西城墙，南北长 1800 米、东西宽 880 米。宫城已勘探出南、北、东宫门各 1 座。南、北宫门有南北向干路相连。宫城中部的东西路，由东宫门向西通至宫城南北干路。宫城中南部有一高台宫殿建筑基址，现存台基高 11.5 米，底部平面近方形，边长约 50 米。台基南部分布有大量建筑遗迹。这座高台宫殿及其南部大型宫殿建筑基址，应为桂宫主殿鸿宁殿建筑群故址[6]。桂宫南宫门即龙楼门[7]，南与未央宫石渠阁西北的宫城掖门——作室门相对[8]。桂宫的考古工作是我们 90 年代后半期的重点。

---

① 《三辅黄图》：北宫“高帝时制度草创，孝武增修之”。

② 《三辅黄图》：“北宫，在长安城中，近桂宫，俱在未央宫北。”

③ 《文选·西都赋》：“北阙甲第，当道直启。”

④ 刘庆柱、李毓芳：《汉长安城的宫城和市里布局形制述论》，《考古学研究》，三秦出版社 1993 年版，第 603 页。

⑤ 中国社会科学院考古研究所汉城工作队：《汉长安城北宫的勘探及其南面砖瓦窑的发掘》，《考古》1996 年第 10 期。

⑥ 《汉书》卷二十七（上）《五行志》（上）：“哀帝建平三年正月癸卯，桂宫鸿宁殿灾，帝祖母傅太后之所居也。”《汉书》卷十一《哀帝纪》：建平三年春正月“癸卯，帝太太后所居桂宫正殿火”。

⑦ 《雍录》龙楼门条载：“桂宫南面有龙楼门。”

⑧ 《汉书》卷十《成帝纪》：刘骜“初居桂宫，上尝急召，太子出龙楼门，不敢绝驰道，西至直城门，得绝乃度，还入作室门”。《雍录》载：“作室门者，未央宫之别门也。桂宫南面有龙楼门，未央宫北面有作室门，两门相对。”

（5）明光宫的勘察

据文献记载，明光宫位于长乐宫之北①，现在大多数学者认为其地望在清明门大街以北、宣平门大街以南、安门大街以东、东城墙以西的范围之内②。也有学者认为"北宫即明光，明光即北宫，其位置自然也一处"③。目前明光宫考古勘察工作正在进行。

3. 武库的勘察和发掘

汉长安城武库遗址于 70 年代全面进行了考古勘察与重点发掘，这是中国考古学上唯一进行勘察和发掘的武库遗址。武库为一长方形大院落，东西长 710 米、南北宽 322 米。院落东西居中略偏西处有一南北隔墙，将大院分成东、西两部分。隔墙南端辟门。武库东门位于东墙南北居中位置。南门有二。东院的南、北、西三面分布有一、二、三、四号建筑，西院在东、西、南三面分布有五、六、七号建筑。一、七号建筑遗址进行了全面考古发掘，其中出土了大量铁兵器，这是研究古代兵器的重要资料④。武库遗址的全部考古发掘资料，已编写出《汉长安城武库发掘报告》，即将出版（图 15—4）。

4. 市场与手工业作坊遗址的勘察和发掘

汉长安城不仅是西汉王朝的政治中心，还是当时全国主要的工商业都会之一。80 年代中期在长安城西北部勘察发现两个"市"的遗址，二市四周夯筑"市墙"，此即文献所载之"东市"与"西市"。东市东西 780 米、南北 650—700 米；西市东西 550 米、南北 420—480 米⑤。

汉长安城的手工业作坊遗址主要分布在都城西北部，其中尤以西市附近分布最为密集。90 年代前半期，都城手工业作坊遗址的考古勘察和发掘是汉长安城遗址考古的主要田野工作内容，其间已经考古发掘的主要有制

---

① 《三辅黄图》："明光宫，武帝太初四年秋起，在长乐宫后，南与长乐宫相连属。"

② 王仲殊：《汉长安城遗址》，《中国大百科全书·考古学》，中国大百科全书出版社 1984 年版，第 160 页。

③ 马先醒：《再论汉宫位置》，《中国历史论文集》，台湾商务印书馆刊行（1980 年）。

④ 中国社会科学院考古研究所汉城工作队：《汉长安城武库遗址发掘的初步收获》，《考古》1978 年第 4 期。

⑤ 刘庆柱：《西安市汉长安城东市和西市遗址》，《中国考古学年鉴·1987 年》，文物出版社 1989 年版。

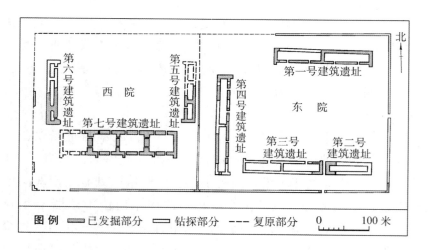

图 15—4　武库遗址平面图

陶、冶铸和铸币作坊遗址。

　　制陶作坊遗址以烧造明器陶俑的窑址最具特色。1990 年发掘的 21 座陶俑窑，为中央所辖的"官窑"，这是研究少府东园秘器的重要资料①。在西市西边有一些陶窑，分布散乱，陶窑产品多样化，既有陶俑（人俑、马俑、鸟俑等）等明器，也有砖瓦建筑材料，还有罐、盆等日用陶器皿。这些陶窑应属于民间私人所经营②。

　　过去发现的汉长安城手工业作坊遗址大多在汉长安城西北部，1994 年在北宫以南、武库以北发现了大面积西汉前期烧造砖瓦的窑址群，从已勘察和发掘的窑址情况来看，这些砖瓦窑成组分布，窑的结构相同，布局规整。窑址出土的砖瓦上戳印有"大匠"陶文，这些说明此窑群隶属于将作大匠，应为中央所属的官窑。该窑群生产的砖瓦当用于长安城未央宫、北

　　① 中国社会科学院考古研究所汉城工作队：《汉长安城窑址发掘报告》，《考古学报》1994 年第 1 期。

　　② 中国社会科学院考古研究所汉城工作队：《汉长安城 1 号窑址发掘简报》、《汉长安城 23—27 号陶窑发掘简报》，《考古》1991 年第 1 期、1994 年第 11 期。

宫等宫室建筑①。

1992 年发掘的汉长安城冶铸遗址，位于西市中部偏南，遗址包括烘范窑 3 座、冶铸遗迹 1 处和 5 个废料堆积坑。出土的叠铸范有圆形轴套范、六角承范、带扣范、圆形环范、齿轮范、权范、器托范和镇器范等②。

西市东北部有不少西汉时代铸币遗址，其中出土了大量"五铢"砖雕范母，也发现了个别石雕范母。这些五铢钱范母形制相近，周有边缘，内作钱范。范首窄细装柄，中通总流，左右排各 1—3 行，阳文正书凸起。间有题记，皆在总流左右，阳文反书。题记内容有纪年、编号、匠名等。纪年大多为"元凤""本始""甘露"等年号。这处遗址应为中央政府辖属的铸币遗址。带有题记纪年内容的五铢钱范母的出土，为"五铢"钱的年代断定提供了一批极为宝贵、科学的资料③。

5. 汉长安城南郊礼制建筑遗址的勘察和发掘

50 年代后期，对汉长安城南郊礼制建筑中的宗庙、辟雍和社稷遗址进行了勘察和发掘（图 15—5）。

（1）宗庙遗址

位于汉长安城西安门与安门南出平行线之间，包括 12 座建筑，各座建筑形式均同。1—11 号建筑在同一方形大院之中，院墙边长 1400 米。12 号建筑在大院南部正中，北距南院墙 10 米。每座建筑又各自围筑一方形院落，院子边长 260—280 米。中心建筑平面方形，居院中央。院子四面中央各辟一门，院子四角各有一曲尺形配房。1—11 号建筑的中心建筑边长 55 米，12 号建筑的中心建筑边长约 100 米。中心建筑周围均置卵石散水。学术界一般认为这是文献记载中的"王莽九庙"遗址④。

---

① 中国社会科学院考古研究所汉城工作队：《汉长安城北宫的勘探及其南面砖瓦窑的发掘》，《考古》1996 年第 10 期。

② 中国社会科学院考古研究所汉城工作队：《1992 年汉长安城冶铸遗址发掘简报》，《考古》1995 年第 9 期。

③ 李毓芳：《汉长安城烘范窑和铸币遗址》，《中国考古学年鉴（1993 年）》，文物出版社 1995 年版。

④ 中国科学院考古研究所汉城发掘队：《汉长安城南郊礼制建筑遗址发掘简报》，《考古》1960 年第 7 期。

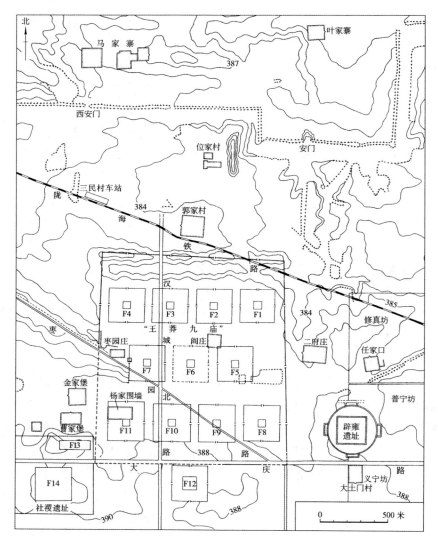

图 15—5　汉长安城南郊礼制建筑分布示意图

（2）辟雍遗址

位于今西安市西郊大土门村北。西汉辟雍建筑创建于汉平帝时期。辟雍遗址已全面发掘，其平面为"外圆内方"，主体建筑居中，建于圆形夯土台上，夯土台直径 62 米。台上中心建筑为"亚"字形。圆形夯土台位于方形院子中央，院墙边长 235 米。院子四面中央各辟一门，四隅各有一座曲尺形配房。院子外侧有圜水沟，直径 360 米，沟宽 2 米、深 1.8 米①。

（3）社稷遗址

包括官社和官稷遗址。《三辅黄图》载："汉初除秦社稷，立汉社稷。其后又立官社。"官社遗址位于汉长安城西南部，东北毗邻宗庙遗址。官社遗址夯土台基残高 4.3 米、东西残长 240 米、南北宽 70 米。主体建筑居中，周施廊庑。考古发掘表明，官社遗址始建于秦或汉初，西汉中期重修扩建，西汉末年废弃。官稷遗址在官社遗址西南，现存两重围墙，呈"回"字形平面，外围墙边长约 600 米、内围墙边长 273 米。内、外围墙四面中央各辟一门②。据《三辅黄图》记载，官稷始立于汉平帝元始三年。

6. 建章宫、上林苑遗址的勘察

建章宫位于汉长安城西，汉武帝太初元年（公元前 104 年）所建。汉武帝把建章宫作为皇宫使用，直到昭帝元凤二年（前 78 年）才"自建章宫徙未央宫"③。建章宫的建筑形制仿照未央宫④。宫城主殿为前殿，在今高堡子、低堡子村一带，前殿基址南北 320 米、东西 200 米，基址北高南低，北部高于今地面 10 余米。太液池在前殿西北 450 米处，池平面呈曲尺形，东西 510 米、南北 450 米，面积 151600 平方米。池东北有渐台基址，现存东西 60 米、南北 40 米、残高 8 米。建章宫东门在前殿以东 700 米，宫门外二阙基址尚存，这是我国地面现存最早的古代宫阙基址。二阙址间距 53 米，保存较好的西阙址底径 17 米、现存高 11 米⑤。

上林苑是汉长安城的皇家苑囿，其范围西至周至县终南镇，东至蓝田县焦岱镇，北界一般在渭河以南，南到终南山北麓。上林苑主要建筑集中在汉长安城西南部的昆明池附近，昆明池故址在今长安县常家庄以南，石

---

① 唐金裕：《西安西郊汉代建筑遗址发掘报告》，《考古学报》1959 年第 2 期。
② 王仲殊：《汉长安南郊礼制建筑遗址》，《中国大百科全书·考古学》，中国大百科全书出版社 1984 年版，第 162 页。
③ 《汉书》卷七《昭帝纪》。
④ 《汉书》卷二十五（下）《郊祀志》（下）："于是作建章宫，度为千门万户。前殿度高未央。"《长安志》卷三，建章宫条引《关中记》云："建章宫周回二十余里"，"其制度事兼未央"。
⑤ 资料存中国社会科学院考古研究所汉城工作队。

匣口村以北，孟家寨、万村以西，张村、马营寨以东，面积约 10 平方公里。这里发现的上林苑宫观建筑有昆明台、豫章观、白杨观、细柳观、宣曲宫等遗址①。此外，在考古勘察中还发现了上林苑黄山宫、鼎胡延寿宫遗址等，后者曾进行了较大规模的发掘②。近年来汉代京畿地区勘察发现的西汉宫观遗址为数甚多，这里不一一列举了。

40 年来汉长安城遗址的田野考古工作取得了丰硕的学术成果，为汉长安城的考古学研究提供了大量重要的考古资料。

（二）汉长安城遗址相关问题的研究

通过 40 年来对汉长安城遗址的考古勘察、发掘和研究，我们从多方面认识到它在中国古代都城史上的重要地位和承上启下的作用。这里就汉长安城遗址对中国古代都城发展史上影响较大的相关问题做一初步探讨。

1. 崇"方"问题

汉长安城平面近方形，其皇宫未央宫平面亦为方形，这反映了当时的崇"方"思想。崇"方"做法在中国古代都城发展史上源远流长，首先从宫城平面规划开始。河南偃师商城的宫城边长 200 米③。属于东周时代的山东曲阜鲁国故城中的宫城，东西 550 米、南北 500 米④。楚都纪南城中的宫城，东西约 690 米、南北约 750 米⑤。战国时期的魏都安邑之宫城，东西 855 米、南北 930 米⑥。赵都邯郸的赵王城，西城是其主要宫殿区所在，西垣 1426 米、北垣 1394 米、东垣 1422 米、南垣 1372 米⑦。从上述诸城之宫城可以看出，其平面均为方形或近方形。

成书于战国时代的《考工记》，所载都城、宫城平面形制，反映出的崇"方"思想，已达极致。其载"匠人营国，方九里"，公的城方七里，

---

① 胡谦盈：《汉昆明池及其有关遗存踏察记》，《考古与文物》1980 年创刊号。

② 《蓝田汉时上林苑故地发现鼎胡延寿宫遗址》，《人民日报》1988 年 11 月 30 日。

③ 赵芝荃、徐殿魁：《偃师尸乡沟商代早期城址》，《中国考古学会第五次年会论文集》，文物出版社 1988 年版。

④ 山东省文物考古研究所等：《曲阜鲁国故城》，齐鲁书社 1982 年版，第 12 页。

⑤ 湖北省博物馆：《楚都纪南城的勘查与发掘（一）》，《考古学报》1982 年第 3 期。

⑥ 陶正刚、叶学明：《古魏城和禹王城调查简报》，《文物》1962 年第 4—5 期。中国科学院考古研究所山西队：《山西夏县禹王城调查》，《考古》1963 年第 9 期。

⑦ 河北省文物管理处等：《赵都邯郸故城调查报告》，《考古学集刊》第 4 集，中国社会科学出版社 1984 年版。

侯伯的城方五里，子男的城方三里。王城中的宫城，郑玄认为其规模"方各百步"，即所谓"一夫"①，平面仍为方形。

汉长安城和未央宫继承了先秦时代宫城崇"方"的传统做法，同时又对西汉时代各类重要皇室建筑产生了重要影响。汉长安城南郊礼制建筑中的"宗庙"遗址之"大院"和"小院"，平面均为方形，"小院"之内的中心建筑平面亦为方形②。官稷遗址的两重相套的大、小院子平面均为方形③。辟雍遗址中心建筑及其外院子的平面皆为方形④。

西汉帝陵陵园平面一般亦为方形，如汉高祖和吕后的长陵陵园平面方形，边长 780 米。自汉景帝至汉平帝，帝陵与后陵陵园平面均为方形，前者边长 410—430 米；后者规模较小，一般边长 330 米。帝陵与后陵的陵墓封土的底部和顶部平面一般亦为方形，只是后陵较帝陵封土规模要小⑤。

汉长安城和未央宫平面所表现的崇"方"思想，对后代的影响也是相当深远。如汉魏洛阳城明堂遗址围墙东西 386 米、南北约 400 米，主体建筑的夯筑基址平面东西 63 米、南北 64 米。灵台遗址围墙东西 200 米、南北 220 米，灵台主体建筑基址边长 50 米⑥。由此可见，汉魏时期明堂、灵台等皇室建筑平面均为方形。

吴都建业的都城与宫城、东晋都城建康的大城及宫城平面均为方形⑦。隋唐长安城和北宋东京城的内城均略呈方形，前者东西 2820 米、南北 3335 米⑧；后者边长约 3200 米⑨。位于内蒙古自治区宁城县的辽中京遗址，其宫城平面为方形，边长 1000 米⑩。元上都的外城、内城和宫城均为

①　《周礼·考工记》。

②　中国科学院考古研究所汉城发掘队：《汉长安城南郊礼制建筑遗址发掘简报》，《考古》1960年第 7 期。

③　王仲殊：《汉长安南郊礼制建筑遗址》，《中国大百科全书·考古学》，中国大百科全书出版社 1984 年版，第 162 页。

④　唐金裕：《西安西郊汉代建筑遗址发掘报告》，《考古学报》1959 年第 2 期。

⑤　刘庆柱、李毓芳：《西汉十一陵》，陕西人民出版社 1987 年版，第 175 页。

⑥　中国社会科学院考古研究所洛阳工作队：《汉魏洛阳城南郊的灵台遗址》，《考古》1978 年第 1 期。

⑦　朱偰：《金陵古迹图考》，商务印书馆 1936 年版。

⑧　中国科学院考古研究所西安唐城发掘队：《唐代长安城考古纪略》，《考古》1963 年第 11 期。

⑨　河南省文物研究所：《河南考古四十年》，河南人民出版社 1994 年版，第 387 页。

⑩　辽中京发掘委员会：《辽中京城址发掘的重要收获》，《文物》1961 年第 9 期。

方形，边长分别为 2200 米、1400 米、570—620 米[①]。

2．"择中"与轴线问题

"择中"设计思想是中国古代都城中的重要特点，在汉长安城中，它主要表现为宫城（未央宫）中的大朝正殿（前殿）位置"择中"、宫城轴线居中，宫城与都城轴线重合。

未央宫平面近方形，前殿基本位居宫城中央。未央宫的轴线应为北宫门与南宫门之间的南北大道，这条轴线基本位于宫城东西居中位置。宫城在都城之内的"择中"而立应体现在宫城与都城轴线的重合。未央宫轴线向北连接横门大街，其东为"北阙甲第"和北宫，西为桂宫，再北的东市、西市位于横门大街东西两侧。未央宫轴线向南至西安门，出西安门，宗庙在其左，社稷居其右。这条由横门至西安门的南北线应为汉长安城的轴线，其南部与未央宫轴线重合。

汉长安城未央宫反映出的"择中"问题，在先秦时代都城中已不乏其例。如：

曲阜鲁故城的宫城在今周公庙一带，约位于鲁城中部。宫城之南有一条南北干道，直对南垣东门，此即鲁城正南门，其南 1735 米为鲁侯郊祀的舞雩台遗址。鲁城的轴线应系南至鲁城南郊的舞雩台，向北至南垣东门，再北至宫城中部，形成一条南北向轴线[②]，宫城轴线与都城轴线北部重合。

郑韩故城的宫城位于西城中央，宫城北部东西居中为主体宫殿建筑[③]，此建筑位于宫城南北轴线之上。宫城轴线向南、北延伸，形成西城轴线。

燕下都的宫殿建筑集中于东城中部，主体宫殿建筑为"武阳台"，以此形成的宫城、都城南北中轴线，由南向北依次分布有"望景台"、"张公台"、"老姆台"等大型宫殿建筑基址[④]。

赵邯郸故城的王城之西城为宫城，西城之内东西居中位置，有大型宫

---

① 张文芳：《元上都遗址》，《内蒙古文物考古》1994 年第 1 期。

② 张学海：《浅谈曲阜鲁城的年代和基本格局》，《文物》1982 年第 12 期。

③ 河南省博物馆新郑工作站等：《河南新郑郑韩故城的钻探和试掘》，《文物资料丛刊》第 3 集，文物出版社 1980 年版。

④ 石永士：《关于燕下都故城宫殿建筑几个问题的探索与研究》，《文物春秋》1992 年增刊。

殿多座南北依次排列。一号宫殿台基为西城主体建筑，规模最大，位于南端，其北有二、三号宫殿台基①。

上述诸宫城之轴线一般应穿过正殿，向南、北分别通至南、北城门，形成都城轴线。宫城轴线与都城轴线中一部分重合。

汉代"择中"观念不仅反映在都城之宫城建制上，在皇室的礼制建筑和陵寝建筑中反映更为充分，也更加规整。如汉长安城南郊的宗庙遗址中的12座庙，每座庙均位于各自院子中央②，社稷和辟雍遗址与上述宗庙遗址情况相同③。西汉时代皇帝和皇后陵墓封土，一般各自分别位于其陵园中央④。

汉长安城未央宫的"择中"观念，对后代都城建设也多有影响。东汉雒阳城南郊的辟雍、明堂、灵台的主体建筑均位于各自院子的中央⑤。曹魏邺城宫城分成东西并列二区，外朝文昌殿与内朝听政殿东西并列。文昌殿在宫城西区东西居中位置，其南与端门、止车门、中阳门大道和中阳门相对，此即邺城南北中轴线⑥，文昌殿与止车门间应为宫城轴线。北魏洛阳城的太极殿位于宫城中部偏西，宫城约在内城北部东西居中位置，都城中轴线为南至圜丘，向北至宣阳门、铜驼街、阊阖门、太极殿。阊阖门以北，宫城与都城轴线重合⑦。隋大兴城、唐长安城的太极殿位于宫城中部，宫城中轴线穿太极殿，向南与承天门、朱雀门、明德门相连接，形成都城中轴线。隋大兴城、唐长安城的宫城及大朝正殿分别在都城与宫城东西居中位置，都城、宫城轴线"择中"而设⑧。这种形制一直延续到明清北京城。

---

① 河北省文物管理处等：《赵都邯郸故城调查报告》，《考古学集刊》第4集，中国社会科学出版社1984年版。

② 中国科学院考古研究所汉城发掘队：《汉长安城南郊礼制建筑遗址发掘简报》，《考古》1960年第7期。

③ 唐金裕：《西安西郊汉代建筑遗址发掘报告》，《考古学报》1959年第2期。王仲殊：《汉长安南郊礼制建筑遗址》，《中国大百科全书·考古学》，中国大百科全书出版社1984年版，第162页。

④ 刘庆柱、李毓芳：《西汉十一陵》，陕西人民出版社1987年版，第176页。

⑤ 王仲殊：《汉代考古学概说》，中华书局1984年版，第6页。

⑥ 徐光冀：《曹魏邺城的平面复原研究》，《中国考古学论丛》，科学出版社1993年版。

⑦ 中国科学院考古研究所洛阳工作队：《汉魏洛阳城初步勘查》，《考古》1973年第4期。

⑧ 中国科学院考古研究所西安唐城发掘队：《唐代长安城考古纪略》，《考古》1963年第11期。

都城的轴线位置因时代早晚有所不同，一般来讲，时代越晚，都城轴线越是居中部（也有个别例外者，如隋唐洛阳城等）；时代越早，都城轴线位置往往偏于一侧。如明清北京城、元大都、宋开封城、隋大兴城、唐长安城、北魏洛阳城等，轴线均居都城中部；而东周洛阳王城和汉长安城的轴线则偏西部。无论都城轴线居中或偏于一边，但就大多数都城而言，其轴线应由宫城轴线延长线形成，也就是说，宫城轴线必须是都城轴线上的一部分。当然，有的都城属于大城与小城相连，如赵邯郸故城、齐临淄故城等，其大城与小城的轴线不可能重合，但二者的轴线方向仍是一致的。中国古代都城的核心建筑是宫城，大朝正殿是宫城的主体建筑，宫城轴线应正对大朝正殿（或在其旁）。

3. 城门问题

《周礼·考工记》载："匠人营国，方九里，旁三门。"先秦都城中，河南偃师商城和郑州商城的城门数量目前还不甚清楚①。齐临淄大城城门共8座，其中西门1座、东门3座、南门和北门各2座；小城城门共5座，其中东、西、北门各1座、南门2座②。楚都郢城有7座城门（包括2座水门），其中西、南、北门各2座（南、北门中各包括1座水门），东门1座③。鲁国故城城门11座，东、西、北门各3座，南门2座④。鲁城的城门数量与分布情况与《考工记》记载最接近。汉长安城是中国古代都城中唯一一座四面各置3座城门、全城共12座城门的都城。从汉长安城开始形成的这种规整的都城城门配置制度，在以后历代都城城门建制中产生了深远影响。如东汉雒阳城共12座城门，其中东、西门各3座，南门4座、北门2座⑤；隋大兴城、唐长安城共13座城门，其中东、西、南门各3座，北门4座⑥；元大都有11座城门，城门分布为东、西、南门各3座，

①　河南省文物研究所：《河南考古四十年》，河南人民出版社1994年版，第387页。

②　张学海：《临淄齐国故城》，《中国大百科全书·文物博物馆》，中国大百科全书出版社1993年版，第318页。

③　湖北省博物馆：《楚都纪南城的勘查与发掘（一）》，《考古学报》1982年第3期。

④　山东省文物考古研究所等：《曲阜鲁国故城》，齐鲁书社1982年版，第7—10页。

⑤　王仲殊：《汉代考古学概说》，中华书局1984年版，第6页。

⑥　中国科学院考古研究所西安唐城发掘队：《唐代长安城考古纪略》，《考古》1963年第11期。

北门 2 座①。上述都城均为南北轴线，轴线左右（即东、西）或谓其"旁"，它们的东、西城门各为 3 座，大概应属于"旁三门"之制，这应是受到汉长安城城门制度的影响。

班固《西都赋》载："披三条之广路，立十二之通门。"张衡《西京赋》亦载："城郭之制，则旁开三门，参涂夷庭，方轨十二，街衢相径。"汉长安城已发掘的宣平门、霸城门、西安门和直城门，均为一门三道，与文献记载一致。"一门三道"应为汉长安城城门的统一形制。这种门制，先秦文献已有记载②。从目前考古资料来看，"一门三道"城门形制可上溯到春秋时代晚期的楚纪南城，其西城门（西城垣北门）和南城门（其中的水门）各有三个门道。纪南城共发现 7 座城门，除了以上二门各为三个门道之外，其余 5 座城门均为"一门一道"③。看来"一门三道"在纪南城并未形成定制。纪南城西垣北门和南垣水门的"一门三道"恐与汉长安城的"一门三道"意义并不相同。

汉长安城所有城门"一门三道"的情况，在中国古代都城中是出现最早的，此后这一制度为历代都城相沿。东汉雒阳城每个城门亦有三个门道，雒阳城夏门的勘探证实了这一点④。魏晋洛阳城沿袭了东汉雒阳城城门形制，《洛阳伽蓝记·序》载：洛阳城"一门有三道，谓之九轨"。《河南志》卷二引《洛阳记》载："洛阳十二门，门有阁，闭中，开左右出入。"已进行考古发掘的东魏、北齐邺南城朱明门⑤，唐长安城皇城含光门⑥、唐洛阳城应天门⑦亦均为一门三道。降及宋元明清，诸都城城门

---

①　中国科学院考古研究所、北京市文物管理处元大都考古队：《元大都的勘查和发掘》，《考古》1972 年第 1 期。

②　《十三经注疏·周礼注疏》载："匠人营国，方九里，旁三门。国中九经九纬，经涂九轨。"贾公彦疏："王城面有三门，门有三涂，男子由右，女子由左，车从中央。"

③　湖北省博物馆：《楚都纪南城的勘查与发掘（一）》，《考古学报》1982 年第 3 期。

④　中国科学院考古研究所洛阳工作队：《汉魏洛阳城初步勘查》，《考古》1973 年第 4 期。

⑤　中国社会科学院考古研究所、河北省文物研究所邺城考古队：《河北临漳县邺南城朱明门遗址的发掘》，《考古》1996 年第 1 期。

⑥　中国社会科学院考古研究所西安唐城工作队：《唐长安皇城含光门遗址发掘简报》，《考古》1987 年第 5 期。

⑦　A. 杨焕新：《洛阳隋唐宫城应天门东阙遗址》，《中国考古学年鉴·1991 年》，文物出版社 1993 年版，第 234—235 页。B. 洛阳市文物工作队：《隋唐东都应天门遗址发掘简报》，《中原文物》1988 年第 3 期。

"一门三道"之制未变。

4. 道路结构与棋盘式道路网

汉长安城主要道路有与城门相对的八条大街，在部分地方还发现了城墙内侧的环城道路。汉长安城的八条大街形制、规模大体相近，长短不一。八条大街或东西、或南北，方向笔直。每条大街均由中道和两侧的左、右道组成，中道最宽。三股道之间以路沟相分隔，路沟用于排水①。这种结构的道路，当为文献记载的"道中三途"②。目前考古发现还未见先秦时代"道中三途"之路。汉长安城"八街"，是现在已知最早的"道中三途"考古资料。汉魏洛阳城内的干路，文献记载为"一道三途"。"三途"功能各不相同，《太平御览》引《洛阳记》载："宫门及城中大道皆分作三。中央御道，两边筑土墙，高四尺余，外分之。唯公卿、尚书章服从中道，凡行人皆行左右。"

汉长安城八条大街（与城门相通的干路），交叉形成棋盘式网格，每格作为一区，计十一区。其中五区分别建筑了未央宫、长乐宫、北宫、桂宫和明光宫，一区为"北阙甲第"，城内西北部二区为东市和西市所在地，东北部三区为市民里居所在。这种以纵横干道形成网格分区、在各区之中安排不同性质建筑的设计，在中国古代都城布局中有着典型意义。

5. "面朝后市"问题

汉长安城的"朝"在未央宫，"市"即"东市"和"西市"。未央宫与东市、西市先后筑于高祖、惠帝时期③，属于统一规划。未央宫和东市、西市分别在汉长安城西南和西北部，宫、市南北排列，这即文献中所载的"面朝后市"格局。

"面朝后市"格局在先秦时代的都城中已出现。如河南偃师商城的宫城位于城南部，城中北部曾发现大面积手工业作坊遗址，工商相连，城的

---

① 《汉书》卷六十六《刘屈氂传》："太子引兵去，驱四市人凡数万众，至长乐西阙下，逢丞相军，合战五日，死者数万人，血流入沟中。"师古注："沟，街衢之旁通水者也。"

② 《礼记·王制》卷十三《正义》。

③ A.《汉书》卷一（下）《高帝纪》（下）：高帝七年"萧何治未央宫"。B.《汉书》卷二《惠帝纪》载：惠帝六年"起长安西市"。C.《史记》卷二十二《汉兴以来将相名臣年表》载：汉高帝六年"立大市"。D. 关于汉长安城的"大市"即其"东市"的考证，参见刘庆柱《再论汉长安城布局结构及其相关问题答杨宽先生》，《考古》1992年第7期。

市很可能也在宫城以北①。属于东周时期的曲阜鲁城，在宫城北部的盛果寺北村南有大面积周代遗址，其中有不少手工业作坊遗址，这里或亦为市的所在地②。《春秋左传集解》文公十八年，《传》载："夫人姜氏归于齐，大归也。将行，哭而过市曰：'天乎，仲为不道，杀嫡立庶。'市人皆哭，鲁人谓之哀姜。"姜氏由鲁归齐，即由南返北，当走宫城北门，再过市，则市当在宫城之北。东周王城西南部瞿家屯一带为王城宫殿建筑区，王城北部分布有大量手工业作坊遗址，市场或在其附近③。若此，则王城仍属"面朝后市"格局。齐临淄城和赵邯郸城都是小城（宫城）在西南、大城在东北，市均在大城之内，这种方位配置也可理解为"面朝后市"的布局。秦雍城的市场遗址在北城垣南 300 米，位于雍城北部，即今凤翔棉织厂、翟家寺一带。市场遗址以南为秦公朝寝遗址，它们主要分布在今马家庄、姚家岗一带④。

汉长安城继承了先秦都城"面朝后市"格局，同时也对后代都城产生了影响。东汉雒阳城，虽然南宫和北宫早已有之，但在汉明帝永平三年（公元 60 年）营建北宫之前，作为"皇宫"使用的，一直是南宫。光武帝立都雒阳伊始，就住在南宫却非殿，建武十四年还在南宫建成前殿，即大朝正殿。汉雒阳城有三个市，即金市、南市和马市，后二市均在雒阳城外的南部和东部，唯有金市在城内。金市即大市，大市为都城中的主要市。金市位于南宫西北部，因而潘岳《闲居赋》称其"面郊后市"。从北魏洛阳城开始，至明清北京城（除元大都仍为"面朝后市"），市的位置从宫城之北变为宫城之南，"面朝后市"格局已不复存在。

6."左祖右社"问题

"左祖右社"制度早在西周时代已存在，《周礼·春官》载："小宗伯之职，掌建国之神位，右社稷、左宗庙。"汉长安城南郊发现的宗庙、社稷建筑遗址，是目前所知反映"左祖右社"制度的最早、最完整的考古资

① 赵芝荃：《洛阳三代都邑考实及其文化的异同》，《河洛文明论文集》，中州古籍出版社 1993 年版。

② 山东省文物考古研究所等：《曲阜鲁国故城》，齐鲁书社 1982 年版，第 17 页。

③ 中国社会科学院考古研究所：《洛阳发掘报告》，燕山出版社 1989 年版，第 137—138 页。

④ 《秦都雍城发现市场和街道遗址》，《人民日报》1986 年 5 月 21 日。

料。有的学者认为，汉长安城的"左祖右社"形成于西汉晚期，其根据是50年代发掘的宗庙遗址，系王莽时营建。我认为汉长安城中的宗庙——高祖庙、惠帝庙早在西汉初期已建筑。根据文献记载，高祖庙在武库以南，安门大街以东，安门之内，约在今东叶村一带①。通过在这里勘探，于长乐宫西南部，安门大街与南城墙南折段东西居中处，发现一汉代大型夯土建筑基址，推测当为高庙遗址②。又据文献记载，惠帝庙应在高庙附近③。至于官社建筑，文献记载和考古发掘都表明，其始建于秦或汉初，西汉中期重修扩建，西汉末年废弃。汉平帝元始三年又立官稷。可见西汉初年汉长安城的"祖""社"已营建，相对宫城——未央宫而言已形成"左祖右社"格局。

汉长安城的"左祖右社"格局直接受到秦咸阳城"祖""社"格局影响。汉长安城的汉初之社可能是在秦咸阳城的秦社基础之上建成的④。秦先王的一部分宗庙在咸阳的渭南⑤，其中的昭王庙西邻樗里疾的墓地，后者约在汉长安城武库附近⑥。据上述可以看出，秦的社和庙（至少诸庙之一部分）营建于渭河南岸。秦咸阳城的宫城在今咸阳市窑店镇牛羊村一带，宫城南边已勘探出南北向大道，直抵渭河，与汉长安城横门、未央宫前殿遗址南北相对⑦。未央宫前殿即秦章台故址，章台是秦王在渭南的大朝正殿⑧。秦咸阳城宫城与章台间南北线应为秦都咸阳轴线，此轴线由章台向南延伸，秦社稷遗址在其西，居"右"位。秦昭王庙（或还可能有渭南诸庙）在这条轴线以东，居"左"位。如果上述推断不误的话，那么汉长安城的"左祖右社"显然承袭秦制。

汉长安城的祖、社在宫城和都城南部，但祖、社的左、右方位以宫城

---

① 《汉书》卷四十三《叔孙通传》晋灼注："《黄图》高庙在长安城门街东，寝在桂宫北。"

② 资料存中国社会科学院考古研究所汉城工作队。

③ 《三辅黄图》载："惠帝庙，在高帝庙后。"《长安志》引《关中记》载："惠帝庙在高庙之西。"

④ 《三辅黄图》："汉初除秦社稷，立汉社稷。"

⑤ 《史记》卷六《秦始皇本纪》："先王庙或在西雍或在咸阳。""诸庙及章台、上林皆在渭南。"

⑥ 《史记》卷七十一《樗里子列传》。

⑦ 刘庆柱：《论秦咸阳城布局形制及其相关问题》，《文博》1990年第5期。

⑧ 刘庆柱、李毓芳：《秦都咸阳"渭南"宫台庙苑考》，《秦汉论集》，陕西人民出版社1992年版，第55—56页。

为基点。汉代以后祖、社虽仍在宫城以南，但已从都城之外移至都城之中的内城或皇城之内，如隋大兴城、唐长安城的太社、太庙均位于宫城南部、皇城之内的西南部与东南部，形成"左祖右社"格局，这种布局制度为以后历代所继承。

7. "前朝后寝"问题

汉长安城未央宫布局中的核心是朝寝的安排，其原则为"前朝后寝"，这一制度从三个方面反映了出来。

第一，皇宫的大朝之地前殿所反映的朝寝关系。前殿居未央宫诸殿之前，其他重要宫殿大多分布在前殿以北或东、西两侧。前殿台基的勘察情况表明，其上由南向北依次分布着"广庭"、南殿、中殿、北殿、后阁及东、西厢建筑。若前殿的广庭、南殿和中殿作为"朝"，前殿的北殿、后阁等则可视为"寝"。前殿这种配置应属于"前朝后寝"之制。

第二，未央宫的皇后之殿椒房殿已进行了全面考古发掘。作为一组大型宫殿建筑群，其南部为一长方形夯土台基的大型宫殿基址，殿址南边设有"双阙"，殿址东、西各设一慢道，此殿址应为椒房殿之正殿，或即史载"内宫之朝"[1]。正殿以北有配殿和厢房等，这应属于皇后椒房殿的"燕寝"或谓"小寝"。可见汉代皇后的宫殿建筑群布局中亦遵"前朝后寝"之制。

第三，在未央宫中，皇帝与皇后的寝宫也是前后排列，前殿位居椒房殿以南350米。这种布局方式早在先秦时代已流行。先秦诸侯国的王后寝宫称"北宫"，《周礼·内宰》："宪禁令于王之北宫。"郑玄注："北宫，后之六宫。"

汉代以后，这种皇帝正殿居南、皇后正殿居北制度仍在沿用。如东晋都城建康的宫城正殿为太极殿，其北则为皇后正殿——显阳殿[2]。

8. 宫城在都城布局上的重要地位

汉长安城宫城——未央宫，位于都城西南部，这里是汉长安城内地

---

① 《春秋左传集解》成公十八年，《传》载："齐为庆氏之难故，甲申晦，齐侯使士华免以戈杀国佐于内宫之朝。"注："内宫，夫人之宫。"

② 朱偰：《金陵古迹图考》，商务印书馆1936年版。

势最高的地方。未央宫以东为武库、长乐宫，以北由西向东依次为桂宫、"北阙甲第"和北宫，西为西城墙及其外之建章宫，南为南城墙及其外皇室礼制建筑和上林苑。都城中的市里在城的北部和东北部，其与未央宫之间隔以桂宫、北宫、"北阙甲第"、官府邸第和明光宫等。上述情况表明，汉长安城宫城——未央宫选择在全城地势最高处，体现了其君临天下、至高无上的地位。为了保障宫城的绝对安全，宫城南部、西部毗邻高大城墙，其外又安排了皇室礼制建筑群和上林苑等，形成南、西两面封闭区。东部和北部围以武库、后妃诸宫和达官显贵宅邸，作为未央宫与市里百姓的空间隔离带。上述布局安排，无疑使未央宫处于最佳安全环境和位置。

未央宫在汉长安城中的上述布局特点，对后代宫城在都城布局上的安排影响颇大。如曹魏邺城的宫城在都城最北部，其西邻铜雀园和王室库区及三台（冰井台、铜雀台、金虎台），东为贵族官宦的居住区戚里，南为中央政府官衙，把市里百姓与宫城区分隔开①。

北魏洛阳城的宫城位于内城北部，其南为政府官衙区，北邻宫禁之地的皇室苑囿——华林园，西北为军事设防重地金墉城。内城以北为邙山。内城之外东、西部多为一般官吏居住区。城市百姓大多居住在外郭市场附近和郭城周边地区②。

隋唐长安城的太极宫南为皇城，北为西内苑，再北为皇室禁苑。太极宫和皇城东西分别为皇亲国戚、王公大臣们居住的诸坊。都城百姓居住各坊及东市、西市等均在皇城以南③。隋唐洛阳城的宫城位于都城西北隅，其南为皇城，东为含嘉仓城和东城，北为曜仪城、圆璧城，西邻禁苑。市场和百姓诸坊均在含嘉仓城、东城以东和皇城及洛水以南④。

从上述情况可以看出，中国古代都城是帝国的政治中心，宫城是都城

---

① 徐光冀：《曹魏邺城的平面复原研究》，《中国考古学论丛》，科学出版社1993年版。
② 中国科学院考古研究所洛阳工作队：《汉魏洛阳城初步勘查》，《考古》1973年第4期。
③ 中国科学院考古研究所西安唐城发掘队：《唐代长安考古纪略》，《考古》1963年第11期。
④ A. 中国科学院考古研究所洛阳发掘队：《隋唐东都城址的勘查和发掘》，《考古》1961年第3期；B. 中国社会科学院考古研究所洛阳工作：《隋唐东都城址的勘查和发掘续记》，《考古》1978年第6期。

的政治中枢，因而宫城在都城布局上占有突出重要地位。

（三）汉长安城考古实践对都城考古学的启示

回顾汉长安城遗址 40 年来的考古工作取得的丰硕学术成果，在这一重要的考古学课题长期实践中，我们在都城考古学的理论和方法上也进行了积极的探索。我们深刻地感到，中国古代都城考古学的基础在于田野调查、勘探和发掘工作。都城是历史时代的产物，都城考古学属于历史考古学的范畴。都城是国家最高政治机关所在地，一般也是国家政治、经济和文化中心。就这点而言，可以说都城是国家的缩影。都城考古是通过研究古代人们在都城及其附近各种活动的遗迹和遗物，准确描述都城古代社会生活的方方面面，揭示相关问题的历史发展规律。要达此目的，首要任务是明确都城考古学构成的基本要素，概括地讲主要有以下几点。

第一，城墙、城门、城壕、道路和给排水工程等都城基本公共设施。

第二，皇室（或王室）和中央政府机构的各类宫殿、宫城、官署、武库、粮仓，以及宗庙、社稷、明堂、辟雍、灵台等礼制建筑，还有直接服务于皇室（或王室）和国家的文化、教育事业的建筑。

第三，手工业和商业是都城的主要经济部门，手工业中各类遗址反映出当时相关手工业行业的生产规模、管理体制及技术水平；都城的市场是商业经济的舞台。

第四，贵族宅第与市民里居是都城的重要组成部分。

第五，都城附近的离宫，其范围是统治者都城中之宫城历史活动的空间外延。

第六，都城附近皇陵区（或王陵区）与一般墓区的陵墓及其相关建筑等，可视为都城历史的折射。

上述都城考古学构成的基本要素，也是都城考古学的载体，是我们从事都城考古学的基本内容。都城考古学课题的庞大体量，要求它要有相应的考古学方法，汉长安城遗址的长期考古实践，对中国古代都城考古有不少启示。

第一，都城考古工作要自始至终贯彻宏观与微观相结合的原则。都城考古学的"宏观"问题是都城地理环境（包括自然地理和人文地理）、城址平面布局形制等问题；都城考古学的"微观"问题是指都城考古工作中的某一具体对象，如一座宫殿遗址、一个墓葬或一件遗物，等等。相对整个都城考古学课题而言，都城考古中的某一基本要素也可视为"微观"。在都城考古学课题的运作中，"宏观"要与"微观"考古密切结合，要保证"宏观考古"先行启动，目前在都城考古中尤其要加强对"宏观考古"重要性、必要性的认识。

第二，全面调查、勘探与重点发掘相结合。都城作为特大型遗址，要从宏观上究明都城布局形制，必须进行全面考古调查、勘探，这是都城考古的基础工作。选择都城中的重点遗址进行发掘是科学研究中"点"的解剖，这是加深对都城考古学基本要素深层次认识所必要的。同时，重点遗址的发掘可以加深对"面"的理解。重点遗址的选择要有代表性、典型性。这些又要求对"面"有较全面的了解，否则代表性、典型性遗址难以"筛选"出来。都城考古中全面调查、勘探，与重点发掘必须有机结合。目前在实际工作中，一些地方存在着行政上将二者由钻探队与考古科研部门分开各自进行工作的情况，这显然是违背都城考古学的运作机制和科研工作规律的。如前所述，都城考古中的遗址勘探是该学术课题的重要科研步骤，勘探和发掘是都城考古完整、统一、有机的组成部分。另一方面，目前在都城考古学中也还存在着全面调查、勘探与重点发掘结合不够的情况，其主要倾向是对前者在都城考古学中的重要性、必要性的认识上有待强化，运作力度上有待加大。

第三，都城考古工作的开展，在基本解决都城布局形制的前提下，对若干都城考古学基本要素中子课题的选择，要有明确的先后次序，"切入点"应从宫城、宫殿、宗庙等皇权（或王权）和国家政权的集中体现物着手。都城考古工作要渐次由政治性载体（宫殿、宗庙等）向文化性、经济性载体展开，由都城中心向周边展开。

第四，都城考古课题运作规划要有长期性，具体实施又要有阶段性。规划的长期性是总课题，它要分成若干子课题。子课题要与实施阶段性相一致，子课题设置要考虑到科研成果的形式，田野工作要目的明确、步骤清楚。都城考古学中的田野考古、室内整理、报告编写、综合研究要形成良性循环，克服课题研究周期过长的问题。

第五，在都城遗址的田野考古工作中，要广泛运用现代科学技术，目前尤其是急需加强遥感与探地雷达技术在城址勘探中的应用。

第六，在都城考古学研究中要重视历史学、年历学、古文字学、铭刻学、古钱学、古建筑学等相关分支学科的介入，要充分发挥计算机在都城考古学中的作用。

汉长安城遗址作为我国古代仅有的几个特大型都城遗址之一，其考古工作将会是相当长时期的，在以往40年的汉长安城遗址考古工作基础上，近期主要任务是：基本完成都城手工业遗址的田野发掘工作，为进行全面、系统的室内整理、报告编写做好准备。与此同时，开展对桂宫宫城布局形制的勘探和重要宫殿遗址的发掘。此后，我们还将相继开展以市场遗址、贵族宅第和市民里居遗址为主体的田野考古工作，从而加强对都城商业经济、社会阶层状况的考古学研究，改变目前中国都城考古学在这些方面的薄弱状况。汉长安城作为一处特大型都城遗址，其考古研究将是长期的，需要几代人的不懈努力去完成。随着这一研究课题的深入开展，我们对都城考古学理论、方法的认识将更为深刻、全面，这又会进一步促进汉长安城遗址的考古研究，同时也将推进中国都城考古学的发展。

（原载《考古》1996年第10期）

汉代长安市场探讨

　　西汉时代各地的城市一般设置有市场，全国规模较大的市场分布在长安、洛阳、邯郸、临淄、宛和成都六个城市，而在上述六个城市中，"级别"最高、最大的"市"应该是都城长安的"东市"和"西市"，因为这两座"市"均设置的是"市令"，而其余五座城市的"市"的行政官员为"市长"。《汉书》卷十九（上）《百官公卿表》（上）记载：县"万户以上为令，秩千石至六百石。减万户为长，秩五百石至三百石"。关于"令"与"长"的"大小"关系，不只是限于"县"，其他"邑"、"道"等置"令"、"长"者亦然；至于时代上，"令"大"长"小，也不只是限于西汉时代，东汉时期亦然①。王莽当政时，将上述各"市"的"市令"或"市长"统一更名为"五均司市师"。尽管如此，长安和洛阳的"市"还是有别于邯郸、临淄、宛、成都的"市"，而且长安与洛阳的"市"又有所不同，汉长安城的"东市""西市"也不一样，汉长安城的东市称"京"、西市称"畿"，洛阳的"市"称"中"②。当然，西汉时代上述城市之中不只是仅有一个或两个市，以上所说的只是各自城市中最重要的市。

　　（一）历史文献记载的汉代长安市场

　　在历史文献记载中，关于汉代长安的"市"数量很多，有"大市""西市""东市""长安市""四市""柳市""军市""直市""交门市"

---

　　① 《后汉书》志第二十八《百官》（五）："每县、邑、道，大者置令一人，千石；其次置长，四百石；小者置长，三百石；侯国之相，秩次亦如之。"又载："县万户以上为令，不满为长。"

　　② 《汉书》卷二十四（下）《食货志》（下）：王莽"遂于长安及五都立五均官，更名长安东西市令及洛阳、邯郸、临淄、宛、成都市长皆为五均司市称师。东市称京，西市称畿，洛阳称中，余四都各用东西南北为称，皆置交易丞五人，钱府丞一人"。

"孝里市""交道亭市""槐市""酒市""九市"等。其中"四市""九市"之"四"与"九"可能是泛指"市"的数量，其余诸市可能以其"规模"（大市）、"方位"（东市、西市）、"地名"（柳市、交门市、孝里市、交道亭市）、"市场经营货物"（酒市）、"市场环境"（槐市）、"市场顾客对象"（军市）等而形成的各"市"之名。

1. 汉代长安的"大市"与"长安市"

《史记》卷二十二《汉兴以来将相名臣年表》载：汉高祖"六年立大市"。都城长安亦应被列为建立"大市"的城市之列。《周礼·司市》载："大市日昃百市，百族为主。"大市应该是相对其他"市"或"小市"而言的，如汉高祖长陵邑中就有"小市"①。东汉雒阳城的大市（亦称金市）在城内，位于宫城——南宫的西北部，而马市、羊市（亦称南市）均在雒阳城之外的东部②，从雒阳城的大市与马市、羊市（南市）的不同位置可以看出，大市是雒阳的主要市场。都城长安的"大市"，应即汉长安城的主要市场，它应该就是汉代文献中的"东市"，后面将就此进行专门讨论。

文献记载，汉长安城有"长安市"，《汉书》卷十九（上）《百官公卿表》（上）载："右内史武帝太初元年更名京兆尹，属官有长安市、厨两令丞。"

东汉初年的第五伦曾经"领长安市"，为"督铸钱掾"③。1992年，在汉长安城遗址西北部的六村堡镇相家巷村东的汉代遗址，考古发现了数以千计的五铢砖雕范母，也发现了少量石雕范母。这些砖雕范母形制相近，一般周有边缘，内作钱范。范首窄细装柄，中通总流，左右排钱纹各1—3行，阳文正书凸起。间有题记，皆在总流左右，阳文反书。其题记内容有

---

① 《汉书》卷九十七（上）《外戚传》（上）：孝景王皇后"微时所为金王孙生女俗，在民间，盖讳之也。武帝始立，韩嫣白之。帝曰：'何不蚤言？'乃车驾自往迎。其家在长陵小市直至其门，使左右入求之"。

② 《水经注》卷十六《谷水注》引陆机《洛阳记》载："洛阳旧有三市，一曰金市，在宫西大城内；二曰马市在城东，三曰羊市在城南。"

③ 《后汉书》卷四十一《第五伦传》："鲜于褒荐之于京兆尹阎兴，兴即召伦为主簿。时长安铸钱多奸巧，乃署伦为督铸钱掾，领长安市。"

纪年、编号、匠名等①。上述出土遗物说明那里应该是汉代铸币遗址，而其地适在汉长安城西市之内。这说明汉长安城的西市有与铸币相关的生产活动。

按照秦汉时代城市市场设置的通常情况，以城市（或县城之名）命名的市场，是那个城市（或县城）的主要市场，如秦咸阳城的"咸阳市"②、秦汉栎阳城的"栎市"③、汉河南县的"河市"④、秦汉杜县的"杜市"⑤、成都的"成市"⑥、陕县的"陕市"⑦等，"长安市"理应亦为汉长安城中最主要的市场，但是在《汉书》卷二十四《食货志》（下）所列举的长安与洛阳、邯郸、临淄、宛、成都的"五都"中，"五都"各有一个以城市名称命名的市场，而长安有两个市场，即东市和西市，却不见"长安市"。似乎这时东市和西市是都城长安的主要市场。东汉时代长安城的市场情况可能有所变化，东市和西市在长安城中已失去西汉时代和新莽时期的重要地位、职能，可能"长安市"代之而起。这些仅仅是一些推测，实际上目前我们不清楚"长安市"的具体情况。至于长安市与东市、西市的关系，更为模糊。这方面的研究工作的深入，有待今后随着这里相关考古工作的进一步开展，更多考古新发现与新资料的获得。

东汉首都雒阳城的市场，对我们认识西汉长安城的市场应该有着一定的参考价值。文献记载东汉雒阳城的市场主要有三个，即都城之内的"金市"（亦称"大市"）、都城之外东部的"马市"和南部的"南市"（亦称

① 李毓芳：《汉长安城烘范窑和铸币遗址·1993》，《中国考古学年鉴·1993》，文物出版社1995年版，第245页。

② 陕西省考古研究所《秦都咸阳考古报告》：长陵车站秦手工业作坊遗址发现"咸阳市于"、"咸阳市得"陶文，科学出版社2003年版，第135页。

③ 中国社会科学院考古研究所栎阳发掘队：《秦汉栎阳故城勘察和试掘》，《考古学报》1985年第3期。

④ 中国科学院考古研究所：《洛阳中州路》（西工段），科学出版社1959年版，第37页。

⑤ 陈尊祥：《杜虎符真伪考辨》，《文博》1985年第6期。

⑥ 湖南省博物馆、中国社会科学院考古研究所：《长沙马王堆一号汉墓发掘》，文物出版社1972年版；俞伟超、李家浩：《马王堆一号汉墓出土漆器制地诸问题——从成都市府作坊到蜀郡工官作坊的历史变化》，《考古》1975年第6期。

⑦ 黄河水库考古工作队：《1957年河南陕县发掘简报》，《考古通讯》1958年第11期。

"羊市")①，但是不见"雒阳市"，是不是汉代首都的市场不以都城命名？若此，"长安市"又如何理解？新莽时的长安城只见东市和西市，而不见"长安市"的原因，是否可以由此找到答案，需要进一步的研究。

2. 汉代长安的"西市"与"东市"

西市是汉长安城中十分重要的市场，因此《汉书》卷二《惠帝纪》记载：惠帝六年"起长安西市"。"西市"应该是根据市场方位而得名，其"西市"是相对于"东市"而言的。按照时代先后，既然"西市"之名是相对"东市"而得，那么就是说在汉惠帝六年营建西市之时，其东部已经存在着与其"相当"的市场，而这个市场应该就是西市兴建以后更名的"东市"，而此前其名应为"大市"。长安的大市建于汉高帝六年②。东市在汉长安城中是最为重要的市场，历史文献多有记载，如：《汉书》卷九十一《货殖传》记载："王孙卿以财养士，与雄杰交，王莽以为京司市师，汉东市令也。"

《史记》卷一百二十七《日者列传》："司马季主者楚人，卜于长安东市。"

《汉书》卷二十四《食货志》：王莽改东市和西市之名，"东市称京，西市称畿"。

3. 汉代长安的"四市"

"四市"见于汉代文献记载，如：《汉书》卷六十六《刘屈氂传》载："太子引兵去，驱四市人凡数万众，至长乐西阙下，逢丞相军，合战五日，死者数万人，血流入沟中。丞相附兵浸多，太子军败，南奔覆盎城门，得出。"

又如《汉书》卷十九（上）《百官公卿表》（上）："右内史武帝太初元年更名京兆尹，属官有长安市、厨两令丞，又都水、铁官两令丞。左内史更名左冯翊，属官有廪牺令丞尉。又左都水、铁官、云垒、长安四市四长丞皆属焉。"

---

① 《元河南志》（卷二）引华延俊《洛阳记》载："大市名金市，在城中；南市在城之南，马市在大城之东。"

② 《史记》卷二十二《汉兴以来将相名臣年表》载：汉高帝六年"立大市"。

　　对于上述文献记载的"四市",学术界长期以来解释不一。王先谦先生认为"四市"之"四"属于泛称①。严耕望先生认为《汉书》卷十九(上)《百官公卿表》(上)所载的"长安四市"之"四"为衍字,并指出"若冯翊领长安四市,则并都水、铁官、云垒为七长丞,是不合"②。张继海在《汉代城市社会》中对严耕望先生的上述看法提出不同意见,他认为"如果严先生的看法正确,那么《刘屈氂传》中的'四市'仍不可得确解"③。陈直先生认为汉长安城出土了东西南北四市封泥,因此"四市"是存在的④。关于汉长安城遗址出土"东西南北四市封泥",我们至今没有见到过实物。

　　我认为严耕望先生关于《汉书》卷十九(上)《百官公卿表》(上)之"四市"的"四"为衍字有一定道理。至于《汉书》卷六十六《刘屈氂传》所说"太子引兵去,驱四市人"的"四市"之"四"或为"肆","肆市"可能为"市肆"。

　　4. 汉代长安的"九市"

　　汉长安城的"九市"之说,以张衡描述汉长安城市场的《西京赋》中记载时代最早,其曰:"廓开九市,通阛带阓,旗亭五重,俯察百隧。"汉代大赋以其追求文字对称、内容夸大铺陈而著称于世,这是我们研究汉代历史使用汉赋资料时需要特别注意的。以上张衡关于汉长安城市场的20个字的描述中,使用了"九市""五重""百隧",而这些"九""五""百"之数,很可能就是作者使用的约数,或可理解为言其数量之多。把"九五之尊"的"九"与"五"的数字用于都城之"市",也可能凸显都城市场地位非同一般。因此我们认为"九市""五重""百隧"均应为"文学"之"语言"。

---

① 王先谦:《汉书补注》卷六十六:"四市人犹言诸市人耳。"第1288页。
② 严耕望:《正史脱讹小记》,《严耕望史学论文选集》,台北联经出版事业公司1991年版。
③ 张继海:《汉代城市社会》,社会科学文献出版社2006年版,第261页。
④ A. 陈直:《汉书新证》:"长安四市令。直按:西安汉城遗址中,出土'市府'封泥最多,文字最精。又有东西南北四市封泥,皆为半通式,为左冯翊长安四市长所用者。"天津人民出版社1979年版,第120页。B. 安作璋、熊铁基:《秦汉官制史稿》(下册)亦持此说,其载:左冯翊属官"长安四市长、丞:西安城遗址中出土'市府'封泥很多,又有东西南北四市封泥,皆为半通式,当为左冯翊四市长所用者"。齐鲁书社1984年版,第47页。

　　汉代以后的一些文献，在记述汉长安城市场中，又把汉代长安的市场描述得更为具体，如《三辅黄图》引《庙记》载："长安市有九，各方二百六十六步。六市在道西，三市在道东。"同样的记载又见于《文选·西都赋》李善注引《汉宫阙疏》记载："长安立九市，其六市在道西，三市在道东。"根据这些记载，汉长安城应该有九个市场，集中分布于一条道路的东西两侧，其中道路西侧有六个市场，道路东侧有三个市场。而宋代的宋敏求《长安志》卷五，又把汉长安城的诸多市场一一列出：四市、柳市、东市、西市、直市、交门市、孝里市、交道亭市。陈直先生称："汉城九市，今可考者，有柳市、东市、西市、直市、交门市、孝里市、交道亭市七市之名，此外尚有高市"①。《长安志》和陈直先生这里所列出的所谓"九市"与魏晋时代以来文献记载的"九市"不同，后者的"九市"是汉长安城一条道路两侧分布的九个市场，前两者所说的九市中的柳市、直市、交门市、孝里市、交道亭市等，都是分布在距汉长安城较远的地方，不在汉长安城城门大道附近。把上述一些市场说成文献记载中的"九市"是不妥的。所谓"道东有三市"，可能与《周礼》所说的"大市""朝市""夕市"相混，其实上述文献所说的"三市"，不过是一个市场营业时间与买卖对象的不同②。

　　下面分别就以上文献记载的汉代长安附近的市场地望作一探讨。

　　柳市在汉长安城之外的西部，《汉书》卷九十二《游侠传·萬章传》载：萬章"在城西柳市"，因此他才有"城西萬子夏"之称谓。《汉书》卷七十六《王尊传》又载："长安宿豪大猾东市贾万，城西萬章。"关于柳市的具体地望，"柳市"之"柳"与地名有关，汉长安城西部与"柳"有关的地名，目前所知仅有"细柳"，古人于此早已指出③。"细柳"是西汉时代都城附近一个非常重要的地方，《汉书》卷九十四（上）《匈奴传》

---

　　① 陈直校证：《三辅黄图校证》，陕西人民出版社1980年版，第31页。
　　② 《尸子》：尧时"宫中三市，而尧鹑居，珍馐百种，而尧粝饭菜粥"。《周礼·地官·司徒》载："大市，日仄而市，百族为主；朝市，朝时而市，商贾为主；夕市，夕时而市，贩夫贩妇为主。"郑玄注："百族，必容求来去，商贾家于市城。贩夫贩妇，朝资夕卖，因其便而分为三时之市，所以了物极众。"贾公彦疏曰："三市皆于一院内为之。大市于中，朝市于东偏，夕市于西偏。"
　　③ 《汉书》卷四《文帝纪》之张辑、颜师古注。

（上）载：文帝"置三将军，军长安西细柳、渭北棘门、霸上以备胡"。《汉书》卷四《文帝纪》又载：文帝后元六年"以中大夫令免为车骑将军屯飞狐，故楚相苏意为将军屯句注，将军张武屯北地，河内太守周亚夫为将军次细柳，宗正刘礼为将军次霸上，祝兹侯徐厉为将军次棘门，以备胡。"服虔注：细柳"在长安西北"。张揖认为细柳在"昆明池南，今有柳市是也"。颜师古支持张揖的说法，他认为"细柳不在渭北，揖说是也"。而《三辅黄图校注》卷六载："在长安西、渭水北，古徼西有细柳仓。"此处"古徼"乃"石徼"，激、徼互为双声叠韵字，可通转。石徼即石激，石激即石堤①。《水经注》记载此处有石激②。石激应在渭河北岸，因为东西流向的渭河，由于地理环境的因素，长期以来渭河河道变化是向北移动，故河道石堤应在渭河北岸。《元和郡县图志》卷一《关内道》中更为明确地指出："细柳仓在（咸阳）县西南二十里，汉旧仓也。"我们认为，以上《汉书》卷九十四（上）《匈奴传》（上）提到的为防御匈奴对都城长安的军事威胁，在长安城附近分别设立三处驻军，以"备胡"，三处地点应为长安城东部的"霸上"、北部的渭河北岸"棘门"和西部的"细柳"。"昆明池"在汉长安城南部偏西，"细柳"不应在"昆明池"南。从汉长安城防御匈奴入侵的军事部署来说，当时长安城来自匈奴的军事威胁是都城的西部、北部和东部，不可能是都城的西南部或南部的"昆明池"一带，那里不应属于对付匈奴军事威胁的军事防线。

"细柳"是汉长安城附近的重要军事基地，驻有大量军队，因而设置了主要服务于军队的"粮仓"——"细柳仓"，还有市场——细柳市，"细柳市"省称"柳市"。有的文献记载，细柳仓有细柳仓市③，实际上不存在"细柳仓市"。"细柳"作为地名，其地分别有"细柳仓"、"细柳市"。

---

① 辛德勇：《西汉至北周时期长安附近的陆路交通——汉唐长安交通地理研究之一》注释第150，辛德勇：《古代交通与地理文献研究》，中华书局1996年版，第139页。

② 郦道元：《水经·渭水注》：沣河入渭处"无他高山异峦，惟原阜石激而已"。

③ 《汉书》卷九十二《游侠传·萬章传》载：萬章"在城西柳市，号曰'城西萬子夏'"。师古注曰："【汉宫阙疏】云，细柳仓有柳市。"《太平御览》卷八百二十七《资产部》七引《汉宫殿疏》载："细柳仓市在细柳仓。"

关于"直市"地望，历来说法颇多。《三辅黄图校注》卷二载："直市在富平津西南二十五里，即秦文公造。物无二价，故以直市为名。"直市为"秦文公造"不确，秦文公为春秋时期秦国国君，其势力范围并未发展到今西安附近。《太平寰宇记》卷三十记载："直市在富平县西南十五里。"富平县为秦县，当时隶属于北地郡，即在今宁夏吴忠市西南。今富平县是西魏大统五年（539 年）移治于此的。《长安志》记载："直市在渭桥北。""富平津"应为西安附近的渭河之渡口名，其与"富平县"无关，

交门市：《长安志》记载交门市"在渭桥之北"。《太平御览》卷八二七《资产部》七"市"条引《汉宫殿疏》亦有相近记载："交门市在渭桥北头也。"交门市与直市均在"渭桥北"，它们是二者为一还是分布在渭桥北部的不同地区，现在还不清楚。

交道亭市：《太平御览》卷八二七《资产部》七"市"条引《汉宫殿疏》记载："交道亭市在便桥东。"交道亭市因"交道亭"而得名，"交道亭"又因"交道"而得名，顾名思义，"交道"者为一横一纵的两条"相交"道路。也有学者认为交道亭市之"交道"属于汉长安城西部雍门大道和章城门大道西行于便桥之东的交会处①。此类道路不止一条，如《汉书》卷九十七（下）《外戚传》（下）记载汉成帝延陵附近有"交道厩"②，此"厩"以"交道"得名。延陵在今陕西省咸阳市渭城区周陵镇严家沟村北，《长安志》卷十三载："交道厩去长安六十里，近延陵。"延陵附近的"交道厩"之"交道"与便桥附近的"交道亭市"之"交道"当非同一交道。值得注意的是，汉代长安的渭河桥梁附近，往往设置有市场，如前面提到的渭桥北端附近的直市、便桥附近的交道亭市。

孝里市：文献记载孝里市地望有两种说法：一说在汉长安城雍门附近，如《长安志》记载：孝里市"在雍门之东"。《汉书》卷九十七《外戚传》颜师古注："雍门在长安西北孝里西南，去长安三十里。"《太平御览》卷八二七《资产部》七"市"条引《汉宫殿疏》载："李里市，在雍

---

① 辛德勇：《西汉至北周时期长安附近的陆路交通——汉唐长安交通地理研究之一》，辛德勇：《古代交通与地理文献研究》，中华书局 1996 年版，第 129—130 页。

② 《汉书》卷九十七（下）《外戚传》（下）：许皇后"葬延陵交道厩西"。

门东。""李里市"当为"孝里市"之误。根据考古勘察的汉长安城遗址情况，雍门遗址东部或东北部应为"西市"遗址所在地，是否后人把西市当成孝里市？又一说：孝里市可能因孝里而得名，但是隋唐时代以前的一些历史文献记载，渭河北岸的秦咸阳城西部有"孝里"，《文选》卷十《西征赋》载："索杜邮其焉在，云孝里之前号。"也就是说，孝里曾名杜邮。杜邮故址在今咸阳市东部的摆起寨一带。北魏郦道元的《水经注·渭水》更为明确指出："渭水北有杜邮亭，去咸阳十七里，今名孝里亭，中有白起祠。"因此，孝里市有可能在渭河北岸的秦之杜邮故地，此地在秦咸阳城遗址西南部，邻近秦咸阳城手工业作坊区，秦汉时代手工业作坊多与市场相邻。若此，则孝里市很可能也是秦咸阳城的市场之一，不过西汉时代继续作为市场使用。

历史文献记载中的长安"九市"之说，我们认为"九市"之"九"当为约数。汪中《述学·释三九》载："凡一二之所不能尽者，则约之以三，以见其多；三之所不能尽者，则约之以九，以见其多。"古人以"九"言之多者如"九州"、"九天"、"九庙"、"九族"等等，至于"九市"也不只是"长安九市"，如《汉书》卷六十五《东方朔传》云："殷作九市之宫。"《六韬》亦载："殷君善治宫室，大者百里，中有九市。""长安九市"或与西市之"六市"、东市之"三市"二者和为"九市"有关，或不过从东市之"三市"、西市之"六市"，再到"长安九市"，形成"三六九"的数字模式。

5. 汉代长安的其他"市"

汉代长安的市场，在汉长安城之外还有一些专业性的市场，在都城长安的"卫星城"——诸陵邑之中也有一些市场。前者如经营某一类专业性商品的槐市、酒市等，后者如长陵邑的小市等。

槐市位于汉长安城南郊礼制建筑群之中，即今西安市西郊大土门一带。《艺文类聚》卷三十八"学校"条引《三辅黄图》记载："小学在公宫之南，太学在东，就阳位也。去城七里，东为常满仓，仓之北为槐市。"槐市应在太学东北部。市场取名"槐市"是因为市内列槐树百行为"隧"，买卖双方可能多为太学中的文化人，他们把各自从家里带来的剩余东西以及各种多余的书籍、乐器、文化用品等拿到市场上，温文尔雅地相互交换买卖，或者利用逛市场的机会，谈天论地于市场的槐树之下①。槐市之中也有一些专业性商人。槐市又称"会市"，《太平御览》卷八二七《资产部》七"市"条引《三辅黄图》记载："元始四年，起明堂、辟雍长安城南，北为会市，但列槐树百行为隧，无墙屋，又为方市阓门，周环列肆，商贾居之，都商亭在其外。"

《汉书》卷九十二《游侠传》记载："河平中，王尊为京兆尹，扑击豪侠，杀章（萬章）及箭张回、酒市赵君都、贾子光，皆长安名豪，报仇怨、养刺客者也。"赵君都所在的酒市与萬章的柳市均为汉代长安的市场，酒市应该是与酒相关的市场，它说明汉代长安的专业性市场已经出现。汉代长安的酒市也说明酒在汉代社会已经是比较普遍、比较重要的商品了，酒已经成为社会上一种不可缺少的东西了。虽然我们现在不知道酒市的商品流通量，但是从其他考古发现资料，我们推测汉代酒的产量已经相当可观，如《史记》卷一百二十九《货殖列传》记载：通邑大都"酤一岁千酿"。汉代视死如生，在满城汉墓的刘胜墓和窦绾墓中各随葬了16件与17件大陶缸，部分陶缸之上有"黍上尊酒十五石"、"甘醪十五石"、"黍酒十一石"、"稻酒十一石"、"甘醪十石"等，出土时陶缸内壁仍有酒干后的痕迹。因此推断这些陶缸应为盛酒的器皿②。由此可见，西汉时代酒的消费量之巨大，自然这就要求有相应的市场支撑。汉代大城市设置"酒市"不限于长安城，东汉雒阳城也有"酒市"③。

（二）考古发现的汉代长安的市场——东市和西市

考古发现的汉代长安的市场遗址，目前仅限于汉长安城之内的西北部，在汉长安城遗址以外的汉代长安市场遗址尚未发现。

20世纪80年代后半叶，在汉长安城遗址的西北部，今西安市未央区六村堡镇的相家巷村附近，考古勘探发现汉代市场遗址两座，二市东西并

---

① 《艺文类聚》卷三十八"学校"条引《三辅黄图》载：槐市"列槐树数百行为隧，诸生朔望会此市。各持其郡所出货物及经传书记、笙磬乐器，相与买卖，雍容揖让，论议槐下"。

② 中国社会科学院考古研究所、河北省文物管理处：《满城汉墓发掘报告》，文物出版社1980年版，第126—127、288页。

③ 《后汉书》之《志》第十四《五行》（二）引《古今注》曰：永和"六年十二月，雒阳酒市失火，烧肆，杀人"。

列于"横门大街"两侧,其北为北城墙,南为雍门大街,西为西城墙,东为厨城门大街。

横门大街东部的市场遗址位于今西安市未央宫区六村堡乡袁家堡村东、曹家堡村西的南北向水渠以西,周家堡村北、相家巷村的东西公路附近,考古勘探发现市场四周有墙垣遗迹,东墙在汉长安城厨城门大街以西120米,西墙在横门大街以东90米,南墙在雍门大街以北40米,北墙在汉长安城北城墙以南170—210米,市场遗址东西780米,南北650—700米,市场面积约52.65万平方米。

横门大街以西的市场遗址范围在今西安市未央区六村堡乡的六村堡以东,袁家堡以西,相家巷以南,黄庄和铁锁村以北。市场西墙在汉长安城西城墙以东400米,东墙在横门大街以西120米,南墙在雍门大街以北80米,北墙在汉长安城北城墙以南20—310米。市场遗址东西550米、南北420—480米,面积约24.75万平方米。

两座市场遗址周围各自筑有围墙,形成"市墙",墙体基部宽5—6米。上述两座市场遗址之内各有两条平行的贯通全市的东西向和南北向道路,它们分别在二市之中形成"井"字形道路网。由于其纵横贯通全市,所以使二市的四面各辟二门,形成一市八门[1]。

在以上两座市场之间的横门大街上,北距横门遗址约160米处,考古勘探发现有一大型汉代建筑群遗址,其范围长、宽各约300米。主体建筑位于建筑群中央,东西147米、南北56米[2]。推测这可能是文献记载的长安市的"当市观",或称"当市楼""市楼"。据《三辅黄图》记载:"当市楼有令署,以察商贾货财买卖贸易之事,三辅都尉掌之。"

关于考古发现的汉长安城西北部的两座汉代市场遗址,我们认为它们就是汉代文献多处记载的汉代长安的"东市"与"西市"。

考古勘探发现的两个市场与文献记载的东市和西市方位是一致的。历史文献记载,汉高祖六年(前200年)在全国"立大市"[3],都城长安自然

①　刘庆柱:《西安市汉长安城东市和西市遗址》,《中国考古学年鉴·1987年》,文物出版社1988年版。

②　刘庆柱:《汉长安城》,《中国考古学年鉴·1986年》,文物出版社1988年版。

③　《史记》卷二十二《汉兴以来将相名臣年表》。

也在其中。刘邦在长安设立的"大市"应即后来的"东市"。高祖时，长安因无"西市"，故不言"东市"，只称"大市"。《汉书》卷二《惠帝纪》记载，惠帝六年（前189年）建西市，西市应该是相对东市而言的，没有东市谈不到西市。西市之名源于方位命名的，营筑西市之时，其东因有市场，故此市名"西市"。时间上早于西市，方位上在西市以东的市场应为汉长安城的"大市"。自长安"大市"之西建立"西市"，"大市"亦更名"东市"，形成了东市与西市东西并列于汉长安城西北部（图16—1）。

关于东市与西市的具体地望，汉代以后相关历史文献有所记载：

《三辅黄图》卷二引《庙记》云："长安市有九，各方二百六十六步。六市在道西，三市在道东。凡四里为一市。致九州之人在突门。夹横桥大

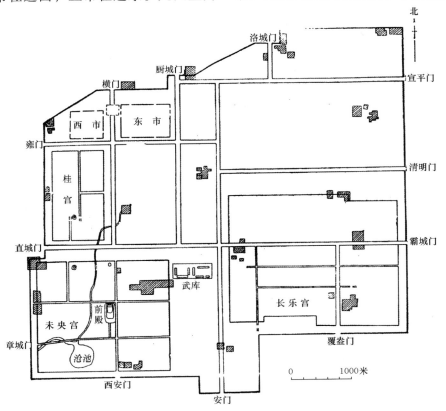

图16—1　汉长安城遗址平面图

道，市楼皆重屋。"上述记载说明"长安市"由东西并列的两部分组成，即横桥大道西部的"西市"与横桥大道东部的"东市"，它们位于"突门"附近和"横桥大道"两侧。文献记载"突门"即汉长安城"雍门"①。"横桥大道"之"横桥"因"横门"得名②，"横门"即"横城门"③。《三辅黄图》卷一载："长安城西出北头第一门曰雍门。"又载："长安城北出西头第一门曰横门。……门外有桥曰横桥。"雍门和横门位于汉长安城西北部，因此前面文献记载的"长安市"应在汉长安城西北部之外的横桥大道两侧，而我们考古发现的汉长安城遗址西北部的两处市场遗址，位于汉长安城内西北部的横门大街两侧。我们认为《三辅黄图》所载"横桥大道"应为"横门大街"之误。至于以横桥大道为界，西部有"六市"与东部有"三市"之说，应该是"九市"的附会。考古发现的横门大街东部市场与西部市场规模比较，东市明显大于西市，这也证明了所谓西部的西市有"六市"、东部的东市有"三市"的说法是不存在的。同时也与东市作为汉长安城之"大市"及其为都城"弃市"之市场也是一致的。

　　关于汉长安城东市和西市的位置问题，学术界意见不一。其一，有的学者根据"长安市有九市，各方二百六十六步。六市在道西，三市在道东。凡四里为一市。致九州之人在突门。夹横桥大道，市楼皆重屋"及"旗亭楼，在杜门大道西"的文献记载④，推断东市和西市均在汉长安城外，东市在城外东南部的"杜门大道南"，西市在城外西北部的"横桥大道南"⑤。其实上述文献记载存在多处问题，一是不能认定"突门"就是"横门"，它更可能是"雍门"；二是文献记载长安市及九市在"横桥大

---

① 《水经注·渭水》：汉长安城"第三门，本名西城门，亦曰雍门，王莽更名章义门著谊亭，其水北人有函里，民名曰函里门，又曰光门，亦曰突门"。

② 《文选》卷十潘安仁《西征赋》李善注引《关中记》："秦作渭水横桥。"刘庆柱辑注：《三秦记辑注·关中记辑注》，三秦出版社 2006 年版。《汉书》卷六十三《戾太子刘据传》："焚苏文于横桥上。"师古注："即横门渭桥也。"

③ 《汉书》卷十《成帝纪》：建始三年"秋，关内大水。七月，虒上小女陈持弓，闻大水至，走入横城门，阑人尚方掖门，至未央宫钩盾中。"

④ 何清谷校注：《三辅黄图校注》卷二，三秦出版社 2006 年版，第 110 页。

⑤ 孟凡人：《汉长安城形制布局中的几个问题》，《汉唐与边疆考古研究》第 1 辑，科学出版社1994 年版。

道"东西两侧，如果说"长安市"包括东市和西市的话，也不是"长安市"即"西市"；三是在横门之内考古勘探发现，横门大街东西两侧各有一个市场，而横门之外考古勘探却未发现市场遗迹，在此情况下，有的学者认为上述"考古钻探布点较疏，局限性较大，遗漏遗迹的现象时有发生"，从而断定"西市在横桥大道南"，这种以假设为前提，又从假设前提得出的结论的方法论是没有说服力的；四是"旗亭楼在杜门大道南"，不等于这里的"旗亭楼"就是"东市"的旗亭楼，也就是说，不能以此断定东市就"在杜门大道南"①。况且杜门大道是因汉长安城覆盎门（即"杜门"②）南对杜县而得名，杜门大道应该是汉长安城覆盎门与其南部的杜县之间的南北道路。"杜"始为西周国名，《史记》卷五《秦本纪》载"武公十一年，初县杜郑"。《正义》引《括地志》云："下杜故城在雍州长安县东南九里。"这里所说的"长安县东南"应为汉代长安县之东南。1962 年在长安区韦曲乡手帕张堡村西出土秦陶釜，陶釜之中有一千枚秦"半两"钱，釜盖之上有"杜市"陶文戳印③（图 16—2）。手帕张堡村西北一公里为西安市郊区山门口乡北沈家桥村，1978 年在此村东约 500 米，发现秦"杜虎符"④，其出土地东南一公里为秦汉"杜城"故址。战秦汉时代，有县治之名而称谓的"市"，其一般在县城所在地。"杜市"为秦汉杜县的"市"，杜市应在杜县。秦"杜市"陶文与秦"杜虎符"出土，进一步确认了秦汉杜县的地望。在秦咸阳城遗址曾出土有"杜亭"陶文的陶釜⑤，袁仲一先生认为"杜亭"为"杜县市井官署的代称"⑥，我们同意这样的论断（图 16—3）。此外，在陕西清涧县李家崖也发现有"杜市"

①　孟凡人：《汉长安城形制布局中的几个问题》，《汉唐与边疆考古研究》第 1 辑，科学出版社 1994 年版。

②　《汉书》卷六十六《刘屈氂传》：戾太子"南奔覆盎门，得出"。颜师古注："长安城南出东头第一门曰覆盎门，一号杜门。"

③　陈尊祥：《杜虎符真伪考辨》，《文博》1985 年第 6 期。

④　A. 陈直：《秦兵甲之符号》，《西北大学学报》（哲社版）1979 年第 1 期；B. 黑光：《西安市郊发现杜虎符》，《文物》1979 年第 1 期；C. 朱捷元：《秦国杜虎符小议》，《西北大学学报》1983 年第 1 期；D. 戴应新：《秦国杜虎符的真伪及其有关问题》，《考古》1983 年第 11 期。

⑤　陕西省考古研究所：《秦都咸阳考古报告》，科学出版社 2004 年版，第 138 页。

⑥　袁仲一：《秦代陶文》，三秦出版社 1987 年版，第 57 页。

图16—2 西安市西南郊"杜城遗址"出土"杜市"陶文拓片

陶文的秦汉时代陶器①（图16—4），从其文字观察，与杜城故址出土陶釜之上的"杜市"陶文戳印相同，亦应为汉长安城覆盎门之南的杜市遗物。《三辅黄图》记载的"杜门大道南"的"旗亭楼"当为"杜市"的旗亭楼，其位置应该在秦汉杜县县城（或古杜城），而杜县故城与汉长安城还有相当远的距离，不会在汉长安城覆盎门之旁。至于提出东市在覆盎门外，西市在横门之外，而覆盎门与横门均在安门大街城外延长线之东西两侧，从而认定"西市"与前述"东市"是"对称"分布于汉长安城"中轴线"的"安门大街"东西两侧之说法，实际上是不能成立的。安门大

---

① 同上书，第119页。

图 16—3　秦咸阳城遗址出土"杜亭"陶文拓片

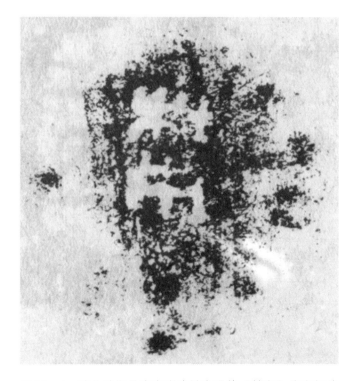

图 16—4　陕北清涧县李家崖遗址发现的"杜市"陶文拓片

街向北与东西向的宣平门大街形成"丁字形",安门大街并未穿过宣平门大街通向城外,因此不存在横门大街在安门大街以北城外"延长线的"西部。况且如上所述,汉长安城西市在都城西北部、东市在都城东南部,也不能认为是"对称"分布于汉长安城"中轴线"——安门大街及其延长线东西两侧之说。唐长安城的东市与西市对称分布于都城"中轴线"朱雀门大街东西两侧,应该对人们理解都城市场东西"对称"分布于都城中轴线两侧,是个重要的参考(图16—5)。

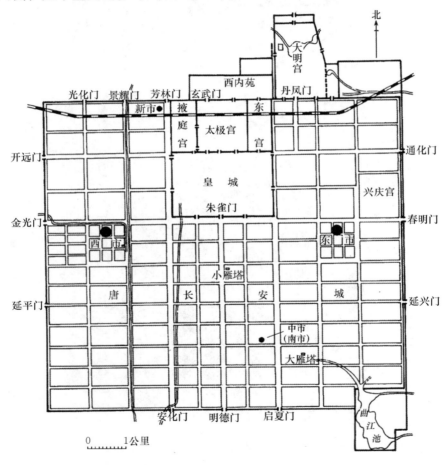

图16—5　唐长安城东市与西市位置图

　　还有的学者认为东市和西市均分布在汉长安城外的北部，东市在洛城门外的东部，西市在横门大道的东西两侧①（图16—6）。比这一说法更早的是马先醒先生1972年制作的"汉长安城区划略图"中东市与西市的标示，此图西市在横门之外，不过其东市标识在洛城门之内②（图16—7）。出现上面的论断，主要是认为洛城门即杜门，而文献记载杜门大道南有旗亭楼，因此判定东市就在洛城门附近（城外或城内）。至于西市放在横门之外，亦据《三辅黄图》记载的"夹横桥大道，市楼皆重屋"。这些说法都与汉长安城遗址新的考古发现资料相抵触。关于一些人认为东市与西市分别位于都城东西两侧的假设，可能是受到唐长安城东市与西市分布特点的影响。唐长安城的东市与西市东西对称分布在朱雀门大街两侧，受中国

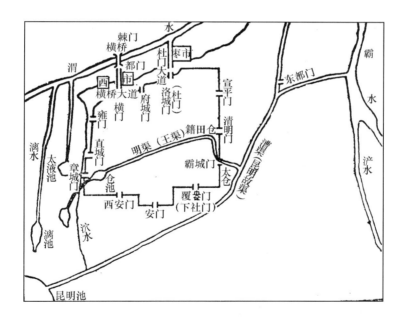

图16—6　杨宽复原的汉长安城东市与西市位置图

　　①　杨宽：《西汉长安布局结构的探讨》，《文博》1984年创刊号。
　　②　马先醒：《汉代长安城之营筑及其影响》附图八，氏著：《中国古代城市论集》（简牍学会丛书之四），简牍学会印行1980年版，台北。

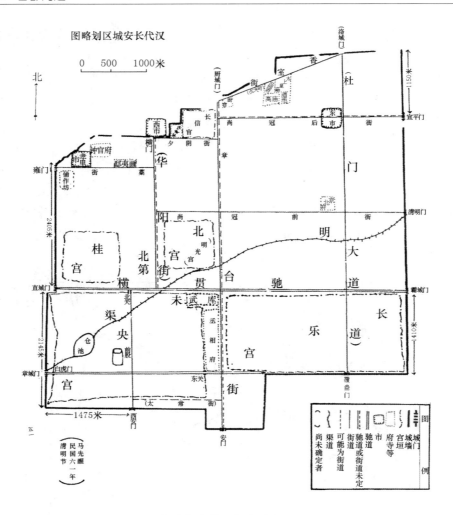

图 16—7　马先醒复原的汉长安城东市与西市位置图

古代都城影响修建的日本古代都城——平城京，其城内亦东西对称设置了
东市与西市。它们是根据都城之中地域而分别在城内安排的两个主要市
场，承担其附近地区的商业活动（图16—8）。汉长安城的东市与西市东
西并列于横门大街两侧，则是因为东市的"商业"功能与西市的"手工
业"功能不同而安排的。

　　汉长安城西北部已经考古发现的两个汉代市场，被确认为东市和西

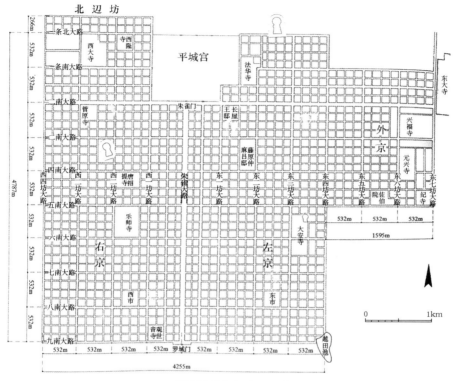

平城京条坊復原図（1：7000）

图16—8　日本奈良平城京的东市与西市位置图

市，还与当时都城市场设置的一般规律是一致的。先秦时代的都城主要市场一般在宫城北部，即《周礼·考工记》记载的"面朝后市"。汉长安城的"朝"在未央宫，"市"即"东市"和"西市"。未央宫与东市、西市，先后筑于高祖和惠帝时期①，它们应该属于统一规划的建设工程。未央宫与东市、西市分别位于汉长安城的西南部与西北部，宫城与市场南北相对，形成"面朝后市"格局。这种宫城与市场的南北排列形制，在先秦时代的都城中已多处出现。如河南偃师商城的宫城位于都城南部，都城中部

① 《汉书》卷一（下）《高帝纪》（下）：高帝七年"萧何治未央宫"。《汉书》卷二《惠帝纪》：惠帝六年"起长安西市"。《史记》卷二十二《汉兴以来将相名臣年表》：汉高帝六年"立大市"。

和北部发现大面积手工业作坊遗址，工商相连，都城的市场可能就在上述遗址区附近，宫城与它们形成南北排列①。东周时期的曲阜鲁国都城，在宫城北部的盛果寺北村发现手工业作坊遗址，这里应为鲁城市场所在地②。《春秋左传集解》文公十八年《传》载："夫人姜氏归于齐，大归也。将行，哭而过市曰：'天乎，仲不为道，杀嫡立庶。'市人皆哭，鲁人谓之哀姜。"姜氏由鲁归齐，即由南返北，当走宫城北门，再过市，则市当在宫城之北。东周王城西南部瞿家屯一带为王城宫殿建筑区，王城北部分布有大量手工业作坊遗址，市场或在其附近③。若此，则王城仍属"面朝后市"格局。齐临淄城和赵邯郸城都是小城（宫城）在西南，大城在东北，市均在大城之内，这种宫城与市场的方位配置也可理解为"面朝后市"的布局④。秦雍城的市场遗址在北城垣南 300 米，位于雍城北部，即今凤翔棉织厂、翟家寺一带。市场遗址以南为秦公朝寝遗址，它们主要分布在今马家庄、姚家岗一带⑤。晚于汉长安城的东汉雒阳城，光武帝立都雒阳伊始，就住在南宫却非殿，建武十四年在南宫建成大朝正殿的"前殿"——即"崇德殿"⑥，南宫为其皇宫。东汉雒阳城主要有金市、南市和马市三个市，南市和马市分别在雒阳城之外的南部和东部，金市在城内的南宫西北部。金市即大市，是东汉雒阳城的主要市场⑦。南宫与金市的相对位置，基本上形成南北排列的形制，因此潘岳在《闲居赋》中称南宫与金市的布局为"面郊后市"⑧。这种先秦时代以来的都城"面朝后市"形制，到了北魏洛阳城发生了根本性变化。基于先秦至秦汉时代都城之宫城与市场的"面朝后市"布局特点，我们认为在汉长安城西北部考古发现的两个市场

① 赵芝荃：《洛阳三代都邑考实及其文化的异同》，《河洛文明论文集》，中州古籍出版社 1993 年版。

② 山东省文物考古研究所等：《曲阜鲁国故城》，齐鲁书社 1982 年版，第 17 页。

③ 中国社会科学院考古研究所：《洛阳发掘报告》，燕山出版社 1989 年版，第 137—138 页。

④ 群力：《临淄齐国故城勘探纪要》，《文物》1972 年第 5 期；河北省文物管理处、邯郸市文物保管所：《赵都邯郸故城调查报告》，《考古学集刊》第 4 集，中国社会科学出版社 1984 年版。

⑤ 《秦都雍城发现市场和街道遗址》，《人民日报》1986 年 5 月 21 日；韩伟、焦南峰：《秦都雍城考古发掘研究综述》，《考古与文物》1988 年第 5—6 期合刊。

⑥ 《后汉书》卷一《光武帝纪》。

⑦ 《水经注》卷十六《谷水注》引陆机《洛阳记》。

⑧ 《文选》卷十六潘岳《闲居赋》："陪京泝伊，面郊后市。"

遗址，可以更为清楚地说明它们就是东市和西市遗址。

（三）从东市和西市看汉代市场形制

中国古代社会有严格等级规定，国家设都城，郡治、县治等所在地有其相应的"城"，作为当地的政治、文化、经济中心，又有相应的不同等级的市场。一般而言，在不同等级城市中，反映在市场规模、布局形制上也不一样。但它们作为商业活动舞台又有着相同之处，如为了便于管理，市场要围筑墙垣①。墙上辟门，称"市门"。市场的墙与门，即文献记载的"闠"与"闤"②。"市门"有的不止一座，如四川彭县出土的汉代画像砖市井画像图上就标有"南市门"、"北市门"③。"市门"是出入市场的必经之处，是人们活动较为集中的地方，因此古代行刑多置于市场，以起到杀一儆百、"斩首示众"的作用，西汉前期称之为"磔"，汉景帝时期又改称之"弃市"④。西汉时代，文献多有"磔"之记载，如《汉书》卷六十七《云敞传》记载：吴章"坐腰斩，磔尸东市门"。"市门"不但是市的代称，甚至作为从商的象征，《史记》卷一百二十九《货殖列传》云："农不如工、工不如商，刺绣文不如倚市门。"

市内通行的道路，称"隧"，其规模大小与数量多少，各市情况不同，有的相差甚多，如都城长安的市内有"百隧"之多。市内主要干路与市门相通。市的中央有"市楼"建筑，因市楼之上悬挂旗子，所以又称其为"旗亭"。

市内的商肆称市肆，市肆按其经营内容分类安排在市内不同地方，同类商店排列于一起，因此又称市肆为"列肆"或"市列"。列肆安排在道路两旁。比较固定的市还要有存放商品的房屋，称"邸舍"或"市廛"，也就是现在我们所说的存放商品的仓库。

汉代各类城址发现不少，但对其中的"市场"遗址开展考古工作的不

---

① 许慎：《说文》：市"买卖所也，市有垣"。中华书局影印 1963 年版，第 110 页。

② 崔豹：《古今注·都邑》载："闠，市垣也。闤，市门也。"

③ 四川省文物管理委员会：《四川彭县义和公社出土汉代画像砖简介》，《考古》1983 年第 10 期。

④ 《汉书》卷五《景帝纪》：中元二年（前 148 年）"改磔曰弃世，勿复磔"。应劭曰："先此诸死刑皆磔于市，今改曰弃市，自非妖逆不复磔也。"颜师古曰："磔谓张其尸也。弃市，杀之于市也。谓之弃市者，取刑人于市，与众弃之也。"

多。不过在有的画像砖上保留了一些有关汉代市场图像材料，如四川广汉、彭县和新繁出土的市井图画像砖，反映了当时市井的一些情况①。这三件材料所反映的均不是都城的市，它们应属于县治的市。新繁县出土市井画像砖之市井图像，市场四周围绕市墙，市场三面各开一门。市场中央置市楼，市内有隧，隧将市场分为四部分，每部分有肆3—4列，在市场列肆之外侧、市墙之内，分布有三处房屋建筑群②（图16—9）。西汉时代出土文献资料也有关于西汉时期市场的记载，如山东临沂银雀山汉墓出土汉简载："国市之法，外营方四百步，内宫称之，为凿四达之门。"③ 这种平面方形的市场，是一种理想的汉代市场。

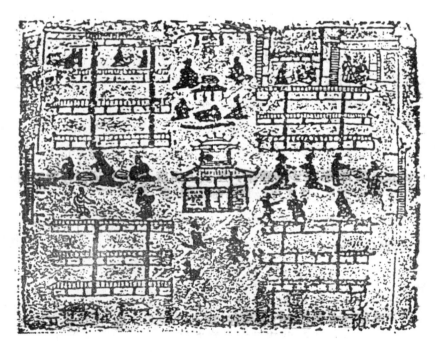

图16—9　四川新繁出土汉代画像砖之市井图

---

①　刘志远：《汉代市井考——说东汉市井画像砖》，《文物》1973 年第 3 期。

②　龚廷万、龚玉、戴嘉陵：《巴蜀汉代画像集》，文物出版社 1998 年版，图 27。

③　银雀山汉墓竹简整理小组：《银雀山汉墓竹简》，文物出版社 1985 年版。

　　汉长安城东市和西市勘探资料说明，都城市场要比上述县治市场复杂一些。在东市和西市之间有国家管理市场的"市楼"，东市和西市各自于市中心还设有"市署"之类建筑，负责管理本市的事务。东市和西市之内主干道路平面为"井"字形，每市有8座市门。这种市场布局形制，被唐长安城的市场所继承，甚至其东市、西市的市场名称也被沿用下来。

　　汉代长安除了以上所说市场之外，在长安附近驻军所在地还有以军人为对象的"军市"，如丙吉就担任过"军市令"①。这种军队驻地设置"军市"的情况，甚至在王朝的边远地区也存在，冯唐曾经对汉景帝说：魏尚做云中郡太守时，就把军市中的租税分发给士卒②。西汉末年，还有少数贵族、豪富私自设立"市"的，如王根在汉长安城"立两市"③。

　　（四）关于东市和西市关系的探讨

　　根据考古勘探资料，东市面积0.4875平方公里，西市面积0.2475平方公里，前者较后者面积几乎大一倍。出现这种情况与二市市场地位、性质有关。

　　东市作为长安的"大市"，以商业活动为主。《周礼·司市》记载："大市日昃百市，百族为主。"东市商业活动发达，商品种类五花八门，因此东市造就出不少京师有名的大商人，如"东市贾万"，"上干王法，下乱吏治，并兼役使"，号称"长安宿豪大猾"④；东市王好卿卖豉为业，"以财养士，与雄杰交"，积聚资产巨万，成为天下有名的富翁，被国家任命为"东市令"⑤。

　　市场是众人聚集之地，古代"刑人于市"，目的是斩首示众，"与众弃之"。西汉一代"弃市""磔尸"者未见记载于西市进行的，而在东市行

---

　　①　《汉书》卷七十四《丙吉传》："吉为车骑将军军市令，迁大将军长史，霍光甚重之，入为光禄大夫给事中。"

　　②　《汉书》卷五十《冯唐传》："今臣窃闻魏尚为云中守，军市租尽给士卒，出私养钱，五日一杀牛，以飨宾客军吏舍人，是以匈奴远避，不近云中之塞。"

　　③　《汉书》卷九十八《元后传》：王根"行贪邪，藏累巨万，纵横恣意，大治第宅。第中起土山，立两市"。

　　④　《汉书》卷七十六《王尊传》。

　　⑤　《汉书》卷二十四《食货志》。

刑者大有人在，如晁错①、吴章②、刘屈氂③和成方遂④等均被斩杀于东市。

与东市情况所不同的是，西汉时代驰名京师的大商人未见出于西市者，这可能与西市商业活动不甚发达有关。正因为如此，所以长安城的"弃市"活动未见在西市进行的记载。

西市虽然商业活动不如东市发达，但其手工业则是东市所不及的。考古勘探发现，西市之内有大面积的手工业作坊遗址，其中西市东北部，即今相家巷村东和东北部以铸币作坊遗址为主⑤；西市中部和西部，即今相家巷村南和六村堡一带有不少制作陶俑和砖瓦等陶制品的作坊遗址⑥；西市南部，即今相家巷村东南一带有冶铸作坊遗址⑦。西市中的一些手工业生产是直属中央管辖的，如铸币业、属于东园秘器的陶俑制造业等。西市偏居于长安城西北隅，环境封闭，便于对重要官府手工业的控制。东市东靠宣平门内长安城中主要居民区，南近达官显贵的"北阙甲第"，西邻西市的手工业作坊区，这些方便了东市的商业活动。

长安城的东市和西市，一个以商业为中心，一个以手工业为中心，二市组成以"长安市"为代表的商业与手工业相结合的市场，这正是中国封建社会初期城市市场的特点。到了中古时代的唐长安城中，市场虽然仍称东市、西市，但二市均以商业活动为主，它们与汉长安城的二市工商分工的性质已不同，唐长安城中的东市和西市，只是作为大都会之中不同区域的商业中心而设置的。这也是为什么汉长安城东市和西市相邻的原因。

（中国社会科学院考古研究所、河南省文物考古研究所编著：《汉代城市和聚落考古与汉文化》，科学出版社 2012 年版）

---

① 《汉书》卷四十九《晁错传》："乃使中尉召错，绍载行市，错衣朝衣斩东市。"

② 《汉书》卷六十七《云敞传》：吴章"坐要斩，磔尸东市门"。

③ 《汉书》卷六十六《刘屈氂传》："有诏载屈氂厨车以徇，要斩东市"。

④ 《汉书》卷七十一《隽不疑传》：成方遂"坐诬罔不道，要斩东市"。

⑤ 李毓芳：《汉长安城烘范窑和铸币遗址》，《中国考古学年鉴》（1993），文物出版社 1995 年版。

⑥ A. 中国社会科学院考古研究所汉长安城工作队：《汉长安城 1 号窑址发掘简报》，《考古》1991 年第 1 期；B. 《汉长安城窑址发掘报告》，《考古学报》1994 年第 1 期；C. 《汉长安城 23—27 号窑址发掘简报》，《考古》1994 年第 11 期。

⑦ A. 中国社会科学院考古研究所汉长安城工作队：《1992 年汉长安城冶铸遗址发掘简报》，《考古》1995 年第 9 期；B. 《1996 年汉长安城冶铸遗址发掘简报》，《考古》1997 年第 7 期。

汉长安城未央宫、长乐宫与西汉的二元政治

——从未央宫、长乐宫的考古发现来看

汉长安城是西汉王朝的首都，是当时国家的政治中心。汉长安城中的未央宫、长乐宫是都城中的宫城，是国家的政治中枢。近年来考古工作者在汉长安城及未央宫、长乐宫遗址开展了大量考古调查、勘探和发掘，获得了极为丰富的考古资料，使我们对西汉一代的王朝政治有了更新、更深的认识。

汉长安城遗址平面近方形，周长 25700 米，面积 36 平方公里。城内有未央宫、长乐宫、北宫、桂宫、明光宫，有武库及其他官署，还有市场和里居等。未央宫为皇宫，长乐宫为"太后之宫"，北宫、桂宫和明光宫是后妃之宫。长乐宫位于汉长安城东南部，未央宫位于汉长安城西南部，二者东西并列，所以又称长乐宫为"东宫"，"未央宫"为西宫。

汉高祖定都长安伊始，改建秦兴乐宫为长乐宫，作为临时皇宫。叔孙通制定汉王朝的朝会礼仪，就是在长乐宫举行的，汉高祖刘邦正是在此体会到皇帝的尊贵无比。公元前 200 年，汉高祖兴建皇宫——未央宫，两年后未央宫建成，汉高祖在未央宫前殿举行了大型庆祝仪式。刘邦去世后，汉惠帝登基于未央宫，此后终西汉一代的皇帝均执政于未央宫。西汉王朝绝大多数皇帝较皇后短命，皇帝去世后，皇太后移居长乐宫。于是长乐宫就成了"太后之宫"，西汉一代的皇后如吕后、孝文窦皇后、孝景王皇后、孝昭上官皇后、孝宣王皇后、孝元王皇后等，均以太后身份，居长乐宫。皇帝要每五天从未央宫去长乐宫朝会皇太后一次，大凡国家、皇室遇有大事，还要立即到长乐宫汇报。据此，相对作为未央宫的"大朝"而言，故长乐宫又有"东朝"之称。

　　西汉时代都城长安之中的皇室宫城设置"司马门"或称"公车司马",并由"卫尉"负责其安全保卫工作。"司马门"外有的还有门阙。皇室宫城的事务由"少府"管理。历史文献记载,未央宫和长乐宫二宫城四面各辟一座宫门,称为"司马门"或称"公车司马"。皇宫——未央宫北宫门、东宫门之外分别置有高大门阙;长乐宫在东、西宫门之外亦置门阙。中央政府任命李广和程不识分别担任"未央卫尉"与"长乐卫尉"。皇室有少府,太后之宫置"长乐少府"。这些记载有的已被考古资料所证实。

　　20世纪80年代以来,考古工作者对未央宫、长乐宫遗址进行了大规模考古调查、勘探,从已获得的田野考古资料来看,未央宫与长乐宫又有许多相近之处。未央宫遗址平面近方形,边长2150—2250米,周长8800米,面积约5平方公里,占都城面积的1/7。长乐宫遗址东西2950米、南北2400米,周长10930米,面积约6平方公里,占都城面积的1/6。未央宫与长乐宫的面积大小相近,后者还略大于前者。汉长安城中的桂宫和北宫遗址平面均为长方形,前者南北长1840米、东西宽900米,周长5480米,面积1.66平方公里;后者南北长1710米、东西宽620米,周长4660米,面积1.06平方公里。桂宫、北宫与未央宫、长乐宫平面形制不同,前后两组的面积也是相差悬殊。未央宫中的前殿是大朝之殿,前殿之上南北排列三座宫殿;长乐宫也有前殿,为宫城之正殿,其前殿之上亦为南北排列三大殿。在长乐宫遗址范围之内,考古勘探还发现了多处大型建筑遗址,其中大多又应为宫殿建筑遗址。新世纪之初,2002—2003年,中国社会科学院考古研究所对长乐宫中的汉代宫殿建筑遗址进行了考古发掘,发现了两组宫殿建筑遗址。这些宫殿建筑遗址反映的突出特点是建筑考究、规模庞大、形制独特,它们说明了上述宫殿建筑是高等级、高规格的。如2003年春季发掘的长乐宫二号建筑遗址,其范围南北长96米、东西宽45.3米。这处建筑遗址最引人注意的是其半地下建筑和地下建筑。2003年秋、冬季考古发掘的长乐宫三号建筑遗址,又发现了成组的半地下建筑和地下建筑,在建筑群中的个别房屋中,清理出了朱红色的光滑地面,此外还发现了一些壁画残块。20世纪80年代,我们曾经在未央宫中的皇后椒房殿遗址、皇室少府遗址考古发掘时,发现了半地下建筑和地下建筑。

20 世纪 70 年代我们在对秦咸阳宫遗址的大型宫殿建筑遗址考古发掘中，发现了朱红色的宫殿地面和色彩鲜艳的宫殿壁画。这些考古发现说明，长乐宫遗址考古发现的半地下建筑、地下建筑和朱红色地面，从现有考古资料来看，在秦汉时代它们均为皇室建筑所使用。在等级制度森严的封建社会，作为皇帝、皇室地位和身份标识、象征的宫殿建筑，是绝对不允许"越级"建造的，"仿造"都被视为大不敬。西汉王朝晚期，外戚王氏得势，曲阳侯王根仿造未央宫苍池渐台、白虎殿及其大门装饰，修建其宅第、庭园。后来被皇帝知道，险些引来杀身之祸。由此看来，长乐宫遗址的考古发现不止是反映了其宫殿建筑形制与未央宫的相近或相同，它从政治层面也说明西汉一代其地位与皇宫未央宫同样重要。

　　秦汉时代是中国历史上的重要时代，它是从"王国政治"走向"帝国政治"的时代，是从"血缘政治"走向"地缘政治"的时代。从国王到皇帝，从"王权"到"皇权"，从"分封制"到"中央集权"。从秦始皇开始的中央集权封建统治，改变了夏商周以来的血缘集团统治，皇帝作为国家统治的最高、最集中代表，他必须要依靠一定的政治力量。秦代末年赵高得势，断送了秦王朝的历史教训，使西汉时代的政治家认识到，把宦官作为依靠的政治势力是多么危险。西汉王朝初年，刘邦在权衡宦官与亲族、外戚三股势力时，鉴于秦王朝刚刚灭亡的惨痛教训，基于传统观念的影响，汉高祖还是采取了排斥宦官、警惕外戚、依靠亲族的政策。统一的中央集权的封建帝国与以血缘政治为基础的国家亲族集团政治统治是格格不入、水火不容的，西汉的"吴楚七国之乱"就说明了这一问题。后来，西汉王朝最高统治者正是考虑了秦末赵高篡权、汉初"吴楚七国之乱"的两个不同方面的历史教训，采取了依靠外戚势力的政治路线。汉长安城未央宫、长乐宫遗址的考古发现，为我们认识秦汉时代的上述重大政治变化，提供了一幅全息的历史画面。以皇帝为代表的皇权和以太后（也包括皇后）亲族为代表的外戚集团，这两股政治势力的结合，成为西汉王朝中后期国家统治集团的中坚，成为国家的核心政治力量。这也就是西汉王朝的"二元政治"。东汉王朝皇帝接受外戚王莽篡权的历史教训，控制外戚势力的发展。与此同时，东汉宦官势力又得到空前发展。皇帝已意识到，利用、平衡外戚与宦官两股政治势力，是自己进行统治的重要保障。西汉王朝的皇权与外戚的"二元政治",从此也就退出了历史舞台。封建王朝都城之中的皇宫与太后之宫的两宫制也就寿终正寝了。

已经开展的汉长安城未央宫和长乐宫遗址的考古工作,为我们进一步研究中国古代历史从王国向帝国的发展、从血缘政治向地缘政治的变化,提供了更为科学的资料。未央宫、长乐宫遗址的考古资料所揭示的两座宫城遗址的平面布局形制、宫殿建筑特点等,说明在规制方面,二者的"地位"是相同的。都城的这种同时存在、规模相近、形制相似、二宫并列的情况,在西汉王朝以前或其后的都城宫城中都是不曾发现的。这也是特定历史时期、特定政治背景所反映出来的特殊考古学现象。东汉都城洛阳城虽然有南宫和北宫,但二者不是像未央宫与长乐宫那样的皇宫与"太后之宫"的区别。东汉以后,北魏洛阳城、邺南城、六朝建康城的皇宫宫城只有一座。作为隋唐长安城的皇宫宫城,虽然有太极宫、大明宫和兴庆宫,但是它们属于不同时期使用功能不同的宫城,当其中一座宫城作为皇宫使用时,其他宫城并不是当成"太后"或"皇后"的宫城。尽管西汉时代以前的秦王朝都城咸阳城有"北宫"与"南宫",但它们也不属于"二元政治"架构下的"皇宫"与"太后之宫"。秦咸阳城的"北宫"即"大朝"所在的"咸阳宫","南宫"为秦都咸阳的"渭南"宫室建筑,严格界定应为"离宫"一类建筑。夏商周时代都城的宫城则均为单一宫城。

（原载《人民政协报》2004 年 2 月 26 日。《新华文摘》2004 年第 9 期全文转载）

北魏洛阳城的考古发现与研究

——兼谈北魏洛阳城在中国古代都城发展史的地位

　　北魏洛阳城是北魏孝文帝太和十七年（493 年）至孝静帝时的（534年）都城，北魏王朝在此建都 42 年。此前，这里先后为周敬王公元前 519年从王城新迁的新成周，至慎靓王，历时 205 年；自东汉光武帝至汉献帝，历时 196 年为东汉王朝都城；魏文帝至元帝，历时 46 年，为曹魏都城；晋武帝至愍帝，历时 52 年，为西晋都城。

　　北魏洛阳城遗址位于今洛阳市东 15 公里，在洛阳市郊区、偃师市和孟津县相交会处。（图 18—1）

　　（一）关于北魏洛阳城遗址的考古发现

　　北魏洛阳城遗址的考古工作，始于 1954 年阎文儒先生对汉魏洛阳故城遗址的考古调查："这次工作，主要在勘察出汉魏时代洛阳城的位置、里数、城垣建筑的方法和金墉城究竟在什么方位？洛水是否北移？"①

　　1958 年，考古工作者在偃师西大郊村发现了东汉刑徒墓地②。1964 年中国科学院考古研究所洛阳工作队勘察这里的刑徒墓地总面积约 5 万平方米，发掘了东汉刑徒墓 522 座，发掘面积 2000 平方米，出土墓志砖820 块③。

　　1962 年开始，历时两年多，中国科学院考古研究所洛阳工作队对汉魏洛阳故城遗址进行了大规模的考古勘察和试掘，学术成果丰硕，初步究明

　　① 阎文儒：《洛阳汉魏隋唐城址勘查记》，《考古学报》第 9 册，1955 年。
　　② 黄士斌：《汉魏洛阳刑徒坟场调查记》，《考古通讯》1958 年第 6 期。
　　③ 中国社会科学院考古研究所：《东汉刑徒墓发掘报告》，2005 年，待刊。又见中国科学院考古研究所洛阳工作队《东汉洛阳城南郊的刑徒墓地》，《考古》1972 年第 4 期。

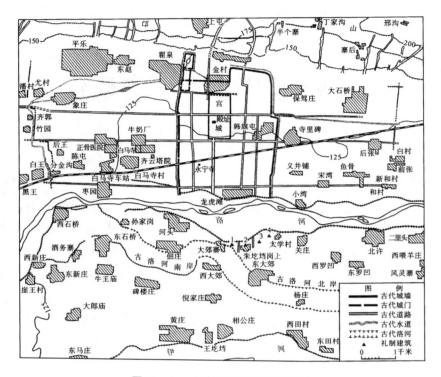

图 18—1　北魏洛阳城遗址平面图

了城址范围，城门位置和形制，城垣、护城河、城内道路、宫城及宫殿遗址、永宁寺遗址、仓厩、金墉城遗址和南郊礼制建筑遗址的分布①。其后，1972—1975 年，中国科学院考古研究所洛阳工作队发掘了汉魏洛阳城南郊的辟雍、太学、明堂②、灵台等礼制建筑遗址③。

1979 —1981 年、1994 年考古工作者先后两次发掘了北魏洛阳城永宁寺遗址，前一阶段发掘了永宁寺木塔地面之上的基座遗址、南门遗址，试掘了寺院的部分佛殿遗址；后一阶段发掘了寺院西门遗址和院墙遗迹。以上考古

---

① 中国科学院考古研究所洛阳工作队：《汉魏洛阳城初步勘查》，《考古》1973 年第 4 期。

② 中国社会科学院考古研究所：《新中国的考古发现和研究·汉魏洛阳城的调查与发掘》，文物出版社 1984 年版。

③ 中国社会科学院考古研究所洛阳工作队：《汉魏洛阳城南郊的灵台遗址》，《考古》1978 年第 1 期。

工作，已发表了考古发掘报告①。2000—2001 年，为了配合永宁寺遗址的保护工作，对永宁寺遗址木塔基座的地下基础进行了全面发掘和重点解剖。

为了究明汉魏洛阳故城早期城址的沿革变化，1984 年考古工作者对汉魏故城城垣遗迹进行了试掘、解剖。通过这些考古工作，揭示出："在汉至晋代的洛阳城址上，至少有三个规模不同、时代早晚有异的古城叠压在一起，而且每一时代较晚的城都是在沿用前代城的基础上，向北或向南扩大而建筑新城。时代最早的城址位于汉晋洛阳城址中部，为西周时期所筑。……这个时期的城圈基本为方形，大致合当时的东西六里、南北五里。时代稍晚的城址位于汉至晋代洛阳城的中部和北部，约为春秋晚期筑造。这时期的城址除北部为新扩部分外，南部则沿用西周时期所筑之城，并且略有修补或增筑。时代最晚的城址系沿用西周、东周城址并向南扩大而成。其筑造年代约晚于东周，早于汉代。……这时期的城址约南北九里、东西六里，已达到并形成了汉至晋代洛阳城的形制和规模。""汉魏洛阳城，其城市规模和形制不是某一个时代的产物，而是在西周城址基础上，适应社会发展需要，经过春秋晚期、秦代的增扩，东汉、曹魏及北魏等时代的修缮和增筑活动，才逐渐形成的"②（图 18—2）。

1985 年，北魏洛阳城建春门遗址发掘③、北魏洛阳城外郭城城墙的发现均有着十分重要的学术意义④。北魏洛阳城外郭城的发现与确定，郭城主要干道的探明，为解决郭城之中里坊的分布提供了至关重要的科学资料。

1986 年，在北魏洛阳城大市遗址发掘的多座半地穴房址和窖穴遗址，出土了大量北魏和北朝时期的砖瓦建筑材料、瓷器和釉陶器等遗物，其中出土青瓷 53 件、黑瓷 9 件，出土釉陶器碎片数十片，可复原者 20 余件，

---

① 中国社会科学院考古研究所：《北魏洛阳永宁寺——1979—1994 年考古发掘报告》，中国大百科全书出版社 1996 年版。

② 中国社会科学院考古研究所洛阳汉魏城队：《汉魏洛阳故城城垣试掘》，《考古学报》1998 年第 3 期。

③ 中国社会科学院考古研究所洛阳汉魏城工作队：《汉魏洛阳城北魏建春门遗址的发掘》，《考古》1988 年第 9 期。

④ 中国社会科学院考古研究所洛阳汉魏城工作队：《北魏洛阳外郭城和水道的勘查》，《考古》1993 年第 7 期。

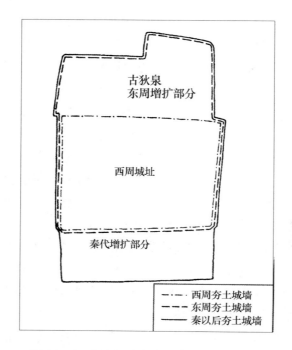

图 18—2 周秦汉魏洛阳城遗址变化示意图

二彩釉陶片的发现意义重大，是探讨唐三彩渊源的重要资料①。

1988 年，在北魏洛阳城外郭城中发现、发掘了东汉晚期至北魏时期的丛葬墓地②。

位于汉魏洛阳城西北隅的金墉城遗址与汉魏洛阳城的关系，一直在学术界争议颇多。1995—1997 年，为了解决金墉城遗址的确切始建年代、城址范围及沿革等问题，对金墉城的甲城、乙城和丙城遗址进行了考古试掘。考古试掘说明，甲城和乙城的建筑时代皆不早于北魏。丙城的建筑时代不晚于东汉晚期至曹魏初期，它应为魏明帝所创建的魏晋时

① 中国社会科学院考古研究所洛阳汉魏城工作队：《北魏洛阳城内出土的瓷器与釉陶器》，《考古》1991 年第 12 期。
② 中国社会科学院考古研究所洛阳汉魏城工作队：《洛阳汉魏故城北魏外郭城内丛葬墓发掘》，《考古》1992 年第 1 期。

期的金塘城①（图 18—3）。

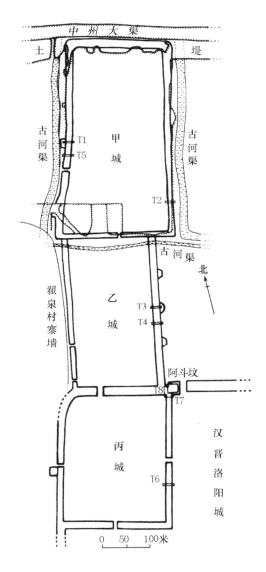

图 18—3　金塘城遗址平面图

①　中国社会科学院考古研究所洛阳汉魏故城队：《汉魏洛阳故城金塘城址发掘简报》，《考古》1999 年第 3 期。

1999—2000 年，考古发掘的北魏洛阳城宫城阊阖门遗址，具有重要学术意义。阊阖门遗址的发掘说明，它不仅是北魏洛阳城宫城的宫门，因为它始建于曹魏时代，因此它还分别是魏晋洛阳城宫城的宫门。阊阖门遗址是一座具有双阙的宫门，这是目前考古发现时代最早的双阙宫门遗址[①]。

（二）北魏洛阳城的布局形制

通过半个世纪的汉魏洛阳城遗址考古工作，随着汉魏洛阳城布局形制的基本探明，关于北魏洛阳城的布局形制也越来越清楚。

北魏洛阳城的城市发展史说明，这里早在西周时代已建城，历史文献也有关于西周初年在洛阳筑城的记载[②]。当然，叠压在北魏洛阳城之下的西周城址是否为西周初年所建之城，还有待进一步地开展考古工作来究明。考古试掘证明，西周以后这里又为东周都城，敬王的成周就在这里[③]。秦时吕不韦被封于此城，并对此城进行了扩建[④]。

东汉在此建都[⑤]，都城平面为长方形，城址南部被北移的洛河冲毁。城墙夯筑，墙基宽 14—25 米，北城墙长 2700 米，其他三面城墙勘探实测和复原长度分别为南城墙 2460 米、东城墙 4200 米、西城墙 3700 米。文献记载雒阳城有 12 座城门，考古发现雒阳城遗址东、西、北面城墙各发现有 3、3、2 座城门。南面城门已被洛河冲毁，但是根据城内通向南城墙的 4 条南北向干道推测，南面应有 4 座城门。已发现的 8 座城门遗址，仅有北城墙西部的城门为 3 个门道。东汉雒阳城城内通向城门的干道共 10 条，南北向与东西向各 5 条。干道宽约 40 米。据文献记载，城

① 中国社会科学院考古研究所洛阳汉魏故城队：《河南洛阳汉魏故城北魏宫城阊阖门遗址》，《考古》2003 年第 7 期。

② 《汉书》卷二十八《地理志》："雒阳，周公迁殷民，是为成周。居敬王。河南，故郏鄏地。周武王迁九鼎，周公致太平，营以为都，是为王城，至平王居之。"

③ 《春秋·昭公三十二年》："晋合诸侯于狄泉，以其地大成周之城，居敬王。"《后汉书·郡国志》："雒阳周时号成周，有狄泉，在城中。"

④ 《水经·谷水注》："按陆机【洛阳记】、刘澄之【永初记】，言城之四面有阳渠，周公之制也。昔周迁殷民于洛邑，城隍逼狭卑陋之所耳。晋故城成周，以居敬王。秦又广之，以封吕不韦。"

⑤ 《舆地志》："秦三川守治洛阳。汉亦为河南郡治。后汉都此，改洛为雒。"

内各干道分为 3 股①，这与汉长安城的城内道路形制相同②。城内有南宫、北宫和永安宫，南宫和北宫始建于东汉定都雒阳之前的秦代，光武帝始都雒阳，南宫是都城的主要宫城，南北 1300 米、东西 1000 米。汉明帝永平三年（公元 60 年）至永平八年，大规模营建北宫，修建了北宫正门朱雀门、正殿德阳殿等，这时的北宫可能作为都城的宫城使用了，而且其地位越来越重要。都城东北部有武库和太仓，西北部有皇家宫苑濯龙园，南宫西北部置金市，金市亦名大市，南宫东南部有中央主要官署。城外东郊有马市，南郊有南市及辟雍、明堂、灵台和太学等礼制建筑。明堂北距南城墙约 1000 米，北郊南距北城墙约 1500—2000 米。东汉初年都城雒阳已有"左祖右社"的宗庙、社稷，但是具体位置目前还不清楚（图 18—4）。

东汉末年，董卓烧雒阳宫庙③，东汉雒阳城夷为废墟。曹魏定都洛阳，虽然都城规模基本上与东汉雒阳城相同，但是都城之内的布局结构已多有不同。曹魏初年，在洛阳城北部营建宫室、池苑，这应属于东汉雒阳城的北宫故地，时称"洛阳宫"④。魏明帝时，在东汉雒阳城北宫德阳殿、朱雀门基础之上，修建了太极殿、阊阖门⑤，还在都城西北隅建造了金墉城⑥。阊阖门成为洛阳宫宫城正门，其北对太极殿，南对都城的宣阳门，魏明帝置铜驼于阊阖门外的南北向大街，故此街亦称"铜驼街"，铜驼街成为都城的中轴线大街⑦。西晋仍都洛阳，都城制度一如既往。都城的宗庙、社稷置于都城之内的宣阳门大街东西两侧⑧（图 18—5）。

---

① 《太平御览》引《洛阳记》载："宫门及城中大道皆分为三，中央御道，两边筑土墙高四尺余外分之；唯公卿、尚书章服从道中，凡行人皆行左右。"

② 刘庆柱、李毓芳：《汉长安城》，文物出版社 2003 年版。

③ 《后汉书》志第十四《五行》（二）："灵帝暴崩，续以董卓之乱，火三日不绝，京都为丘墟矣。"

④ 《三国志·魏书》卷二《文帝纪》："黄初元年十二月，初营洛阳宫。"

⑤ 《全三国文》之曹植《毁鄄城故殿令》："故夷朱雀而树阊阖，平德阳而建泰极。"

⑥ 《水经注·谷水》："谷水又东经金墉城北，魏明帝于洛阳城西北角筑之，谓之金墉城。"

⑦ 《水经注·谷水》："太尉司徒两坊间谓之铜驼街。旧魏明帝置铜驼诸兽于阊阖南街。"

⑧ 《水经注·谷水》："谷水又南迳西明门，门左枝渠东派入城，迳太社南，又东迳太庙南，又东于青阳门右下注阳渠。"

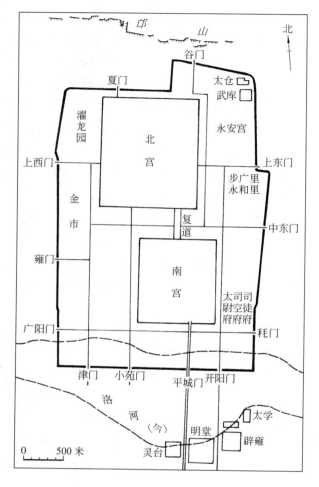

图 18—4　东汉雒阳城遗址平面示意图

北魏太和十七年（493），孝文帝由平城迁都洛阳，在魏晋洛阳城基础之上，对洛阳城进行了重建。洛阳宫成为都城的宫城，宫城南北 1400 米、东西660 米。宫城正门仍为阊阖门，太极殿仍为大朝正殿。太极殿基址东西 100 米、南北 60 米。阊阖门与宣阳门之间的铜驼街东西两侧分布有中央官署、寺院、贵族宅邸和宗庙、社稷等。北魏洛阳城的重大工程是外郭城的营建，宣武帝景明二年（501 年），在东汉雒阳城、魏晋洛阳城的基础上，扩建都城，营建了外郭城。外郭城东、西、北城墙，距内城东、

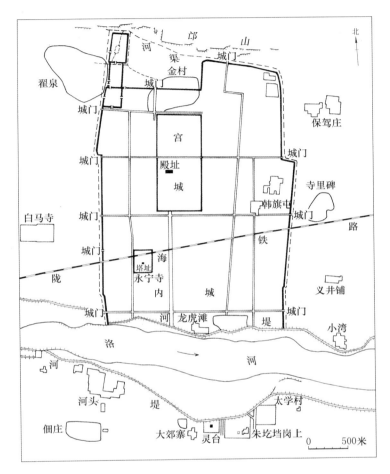

图 18—5　魏晋与北魏洛阳城遗址示意图

西、北城墙分别为 3500 米、3500—4250 米与 850 米。北魏洛阳城成为规模巨大的城市，这与文献记载北魏洛阳城"东西二十里，南北十五里"是一致的（有的学者还认为，北魏洛阳城外郭城南北长可能也是二十里。洛河以南至圜丘间还有四夷馆、四夷里和四通市等）①。外郭城之内的三条东

① 《洛阳伽蓝记》卷五。宿白：《汉魏洛阳故城研究》，《文物》1978 年第 7 期。《洛阳伽蓝记》卷三："永桥（宣阳门外洛河上的浮桥）以南，圜丘以北，伊洛之间，夹御路东有四夷馆……道西有四夷里……别立市于洛水南，号曰四通市……道东有白象、狮子二坊。"

西向干道横贯全城，它们分别与内城东西城墙上的城门相连通，三条干道可能又分别通至外郭城东、西城墙的各三座城门。外郭城的北城墙未发现城门遗迹。据历史文献记载，在外郭城之中建设了 320 个里坊（或 323 个里坊）①，里坊的平面为方形，边长 500 米。里坊四周筑墙，四面辟门，里坊之中设置十字街②。都城之中的居民居住区有明显的区划，外郭城西部为鲜卑人的皇室贵族居住区，东部为汉族官僚和一般士庶居住区，南部为周边少数民族和外国人居住区。在外郭城的西部有"大市"、东部有"小市"、南部有"四通市"，顾名思义"大市"规模大，"小市"规模小，四通市（取四通八达之意）属于国际贸易市场。不同市场的不同规模、不同商品内容，主要受到市场附近的不同居民影响（图 18—6）。

（三）北魏洛阳城与中国古代都城发展史

1. 北魏洛阳城外郭城渊源与流变

北魏洛阳城设置外郭城在中国古代都城发展史上有着极为重大的意义。邺北城、曹魏洛阳城、西晋洛阳城都不存在外郭城，显然北魏洛阳城外郭城与上述诸城无关。孝文帝迁都洛阳之前的北魏平城，北部有西宫和东宫，二宫之间有武库和仓库，宫城之南置宗庙、社稷；南部有工商业场所和居室。文献记载，明元帝泰常七年（422 年）"筑平城外郭"，原来的平城成为内城，又称"中城"，外郭城包在内城东、南、西三面外侧。如果上述记载不误的话，这时的平城包括了宫城、内城（即中城）和外郭城，宫城和国家仓库在内城北部，官署、宗庙、社稷和达官显贵宅邸在内城南部。外郭城中主要有里坊和市场。北魏平城营建之初，多仿照曹魏邺城、东汉雒阳城、魏晋洛阳城、汉长安城和前赵、前秦都城长安③。平城内城的上述布局形制，主要仿照的是汉长安城中东宫（长乐宫）、西宫（未央宫）及两宫之间置武库的布局；曹魏邺城、曹魏和西晋洛阳城、前赵和前秦长安城的宫城（或宫殿区）置于都城北部做法，亦为平城所仿

---

① 《魏书·广阳王嘉传》："嘉表请于京四面，筑坊三百二十。"《魏书》卷八《世宗宣武帝纪》："发畿内夫五万人，筑京师三百二十三坊。"

② 《洛阳伽蓝记》卷五："方三百步为一里，里开四门，门置里正二人，吏四人，门士八人。"

③ 《魏书》卷二十三《莫含列传》："后太祖（道武帝）欲广宫室，规度平城四方数十里，将模邺、雒、长安之制。"

图 18—6　北魏洛阳城遗址复原示意图

照。但是，都城置外郭城当属拓跋氏在平城建设上的创造。显而易见，北
魏洛阳城的外郭城营筑是直接受到平城修建外郭城的影响。

北魏洛阳城外郭城的设置，对北魏以后历代都城影响深远。公元534
年，北魏分裂为东魏和西魏，东魏定都于邺，根据"上则宪章前代，下则
模写洛京"原则[①]，营建了都城，因其位于曹魏邺城之南，又称邺南城。
考古发掘所见的邺南城遗址东西2800米，南北3460米。宫城位于邺南城
中部偏北，东西620米、南北870米。城内有东西向与南北向大道各三

———————————

① 《北齐书·李业兴传》。

条，每条大道两端分别通至城门。有的学者通过对邺南城与北魏洛阳城（内城）的对比研究认为，二者性质相近，邺南城也应为内城，其外应有外郭城①，文献记载也有这方面的内容②。

隋大兴城、唐长安城的外郭城沿袭了北魏洛阳城外郭城制度③，而且更加规范化，并且一直影响隋唐王朝以后的北宋汴京④、元大都⑤、明清北京城等历代王朝都城的外郭城建制。

2. 宫城的"集中化""单一化"与宫城位置的居北、居中问题

长期以来，由汉长安城的多宫城至北魏洛阳城的单一宫城的变化原因，学术界说法不一。一说北魏洛阳城首创了都城之中宫城的单一化。我认为北魏洛阳城的"单一"宫城并不是其首创，它是以曹魏洛阳城和西晋洛阳城中的"洛阳宫"为基础重新营建的。曹魏洛阳城和西晋洛阳城洛阳宫已是单一的宫城，至于历史文献中记载的这一时期都城之中的东宫、西宫或南宫、北宫，不过是同一宫城中不同分布位置、不同使用功能的宫殿或宫室建筑群。又一说，北魏洛阳城单一化宫城之制源于曹魏邺城，目前考古资料还只说明邺北城的宫殿区、宫苑区和贵族宅邸分布在都城北部，至于这一区域何时形成宫城还不清楚，但是我推断它不会早于曹魏洛阳城宫城。因此，如果说北魏洛阳城宫城渊源的话，其源头应该是曹魏洛阳城，而不是邺北城。

关于宫城在都城之中居北、居中问题。在东汉雒阳城的中晚期，随着北宫功能、地位的凸显，已有宫城北移的趋势。曹魏洛阳城、西晋洛阳城

① 朱岩石：《东魏北齐邺南城内城之研究》，巫鸿主编：《汉唐之间的视觉文化与物质文化》，文物出版社 2003 年版。

② 《历代宅京记》卷一二：邺南城"有东市，在东郭；西市，在西郭"。

③ 考古勘察资料，隋唐长安城外郭城东西 9721 米、南北 8651.7 米；宫城在外郭城北部，东西 2820.6 米、南北 1843.6 米；皇城（即相当于北魏洛阳城的内城）北邻宫城，东西 2820.3 米、南北 1843.6 米。参见中国科学院考古研究所西安唐城发掘队《唐代长安城考古纪略》，《考古》1963 年第 11 期。

④ 北宋汴京外郭城东西南北四面城墙长分别为：7660 米、7590 米、6990 米、6940 米。内城在外郭城中部，平面近方形，周长 11550 米。皇城（即相当于北魏洛阳、隋唐长安城的宫城）在内城中部，皇城平面方形，周长 2500 米。参见刘迎春《北宋东京城研究》，科学出版社 2004 年版。

⑤ 元大都外郭城东西 6700 米、南北 7600 米，皇城位于外郭城南部中央，宫城在皇城之中的东部。参见中国科学院考古研究所元大都考古队：《元大都勘查和发掘》，《考古》1972 年第 1 期。

洛阳宫奠定了宫城在都城之中居北、居中的布局形制，北魏洛阳城（指其内城）是在魏晋洛阳城基础原址上修建的，北魏洛阳城宫城又是在魏晋洛阳城洛阳宫原址上营建的，北魏洛阳城内城在其新修建的外郭城基本东西居中位置，因此说北魏洛阳城宫城居北、居中是承袭了魏晋洛阳城洛阳宫的制度。也有学者认为北魏洛阳城宫城布局"彻底改变了汉魏洛阳南北宫的分散设计，显然这是延续了平城的布局"①。实际上，早在平城立都之前，曹魏洛阳城的洛阳宫已经完成了宫城的"集中"与"居北"的定位。都城之中宫城的"集中化"似为东汉以后的一种都城形制变化趋势，如上所述，曹魏洛阳城洛阳宫等按照这种趋势发展。西晋初年在长安城的"小城"，实际上是都城之中"集中化"的宫城，宫城改汉长安城宫城居南传统，而移于都城北部。前赵、前秦都城长安沿用西晋都城及小城，这个小城位于汉长安城遗址东北部，宣平门以内，洛城门以南，厨城门大街以东，长乐宫遗址以北②。邺北城虽然至今尚未发现宫城城墙遗迹，但是宫殿区（与宫苑、贵族宅邸）集中安排在都城北部，这已为考古工作所证实。因此，对于中国古代都城来说，宫城在都城之中居北、居中位置的确立和宫城的集中化、单一化是从东汉晚期至曹魏、西晋时期在中国古代重要都城中出现的一种趋势和现象，这在当时的都城洛阳、长安表现得尤为突出。

　　3. 关于"内城"出现的探讨

　　北魏洛阳城的内城，实际上就是隋大兴城、唐长安城的"皇城"。内城出现的原因主要有两点：

　　第一，社会历史发展，从王国到帝国，中央政府机构空前扩大，相应的中央官署建筑大量增加。从王国的先秦时代进入秦汉帝国时代以后，国家政体的变化导致中央政府机构的扩大，引发了传统都城布局的变化。但是，文化的变化往往滞后于政治的变化，从先秦到秦汉完成了从王国向帝国的政治变化，但是作为王国时代布局形制的都城，这时仍然为新出现的帝国所使用，随着帝国政治的发展，原来的王国都城的布局形制越来越不

---

① 宿白：《北魏洛阳城和北邙陵墓——鲜卑遗迹辑录之三》，《文物》1978 年第 7 期。

② 资料存中国社会科学院考古研究所汉长安城考古队。

适应帝国政体发展的需要，都城的内城与外郭城同时出现了。

　　第二，从东汉时代中晚期宫城的单一化和中央官署的集中化已经逐渐展开，经曹魏和西晋时代的不断完善，"单一化"宫城制度得以确立。"单一化"宫城的确立导致宫城之中非皇室建筑的中央官署移出宫城，由于中央官署与皇室的密切关系，它们又不能远离皇室建筑，必须安排在宫城附近。这也就使"内城"应运而生，成为中央官署的专用建筑区。"内城"的出现一方面是国家中央集权发展的产物，另一方面又是都城发展的必然。

　　北魏洛阳城的外郭城设立，除了上述谈到的三方面之外，诸如市场问题、里坊问题、礼制建筑问题等，都引起都城发展史上的重大变化，但是这些问题都需要进行深入的专门研究，从而使学术界对北魏洛阳城能够获得更为全面、深刻的认识。

　　（韩国《中国史研究》第40辑，中国都市史，特辑号，韩国"中国史学会"2006年出版）